KB207616

전쟁과 역사 3 고려후기편

전란의 시대

전쟁과 역사 3 고려후기편

전란의 시대

임 용 한 지음

혜안

책을 펴내며

12세기부터 14세기까지의 역사를 서술하는 일은 곤혹스럽다. 이 200여 년의 역사는 끊임없는 외침과, 반란, 혼돈과 전쟁의 역사였다. 사건은 너무나 많고, 선악의 판정은 혼란스럽다. 묘청은 민족주의적 혁명가일까, 철없는 종교인일까? 무신정권은 어떻게 평가해야 할까? 삼별초는 항몽을 위해 봉기했는가, 그들의 기득권을 위해 봉기했는가?

원나라 말기에 봉기한 백련교도를 홍건적이라고 부르면 당장 봉건적 역사관이라는 지적을 받는다. 그들은 농민혁명군으로서 홍건군이라고 불려야 정당하다고 한다. 하지만 그들이 고려의 국경으로 들어오는 순간 다시 홍건적이 된다. 이제 그들을 홍건군이라고 부르면 이번에는 반민족주의자가 된다.

원간섭기는 생각하기도 싫은 수치스러운 시대다. 하지만 원나라를 돌아다닌 고려 지식인들의 넓어진 세계관은 한국 사회를 업그레이드하고, 고난의 14세기를 극복하는 데 크게 공헌했다는 사실도 인정하지 않을 수 없다.

평화로운 시기에도 역사적 사건은 여러 가지 얼굴을 하고 있다. 하물며 전쟁터에서는 완전한 선도 완전한 악도 없다. 역사가의 과제는 이 복잡하고 다의적이며 모순된 사건을 선과 악으로 나누는 것이 아니라 오늘날의 우리에게 필요하고 절실한 깨달음을 찾아내는 것이다. 그것이 이 혼란한 시대에 살아가고 부서지고 굴종해야 했던 모든 사람들에 대한 진정한 예우일 것이다.

고난과 시련의 역사 또한 우리가 외면하고 수치스러워해야 할 이유는 없다. 개인이든 사회든 역경의 시대를 이겨낸 자에게는 기회의 시대가 찾아온다. 하지만 이 기회는 저절로 찾아오지 않는다. 과거를 반성하고 교훈과 변화를 추구하는 사람만이 기회의 열매를 획득할 자격을 가진다.

자격이 있는 사람은 과거를 부끄러워할 필요도, 변호하고자 애쓸 것도 없다. 시련을 이야기하며 분노할 필요도, 승리를 서술하며 자기 도취에 빠질 이유도 없다. 미래를 위한 교훈과 인간들이 만들어 내는 수많은 삶에 대한 깊은 성찰만이 필요할 뿐이다.

이번 『전쟁과 역사』 3권에서는 이런 자세로 지난했던 고려 후기의 전쟁사를 돌이켜보았다. 분명 이 시기는 고통과 혼란, 모순과 굴종의 시대였다. 그러나 고려인들은 끈질기게 운명에 저항했고, 길고도 어지러운 세상은 각성과 변화를 낳았다. 그것은 21세기에 들어 너무도 빠른 변화 속에서 정체성의 혼란을 겪고 있는 우리에게도 적지 않은 교훈이 될 것이다. 마지막으로 이 책을 간행해 주시고 전국을 다니시며 사진촬영까지 도맡아 주신 혜안의 오일주 사장님과 편집과 일러스트 제작에 수고해 주신 김현숙, 오현아 님, 그리고 김태규 실장님께 감사를 드린다.

2008년 8월
임용한 씀

글 싣는 차례

제1부
꿈의 궁전

한 사나이가 밤하늘을 지켜보며 서 있었다. 역사에서 그에 관한 기록은 완전히 지워졌다. 성과 본명, 고향, 신분, 나이, 심지어 그가 어떻게 명성을 얻었고, 국왕과 관료들의 추앙을 받으며 궁성을 드나들 수 있는 사람이 되었는지, 대중과 관료들을 사로잡아 버린 언변과 수단은 무엇이었는지. 역사는 이 모든 것을 망각 속으로 밀어넣었다. 역사는 오직 한 가지 그의 법명과 그로 인해 야기된 커다란 사건 하나만을 기억하고 있다. 전쟁과 배신, 음모와 숙청, 그리고 고려사회의 굴절을 야기했던 사건, 그 사건은 지금까지도 그의 이름으로 불린다.

지워진 역사 덕분에 우리는 이 대사건의 전날 그가 어디에서 무엇을 했는지도 알지 못한다. 허나 한 가지 장면만은 자신 있게 추정할 수 있다. 긴장감이 가득한, 길고 팽팽한 어둠 속에서 그와 그의 동료들은 그들이 지금껏 정부에 제공해온 피와 헌신, 그리고 그 대가로 받아온 차별과 기만과 속임수를 떠올리면서 자신들의 행동에 정당성을 부여하고 있었을 것이다.

같은 시각, 남쪽으로 500리쯤 떨어진 수도 개경.

왕은 정전의 기둥에 서 있었다. 산비탈을 따라 조성한 궁전이라 이곳에서 보면 궁의 모든 정경이 한 눈에 들어왔다. 하지만 왕은 그것이 허상임을 알고 있었다. 본다는 것과 아는 것은 다르다. 매일 아침 수많은 사람들이 그에게 허리를 굽히지만 그가 절하는 대상이 자신인지 자신의 왕좌인지조차 알 수 없다. 궁은 고요하고, 정적과 위엄에 덮여 있지만, 저 고요 속에서 무슨 음모가 싹트고 있을지 모를 일이다. 그는 이미 여러 번 죽을 고비를 넘겼고, 이 궁 전체가 불타는 것도 보았다.

　죽음과 배신의 위기를 넘긴 다음부터 왕은 자신이 믿을 수 있는 세력을 만들기 위해 노력하고 노력했다. 그리고 그 믿음은 혈연으로도 혼인으로도 온갖 충성의 맹세와 그럴 듯한 신념과 인격으로도 만들 수 없다. 그 믿음은 오직 믿음에서 나온다. 내가 너를 특별히 신뢰하고 있다는 믿음, 내가 너와 함께 많은 일을 하고 많은 것을 줄 수 있다는 믿음, 네가 아니라도 나를 믿는 사람들이 많아서 여차하면 그들을 불러 너를 없애버릴 수도 있다는 믿음.

　왕은 그러한 믿음의 세력, 즉 철저한 이해타산으로 자신과 결합하는 세력을 만들기 위해 선왕들이 하지 않던 행동을 하고, 남들이 생각지 못한 방법을 썼다. 조정에는 여러 개의 세력이 생겼다. 그들은 서로를 견제하면서 왕이 자기 편이고, 자신들을 특별히 신뢰하고 있다고 믿고 싶어했다. 왕은 그들에게 미끼를 던지고, 제스처를 취하면서 서로가 벌이는 반목과 충성경쟁을 즐겼다.

　그러나 왕은 헛된 믿음은 헛된 기대를 만들어 낸다는 사실을 미처 생각지 못했다. 거짓말은 더 큰 거짓말을 낳고, 그렇게 키워놓은 기대들은 서로 제멋대로 자라 엉키기 시작했다. 이제 위선의 정점까지 왔다. 마침내 그들은 마지막 한 걸음을 요구하고 있으나 왕은 그렇게 할 수 없었다. 그들이 속았다는 것을 깨닫는 순간, 왕도 그제서야 자신이 키워놓은 나무의 실체를 보았다. 너무나 크고 너무나 응어리져 창과 검이 아니면 베어낼 수 없는 나무를……

1. 배반의 계절

고려의 국왕 중에는 기구한 인생역정을 겪어야 했던 사람이 많은데, 인종(1109~1146)도 꽤나 굴곡 많은 삶을 살았던 왕이다. 인종은 예종의 맏아들로 여섯 살 때 태자로 책봉받았다. 예종 시대는 고려의 최전성기라고 불리던 시절이다. 여진 정벌이라는 사건이 있기는 했지만 궁에서 자라는 인종에게 세상은 부유하고, 안정되고, 평화로웠다. 그러나 인종이 초등학교 6학년 나이에 예종이 세상을 떴다. 한순간에 인종의 왕위계승도 불안해졌다. 태자의 나이가 어리다고 예종의 형제들이 왕위를 넘보았기 때문이다.

불안한 상황에서 인종의 손을 잡아끌어 옥좌에 앉힌 사람이 예종의 장인이며 인종의 외할아버지였던 이자겸이다. 인종의 두터운 후원자가 된 외할아버지는 인종의 이모였던 자신의 셋째 딸과 넷째 딸을 모두 인종의 왕비로 삼았다.

이 결혼으로 이자겸은 두 왕(예종과 인종)의 장인이 되고 정가의 최고 실력자가 되었다. 그의 아들은 군부의 최고 실력자인 척준경의 딸과 결혼시켜, 병권까지 껴안게 되었다. 이 힘으로 그는 불만세력과 반대파를 몰아내면서 국정을 휘어잡았다.

그래도 처음에는 자기가 왕이 되려는 생각은 없었던 것 같다. 그러나 자신은 물론이고 신도 모른다는 것이 권력욕의 끝이다. 어린 왕은 철이 들면서 이자겸에 대한 불안과 불만이 커졌다.

인종 4년 2월, 왕은 측근의 무장들을 동원해서 이자겸과 척준경을 제거하는 친위쿠데타를 벌이지만, 거꾸로 이들에게 당하고 만다(이 이야기는 『전쟁과 역사』 2권 척준경 편에서 다루었다).

이때 벌어진 전투로 궁전은 불타고, 인종은 폐위 직전까지 몰렸다. 이자겸은 두 번이나 왕을 독살하려고 했는데, 한 번은 이자겸의 넷째

폐허가 된 만월대
이자겸의 난 때 불탄 궁궐
도 이런 모습이었을 것이
다. 궁전은 인종 16년에 복
구되었다(한정수 교수 사진
제공).

딸인 왕비가 독이 들었다는 정보를 알려주고, 한 번은 자신이 독이 든 음식을 들고 가다가 일부러 넘어져 그릇을 엎질렀다.

　이자겸은 이자겸대로 우물쭈물하고, 비난을 회피하다가 척준경과 틀어졌다. 이를 눈치챈 인종은 정치놀음을 하기에는 순박했던 척준경을 회유하여 이자겸을 제거하고 반란 발생 3개월 만에 극적으로 왕위를 회복했다. 이때 인종의 나이 열여섯이었다.

　사람이 너무 일찍 세상의 냉정함을 경험하게 되면 자기 스스로 냉정한 인간이 되려는 경향을 보이는 경우가 종종 있다. 최고 지도자는 냉철해야 하니 비슷하게라도 되면 다행이지만, 이런 경우는 그렇지가 못하니 문제다. 정상적인 교육을 통해 냉철한 지도자로 성장하는 것이 아니라 왜곡된 성장 과정에서 얻은 교훈으로 무장하니 부작용이 크다. 배신과 위기를 겪은 탓에 주변 사람을 믿지 못하는 병이 생기고, 주변 인물의 언행을 이해타산적으로만 보니 인간 이해는 오히려

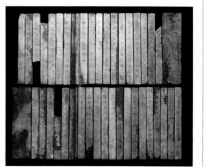

인종의 옥책
옥책은 왕이나 왕비의 존호
를 올리는 문서다.

부족해진다. 그러면서도 편협하고 부족한 지식으로 주변 사람을 의심하고 이용하려고만 드니 오히려 실패를 맛보기 쉽다.

인종의 경우가 꼭 그렇다. 위기를 겪고 난 인종은 사람들의 인망을 얻고, 신세 진 사람에게는 꼭 보답을 해서 믿을 수 있는 왕이라는 인상을 심어주기 위해 노력했다. 자신을 향해 욕하고 활까지 쏘았던 척준경을 용서하고, 이모이자 왕비였던 이자겸의 두 딸도 폐위시켜 내쫓기는 했지만(신하들은 두 왕비가 이모라는 이유를 들었다), 노비와 전답을 후하게 주고 끝까지 후대했다.[01] 왕비를 폐위시킬 때도 자신의 의도가 아니라는 점을 분명히 했다. 천성이 착했을 수도 있지만 정치적 내심이 없었다고 할 수는 없을 것이다.

심기일전을 다짐한 왕은 조세를 가볍게 하고, 수령을 검찰하고, 병사를 돌보고, 인재를 천거하라는 등의 내용을 담은 조서를 내려 각종 정책을 점검한다. 이자겸이 전횡하던 관료인사도 공도를 회복하고 등용문을 넓혔다. 이 조치에 따라 인종 때에 정지상·백수한으로 대표되는 소위 서경파의 위상이 급속히 상승하고, 이자겸이 제거된 다음 해에 서경파의 추천으로 문제의 승려 묘청이 등장한다.

이렇게 보면 인종의 정치는 나무랄 데가 없다. 관료의 등용문을 넓히고, 인재를 고루 등용한다. 좋은 일이 아닌가? 그러나 역사적 실체를 평가할 때는 플랜카드만 보고 단정해서는 안 된다.

이자겸의 난을 겪은 후 인종은 개경의 정치세력을 다원화하고, 신진세력을 등용하여 자기 직할의 정치세력을 키우기 위해 노력했다. 그래서 등장한 세력이 서경파다. 그러나 아직 어린 왕이어서인지 서경파를 다루는 방법이 치졸했다. 그는 서경세력에게 과도한 기대를 심어주어 그들의 충성을 유도하고, 이들을 이용해 개경파를 견제하거나 서로 싸우게 하는 방법을 사용했던 것 같다.

문제는 이것이 처음 써먹은 방법이 아니라는 것이다. 건국 이래 정국에 위기가 닥칠 때마다 국왕들은 서경을 이용해 먹었다. 서경 세력들은 그때마다 현실적 보장과 가시적 증거를 요구했다. 그들의 요구와 기대에 부응하여 서경은 개경과 유사한 독특한 행정체제를 마련하였다. 서울에만 둘 수 있는 최고 학부인 성균관을 세우고, 이조, 병조, 호조 같은 중앙 관청의 분사分司를 서경에도 세웠다. 이 관사의 관원은 개경에서 파견한 관원과 서경의 토호들이 반반씩 나누어 맡고, 그 중 일부는 중앙관료로도 진출했다.02 그러나 서경 사람들은 그것만으로는 만족할 수 없었다.

　인종이 다시 서경을 필요로 했을 때 써먹을 수 있는 카드는 이미 선왕들이 다 사용한 상태였다. 결국 인종은 서경 천도라는 카드를 꺼냈다. 공식 기록에서는 서경천도설은 인종 6년(1128) 묘청, 백수한, 정지상 등 서경파의 핵심인물들이 제기한 것으로 되어 있다. 또 이 해부터 인종의 서경행차가 시작된다. 그러나 이자겸의 난이 끝난 지 2년 만에 소수의 이질적 관료들이 겁도 없이 천도설을 제기하고 왕을 서경으로 끌어낼 수 있을까?

　기록에는 나오지 않지만 인종이 서경파에게 은근히 언질을 주었거나 그들이 그렇게 생각할 정도의 정치적 제스처를 보였음에 틀림없다.

　하지만 사실 서경천도설 역시 이미 예종이 써먹은 방법이었다.03 한 번 속은 경험이 있는 서경의 정치인들은 더욱 가시적인 증거를 요구했다. 결국 궁전 건축이 시작되었다. 장소는 평양성 동북 방향에 있는 임원역 자리다.

　이 궁전의 이름이 대화궁이다. 단 대화궁의 건설이 바로 서경 천도를 의미하는 것은 아니었다. 대화궁과 주변은 지세로 봐서 도성 자리는 아니다. 궁전을 완성해도 그곳을 중심으로 새 수도를 만들기는 어렵다. 정말 완전한 천도를 생각한 공사였다면 평양성 안 고구려 궁터 자리에 지었어야 한다. 묘청 등은 대화궁 자리가 풍수에서 말하는 큰

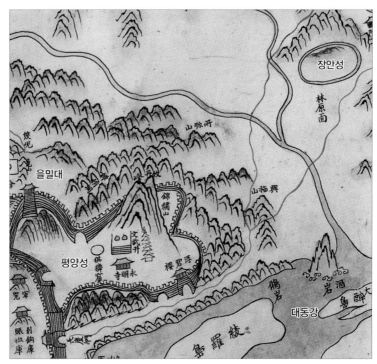

평양성과 대화궁지
평양성 동북쪽 임원역이
있던 자리다. 지도에는 장
안성이라고 표기되어 있다
(『해동지도』, 조선 후기).

꽃 모양의 터로 이곳에 궁을 세우면 천하를 병합하고, 금나라가 와서
스스로 항복하며, 주변 36개 나라가 모두 우리의 신하가 될 것이라고
말했다고 한다.[04] 그러나 아무리 좋은 말을 달아도 임원역 자리는 별
궁터 수준에 불과하다.

　따라서 서경천도설은 후대에 만들어진 약간의 과장일 가능성이
높다. 우리 시대에 벌어진 행정수도 논란처럼 개경을 서경으로 이전
하는 것이 아니라 제2의 수도로서 서경의 지위를 높여 전처럼 형식
적인 양경체제가 아닌 실질적인 양경체제로 만든다는 정도가 최고
의 구상이었을 것이다.

　대화궁의 건설공사는 1128년 11월에 시작하여 이듬해 1월에 준공되
었다.[05] 인종은 친히 서경으로 와서 이곳에서 준공식을 가졌다. 그러나
공사가 완결된 것은 아니었다. 3월에야 궁궐의 본전으로 추정되는 건
룡전이 완공되고 인종이 이곳에 행차하여 신하들의 하례를 받았다.

　행사가 끝나자 묘청과 백수한, 정지상 등은 인종이 건룡전의 옥좌에 앉는 순간 공중에서 울리는 풍악소리를 들었다고 주장하기 시작했다. 국왕이 정치를 잘하거나 국가적으로 훌륭한 행사가 있으면 하늘에서 상서로운 징조를 보여준다는 것은 유가의 전통적인 견해였다. 그 증거의 하나가 하늘에서 내려주는 이슬이라는 감로인데, 조선시대에도 감로가 나타났다고 축하하는 경우가 비일비재했고, 소반에 담아 왕한테 바친 적도 있다.

서경파는 건룡전 준공이 하늘이 팡파레를 울려주는 그런 행사였다고 말하고 싶었던 것이다. 하늘이 왜 팡파레를 울렸을까? 서경이 고려의 역사를 바꿀 새 하늘과 새 땅이라는 계시다.

정지상 등은 바로 이 사실을 찬양하는 글을 지었다. 그러나 옛날에도 이런 방법의 남용을 막기 위하여 견제장치를 마련해 두었다. 하늘의 팡파레가 역사적 사실로 인증을 받으려면 재상들의 서명이 필요했다. 그러나 재상들은 자신들은 그런 풍악소리를 들은 바 없다고 고개를 저었다.06 수도를 옮기고 싶지 않은 재상들은 대화궁의 낙성에 서경파가 생각하는 그런 의미를 부여하고 싶지 않았던 것이다. 정지상 등은 그런 의의를 부여하기를 원했고, 기존 세력은 거부했다. 서경파는 개경파가 자기들만의 기득권에 집착한다고 분노했고, 개경파는 조금 키워줬더니 자제할 줄을 모른다고 투덜거렸을 것이다. 그리고 인종은 이들의 다툼을 지켜보며 옥좌 안쪽에서 흐뭇한 미소를 지었을 것이다.

이 미소는 몇 년 간은 효력이 있었다. 인종 9년(1139) 대화궁에 성을 쌓고, 8성인을 봉안한 8성당을 지어 봉안했다. 8성인은 호국백두악태백선인실덕문수사리보살로 시작해서 두악천녀실덕부동우바이로 끝나는 길고 복잡한 호칭을 지니고 있다. 명칭으로 보면 토속신앙(호국백두산)과 도교(태백선인), 유교(실덕), 불교(문수사리보살)를 혼합한 특이하고 자주적인 창안물이었는데, 묘청의 작품이었다. 아예 화상까

제주 토속신앙에 나타난 10명의 무신도
조선 후기 작품으로 묘청이 봉안한 성인도 이와 유사한 형태였을 것이다.

지 그려 봉안했고, 국왕이 친히 제사하자는 의견까지 냈다.[07]

대화궁의 건설과 궁성, 8성당의 건축은 서경 사람들을 흥분시키기에 족했다. 어떤 이들은 건설사업에 꽤나 많은 돈과 인력을 투자했을 것이고, 개경과 서경을 매개한다는 중간거간꾼, 정치브로커들도 당연히 활개를 쳤을 것이다. 하지만 부속시설의 공사까지 모두 끝나자 텅 빈 대화궁에는 허탈함과 썰렁함이 몰려왔다.

궁은 완성되었지만 서경을 찾는 인종의 발걸음은 오히려 줄었다. 커다란 궁전은 사는 사람이 없으니 새와 짐승이 돌아다니고,[08] 유지관리비와 관리인의 인건비를 대느라 서경 사람의 부담만 늘었다.

대화궁을 건설하는 동안 서경파의 기세가 욱일승천하는 것 같았지만 실제로는 달라진 것도 없었다. 개경의 요직은 서경파에게는 절대 열리지 않았다. 김부식의 형인 김부일이 재상직을 사직하자 인종은 김부식에게 그 직을 이어받게 했다.[09] 그 외의 요직도 서경파에게 적대적인 인물들로 채워졌다.

서경파의 의구심이 커져 가자 인종은 개경과 서경에서 번갈아 거주한다는 방식으로 서경인을 달래보려 했지만 잘 되지 않았다. 서경파도 개경 사람과 서경의 투자자들 사이에 끼어 입장이 난처해졌던 모양이다. 묘청은 궁리 끝에 대화궁의 보좌에 어의를 두어 인종이 대화궁에 상거하는 것으로 간주하자는 해괴한 아이디어까지 냈다.[10]

당연히 이 주장은 시행되지 않았지만 오죽이나 난처했으면 이런 생각까지 했을까 싶다.

묘청의 서경천도설에 대해 옛날에는 교과서에도 풍수지리설 때문에 서경 천도를 주장했다고 적혀 있었다. 지금 생각하면 기가 막힌 설이다. 아무리 옛날 사람들이 현대인보다 미신적이라고 해도 한 나라의 정치인들은 냉정하거나 철저히 이기적이어서 풍수지리설로 천도를 단행할 만큼 순진하지는 않다.

천도론이 성과를 거두지 못하자 서경파는 보다 현실적이고 위험한 제안을 내놓았다. 고려도 황제를 칭하자는 칭제건원론과 금나라와의 전쟁이었다.

금나라와의 전쟁론은 이자겸의 난이 진압된 다음 해인 인종 5년에 이미 현실화되어 있었다. 당시 금나라가 송나라의 반격에 패배해서 밀려난다는 소문이 들려오자 서경파는 바로 송나라와 연합해서 금나라를 치자는 주장을 한다. 그러나 사실 확인을 위해 송나라로 들어간 김부식이 금나라가 송나라의 수도인 변경(개봉)을 공격중이라는 정보를 가지고 돌아오면서 허위정보로 판명되었다.[11]

서경파는 이후에도 서경 천도와 칭제건원론을 합쳐 금나라와의 전쟁을 계속 충동한다. 이들의 속셈은 우리가 생각하는 자주국가나 대제국의 건설이 아니다. 금나라와 전쟁을 시작하면 자연스레 서경이 군사와 행정의 중심지가 된다. 거란·여진 전쟁 때 서경이 최일선 기지며 전쟁의 중심에 있었던 사실을 상기해 보자. 예나 지금이나 마찬가지지만 건원칭제와 같이 국가의 체면과 위상을 높이자는 구호도 선동적 효과는 있었을 것이다. 하지만 풍수지리설과 마찬가지로 이것도 현실이라는 벽을 넘을 수는 없었다.

마침내 분명한 태도를 표명해야 할 시기가 오자 인종은 애초부터 개경을 버릴 마음이 없었음을 밝힐 수밖에 없었다. 서경파는 분노했다. 그 중에서도 백수한이나 정지상처럼 이미 중앙관료로 진출한 세력들은 그럭저럭 참을 수 있었지만, 중앙관료로의 상승을 노리고 물자와 인력을 투자해 왔던 서경 토호들의 좌절과 불만, 배신감은 극에 달했다. 이것이 서경민의 반란을 촉발할 수 있었던 공감이자 에너지였다. 묘청의 난의 진정한 원인은 바로 여기에 있었다고 할 수 있다.

아무리 권력이 좋고 통치가 중요하다고 해도 혹은 국가적 비상상황이라고 해도 통치자는 넘어서는 안 되는 최후의 선이라는 것이 있다. 서경 천도와 서경인과 개경인 사이의 줄타기는 정치의 한도를 넘은 졸렬한 정책이었다.

정치발전, 정계개편, 정치참여층의 확대 등 어떠한 좋은 명분을 내세운다고 해도 이것은 국왕이 정치적·사회적 특권이라는 파이를 신하들 사이에 던져놓고, 싸움을 붙이는 방식이기 때문이다.

이 싸움은 추악한 이권다툼이 되어버리고, 그렇기 때문에 모든 사람들을 싸움판에 끌어들일 정도로 위력적이다. 그 현실적 유혹 앞에서 '아니, 나는 내 고향이 수도가 되기를 원치 않는다'라고 말할 수 있는 사람이 몇이나 될까?

그 싸움을 내려다보면서 인종은 자신이 서경파를 가지고 논다고 생각했겠지만, 그의 근시안적 술수는 내전이라는 엄청난 부메랑이 되어 돌아왔다. 뒤늦게나마 인종은 자신의 잘못을 깨닫고 스스로 반성문까지 써서 교지로 반포했다.

"짐은 궁중에서 자라나 나라를 다스리는 일에 어두웠다. 조심하고 노력했으나 간웅의 기미를 알아채는 견식이 부족하여 이자겸의 난으로 왕실이 파천하고 궁실이 재가 되었다. 마침 이때 음양인이 평양으로부터 왔고, 좌우의 천거가 있어 대현으로 우대하였다. 짐이 진실로 밝지 못하여 (음양인의) 말에 그르치게 되어 대화궁을 짓고 여러 번 행차하였으나 길상의 응험은 적고 비방만 불러일으켜 성과가 없고 말았다.

…… 죄는 진실로 나에게 있도다. …… 장래에는 스스로 고치고 고쳐 두 번 허물이 없기를 바라노라. 이렇게 뉘우치고, 자책하는 조서를 중외에 포고하여 다 듣고 알도록 하라."12

하지만 인종이 반성문을 썼다고 해서 달라질 것은 없었다. 인종이 뿌려놓은 욕망의 싹은 이미 최후의 선을 넘었다.

2. 완전한 반란

인종 13년(1135) 1월 고려정부에서 파견한 사신이 서경에 주둔 중인 서북면 도병마사 이중李仲을 찾아왔다. 그 관원은 국왕의 조서를 내보이며 이중과 수하장병을 체포해서 서경의 소금창고에 가두었다. 얼마 후에 또 다른 장수와 관리들이 포박되어 창고로 끌려 들어왔다. 갑작스런 체포 열풍도 이상하지만, 창고로 잡혀 들어오는 사람들은 모두 중앙에서 서경으로 파견된 관원들이었다. 그제서야 창고 안의 죄수들은 자신들이 속았다는 사실을 깨달았다. 분사의 나머지 반쪽들이 서경을 장악한 것이다(창고에 갇힌 사람들은 나중에 거의 살해되었다).

묘청과 서경 귀족이며 분사의 관원인 조광, 유참, 안중영 등이 주도하고 서경의 토호와 관리, 무사, 군인 들이 대거 참여한 이 반란은 규모도 크고 조직적이었으며, 준비와 연습도 철저했다. 하루 만에 서경을 장악한 그들은 주변 고을로 가짜 사신과 군대를 다시 내보냈다.

정방산성
절령과 자비령 길을 방어하는 이곳은 서경과 개경 사이의 유일한 차단목으로 조선시대에도 최대의 요충이었다.

황주

동선역

북문

성불사

남문

　가짜 사신들은 연습도 많이 했는지 한 번의 실수도 없이 주변 고을과 요새의 관리와 장수들을 하나하나 체포하고 군대를 압류했다. 작은 고을, 역, 주요 도로에는 직접 군대를 파견하여 관리를 체포하고, 도로를 봉쇄했다. 이 작전에 동원된 병사도 최하 수천 명이 넘었다. 봉쇄 작전 역시 대성공을 거두어 평안도 전체에서 체포를 모면하고 탈출한 관료가 단 한 명도 없었다.

　북쪽으로는 청천강, 남쪽으로는 자비령(황해도 황주) 사이의 땅이 한순간에 반군에게 넘어갔다. 점령작전이 성공하자 주동자들은 서경

의 동헌인 관풍정에 모여 새
로운 수령과 장수의 명단
을 발표했다. 한사람, 한사
람 이름과 담당 지역이 발표
될 때마다 환호와 박수가 터
졌다.[13] 완벽한 반란, 완벽한
성공이었다. 역사는 이를 묘
청의 난이라고 부른다.

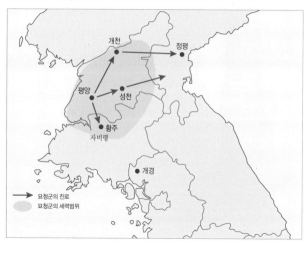

묘청군 봉기 초기의 점령
지역과 진로

  반란의 거점을 확보했으니 다음 목표는 개경이다. 개경은 3만 정도
의 상비군을 보유하고,[14] 3중으로 된 성으로 보호받고 있다. 그러므로
개경을 공격하려면 최소한 3만 이상의 대군을 모아야 한다. 대군을
모으려면 세력범위를 넓혀야 한다. 반군은 가짜 사신 팀과 군대를 평
안북도 지역과 함경도 지역으로 확산하기로 한다. 특히 동북면으로의
진출을 중시해서 평안남도와 북도의 경계선이면서 평안도와 함경도
의 접경인 개천에 병마부사 이자기와 장군 이영을 1,000명의 병력과
함께 파견했다.

  이미 자비령을 확보한 반군이 동북면으로 진출하여 원산만까지 확
보하면 38선과 유사한 남북분할 구도가 완성된다. 개경정부와 차단되
고, 불만도 많은 평북지역은 당연히 서경 측에 합류할 것이다.

  남북이 분할되고 양쪽이 힘겨루기에 들어가면 북부가 훨씬 유리해
진다. 반군은 평안도와 함경도의 고을에 대해 개경 정부보다 훨씬 좋
은 공약을 쏟아부을 수 있다.

  힘의 추도 북쪽으로 기울 것이다. 임진왜란이 발발하기 전까지 우리
의 가상의 적은 언제나 북방민족이었다. 그래서 군사력은 항상 평안·
함경 지역에 집중되었고, 이 지역은 특수 군사지역으로 책정되어 정
책적으로 무사와 강한 병사를 양성했다. 또한 산이 많고 농지가 적

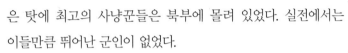

은 탓에 최고의 사냥꾼들은 북부에 몰려 있었다. 실전에서는 이들만큼 뛰어난 군인이 없었다.

서경에서 개경 사이에 이미 반군이 장악한 자비령(절령) 이외는 쓸 만한 요새나 차단선도 없다는 것도 치명적이었다. 개경이 3중의 성으로 보호를 받고는 있다지만 방어력은 별로다. 그동안의 모든 전쟁에서 서경방어선이 뚫리면 개경은 바로 함락이었다.

반군 지휘부의 방에 달력이 있었다면 하루하루를 초조하게 체크하며 보내고 있었을 것이다. 그들은 대규모의 인원을 동원한 크고 복잡한 반란을 완벽한 보안 속에서 치러냈다. 개경정부는 자신들의 머리 위에서 벌어지고 있는 위험한 사태를 전혀 눈치채지 못하고 있다. 하루가 지날 때마다 반군의 힘은 크고 넓어져 간다. 그때까지만 보안을 유지하면 반란은 완벽하게 성공한다. 38선의 완성까지는 기대하지도 않는다. 도중에 눈치를 챘다고 해도 남부지방에 동원령을 내리고 군대를 끌어오려면 시간이 걸린다. 서경과 개경 사이에 있는 유일한 요새인 자비령과 절령 일대는 이미 자신들이 장악했다. 자비령에서 개경까지는 겨우 하루 이틀 길이다. 자신들이 며칠분의 힘만 비축해도 개경정부는 도저히 자신들을 막아낼 수 없다. 며칠이라도 좋다. 비축할 수 있는 최대한의 힘, 최대한의 무게로 개경을 누른다.

이 계획대로라면 황해도 황주의 남쪽 약 25km 지점에 있는 자비령과 절령이 서경군의 공격개시선이었다. 그래서 서경군은 반란 첫날 제일 먼저 병력을 파견하여 황주의 관원을 체포하고, 자비령을 봉쇄했다. 그런데 우연히 이 광경을 보게 된 두 사람이 있었다. 최언과 한선정은 황주 출신으로 개경에서 근무하는 군인이었다. 휴가를 얻어 고향으로 돌아가던 그들은 황주 남쪽 동선역에서 서경군이 황주 사록 고보정을 체포하는 장면을 목격하였다.

고려의 무인상(14세기)

사태를 직감한 두 사람은 훈련된 군인답게 바로 산으로 도망하여 낮에는 잠복하고 밤에는 산길을 걸어 반군의 포위망을 뚫고 개경으로 왔다.[15] 이들의 귀환으로 묘청의 기원은 허망하게 깨어졌다. 반란 발생 3일 만이었다.

서경의 반란 소식을 들은 정부는 즉시 토벌군을 편성했다. 총사령 관으로는 김부식과 인종의 장인인 임원애가 임명되었다. 하지만 명령 이 곧 변경되어 임원애는 출정하지 않고, 김부식이 난의 진압을 책임 지게 되었다. 두 사람을 함께 출정시키면 서로 견제하여 딴 마음을 먹 지 못하게 하는 효과는 있지만 지휘권이 분열될 소지도 크다. 인종은 김부식을 믿고, 효율성과 일관성에 투자하기로 했다.

정부군은 3군으로 편성했는데, 중군은 사령관 김부식이 지휘하고, 좌군은 김부식의 동생 김부의, 우군은 이주연과 진숙이 맡았다. 정 부군의 병력은 기록이 없고, 우군이 2,000명이었다는 기록만 남아 있 다.[16] 중군과 좌군도 동일한 규모였다면 총 병력은 6천이 된다. 하지만 최소한 중군은 좀더 많았을 가능성이 있으므로 최하 6천에서 1만 정 도였을 것 같다. 한 번에 이 정도 병력을 동원할 수 있었던 이유는 당 시가 고려의 전성기로 수도에 3만 정도의 상비군이 있었던 덕택이다.

신속하게 진압군을 편성하기는 했지만 행동을 취하기는 쉽지 않았 다. 당장 서경을 공격하면 좋겠지만 병력이 부족했고, 적의 상황도 알 수 없었다.

차선책으로 남도의 병력이 도착할 때까지 수비를 굳히며 기다리는 방안이 있다. 하지만 이 방법은 서경군이 가장 바라는 작전이었을 것 이다. 정부군이 남도의 보충병을 기다리는 동안 반군은 38선을 완성 하고, 남북분할 구도를 완성할 것이다.

세 번째 방법으로 서경을 직접 공격하지 않고 주변 군현을 점령하 여, 반란의 불길을 차단하고, 서경을 고립시키는 방법이 있다. 그 뒤에 증원군을 보강하여 서경을 공략하는 것이다. 좋은 방법 같지만 매우 위험하다. 가뜩이나 적은 정부군이 분산되어 각개격파당할 위험이 있다. 행여나 정부군이 작은 패배라도 당하면 지금은 관망중인 북계의 여러 세력들이 급속히 반군에 가담할 것이다.

말 그대로 딜레마인데, 정부군은 의외로 위험하고 모험적인 세 번째 전략을 채택한다. 여기에는 그럴 만한 이유가 있다. 반란 소식을 들은 고려정부는 빠르게 서경에 사신을 파견했다. 반군 지도부는 의외로 사신을 공손하게 대접했다. 묘청과 조광은 자신들은 결코 반란을 원하지 않는다면서 오직 인종이 예전에 약속한 서경천도 계획(혹은 약속)을 실천하라고 요구했다. 그 소식을 들은 인종은 뜨끔하기는 했겠지만, 그렇다고 그 말에 속아줄 수도 없었다.

시간을 벌려면 묘청과 조광은 보다 진짜 같은 제안을 내어놓아야 했다. 서경 천도만 하면 자진해산 하겠다는 말은 누가 들어도 뻔한 시간끌기였고, 시간을 끌면 정부 측에 불리한 음모가 진행되고 있다는 의미였다. 바로 이때 서경군이 가짜 사신을 이용하여 세력을 확산시키고 있다는 정보도 유입되었다. 그 순간 고려정부는 서경 측의 전략과 약점을 알아차렸다.[17]

가짜 사신을 사용하여 관과 군대를 접수할 수 있었다는 것은 반군의 동조세력이 서경에 집중되어 있고, 아직 서북면 일대로 널리 퍼져 있지 않다는 증거였다. 현지 세력 가운데 확실한 동조자가 있었다면 이런 위험한 사기극보다는 몇 개의 요충을 정해 놓고 직접 봉기하는 쪽을 택했을 것이다. 또한 서경군은 남북차단을 목표로 동북면으로 뻗어나가는 바람에 병력이 분산되었다. 그것은 더욱 치명적인 실수였다.

관군은 앞서 살펴본 세 번째 방안대로 우군 2천을 동북면으로 보내 서경군의 동진을 차단하고 주변 군현들의 동요를 막았다.[18] 좌군은 개경-서경 간 도로로 북상해서 묘청군의 남하를 저지했다. 이 사이에

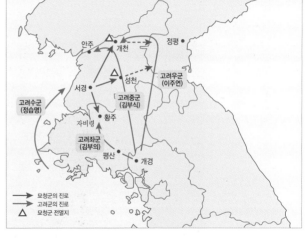

김부식이 직접 지휘하는 중군은 뒤에 머물며 병력과 장비를 보충했다.

이 작전은 대성공을 거둔다. 우군이 북상하자 가짜 사신 방식은 당장 효능을 상실했다. 효과는 여기서 끝나지 않았다. 성주(성천)와 개천에서는 정부 측에 붙은 토호들이 역반란을 일으켜 주둔중인 서경군을 몰살시켰다.

묘청의 난 진압도
좌군은 묘청군의 남하를 막고 중군과 우군은 서경의 동쪽과 북쪽을 차례로 차단했다.

"서경의 적이 성주에 이르러 왕명을 거짓으로 꾸며 방어사의 관료를 잡아 결박하고 민가에 난입하여 음식을 마구 토색하였다. 고을 사람들이 거짓임을 알고 5~6명을 쳐서 죽이고, 20여 명을 가두고는 말을 달려 보고하니, 왕이 조서를 내려 권장하고 관료에게 약 한 은합을 각각 하사하고, 장리와 장교에게 폐백을 차등 있게 주었다.

또 연주(개천)의 호장 강안세와 중랑장 김인감은 가짜 병마부사 이자기, 장군 이영 등과 군졸 6백여 명을 잡으니, 교서를 내려 권장하고, 위로하며 비단과 채백을 하사하였다. 여러 성에서 듣고 서경의 적 1천 2백여 명을 잡아 죽였다."[19]

기록에는 서경군이 토색질을 해서 인심을 잃거나 가짜임이 밝혀져 토호들에게 체포, 살해 되었다고 했지만, 실제로는 정부군의 등장과 선무공작이 주요인이었을 것이다. 더욱이 개천과 성주사건은 서경군에게 치명타였다. 동북면으로 가는 주도로가 두 고을로 이어지기 때문이다. 가장 많은 병력을 파견했던 개천에서는 600명을 잃었다. 성주는 서경과 겨우 하룻길이며, 동북면에서 서경으로 오는 가장 가까운

길이었다(예전 거란전쟁 때 탁사정과 지채문이 인솔한 동북면 지원군이 성주를 거쳐 서경으로 진입했던 것을 기억하자). 이곳이 서경에서 떨어져 나감으로써 서경의 동쪽이 무방비 상태로 노출되었다.

성주와 개천에서 서경군이 몰살되자 뒤를 이어 여기저기서 서경군에 대항하는 역봉기가 발생했다. 소규모 병력으로 분산 파견되었던 서경군은 맥없이 타도당해서 한순간에 거의 2,000명의 병력을 잃었다. 정부군으로서는 단 한 번의 전투도 없이 기동과 포석만으로 얻어낸 성과였다.

뒤늦게 출발한 김부식의 중군은 현장답사를 하듯 묘청군이 몰살당한 성주와 개천을 돌아보고 서경 북쪽 청천강변의 도시 안주로 들어갔다. 그러자 동북면 차단에 성공한 우군도 안주로 합세하여 서경군은 동북면에 이어 평북지역과도 분리되었다. 남쪽은 여전히 김부의의 좌군이 막고 있었다. 이어 고려정부는 정습명, 허순, 왕식을 시켜 서남해안과 도서지방의 수군과 전함을 징발하여 전함 140척과 4,600명으로 구성된 수군부대를 편성했다. 이 부대는 대동강 하구를 장악하고 서경의 서북쪽 해안인 평원군에 상륙했다. 이렇게 해서 서경은 동서남

북으로 완전히 포위되었다.

반란을 일으킨 지 한 달도 안 돼 서경은 완전히 고립되고 포위되었다. 동북면과 평북의 토호들은 다 틀렸다고 고개를 저었고, 오히려 정부군에 더욱 협조적으로 나왔다. 마지막 수순으로 김부식은 서경으로 사신을 보내 항복을 권유했다. 며칠 후 서경측 사절이 세 개의 상자를 들고 찾아왔다. 묘청과 유참, 유참의 아들 유호의 머리였다. 정부군의 완벽한 불계승이었다.

묘청의 난은 시작할 때의 규모와 위세가 무색하고도 무안하게 정부군과의 전투 한 번 없이 끝나 버렸다. 이 정도의 조직력과 준비, 정교함을 가지고 시작한 반란도 없고, 이렇게 허무하게 바둑 두듯이 끝나 버린 반란도 없다.

그 이유는 무엇일까? 세상의 모든 반란은 기습이자 모험이다. 그러나 서경군은 그 대단한 조직력과 보안력을 가지고, 신속한 타격 대신 화려한 기동을, 모험적인 공격 대신 안전한 세력 확장을 택했다.

가짜 사신 방법도 드라마틱했지만 드라마틱의 뜻풀이는 '비현실적'이다. 드라마틱하게 세 불리기에 열중하다 보니 병력이 분산되고, 위장이 들통나자 일거에 몰살당했다. 그렇게 몰살당한 병력이 2,000명이었다. 이는 고려의 우군에 맞먹는 병력이다. 이들이 서툰 속임수로 고을을 장악하는 대신 차라리 좀더 공격적인 움직임을 보이면서 개경을 압박했더라면 어찌되었을까? 그리고 소수의 유격대를 보내 정부군 방어선 주변의 고을을 타격했더라면?

당장 고려군은 정면 방어에 집중해야 했고, 이렇게 신속하고 겁 없는 양동작전을 수행하지는 못했을 것이다. 실제로 서경의 반란 소식이 전해지자 바로 서경군이 개경에서 하루거리인 금교역까지 왔다는 소문이 돌고, 개경 시내가 공황 상태에 빠진 적도 있었다. 그 사이에 서경군은 세력을 확장하고, 병력을 준비할 시간을 벌 수 있었을 것이다.

속임수와 기만으로 세력을 확장한다는 발상도 낭만의 극치다. 서경을 장악하는 방법으로는 의미가 있었지만 그 이상은 아니었다. 무장봉기라는 극단적 행동을 가능케 하는 힘은 인간들의 이해관계다. 그러므로 세력을 확장하려면 반란의 성과와 성공 가능성에 대한 실제적 확신을 심어주어야 한다. 반군이 공세적으로 판세를 장악하고, 정부군이 우왕좌왕하거나 두려워하는 모습을 보여주었다면 반란에 참여하는 군현은 급속히 늘었을 것이고, 속아서 가담하는 세력보다도 훨씬 강력한 지지세력을 빠르게 규합할 수 있었을 것이다.

속임수가 성공하려면 보안이 완벽해야 한다는 조건이 따른다. 그런데 평안도 전역과 수십만 인구를 대상으로 하는 완벽한 차단이 가능할까? 절대 불가능하다. 사실은 반란이 발생하기도 전에 이미 정보가 누출되었다. 묘청군의 거사 며칠 전에 백수한의 아들 백청이 서경을 방문했다가 돌아갔다. 백수한은 묘청과 함께 서경파의 지주였고, 묘청의 제자라고 불린 인물이다. 서경에서 반란이 일어났다고 하면 백씨 일가는 당장 체포될 것이다. 이를 걱정한 백청의 친구가 백청에게 반란계획을 알리고 당장 서경으로 돌아오라고 편지를 보냈다. 하지만 백청은 돌아올 수 없었다. 개경에는 그의 부친과 일가가 있었다. 그는 더 빨리 개경으로 돌아와 부친에게 알렸고, 백수한은 왕에게 보고했다.

그러나 당시가 워낙 정치적 음모가 난무하던 시절이고, 음모에 당해본 경험이 누구보다 풍부한 인종인지라 이 정보를 의심하고 믿지 않았다. 그러다 며칠 뒤 최언과 한순정의 보고를 듣고서야 반란을 확신했던 것이다.

서경파는 왜 이렇게 복잡한 반란을 기획했을까?

추측해 보자면 이렇다. 묘청의 난에는 서경의 토착세력이 폭넓게 참여했다. 역사적으로 보기 드문 규모이고 굉장한 장점이다. 그러나 이런 경우 심각한 문제가 하나 발생한다. 반란이란 극단의 모험이고 투기다. 따라서 모험적이고 과감한 정책이 필요하다. 하지만 이런 투기를 감당해낼 강심장을 지닌 사람은 세상에 흔치 않다. 반란을 모의하는 과정에서 참여하는 사람이 많아지고, 그들을 설득하다 보면 투기적 계획은 안정적이고 이성적 계획으로 변해 가게 된다. 결코 민주주의를 무시하는 것은 아니지만 공격적이고 모험적인 투자계획은 종업원 투표로는 절대 가결되지 않는 것과 같은 원리다. 결과적으로 계획은 기습과 모험이라는 본질을 망각하고 반란이라는 배가 집단적 만족과 잘못된 민주의 산으로 올라간다.

정말 이런 과정을 거쳤는지는 기록이 전혀 남아 있지 않아 알 수가 없다. 그러나 결과적으로 보면 묘청의 난은 가짜 사신이라는 기발함과 대담함, 수천의 병력, 조직적이고 주도면밀한 시행 과정에도 불구하고 전략이 근본적으로 잘못되어 있었다. 자신들은 합리적인 전략이라고 생각했을지 모르지만, 그 이성적인 계획이 실현되려면 전제와 조건이 너무 많다. 속된 말로 세상 일이란 모르는 것인데, 그런 수많은 전제에 기댄다는 자체가 그 어떤 투기보다도 더 위험한 모험이라는 사실을 인식하지 못했다.

3. 진짜 전쟁

반란은 이렇게 끝나고, 묘청은 허망하게 퇴장했다. 인종은 서경에서 이송된 세 개의 머리(묘청·유참·유호)를 개경 중심가에 매달았다. 하지만 진짜 묘청의 난은 묘청이 퇴장한 후에 벌어진다. 반군은 항복했지만 실은 완전히 항복한 것은 아니고 항복교섭 상태였다. 살해된 묘청은 얼굴마담에 불과했고, 반란의 실질적 지도자인 조광은 통치권을 유지하고 있었다.

정부 측에서도 최대한 서경 주민을 안심시켜야 했기 때문에 서경을 포위하지도, 입성하지도 않았다(아마도 군이 입성하지 않는다는 것이 중요한 협상조건이었을 것이다). 대신 개경의 어사 김부와 내시 황문상을 책임자로 파견하고, 서경의 지도부 중에서 친정부 측이거나 온건파였다고 보이는 윤첨을 공동통치자로 해서 서경의 임시 지도부를 꾸렸다.

이 중요한 시점에서 김부가 서경을 서툴게 다루었다. 살해된 묘청 등은 대외용이고, 서경 안의 반군세력은 무장을 갖춘 온전한 상태였다. 긴장한 그들이 고분고분 말을 들었을 리도 없다. 서툰 지도자일수록 이럴 때 기싸움에 치중하고, 괜한 위엄과 본때를 보여 상대를 억누르려고 한다. 김부와 황문상도 그랬던 것 같다.

김부식이 반란을 무혈진압한 것도 도리어 악재가 되었다. 위기가 닥치면 단결하다가도 조금만 상황이 호전되면 떡과 공을 선점하려고 다투는 것이 정치가의 본성이다. 개경에 남아 있던 관료들은 김부식이 서경에 입성하지 않았기 때문에 자신들에게도 서경 진압의 공을 나눌수 있는 기회가 왔다고 보았다. 용기가 없거나 능력이 떨어져 전쟁에는 빠졌던 그들은 뒤늦게 공을 세우기 위해 항복한 서경과 사신들을 험악하게 다루고, 다투어 목소리를 높이고, 괜한 강경론으로 서경인을 협박했다.

2월에 서경이 다시 봉기하여 김부와 황문상을 살해했다. 윤첨은 서경에 있는 태조의 영정을 들고 탈출하다가 잡혀 살해되었다. 윤첨이 목숨을 걸고 태조의 영정을 들고 나오려고 했던 것은 숭고한 충성심 때문이었을 수도 있다. 그런데 윤첨은 이전에 묘청의 목을 들고 개경에 항복사절로 갔을 때도 개경의 강경파에게 죄수 같은 취급을 받았었다. 그 경험이 자신이 살기 위해서는 충성의 증거가 필요하다는 생각을 하게 했을 수도 있다. 윤첨 같은 친정부적 인물까지 이 정도로 불안해했다면 진짜 반군지도부의 불안과 좌절은 어떠했을지 짐작할 수 있다. 서툰 관료들의 욕심과 엄포가 서경인을 진정한 공동체로 묶었다. 서경은 다시 반란의 불길에 휩싸였다. 이번에는 정권의 획득을 위해서가 아니라 생존을 위해서였다.

이 두 번째 봉기부터가 진짜 전쟁이었다. 안주에 있던 정부군 병사들에게 날벼락 같은 소식이 전해졌다. 전투 한 번 없이 고향으로 돌아가게 되었다고 좋아라하던 병사들은 무겁고 착잡한 마음으로 죽음의 신이 기다리고 있는 서경으로 향했다.

두 번째 전쟁은 전형적인 공성·수성전으로 진행되었다. 전쟁터가 하필 평양성이란 사실이 진압군에게는 비극이었다. 평양성은 우리나라에 있는 읍성 중에서는 최고의 요새였고, 삼국시대부터 가장 많은 전투를 경험한 성이었다. 전투 경험이 있는 병사와 없는 병사의 전투력이 하늘과 땅만큼 차이가 나듯, 전투 경험이 있는 성과 그렇지 않은 성도 위력이 크게 달라진다. 나폴레옹의 말처럼 둑을 무너뜨리는 것은 하나의 작은 구멍이다. 성도 사소한 사각과 취약지대가 돌파점이 된다. 예루살렘 성도 대단한 요새로 청동기 시대부터 십자군 전쟁 때까지 수많은 전투를 치렀지만, 함락될 때 보면 공격 포인트와 무너지는 성벽은 늘 같은 장소였다.

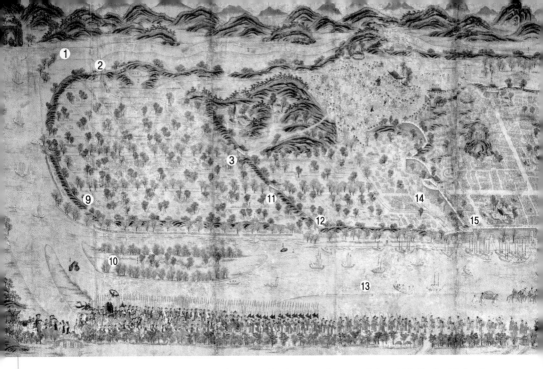

평양성 복원도
①보통강 ②다경문 ③정
양문(양명문) ④보통문 ⑤
경찬문 ⑥칠성문 ⑦기자묘
⑧을밀대 ⑨외성지 ⑩양
각도 ⑪함구문(함원문) ⑫
중성 ⑬대동강 ⑭주작문
⑮내성 ⑯대동문 ⑰연광
정 ⑱능라도 ⑲모란봉 ⑳
북성

그러므로 경험적으로 그런 장소를 알고 보완을 거듭해 온 성의 방어력과 어디가 사각인지도 잘 모르는 성의 방어력은 크게 다를 수밖에 없다.

평양성의 최대 장점은 성의 반을 싸고 도는 대동강이다. 성의 방어시설은 다양하지만 최고의 방어시설은 해자다. 대동강은 거대한 해자 역할을 해줄 뿐 아니라 남북을 양단해서 공격군의 행동영역을 분리시켜 버린다. 전투란 불확실성과 돌발 상황의 연속이어서 그때 그때의 순간대응력과 병력의 가용성이 중요하다. 약간의 예비대가 없어서 숨통을 끊을 수 있는 순간을 놓쳐 버리는 바람에 몇 배나 더 희생을 내거나 이길 수 있었던 전쟁을 패배로 바꿔 버리는 경우도 허다하다. 그러니 가용병력의 절반이 늘 강 건너편에 멀뚱하게 서 있어야 한다는 것은 지휘관에게는 분통터지는 일이 아닐 수 없다. 또 공격군이 분리되므로 병력도 두 배가 필요하고, 적의 기습에도 취약해진다.

성의 나머지 반도 대동강의 지류인 보통강이 휘감아 천연 해자를 제공한다. 성은 내성, 중성, 외성의 3중성으로 구성되고, 북쪽 제일 고

지대인 을밀대와 부벽루 쪽에 최후의 보루로 북성을 쌓았다.

조선시대 기록에 따르면 외성은 석축과 토축을 혼합했는데, 석축 부분이 8,200척(약2.5km)이고, 흙으로 쌓은 부분이 1,205척(368m), 높이는 32척(약10m)이었다고 한다.[20]

다만 서경 측에는 안타깝게도 당시는 외성이 허물어져 있었다. 대동강과 보통강을 해자 삼아 서쪽 방어선을 형성하던 외성이 없어져 외성과 중성 사이 서남쪽 벌판에 교두보를 허용하게 되었다.

서경 측에서는 황급히 외성을 축조했지만 보통강변을 따라 외성을 완전히 복원하기에는 시간이 부족했다. 할수없이 서쪽의 선요문에서 다경문까지만 성을 쌓았다. 1,734간에 성문이 6개였다.

그런데 앞의 그림에서 보듯이 다경문까지만 외성을 쌓았으면 이 공사는 의미가 없다. 외성 서남쪽 성벽이 없어서 안쪽으로 열려 있기 때문이다. 따라서 이 구간의 외성 축조가 의미를 가지려면 외성 안쪽으로 임시로라도 방책을 쌓아야 한다. 이렇게 하면 일단 북서쪽 강변은 막고 남쪽의 중성 부분에 대해 돈대 역할을 할 수 있다. 이 외성 축조

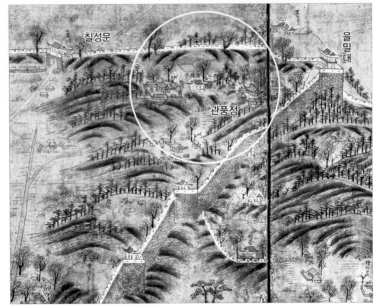

관풍정과 을밀대 부근
관풍정은 칠성문에서 을밀
대 사이의 산기슭에 있었다
(원 안). 조선 후기까지 그
터가 남아 있어서 관광명
소가 되었다. 이곳을 유람
한 권근의 시에 의하면 개
경의 왕궁인 만월대처럼 산
비탈에 여러 겹의 축대를
쌓고 건물을 배치했던 것
같다.

칠성문

을밀
대

관풍정

기사와 별도로 중성의 양명문, 함원문 앞에는 다시 목책을 쌓아 방어
선을 보강했다는 기사가 나오는 것을 보면 다경문의 외성은 안쪽으로
임시 성벽을 쌓아서 중성의 옹성 역할을 하게 했을 가능성이 높다.

외성의 다경문은 조선시대에도 문의 명칭이 이어져서 위치를 알 수
있는데, 앞으로 주 전장이 되는 중성의 양명문과 함원문은 위치가 확
실하지가 않다. 일단 다경문 남쪽의 외성은 복구를 못했으므로 양명
문과 함원문은 중성의 성문임이 분명하다. 그런데 조선시대에 중성 서
쪽의 문을 정양문과 함구문이라고 불렀다. 명칭도 비슷하고 방향도
비슷하다. 또 양명문 공격을 담당한 고려군이 양명포에 머물렀는데,
이 양명포는 바로 중성 남쪽의 강 중간에 있는 양각도에서 기인한 명
칭 같다. 이런 사실로 미루어 보면 정양문이 고려의 양명문, 함구문이
함원문이라는 추정이 가능하다.

정부군은 5군으로 구성되었다. 4군은 강북에 1군은 강남에 배치했
다. 지휘부가 있는 전군은 서경 서쪽에 위치한 천덕부,[21] 좌군은 남쪽
의 흥복사(흥복사탑이 지금 평양의 중앙역사박물관에 남아 있다), 우
군과 전군은 각기 평양 동북쪽 현재의 모란봉 구역 인흥동에 있는 중

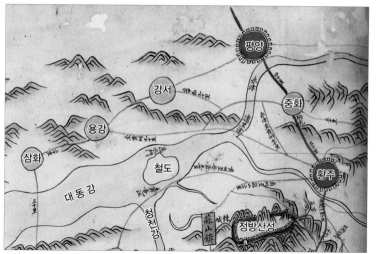

철도
대동강과 청천강이 만나는 요충으로 조선시대에도 이곳에 군사기지가 설치되었다. 지도에는 강줄기의 모습이 정확하지 않다. 실제로는 철도 부근에서 강이 꺾인다(『해동지도』, 조선 후기).

흥사의 서쪽과 동쪽에 나누어 포진했다. 대략 북쪽의 을밀대를 기준으로 동서로 나누어 포진했을 것이다. 후군은 강 건너편에 배치하여 대동강 수로를 장악하는 임무를 부여했다.

이 배치의 약점은 후군이었다. 홀로 대동강 남쪽에 고립된 것이다. 그러므로 후군과의 연결을 원활히 하고 대동강을 보급로로 확보하기 위해서는 수군이 필요했다. 정부는 상장군 이녹천, 대장군 김태수 등을 파견해 이전에 정습명을 시켜 결성한 서해 수군 일부를 징발해 올렸다. 병선이 50척이었다고 하니 병력은 대략 1,500명 정도, 전체 수군의 1/3이었다.

남포에서 대동강을 따라 올라오던 수군이 철도鐵島에 도착했을 때 날이 저물고 조수가 빠져 강물의 수위가 낮아졌다. 처음 이곳에 파견되어 수군을 조직했던 병선판관 정습명이 야영하고 다음 날 출발하자고 건의했다. 수위가 낮아지면 배가 진행할 수 있는 물길도 좁아져 병선들이 좁게 붙어서, 혹은 일렬로 진행해야 하고 기동성도 제한된다.

강이 'ㄱ'자로 꺾이는 곳은 매복과 기습의 적격지다. 강이 꺾이므로 전방 관측이 어렵다. 이렇게 강이 꺾어지는 곳은 백이면 백 한쪽으로 하안단구가 형성된다. 적이 절벽 위 높은 곳에 자리잡았다고 할 때, 절벽 쪽의 수심이 제일 깊으므로 수심이 얕아지면 병선은 절벽 쪽으로

강의 만곡부(남한강)
고려 수군이 묘청군의 매
복공격을 받은 철도 부근
의 지형도 이와 유사한 모
습이었을 것이다.

붙어 진행해야 한다. 육지로 말하면 적이 내려다보는 성벽 아래에 붙
어 행군하는 셈이다.

남포에서 평양성까지의 수로 중에서 기습하기 제일 좋은 지점이 이
곳이었다. 제2인자인 대장군 김태수와 다른 장군들도 정습명의 의견
에 동조했다. 그러나 지휘관인 이녹천만이 당일로 서경에 도착해야
한다고 우겼다. 원래 서경에 도착하기로 한 기한이 그 날까지였을 가
능성도 있다. 행군 기한을 맞추지 못하는 것은 징계사유다. 그래서 이
녹천이 강행을 주장했던 것 같다. 군대든 사회든 무능한 리더를 만나
는 것보다 더 불운한 경우가 자기가 책임지고 희생할 자세가 되어 있
지 않은 리더를 만나는 것이다. 이녹천에 대해서는 자세히 알 수 없지
만 두 경우 중 하나였던 것은 분명하다. 둘다였을 수도 있고.

90도 저편에 정습명의 우려대로 서경군이 매복하고 있었다. 천천히
선박들이 사정권으로 들어왔다. 그때 갑자기 대열이 멈추더니 이리저
리 엉키기 시작했다. 날이 어두워 시야도 불충분한데, 낮은 수로로 항
해하다가 좌초하고 만 것이다. 매복군은 하늘의 도움에 감사하며 미
리 준비해 둔 10여 척의 조각배를 내려보냈다. 배에는 기름과 짚이 가
득 실려 있었다.

이 기사를 읽으면 대뜸 화공을 생각하기 쉽지만, 화공의 위력은 별

로다. 기름배는 조정할 수가 없기 때문이다. 불 태울 수 있는 배도 잘 해야 선두의 두세 척이다. 선두의 진짜 목적은 진로를 차단하는 것과 조명이다.

화염이 일자 일제 사격이 시작되었다. 강이 꺾이는 곳이라 강폭은 넓어지고, 배들은 수로의 깊은 쪽 즉 절벽 쪽으로 붙어 있었다. 배를 돌릴 수도 없고 절벽 위에서의 공격을 막기도 힘들었으므로 병사들은 배를 버리고 달아났다. 하지만 지점이 지점인지라 수심은 깊고, 반대편 기슭은 너무 멀었다. 하안단구 위에서 내려다보는 서경군의 사수들에게 반대편 기슭으로 헤엄쳐 가는, 혹은 머리에서 허리까지 빠지는 물에서 어기적거리는 병사들은 너무나 훌륭한 표적이었다.

> "불을 실은 배가 전함과 서로 맞닿자 전함은 연소되고 매복한 궁노수의 화살이 함께 날아오니, 녹천이 크게 낭패하여 어찌할 바를 몰랐다. 병선과 병장기가 모두 불에 타고, 군사들은 거의 다 물에 익사하였다."22

엄청난 패배였다. 행군을 반대하던 김태수와 정습명도 전사했다. 정작 책임을 져야 할 이녹천만이 책임감이 부족한 리더답게 강 건너 기슭에 살아서 도달했다.

서전에서 쾌거를 올린 서경군은 두 번째 거사를 준비했다. 목표는 수군의 몰살로 강 남쪽에 고립되어 버린 후군이었다. 대동강을 따라 상류로 40리를 올라가면 도보로 건널 수 있는 여울이 있다. 서경 전투 때마다 등장하는 마탄(왕성탄)이다. 서경군은 밤을 틈타 이 여울을 건넜고 강행군을 해서 새벽에 후군의 진지 앞으로 도착했다.

새벽 미명에 서경군은 후군 진지로 돌격했다. 그들은 단숨에 진지 외벽을 돌파하고, 천막을 불사르며 숙영지 안으로 난입했다. 그러나 정부군도 기습의 가능성을 예측하고 있었다. 관군은 당황하기는 했지만 붕괴되지 않고 대항했다. 더욱이 바로 이 날 1천의 정예군이 보충되어 있었다. 후군의 고립을 걱정해서 김부식이 증원시킨 병력이었다.

혼전중에 관군 진영에서 관선이라는 승려가 커다란 도끼를 휘두르며 뛰쳐나왔다. 관선은 단숨에 10여 명을 베고 서경군을 저지했다. 그의 분전 덕에 관군이 집결점을 찾았다. 병사들이 몰려들었고, 대형을 정비한 관군은 서경군을 밀어붙였다. 현장에서 즉사한 서경군만 500명이었으며(『고려사절요』에는 300명으로 되어 있다), 더 많은 병사가 급한 김에 강으로 뛰어들었다가 익사했다.

두 번의 기습을 겪은 후 정부군은 진지를 굳히고 요소요소를 막아 기습의 위험을 차단했다. 왕성탄에도 성을 쌓아 여울을 봉쇄했다. 유일한 어려움은 막대한 병참과 장기 주둔에 따른 병사들의 피로와 주변 군현민의 불만이었다. 김부식은 이 문제를 해결하기 위해 주변 5개 군에 성을 쌓아 병사들을 주둔시키면서 교대로 농사를 짓고 쉬게 했다. 군대를 일선과 이선으로 나누어 교대로 휴식을 취하게 하고, 군량을 자체 조달하고, 아울러 주변 군현이 반군에 동조하는 것을 차단하는 조치였다.

4. 대치

양쪽이 한 번씩 펀치를 주고받은 후 전선은 소강 상태로 접어든다. 서경 공략은 아직 멀었고, 서경성은 산처럼 그들 앞에 솟아 있었다. 정부군은 공성구를 준비하고 몇 차례 시험공격을 했다. 하지만 승부를 내기 위해 성벽으로 밀어붙이는 사생결단식의 공격은 하지 않았다. 대개의 공격은 사격전, 포격전(투석기)으로 진행되다가, 쌍방간에 적당히 희생자를 내고 끝났다. 성이 강하고 저항도 굳세었지만 정부군의 심중은 이미 장기전 쪽으로 굳어 있었다.

고립된 성은 결국에는 항복할 수밖에 없다. 직접 평안도까지 와보니 주변 지역에서 서경에 동조하여 반란을 일으킬 가능성도 지극히 낮다. 굳이 공격을 서둘러 애꿎은 병사를 희생시킬 필요가 없었다.

포위되고 고립된 서경군이 살아날 수 있는 방법은 관군에게 큰 타격을 주어 다시 강화를 끌어내거나, 고려의 내란 상태를 보고 금나라가 쳐들어와 주는 것이었다. 정부군에게 타격을 주려면 정부군이 공격으로 나와주어야 했다. 반군 측은 소규모 부대를 보내 정부군을 자극하거나 외곽에 있는 동조세력을 이용해 정부군의 병참부대를 급습하는 게릴라전을 폈다. 금나라 사신을 요격해서 양국의 전쟁을 유발하려는 시도도 했다.

하지만 정부군은 움직이지 않았다. 게릴라전을 써도 자국 내에서 하는 전쟁이니 보급곤란을 일으킬 정도로 보급로를 차단할 수도 없었다. 금나라 사신도 정부 측에서 서경의 의도를 예측하고 철통같이 호위하여 사고를 방지했다. 전쟁이든 바둑이든 수세에 몰릴수록 행동선택의 폭은 좁아지고, 상대편에서는 다음 행동을 예측하기 쉬워진다. 서경의 경우가 그래서 이런 시도들은 다 낭만적 발상으로 끝났다. 포위 6개월이 지나면서 식량마저 부족해지기 시작했다.

이때 생각지도 못한 곳에서 구원의 손길이 왔다. 입과 욕심만 살아있는 개경의 관료들이었다. 그들은 김부식의 장기전 방침을 비난하면서, 희생을 감수하고 공격을 감행하여 내란을 빨리 끝내야 한다고 목소리를 높이기 시작했다. "대병력이 2년이나 서경에 주둔하고 있으니 타 지역에서 반란이 날지도 모른다." "내전을 틈 타 금나라가 쳐들어올 수도 있다."

개경 관료들의 김부식 비판은 그들의 정치적 입지와 관련이 있다.

프레드릭 포사이드의 소설에 이런 내용이 있다. 미국에는 전 세계의 어떤 레이다보다 빠르고 정밀한 비밀무기가 하나 있다. '연방관료들의 책임회피 시스템'이 그것이다. 무슨 사건이 터지면 당장 이 시스템이 제일 먼저 작동을 한다. 그게 미국에만 해당하는 얘기일까?

애초에 무혈진압으로 끝났을 묘청의 난을 재발시킨 당사자가 개경 관료들이었다. 내전이 장기화되면 될수록 그들의 심장은 타들어 갔다. 당장은 내전중이라 수면 아래로 가라앉아 있지만 기나긴 시간과 비용, 병사들의 피와 고충은 모조리 그들에 대한 비난으로 돌아올 것이고, 포위가 길어질수록 희생과 비난의 양도 커져갈 것이다. 속좁은 관료는 자신들의 책임을 더욱 키우기 위해 김부식이 일부러 시간을 끈다는 의심도 했을 것이다.

이때 머리 좋은 어느 관료가 이런 주장을 내놓았다. 이 전쟁은 1차 봉기 때 바로 서경을 공격해서 함락시켰으면 끝났을 전쟁이다. 김부식이 처음부터 압박전술을 쓴답시고 전투를 회피했기 때문에 초동진압에 실패했다. 서경 포위 후에도 압도적인 병력을 가지고 전투를 회피하여 2년이 넘도록 내전을 끝내지 못하고 있다.

얼마나 멋진 논리인가? 1차 봉기 때 무혈진압의 공도 깨끗하게 사라지고, 내란의 모든 책임은 김부식에게 돌아간다. 이게 정치와 모략의 매력이다.

김부식을 직접 만나보았던 송나라의 사신 서긍에 의하면, 김부식은 얼굴이 풍만하고 체격이 뚱뚱하며 얼굴이 검고 눈이 튀어나온 인물이었다. 서긍이 굳이 자신의 느낌까지 덧붙이지는 않았지만, 바로 이어 "그러나 학식이 풍부하고 글도 잘 짓고, 고사를 잘 알아 학사들에게 최고의 신임과 존경을 받는다"[23]라고 서술한 것으로 보건대 인상만으로는 전혀 똑똑한 사람 같지 않다는 생각을 하긴 했던 모양이다.

하지만 이 통통하고 시커멓고 눈이 튀어나온 사나이는 묘청의 난

내내 놀랄 만한 판단력과 의지, 실천력을 보여주었다. 정부군의 기본 전략은 형 못지않는 예리함과 달변을 보유했던 동생 김부의가 세웠다는 기록도 있다. 누가 먼저든 두 형제가 전략적 견해를 같이했던 것은 분명하다. 그리고 그 전략은 확실히 탁월했다.

대부분의 관료들은 이렇게 말한다. "공격은 신속할수록, 반란은 빨리 진압할수록 좋다." 맞는 말이다. 역사 속에는 이 말이 옳음을 증명하는 수많은 사례와 금언이 남아 있다. 그러나 역사적 교훈을 사용하려면 구호나 결론만 따라가서는 안 된다. 그 교훈이 어떤 경우에, 왜 옳은 것인지를 알아내야 한다. 그것이 역사의 진짜 교훈이고 역사교육의 가치다.

김부식은 '경우'와 '왜'를 찾는다. 그는 공격론에 반대하는 상소에서 이렇게 말했다. "전쟁이란 본래 빠른 승리를 기약하지 않는 것도 있습니다." 이 한 마디에 그의 비범함이 묻어 있다. 빨리 끝내야 하는 전쟁과 그렇지 않은 전쟁의 기준은 무엇일까?

이 질문에 대답하려면 이 전쟁의 목적이 무엇이냐는 물음에서부터 시작해야 한다. 반란군을 진압하는 궁극적 목적은 국가와 사회, 정치의 안정이다.

그런데 무혈진압으로 끝났을 서경반란을 전쟁으로 바꾼 책임은 정부에 있다. 강공으로 나가면 서경군보다 정부군의 희생이 더 클 것이다. 전사한 병사의 부모와 가족의 분노가 과연 누구에게 향할까? 가장과 자식의 죽음으로 고통스런 삶을 영위해야 하는 유가족의 분노와 원망은 한세대 두세대를 건너 정부와 집권층에 대한 원망으로 남을 것이다. 양계 주민들의 불만은 더욱 높아질 것이고, 반정부 정서를 확산시켜, 묘청군도 달성하지 못했던 폭넓은 공감대를 정부가 스스로 만들어줄 수도 있다.

더 중요한 이유가 있다. 서경의 몰살은 고려 국가체제의 파탄을 낳는다. 서경은 왕실세력의 주요한 기반이었다. 무리한 공격은 희생을 낳고 희생은 학살을 낳는다. 학살당한 서경은 더 이상 왕실의 기반이 되지 못한다.

서경이 사라지면 당장 왕실은 약해지고 개경 귀족들의 권력은 커진다. 개경 귀족의 권력이 커지면 신라 왕족이며 개경파의 수장이라는 김부식이 먼저 좋아할 것 같지만 그렇지 않다. 거시적 입장에서 보면 균형을 잃은 권력은 과도하게 부푼 풍선과 같다. 권력에 도취한 자들은 탄성을 지르며 액셀러레이터를 마음껏 밟겠지만, 실제로는 반쪽 브레이크로 내리막길을 내달리는 것이라는 사실을 모른다.

아직도 마지막 이유가 남았다. 서경은 북계 방어의 핵심기지며 최고의 요새다. 거란전쟁에서 서경이 한 역할을 생각해 보자. 서경이 도륙되면 북쪽 방어선의 기초가 와해된다. 앞으로도 고려의 역사에는 거란유민, 몽골, 홍건적 등에 의한 수많은 외침이 남아 있다. 그들이 올 때마다 서경이 침묵하거나 거꾸로 적에게 동조한다면?

김부식은 이 위험성을 누구보다 명확히 알고 있었다. 그동안 우리 역사에서 김부식에 대해 간과한 부분이 이 점이다. 김부식은 반란이 일어나자 바로 상소를 올려 서경파 관료인 정지상, 김안, 백수한을 처형했다. 이 일로 김부식은 개경파의 수장으로 서경 자체를 미워하는 인물이라는 오해를 샀다. 하지만 이 행동이 서경의 정치적 기능을 말살하자는 의미는 아니었다. 안타까운 일이지만 정지상 등이 유죄든 무죄든 조선시대에도 반란의 주체와 이 정도로 연관성이 있으면 살아남기 어려웠다.

정지상의 처형과는 별도로 김부식은 서경의 원래적 기능은 반드시 회복시켜야 한다고 보았다. 반란을 진압하는 이유가 국가의 근본을 회복시키기 위함일까? 아예 부숴버리기 위한 것인가? 회복을 바란다면 서경의 역할도 보존시켜야 한다. 그래서 김부식은 이 전쟁이 빠른 승부가 중요한 전쟁이 아니라고 말한 것이다. 양쪽의 희생을 최소화하고, 화해와 복구의 여지를 최대한 보존해야 한다.

김부식에 대한 탄핵론이 거셀 때, 김부식은 진중에서 이러한 의미를 내포한 상소를 올렸다. 그리고 거의 끝부분에 이렇게 적었다. "전쟁을 오래 끈 책임은 제가 지겠습니다. …… (하지만) 저에게 (전권을) 맡겨 신으로 하여금 편의대로 일을 수행케 하시면 반드시 적을 격파하여 보답하겠습니다."

김부식은 개경 귀족의 수장도, 친왕파도 아니었다. 그는 고려의 국가적·체제적 안정이라는 기준에서 사태를 보았고, 그것을 위하여 행동했다.

김부식의 의견이 상달되자 다시 궁에서 격론이 벌어졌다. 지금도 우리 사회에서 강경론과 신중론이 대립하면 신중론이 이기는 법이 없다. 800년 전에도 그 성향은 변함이 없었다. 판세는 강공론으로 기울었다. 이때 이제는 노인이 된 여진정벌의 영웅 허재가 나서더니 김부식의 주장을 지지했다. 대부분의 강경론자들은 전쟁터 근처에 가보지도 못한 사람들이었다. 길주성 전투의 영웅이며 치열한 포위전을 몸소 경험했던 허재의 의견은 힘이 달랐다.[24] 정치적으로 실수는 했지만 바보는 아니었던 인종은 냉큼 허재의 안을 받아들여 논의를 종결시켰다.

서경포위전의 주도권은 다시 김부식에게 왔다. 그러나 정치라는 괴물은 명분싸움에서 이겼다고 끝나는 승부가 아니다. 정치란 예나 지금이나 적과 아군을 어루만지는 기술이다. 김부식도 말은 단호하게 했지만 어루만짐의 필요성은 느꼈던 것 같다. 문제는 그들을 어루만지기 위해서는 애꿎은 희생이 필요하다는 것이다.

3월에 정부군은 한 차례 총공세를 퍼부었다. 개경의 비난을 의식한 공격이었다. 전보다는 훨씬 강력한 공격이었으나 예상대로 성공하지 못했고, 간부급에서도 희생자가 나왔다. 피를 본 후에야 여론은 다시 잠들었다. 전선은 가을을 지나 초겨울이 올 때까지 긴 대치 상태를 지속하였다.

5. 전환점

10월이 되자 서경의 식량 부족 현상이 탐지된다. 반군은 노약자와 여자를 내보냈고, 성을 탈출하여 정부군에 투항하는 병사들도 늘었다. 때가 되었다고 생각되자 정부군 지휘부 내에서도 공격론이 고개를 들기 시작했다. 그 선두주자가 김부식의 보좌관으로 참전한 윤언이었다.

　김부식은 망설였지만 공격론에 동조하는 지휘관이 늘자 공격을 허용했다. 공격방법은 성 앞에 토산을 축조하는 것이었다. 토산 축조는 고전적인 공성법으로서, 성 밖에서 성벽 위로 진입하는 경사로를 내는 것이다. 이것도 윤언이의 제안이었다. 김부식은 제안자 윤언이를 책임자로 임명했다.

　윤언이는 윤관의 아들이다. 과거급제 출신의 문관이지만, 무관으로서도 출중했다. 부친 윤관을 따라 여진정벌에도 참전했다. 윤관이 여진족에게 포위되어 위기를 맞았을 때 윤언이도 함께 있었고, 척준경의 구원병이 올 때까지 분전을 해서 부친의 생명을 구했다.

　윤언이가 토산을 축조할 곳으로 선택한 장소는 양명포에서 정양문 앞에 놓인 저지대였다. 지금의 평양역 일대다. 외성이 허물어진 덕에 정부군은 이 지역에서 충분한 공간을 확보할 수 있었다. 만약 고구려 당시의 외성이 온전히 남아 있었다면 이곳에 토산을 쌓기는 쉽지 않았을 것이다.

　토산 축조는 간단하고 쉬운 일 같지만 전혀 그렇지 않다. 축조 공사

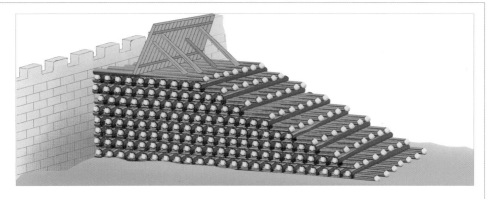

토산의 사례
토산은 세계 각국에서 사용한 공성전술의 하나다. 보통 나무, 돌, 흙 등을 사용해서 만들었다.

는 적의 십자포망 안에서 진행된다. 공사가 시작되자 서경군은 궁노와 투석기를 토산 공사장 쪽에 집중배치하여 쏘아댔다.[25]

양명문 앞의 공터는 대동강으로 완벽하게 감긴 공간의 안쪽이기 때문에 적의 기습에도 취약했다. 만에 하나 적의 강습에 밀리면 구원병이 출동하기도 어렵고, 퇴로도 없다. 사실 윤언이는 개경에서 공격론이 비등하던 3월에도 토산 축조를 건의했었지만, 그때는 동조자가 거의 없었다. 그만큼 토산 축조는 위험부담이 크고 희생도 많은 작전이었기 때문이다.

토산 축조 임무는 전군前軍에게 떨어졌다. 중흥사 동쪽에 주둔하던 전군은 이 작전을 위해 서남쪽의 양명포로 이동해서 양명포에서 제일 높은 고지에 목책을 세워 숙영지를 만들었다. 토산 축조에는 군졸 23,200명과 승군 550명을 투입했다. 이들을 엄호하고, 적의 기습에 대비하기 위해 정예병 4,200명과 북계의 전투병 3,900명을 뽑아 기동타격대를 만들었다.

토산 공사란 말처럼 흙더미를 쌓아올려 산을 만드는 공사가 아니라 고가도로의 진입로처럼 성벽으로 올라가는 접근로를 만드는 것이다. 작업지역이 적의 십자화망 아래 노출되므로 공사현장으로 가는 길도 터널 공사처럼 갱도를 파거나 삼면을 목책으로 방호해야 한다.

적의 돌격에도 대비해야 하므로 전투병이 항시 그들과 함께 대기하며 성문에서 공사장으로 접근하는 통로를 차단하고 지켜야 한다. 그래서 주변에 간이성벽과 목책도 함께 축조했다.

서경군에게 토산은 위협적이었지만 그들이 바라던 결전의 기회도 온 셈이었다. 양명문 일대에서는 서경포위전이 시작된 이래 최대의 격전이 벌어졌다. 성 안에서 날린 투석은 목책을 부수고, 저격병의 화살은 병사를 노렸다. 정부군도 대응사격을 하여 사역병과 근접전투부대를 엄호했다. 성 앞에 진을 친 전투부대 역시 부서진 목책을 보수하고, 화살을 피하면서 적의 돌격을 방호해야 했다.

화살과 투석기로는 공사를 저지할 수 없자, 서경군은 성문을 열고 나와 공사현장으로 돌격했다. 거의 아수라장이었을 전투가 지속되던 중에 정부군 측에 신무기 하나가 등장했다. 송나라 사람(기록에는 고려에 거주하는 외국인이라고만 했는데, 송나라 사람이 분명한 듯하다) 조언趙彦이라는 인물이 만든 대형 투석기였다. 이 투석기는 수백 근의 돌을 날려보내는 위력을 지녔다고 했다.

고려군은 이 거포로 성의 문루를 부수는 성과를 거두었다. 그러나 돌탄의 위력은 잠시뿐이었다. 성벽 위의 수비대를 지속적이고 확고하게 밀어낼 방법은 없을까? 그래서 등장한 방안이 화구火毬라고 부르는 화염탄이었다. 투석기로 인화물질을 쏘아보내는 방법도 고전적인 방법이기는 한데, 의외로 이게 쉽지가 않다. 영화에는 돌에 기름을 바르고 불을 붙여 날려보내는 장면이 많이 나오는데, 돌에 기름만 발라서는 금세 타버리고 화력도 약하다. 이 방식으로는 민가 밀집지역에서 불을 낼 수는 있겠지만, 성벽 위를 불바다로 만들 수는 없다.

고려군이 사용한 화구도 조언의 도움을 받았던 것인지 아니면 고려군의 독자적 기술이었는지는 알 수 없다. 조언은 송나라 사람이고, 중국에서는 1000년경에 화약을 사용하여 화구를 만들었다는 기록도 있어,²⁶ 화약을 사용했을 수도 있다. 그러나 화약은 신속하게 타버리므로 화염탄을 만드는 재료로는 한계가 있다. 화염탄이 제대로 위력을 발휘하려면 화력도 강하고, 오래 타고, 잘 꺼지지 않고, 넓은 범위

를 태울 수 있는 인화물질 덩어리를 만들어 날려야 한다. 세계 전사상 유명한 화염탄이 비잔틴 제국의 '그리스의 불'이다(그리스의 불은 나프타 등을 이용한 꽤 복잡한 화합물이었다).

고려군의 화염탄 제조법 역시 알 수 없지만 그 위력은 기름 바른 돌과는 수준이 달랐다. 하늘을 날아가는 불덩어리는 수레바퀴만하고, 떨어지면 화염이 솟았다. 수비군은 성벽에서 밀려났고, 토산 공사는 탄력을 받았다.

새해가 되자 폭 8장(24m), 길이 70여 장(210m), 넓이 18장(54m) 규모의 거대한 미끄럼틀이 모습을 드러냈다. 이제 성벽까지 남은 거리는 2장(6m) 남짓. 토산의 성공은 기정 사실이었다.

그래도 서경군은 포기하지 않았다. 토산도 공격지점이 뻔하다는 약점이 있다. 그들은 토산이 닿는 부분에 방어시설을 집중적으로 설치했다. 이때 고전적인 방법이 성벽 위에 목조로 간이성벽을 쌓거나 목책을 설치하는 것이다. 또 성 안쪽에 자기들도 토산을 쌓아 제공권을 놓치지 않으려고 했다. 이 토산은 정부군의 토산과는 다른 나무와 석

화염탄을 쏘는 투석기
전형적인 동양의 투석기로
사람들이 줄을 잡아당겨
던진다.

재, 흙으로 만든 탑이나 망대 형태의 구조물이었을 것이다.

토산과 성벽의 접점에 팽팽한 긴장관계가 조성되었다. 토산이 완성될 즈음해서 양군은 한 차례씩 공격을 주고받았다. 정부군은 공성작전을 폈고, 서경은 성문을 열고 돌격전을 감행했다. 그러나 양쪽 다 성공하지 못했는데, 정부군 측에서는 일종의 예비공격이었던 것 같다.

며칠 후 토산이 완성되면 총공세가 개시되고, 양군은 토산과 성벽이 맞닿는 좁은 회랑에서 격돌할 것이다. 황소 두 마리가 마주 보는 형세였다. 외나무 다리와도 같은 좁은 통로에서 피아간에 처절한 전투와 희생이 불가피했다. 완성되어 가는 토산과 곧 피로 범벅이 될 연결지점을 보면서 양군의 무사들은 숨을 고르고 있었다. 아마 양군의 무사들은 모두 똑같은 생각을 하고 있었을 것이다. 올 것이 왔다. 결국은 넘어야 할 피의 제단이 아닌가.

그 무렵 윤언이는 매일매일 보강되어 가는 성벽의 방어시설을 근심스러운 눈초리로 바라보고 있었다. 욕심많은 리더는 결과만을 생각한다. 그러나 진정한 리더는 최선을 갈구한다. 양군의 전술은 너무나 교과서적이었고, 양쪽의 희생이 막심하리라는 것은 불을 보듯 뻔했다. 토산공격의 제안자로서 서경군의 방어시설 보강은 그에게 큰 부담이었다. 설사 공격이 성공한다고 해도 희생이 크다면 개경의 관료들은 다시 말을 바꿔 인명손실이 적은 포위전을 포기하고 섣부른 강공책으로 희생을 초래했다는 비난을 쏟아부을 것이다. 그때 성벽 위에 촘촘하게 세워진 나무울타리와 목조의 방어시설들이 윤언이의 눈에 들어왔다.

"이거다!!"

윤언이는 당장 토산 공사를 담당한 전군前軍 사령관 진숙에게 달려가 자신의 아이디어를 건넸다. 진숙도 즉시 동의하였다. 그래서 전군단독의 비밀작전이 준비되었다.

인종 14년 1월 9일 새벽, 조언의 대형 투석기가 양명문을 향해 대형 화구를 날려 보내기 시작했다. 서경군도 화공에 대비하고 있었으므로 즉시 소화를 시작했다. 그러나 정부군의 포격은 가공할 정도로 끈질 겼다. 윤언이는 공격 개시 전에 화구를 500석이나 준비했고,[27] 공격중 에도 계속 제작해서 조달했던 것 같다. 새벽에 시작된 포격은 저녁을 지나 다시 밤이 새도록 이어졌다. 서경군은 지치기도 했겠지만 지속적 인 공격 탓에 완전한 소화가 불가능했을 것이다. 게다가 성벽 위는 통 나무와 목재로 가득 채워져 있었다. 자동차 도로 위로 눈이 쌓이듯, 타다 남은 재와 숯덩이 위로 불이 떨어지고, 잔불이 살아나면서 마침 내 화마가 성 위를 덮었다.

화염은 양명문을 태우고, 성 위에 설치한 목조 방어시설도 집어 삼 켰다. 정부군은 그 후로도 무려 3일 동안 계속해서 화구를 날려 보냈 다. 성벽이 소탕되자 공격 목표를 성 안에 쌓던 토산으로 옮겼다. 토산 의 시설물도 모조리 태웠고, 마침내 불에 익은 성벽마저 무너져 통로 가 열렸다. 그 날이 1월 12일이었다.

놀라운 성공에 흥분한 윤언이는 총사령부의 막사로 달려가 소리쳤 다. "진입로가 열렸습니다. 당장 총공격을 해야 합니다." 인생이나 역 사를 바꿀 놀라운 사건이 벌어질 때, 혹은 고대하던 일이 드디어 이루 어질 때 사람들은 무슨 징조든 뭔가 전조가 있기를 바란다. 아니 반드 시 있어야 한다고도 생각하는 것 같다. 그래서 사람들은 회고록을 쓸 때면 굳이 먼지 쌓인 기억을 털어 부인이 특별한 꿈을 꿨다는 둥, 아침 에 까치가 이상하게 울었다는 둥의 이야기를 적어넣는다. 하지만 정말 그럴까? 대부분의 결정적 사건은 아무런 예고 없이 툭 하고 삶 속으 로 뛰어 들어온다. 그래서 대부분의 사람들은 그 순간을 믿겨하지 않 거나 심지어는 놓쳐 버리곤 한다.

그 날 윤언이의 보고도 그랬다. 흥분했던 윤언이는 생뚱맞거나 심드렁하기까지 한 사령부 사람들의 표정에 당황하고 분노했다. 김부식 또한 윤언이의 의견에 동조하지 않았다. 흥분한 윤언이는 김부식에게 대들었다.

아랫사람이 상관에게 대들었으니 윤언이가 이기기는 더욱 힘들어졌다. 윤언이는 낙담해서 진지로 돌아왔는데, 자기 눈 앞에서 서경군이 무너진 성벽을 보수하고, 방어를 보강하는 것을 보자 가슴이 끓어오르는 것 같았다. 14일 윤언이는 다시 사령부로 달려가 때를 놓쳐서는 안 된다고 피끓는 심정을 토로했다. 하지만 모든 사람이 반대했다. 아직 토산이 완성되지 않았으니 완성된 후에 정공법으로 공격하자는 것이었다. 그 사이에도 서경군은 목책을 세워가며 허물어진 곳을 차곡차곡 막아가고 있었다.

그 광경을 멀거니 보고만 있어야 했으니 윤언이로서는 화가 나고 답답해서 미칠 지경이었을 것이다. 그래도 윤언이의 노력이 성과는 있었다. 16일에 갑자기 김부식이 전군의 막료를 소집해서 확대지휘관 회의를 열고, 윤언이의 제안을 토의에 붙였다. 하지만 또 부결이었다. 심정적으로는 윤언이의 의견에 동조하는 지휘관도 있었지만 총사령관의 눈치를 보았던 것 같다. 하필 이 제안자가 윤언이었던 것도 문제였다.

지금까지 벌어진 김부식과 윤언이의 갈등에는 사실 오래된 사연이 있다. 이때로부터 10년 전인 1125년경, 예종은 개성 영통사에 대각국사 의천의 비를 세우면서 윤관에게 비문을 짓게 했다. 그런데 비문에 조금 잘못된 부분이 있었다. 의천의 문도들이 이를 왕에게 밀고하자 왕은 김부식에게 고쳐 짓도록 했다. 이 일은 윤관에게는 명예가 걸린 일이었다. 게다가 당시 윤관은 재상이고 김부식은 그 아래에 있었으므로 김부식이 사양을 해야 했다. 하지만 김부식은 자기 앞에 던져진 출세의 유혹을 이겨낼 수가 없었다. 이 사건으로 윤씨 집안은 김부식에게 원한이 생겼다.

윤관이 죽은 후 윤씨가에 복수의 기회가 왔다. 그날 김부식이 왕 앞에서 주역을 강의하고 있었다. 왕이 질문자로 윤언이를 지목했는데, 윤언이는 주역의 전공자였다. 윤언이는 기회를 놓치지 않고 김부식이 쩔쩔 매며 진땀을 흘리도록 몰아붙였다.[28]

지금 우리의 눈으로 보면 김부식 일가는 고대의 왕족이고, 윤관의 집안은 나중에 조선시대 최고의 명문가로 꼽힌 가문이다. 그러나 당시로 보면 두 사람 다 가문보다는 실력과 노력으로 최고의 자리에 오른 입지전적 인물들이었다. 그만큼 자부심과 공명심도 강하고, 상대가 상대를 알아본다고 서로가 가장 껄끄러워하는 상대였던 것 같다.

김부식 일가가 욱일승천하자 젊은 윤언이는 정지상 등과 함께 개혁파에 속했고, 칭제건원론에 동조하였다. 묘청이 난을 일으키자 김부식은 윤언이도 정지상 일파로 몰아갔는데, 인종은 이를 부정하고 윤언이를 토벌군에 참여시켰다.[29] 누구도 믿지 못했던 인종은 아무리 절대적으로 신임하는 김부식이라고 해도 견제장치를 마련해야 했던 것이다.

김부식은 윤언이의 참전이 영 못마땅했지만 인종의 강력한 의지에 윤언이를 데려올 수밖에 없었다. 김부식의 예감은 맞았다. 주머니 속

대각국사 의천과 비
의천(1055년, 문종 9~1101년, 숙종 6)은 고려의 천태종을 창종한 고승으로 문종의 아들이며 숙종의 동생이다. 송나라에 유학하여 불경을 수입하고, 주전론을 전개했다. 비가 세워진 영통사는 의천이 열한 살 때 화엄종을 배웠던 곳이다.

유럽의 이중성
안쪽 성벽을 바깥쪽 성벽
보다 높게 쌓았다(스페인
라 모타성, 15세기)

의 송곳이라고 할까? 진압작전 초반에는 김부식 일가의 전술적 판단
이 빛을 발했지만, 전투가 장기전으로 접어들자 윤언이의 능력과 지략
이 드디어 터져나왔다. 주변 사람들의 입장에서 보면 자괴감과 좌절감
도 느꼈을 것 같다. 결승점이 다가오고 긴 전쟁이 결정적 순간을 맞이
하자 또다시 두 거인이 선두에서 다투는 광경을 보게 되었으니 말이다.

   막사의 회의는 또다시 계급에서 앞서는 김부식의 승리로 돌아갔다.
낙담한 윤언이가 전군의 막사로 돌아오자 더욱 좋지 않은 소식이 기
다리고 있었다. 전방 관측병이 서경의 적들이 토산의 돌파지점 안쪽으
로 새로운 성벽을 쌓는 것을 발견한 것이다.
   윤언이의 화공 공격에 당한 서경 측은 토산의 상륙지점을 집중 방
어하려던 계획을 수정해서 예상 공격지점 안쪽에 성벽을 새로 쌓기로
했다. 이중성을 쌓는 방식인데, 이런 안쪽성은 바깥쪽 성보다 돌파하
기가 더 어렵다. 기존 성벽 안쪽으로 바짝 붙여 더 높은 성을 쌓으면,

두 성벽 사이의 공간이 매우 좁아진다. 바깥쪽 성을 돌파한 공격군은 실제로는 두 성벽 사이의 작은 공간에 갇혀 버리고, 공간이 좁아서 바깥쪽 성벽을 완전히 허물어 버리기 전에는 공성구나 병력을 배치하기도 어렵다.

이렇게 되면 토산을 완성해도 소용이 없고 다시 더 좁고 위험한 공간으로 토산을 연장해서 밀어넣어야 한다. 윤언이는 사령부로 되돌아가 서경군의 내성 축조 사실을 보고했다. 하지만 김부식으로부터 겹성을 쌓아봤자 저들이 어쩌겠냐는 시큰둥한 대답만 돌아왔다. 허탈하고 아득한 순간에 의외의 변화가 일어났다. 전쟁의 종료시점이 또다시 뒤로 밀려날지 모르고, 그 사이에 자신이 죽을 수도 있다는 사실을 깨달은 몇 명의 지휘관들이 용기를 낸 것이다. 토산 공사의 현장을 지휘해 왔던 지석숭과 부사 이유, 판관 왕수, 이인실 등 8명이 윤언이의 공격론을 지지하고 나섰다(이들은 대체로 전군의 지휘관들로 보인다). 이 작은 파동이 회의의 결론을 뒤집었다. 총공격이 결정되었다. 디데이는 1월 19일이었다.

19일 심야에 정부군은 서경성을 향해 진군했다. 주공격 지점은 양명문이었다. 그렇다고 이곳만 집중 공격을 할 수는 없다. 퇴로를 막고 수비군을 분산시키기 위해서 모든 성문을 봉쇄하거나 공격해야 한다.

양명문 공격은 토산을 축조한 전군이 담당했다. 전군을 3부대로 나누어 가운데는 진경보가 3천을 이끌고, 지석숭과 이유가 각각 2천 명을 이끌고 좌측과 우측으로 나누었다. 장군 공직公直과 양맹良孟은 각각 석포石浦와 당포唐浦로 진입했다고 했는데, 함구문 아래 양각도 일대인 듯하다.

그러나 정작 이 공격을 구상하고 실현시킨 윤언이는 공격대열에서 제외되었다. 윤언이의 제안을 내내 묵살하던 김부식은 막상 공격이 시작되자 자신이 전군의 지휘를 맡고, 윤언이는 중군으로 보내버렸다.

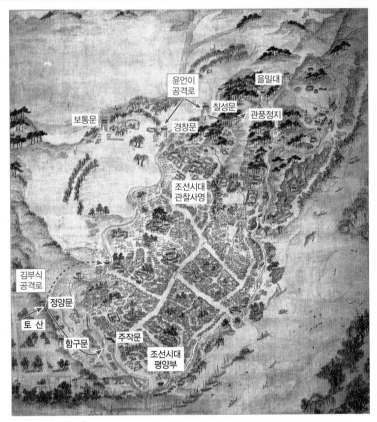

김부식과 윤언이의 공격도
김부식은 서남쪽 아래에서, 윤언이는 북쪽에서 공격했다. 지도에서 보듯이 윤언이 쪽이 반군지휘부가 있는 관풍정 쪽에 훨씬 가깝다.

을밀대

윤언이
공격로

칠성문

보통문

관풍정지

경창문

조선시대
관찰사영

김부식
공격로

정양문

토 산

함구문

주작문

조선시대
평양부

그리고 중군에게는 공격이 가장 힘들고, 주공 지역에서 반대편 끝에 위치한 칠성문 공격을 맡겼다. 양명문 공격의 공로를 자신이 가져가고, 윤언이에게는 공을 세울 기회를 주지 않겠다는 속셈이었다.

이 부분에서는 도저히 김부식을 변호할 방법이 없다. 김부식이 두뇌는 명석했지만, 지나치게 이기적이었거나 윤언이와의 관계가 워낙 뒤틀려 있거나 했던 것 같다.

공격 개시시간은 4경(새벽 2시)이었다. 어둠 속에서 정부군이 접근하는 동안 서경 방어선은 단잠에 빠져 있었다. 세상은 묘해서 김부식이 윤언이의 제안을 묵살하느라 정부군이 결정적 기회를 날린 것이 오히려 덕이 되었다. 최초의 화공을 당했을 때, 적의 눈앞에서 무너진 방어선을 보강하면서, 서경 사람들은 입술이 바짝바짝 탔을 것이다. 시간도 아닌 분초와의 전쟁이었지만 서경인의 애타는 심정을 아는지

모르는지, 정부군은 멀뚱히 구경만 했다. 방어선 보강이 끝나고 겹성
축조를 시작해도 마찬가지였다. 과도한 긴장은 지나친 안도감을 낳았
다. 서경군은 이 황당하고 멍청한 정부군이 토산을 완공하기 전에는
공격할 의지가 없다고 확신해 버렸다. 그때 총공격이 시작된 것이다.

공격 개시 후 대여섯 시간이 지나 날이 밝을 무렵, 진경보 부대가 드
디어 양명문을 함락시키고 연정문까지 진격했다. 지석숭 부대는 함원
문 앞에 도달했고, 이유 부대도 중성을 넘어 홍례문으로 진격했다. 김
부식도 관망만 하지는 않았다. 그는 직접 친위군을 이끌고 광덕문을
공격했다. 이 문들은 위치가 분명하지 않지만 홍례문은 내성의 남문
인 주작문인 듯하고, 나머지 문들도 내성의 여러 문들일 것이다. 하지
만 서경군도 호락호락하지는 않아서 내성은 고수해 냈다.

밤이 되자 비가 내리기 시작했다. 관군은 중성 방어선을 완전히 허
문 데 만족하고 일단 철수했다.

그 시간 윤언이는 칠성문 앞에 있었다. 김부식의 속셈을 아는 그는

분노로 치를 떨었을 것이다. 하지만 윤언이는 이 길고도 치졸한 승부를 끝까지 포기하지 않는다. 그는 어둠을 틈타 성문 앞에 장작을 쌓았다. 정상적이라면 불가능한 작전인데, 하루종일 정부군의 공세에 지치고 긴장한 서경군은 이를 알아채지 못한다. 김부식은 뜻하지 않게 윤언이에게 완전한 기습의 기회를 주었다. 중성 방어선 전체가 붕괴되는 상황에서 누가 방어선에서 제일 강한 곳을 기습하리라고 예상했을까?

더욱이 지난 번 화공작전 때부터 윤언이는 특별한 소이탄 제조법이나 기술자를 얻었든가 하여 남다른 화공술을 익혔던 것 같다. 이번의 화공도 대성공을 거두어 칠성문과 성벽의 부속건물 97간을 태웠다. 뚫린 성문 사이로 내부가 훤히 들여다보였다.

거침없는 돌격의 순간이 왔다. 그러나 이미 주위는 깜깜해졌고 비까지 내리기 시작했다. 윤언이는 어둠 속에서 입을 벌리고 누워 있는 검은 구멍을 보면서 입술을 깨물었다. 여기까지였다. 치졸한 탄압과 방해공작에도 굴하지 않고 서경성 최고의 요새지를 하룻만에 허물었지만, 하늘이 성문 진입을 허락하지 않았다. 그래서 세상사는 인력만으로는 되지 않는다는 것이다. 공격 첫날은 이렇게 저물었다. 전군은 중성을 허물고 내성 앞으로 진격했고, 중군은 놀라운 선전에도 불구하고, 칠성문 앞에 머물러야 했다.

그 날 새벽 울분과 우울함에 잠을 이루지 못하고 있었을 윤언이의 막사에 중군의 장수인 방자수가 갑자기 찾아왔다. 그의 뒤를 따라 여섯 명의 낯선 장정이 들어왔다. 앞의 두 명은 서경군의 고급 장성인 정덕환과 유위후라는 인물이었고, 뒤의 네 명은 서경의 하급관리였다.

그들은 놀라운 정보를 가지고 왔다. 중성이 함락되자 다 틀렸다고 판단한 조광은 집에 불을 질러 가족과 함께 자살했다. 이 소식을 들은 여러 지휘관들도 목을 찌르거나 목을 매어 자살했다. 최고 지휘관급에서는 단지 최영만이 살아남아 내성 방어전을 지휘하고 있다는 것이다.

정덕환과 유위후는 자살이나 항전 대신 투항을 결정했다. 그런데 그들은 양측의 주력이 대치중인 남문 대신 관풍정에서 가깝고 성문도 파괴된 칠성문을 이용해 정부군 진영으로 투항했던 것이다.

순간 윤언이의 머리 속으로 아이디어 하나가 번뜩 스쳐 지나갔다. 그는 정덕환과 유위후만 김부식의 막사로 보내고 하급 관원 네 명은 칠성문 옆에 있는 경창문으로 보내 설득공작을 폈다. 이 공작은 성공해서 적장 홍걸이 투항했다. 홍걸은 다시 중군 녹사 박의신과 협의한 후 내부의 부하를 이용하여 최영을 생포하고, 서경군 2영(부대단위, 1영은 약 1,000명)을 투항시켰다. 아마 이들은 경창문과 칠성문을 수비하던 수비대였을 것이다. 그들이 투항하자 윤언이는 칠성문을 통해 유유히 서경으로 진입하였다.

얼마 후 김부식은 윤언이의 아들 윤자양이 찾아왔다는 보고를 받는다. 막사로 들어온 윤자양은 서경의 지휘부가 괴멸하고 중군이 이미 모든 관청과 창고를 접수했다고 보고하였다. 세상사는 인력만으로 되지 않는다는 한탄은 이제 김부식의 것이 되었다.

묘청의 난은 이렇게 종식되었다. 최영 이하 포로가 된 수뇌부는 처형되고, 3일 동안 서경에 효수되었다. 일부는 자살했는데, 자살자 명단 속에는 윤언이에게 투항했던 유위후도 있다.

반란에는 연좌죄가 적용되므로 소수의 고령자와 환자를 제외하고 지휘부의 가족들은 3등급으로 분류되었다. 1등급은 서경역적이라는 네 글자를 얼굴에 새겨 섬으로 유배 보냈고, 2등급은 서경이라는 두 글자를 새겨 향소부곡으로 보냈다. 3등급은 양민으로 삼아 서경 이외의 지역으로 이주시켰다. 다만 조광, 최영, 정지상, 묘청 등 주요 인물의 처자는 노비가 되어 동북면으로 이송되었다.

6. 묘청과 김부식

묘청의 난은 묘청과 김부식이라는 두 인물 때문에도 유명해졌다. 역사에는 라이벌도 많지만 두 사람만큼 뚜렷하고 대조적인 인물도 드물다.

신라왕족의 후예이며 개경의 귀족가문인 김부식과, 정확히는 알 수 없지만 어쩐지 가족도 없고 가진 것도 없는 인물처럼 느껴지는 서경인 묘청, 정통 유학자와 도술을 사용하는 승려, 보수적 관료와 진보적 혁명가, 최고 관직에 오르고 자손까지 영화의 길을 걸었던 사람과 반역자로 목이 잘리고 가족은 노비로 팔려가야 했던 인물, 그리고 모든 국민이 공분하는 사대주의자와 자주론자.

이렇듯 사회의 모든 부조리와 양극화의 전형인 듯한 두 사람 사이에도 한 가지 공통점이 있다. 두 사람에 대해 일반적으로 알려져 있는 사실들이 실은 완전한 허상이라는 점이다.

묘청부터 살펴보자. 묘청은 이름이 아닌 법명이다. 나중에—아마도 유명해진 후에—정심淨心이라고 고쳤다. 그에 관해서는 결혼을 해서 아내와 자녀가 있었고, 반란 당시에는 상당히 나이가 들었다는 사실 외에는 성명, 나이, 고향, 종파, 뭐 하나 알려진 것이 없다. 서경 출신인지도 확실하지 않다. 다만 지방지배층 수준의 신분은 되지 않았나 싶다. 본인 스스로는 도선의 적통으로서 도선의 비술을 전수받은 유일한 계승자라고 했다.

학자 타입이나 정통 승려는 아니고 법회와 설법에 강한 대중적 종교인이었던 것 같다. '묘청'이라는 묘하고 모호한 법명을 '정심'이라는 쉽고 단순하고 메시지가 분명한 호칭으로 바꿨다는 데서도 이런 냄새가 난다. 이론가나 학자 타입의 승려였다면 처음에는 정심이라고 했다가 정치적 지도자가 된 후에 묘청이라는 식으로 개명했을 것이다.

묘청과 관련된 일화에는 미신적이고 사기성 짙은 이야기도 많다.

가장 유명한 이야기가 '대동강의 신비로운 빛 사건'이다. 인종이 대동강에서 뱃놀이를 하게 되었는데, 묘청이 미리 강 아래에다 기름 바른 떡덩이를 가라앉혀 두었다. 뱃놀이 중에 기름이 수면으로 올라오자 수면에 오색찬란한 서기가 어렸다. 묘청이 이를 보더니 저 신비로운 빛이 서경이 수도가 되어야 한다는 하늘의 상징이라고 말했다. 그러나 인종이 이번에도 섣불리 믿지 않고 잠수부를 내려보내 물 밑을 확인하게 하는 바람에 묘청의 술수가 탄로나 버렸다는 이야기다.

솔직히 필자도 이 이야기는 소위 승자의 역사에 의해 각색된 이야기라고 생각했었다. 그러나 당시를 살았던 문공유(?~1159)라는 관리의 묘비가 발견되었는데, 그 비문에 이 이야기가 기록되어 있어[30] 이 사건이 실화라는 것이 밝혀졌다. 역사에는 동화 같은 사건도 있고, 지어낸 듯한 우연도 있다. 동화 같은 이야기라고 제멋대로 무시해서는 안 된다는 귀중한 교훈이다.

이 사례로 보면 『고려사』의 다음의 일화도 지어낸 것 같지는 않다.

문공유 묘지명
문공유(?~1159)는 인종 때의 관리로 묘청파와 대립했다. 사진의 내용이 대동강 떡사건을 기록한 부분이다.

서경 중흥사重興寺의 탑이 화재를 당했다. 어떤 사람이 묘청에게 물었다. "태사가 (인종에게) 서경에 행차하시기를 청한 것은 재앙을 진정시키기 위함인데, (지금 인종이 여기에 행차해 있는데) 어째서 이 같은 큰 재난이 있습니까?" 하니, 묘청이 부끄러워 얼굴을 붉히며 대답을 못하다가 한참 만에야 주먹을 쥐고 얼굴을 들어 말하기를, "주상께서 만약 개경에 계셨으면 재변이 이보다 컸을 것인데, 이제 다행히 여기에 거둥하셨기 때문에 재앙이 밖에서 일어나서 주상의 몸이 평안하였다." 하니, 묘청을 믿는 자들이 말하기를, "이런데 어찌 믿지 않겠는가." 하였다.[31]

중흥사 당간지주
중흥사는 큰 사찰이었으나
조선시대에는 폐사되었다.
현재 평양시 모란봉 구역인
인흥동에 4m 높이의 당간
지주만이 남아 있다.

왕이 서경으로 행차하였다. 금암역(金巖驛)까지 갔을 때 비바람이 사납게 일면서 대낮에 갑자기 천지가 어두워졌으므로 호위군사들이 엎어지고 자빠졌으며 그 통에 임금은 자신이 말고삐를 잡고 가는데 길을 잃어서 혹은 진창에 빠지기도 하고 혹은 나무둥걸이나 돌부리에 부딪히기도 하였다. 또 시종들은 왕의 간 곳을 잃었고 궁인들 중에는 소리내어 우는 자도 있었다. 그 날 밤에는 진눈깨비가 내리고 추위가 극심해서 인마와 낙타가 많이 죽었다. 이때 묘청이 말하기를 "내가 이 날에 바람과 비가 있을 줄 알고 비와 바람의 신에게 '임금이 길에 있으니 비바람을 일으키지 말라!'라고 했더니 이미 승낙하여 놓고 이처럼 약속을 위반하니 실로 가증하다"라고 하였다.[32]

이런 식의 말돌리기로 추종자들의 존경은 유지할 수 있지만, 정치인을 설득할 수는 없다. 수도를 옮긴다는 것은 더더욱이 불가능하다. 묘청이 서경파의 진정한 지도자이고 종교인의 외피를 쓴 냉철한 야심가였다면 평소에 이런 어수룩한 처신과 언행은 하지 않았을 것이다.

묘청이 국왕과 서경파 양쪽 모두에게 이용당했다고 볼 수도 있다. 인종이나 서경파나 가시적이고 직접적인 정치적 연대는 부담스러워할 수 있다. 그래서 국왕과 서경파는 묘청을 내세워 정치가 아닌 종교의 장에서 연대를 맺고, 유지했다. 묘청과 함께 서경파의 대표자였던 백수한도 궁중에서 도교의 제사를 받들고 점치는 관원이었다.

서경파가 무슨 주장을 할 때는 곧잘 묘청을 내세워, 종교적·신비적 외피로 연막을 씌웠다. 이것도 사실은 일종의 책임회피이고 정치적 논란을 최소화하자는 기만전술이다.

세상에는 종교에 대해 두 가지 오해가 돌아다닌다. 하나는 비종교인 측의 오해로 종교적 열정에 빠진 사람은 세상의 현상을 다 종교적이거나 신비적으로 판단할 것이라고 생각하는 것이다. 하지만 의외로 사람은 현실적이어서 종교의 영역과 현실의 영역을 본능적으로 구분한다. 참새 한 마리가 떨어지는 것도 신의 뜻이라고 믿는 신앙심 깊은 펀드 매니저라고 해서 기도만 하고 연필을 굴려 투자처를 찍지는 않는다.

같은 착오가 종교인의 영역에서도 발생한다. 가끔 정치에 뜻을 둔 종교인들은 자신이 출마하면 최소한 당신 앞에서 눈물 흘리고 환호하는 신도들이 자신을 찍을 것이라고 생각하는 경우가 있는데, 이것도 큰 착각이다.

묘청도 이 두 가지 오해 속에 둘러싸였던 것이 아닌가 싶다. 그 과정에서 자신도 우쭐해졌고, 자신에게 주어진 듯한 권력의 속성이 무엇인지, 자신의 권세가 신기루 위에 세워진 것이라는 사실을 몰랐던 것 같다. 하긴 그것을 알아차릴 만한 사람이었다면, 서경의 성인으로 추대되지도 않았을 것이다.

게다가 그가 다루어야 했던 사람들은 세상에서 버림받고 의지할 데 없는 사람들이 아니라, 현세에서 가장 많은 것을 가지고 더 많은 것을 가지기 위해 날을 세우고 있는 사람들이었다. 그들은 설법을 들으며 울고, 재산의 반을 내어 탑을 세울 수는 있는 사람들이지만, 관직을 내놓거나 출마를 포기하게 만들기는 불가능한 사람들이다. 이런 사람들을 향해 묘청은 수도천도와 칭제건원과 금과의 전쟁을 설파했다.

반란의 실패가 명확해지자 서경의 정치인들은 묘청에게 다시 한 번 종교인의 역할을 요구했다. 그는 희생양이 되어 살해되고 잘린 머리는 개경으로 보내졌다. 정작 진짜 전쟁은 그가 죽은 후에 발생했다. 이 사건이 묘청의 난으로 명명되어 지금까지 전해지는 것도 유학자들의 마지막 심술이다.

김부식은 신라의 왕족 출신으로 중앙 귀족집단의 리더라고 알려져 있지만, 사실은 전혀 그렇지 않다. 먼저 왕족설부터 보자.

경주 김씨가 신라왕족인 것은 사실이지만, 그가 살던 시대는 신라가 아닌 고려다. 그리고 이미 통일신라 때부터 김씨는 분화할 대로 분화해서 김씨라는 이유만으로 왕족 대우를 받기는 어려운 상태였다. 그의 증조부는 신라가 망할 때 잠시 경주의 책임자인 주장州長을 지냈지만33 중앙으로 진출하지 못했다. 부친대에 겨우 개경에 왔는데, 벼슬은 국자좨주 좌간의대부에서 멈추었다. 이 관직은 언관직으로 과거에 급제한 유망한 젊은 관료에게 주는 관직이다. 하지만 이 정도 벼슬로는 귀족집단의 리더는커녕 귀족 소리도 듣기 힘들다.

이런 수준의 가문을 재상가 반열로 올려놓으려면 2~3대에 걸친 꾸준한 노력과 능력을 발휘해야 한다. 우리가 알고 있는 조선시대의 명신들, 자기 능력과 노력으로 정상에 섰다고 하는 인물들은 거의가 이런 과정을 거쳤다.

김부식 집안도 이 경우에 속한다. 이 집안의 가풍은 혈통이 아니라 능력과 노력이다. 가문의 한계와 현실을 자각한 김부식의 형제들은 왕족이라는 과거에 기대지 않고 무섭게 노력했다. 김부식은 4형제 중 셋째였다. 김부식이 제일 유명하기는 하지만 김부일·김부식·김부의(김부철) 3형제가 모두 과거에 급제하고, 출중한 능력으로 재상의 자리에까지 진출했다.

(맏형 김부필은 과거에 급제한 기록이 없고 윤관의 여진정벌에 병마판관으로 종군한 기록만이 남아 있다. 그래서 부필은 다른 형제와 달리 무관이었다고 보기도 한다. 하지만 고려시대에는 문무관의 구분이 적거나 없어서 과거급제자가 무관으로 맹활약하는 경우가 비일비재했다. 그래서 김부필이 형제들과 달리 공부를 소홀히 한 무관이었다고 단정할 수 없다. 김부필에 대한 기록이 적은 이유는 요절했기 때문

일 수도 있다.)

김부식이 전통 보수, 귀족세력의 대표였다면 오히려 국왕의 견제를 받아 사령관이 될 수 없었을 것이다. 인종은 전체 3군 중 2군을 김부식과 김부의에게 맡겼다. 고려시대이고 조선시대이고 국가적 전란을 맞아 전통 귀족가문의 대표가 사령관이 되는 경우란 없다. 어느 바보가 귀족집단의 대표에게 전군의 2/3를 맡기겠는가? 인종이 그를 사령관으로 임명한 이유는 김부식 일가가 능력과 노력으로 검증된 인물이고 조선시대의 신진사대부처럼 자기가 속한 집단보다는 국왕에게 충성하는 인물이었기 때문이다.

거란전쟁 편에서 보았듯이 예종이 여진정벌의 책임자로 윤관과 오연총을 임명한 것도 같은 구조다. 윤관의 파평 윤씨 집안은 조선시대에는 최고 명문가가 되었지만 윤관 이전에는 그렇지 않았다. 부원수로 종군했던 오연총도 한미한 가문에서 태어나 과거급제로 출세한 전형적인 입지전적 인물이다.

이런 정치적 이유 말고도 더 중요한 이유가 있다. 편안하고 안락한 환경에서 자라난 인물에게는 이런 위기 상황을 극복할 능력을 기대할 수가 없다. 귀족가문이나 전통 명문가 출신에서 인재가 나오지 않는다는 말은 아니다. 그러나 그들이 장점을 보이는 분야는 따로 있다. 전란과 같은 극한의 승부, 총체적 위기 상황에서 편안하고 순탄한 관직 생활을 해온 귀족의 자제들은 근성, 의지, 다양한 실무 경험, 세상에 대한 이해, 냉철한 판단, 피 말리는 승부와 스트레스를 견뎌낼 수 있는 능력, 이 모든 부분에서 아래로부터 노력과 경쟁으로 치고 올라온 인물을 당할 수 없다.

언젠가 수업시간에 학생들에게 전쟁, 혁명적 전환기, 국가적 위기 상황에서 최고 지도자로 활약한 인물들을 아는 대로 꼽아 보라고 했다. 을지문덕, 김유신, 계백, 강감찬, 윤관, 정도전, 정몽주, 황희, 이순

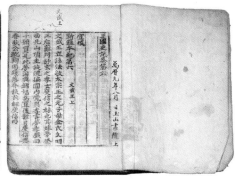

『삼국사기』
조선 중종 무렵에 경주에서 간행한 판본이다.

신, 유성룡, 정약용…… 이들 모두 당대의 정치적 주류나 정상의 귀족가문 출신이 아니라 정상을 향해 달음질 치고 있는 집안 출신이었고, 자신의 환경적 불리함에 좌절하거나 분노로 세월을 낭비하지 않고 노력과 능력, 의지로 극복한 인물들이다.

김부식도 이 그룹에 들어간다. 4형제 중 3형제, 혹은 4형제 모두가 과거에 급제하고, 모두가 당대 최고의 정치가이자 논객, 전략가가 된 것이 우연이거나 집안의 후광 때문이었을까?

정치적 성향으로 볼 때도 김부식은 국왕 편에 서고, 법과 국가제도의 기능성과 공정성에 관심을 가지고 중시하는 성향을 보여준다. 그가 누구보다 박식하고, 중국의 역사와 국가제도에 능통하고, 만년에 『삼국사기』의 저술을 맡았던 것도 이 같은 관심과 노력의 결과였다.

그러므로 김부식을 귀족사회의 특권을 옹호하는 수구세력이라고 단정하는 것은 극히 잘못된 견해다. 그가 민중혁명가는 아니고, 개인적으로는 정적에게 박하고 냉정하다는 단점도 있었지만, 동시대의 지배층과 관료군 중에서는 누구보다도 지역보다 국가를, 부분보다 전체를 생각했던 인물이다.

마지막으로 사대주의자 김부식과 자주론자 묘청이란 부분이 남았다. 이 설은 영향력이 막대하고 민감한 사안이라 설명하기가 쉽지 않다. 하지만 사대주의는 잘못된 용어다. '사대'라는 단어는 있지만 그것은 그렇게 거창한 이념도 주의도 아니었다.

완전무장한 정규군 1개 중대가 요새를 지키고 있다. 우리는 1개 소대도 안 되고 훈련도 받지 못한 민병대다. 한 병사가 정면으로 돌격하자고 소리치자 지휘관이 이렇게 말한다. "적은 우리보다 열 배는 강하다. 정면공격은 자살행위다." 이런 설명을 우리 선조들은 간결하게 '사대'라는 용어로 표현했다. 그뿐이다. 주체성을 상실하고 중국문화에 경도된 정신착란 상태도 아니고, 중국을 기준으로 사회제도와 생각과 정책을 결정짓는 대단한 원칙도 아니다. 그저 우리의 일상에서도 수없이 벌어지는 현실적 판단일 뿐이다.

단재 신채호
사대주의자 김부식과 진취적 민족주의자 묘청이라는 시각은 신채호로부터 시작되었다. 망국의 시기를 살아야 했던 민족주의자로서 신채호의 고민과 업적은 탁월하지만, 그의 역사학은 철저한 시대적 고민의 산물이라는 점도 감안해야 한다.

사대와 자주라는 선입견과 이념의 틀을 벗고 당시의 상황을 살펴보자. 묘청(사실은 서경파)은 금나라에 대한 공격을 주장하고, 송나라 및 금나라와 동격으로(당시 금나라에 대해 남송과 고려는 동생의 위치에 있었다) 우리도 황제를 칭하고 연호를 세우자는 주장을 폈다(칭제건원론).

서경파는 왜 금나라 공격을 주장했을까? "과거 우리를 섬기던 여진족 주제에 우리를 깔보고 비하하기 때문이다."라고 말한다면 이건 큰일 날 소리다. 어떤 분은 이를 자주적인 태도라고 하지만 이건 자주가 아니라 자존심이다. 자존심 때문에 전쟁을 하자는 사람이 있다면 희대의 전쟁광이거나 심각한 콤플렉스 환자다.

금나라에 대한 정책의 본질은 자주적이냐 사대적이냐의 문제가 아니라, 국제정세와 외교정책에 대한 현실적 판단의 문제다. 금나라가 고려에 불편한 요구를 하고는 있었지만, 고려를 침공하려는 징후는 없었다. 반대로 만주에서 발원한 여러 왕조 중에서 금나라는 고려를 침공하지 않고 얌전하게 중원으로 진출한 유일한 국가였다(이 이야기 역시 『전쟁과 역사』 2권에서 설명하였다).

그렇다면 고려가 금나라를 이길 수 있는 가능성은 있었을까? 묘청파의 주장은 송과 협력하여 금나라를 치는 것이었다. 금나라는 생각보다 약하고, 대송 전쟁에서 힘의 한계를 드러내고 있다는 것이 그들의 주장이었다. 역사가 증명해 주듯이 이 판단은 정확하게 틀렸다. 남송 정부는 큰소리치는 데는 일가견이 있었다. 금세라도 북벌을 할 듯 소리치고, 고려에 묘청의 난이 발생했다는 소식을 듣자 자기 일처럼 걱정해 주며 10만 원병을 보내주겠다는 흰소리까지 했다. 하지만 현실로 돌아오면 10만 원병은커녕 자기 땅 지키기에도 급했다.

송나라와의 연합작전이라? 중국 역사상 절대로 못 믿을 군대가 송나라 군대다. 정치적 음모와 모함이 난무해서 이길 전쟁에서도 아군을 몰살시켜 버리는 것이 송나라였다. 악비와 양업을 위시해서 대금 전쟁에서 승전한 경험을 가진 몇 안 되던 장수들이 모두 누구 손에 죽었는가를 되새겨보자.

정말 묘청파의 주장대로 고려군이 송과 동맹을 맺어 금나라를 공격했고, 고려군이 선전해서 만주로 치고 올라갔다면, 송나라는 고려군을 제물로 삼아 협상이나 걸었을 것이다. 우리가 발을 빼겠다. 대신 산동 북부를 돌려달라. 이런 식으로 말이다.

금과 송에 대한 판단은 개경 정부의 판단이 100% 정확했다. 칭제 건원론을 앞장서서 반대한 사람이 김부식이다. 이것은 사대와 자주의 문제가 아니라 국제정세에 대한 정확한 판단의 문제였다. 자주와 민족주의에 대한 우리의 개념에도 문제가 있다. 민족주의는 민족의 자존심을 세우는 주의가 아니다. 민족의 독립과 보존, 민족의 이익, 민족의 발전을 최우선 가치로 삼는 것이 민족주의다. 그러므로 진정한 민족주의는 민족에게 이익이 된다면 국제관계에서의 타협과 협력, 외국 문화의 수용을 얼마든지 허용해야 한다. 자존심이나 잘못된 판단으로 분쟁을 일으키거나 외곬로 나가는 것은 참된 민족주의라 할 수 없다. 국가의 정책은 동기가 아니라 결과로 평가받아야 한다. 그런 점에서 보면 김부식의 친금정책이 오히려 자주적이고 민족주의적이다.

그 후의 이야기

묘청의 난이 끝난 후 승자의 운명은 조금 복잡하게 얽혔다. 김부식은 묘청의 난을 진압한 공으로 정치적 전성기를 맞이한다. 인종은 김부식을 수충정난정국공신輸忠定難靖國功臣으로 책봉하고, 최고 관직인 문하시중 및 태자의 스승인 태보로 임명하고, 최고급 저택 한 채를 상으로 주었다. 그 뒤로도 각종 상을 내리고, 1142년(인종 20)에는 동덕찬화공신同德贊化功臣으로 추가 책봉했다. 1144년 김부식의 아들 김돈중이 과거에 2등으로 급제했는데, 인종은 장원으로 바꿔 주었다.

1145년(인종 23)에 김부식은 『삼국사기』를 저술했으며, 1147년 의종이 즉위하자 그에게 식읍 1,000호에 식실봉 400호를 주고, 낙랑군개국후로 책봉했다. 그는 1151년에 77세로 사망한다.

서경성 함락의 최고 공로자인 윤언이는 공신에 책봉되기는커녕 양주방어사로 좌천되었다가 끝내 유배되었다. 김부식이 악착같이 윤언이를 정지상의 당으로 밀어붙인 탓이다. 윤언이는 나중에 유배에서 풀렸지만 정부에서 다시 지방관인 목사로 임명하자 부임을 거부하고 사퇴했다. 이때 서경 공략 당시의 비사와 자신의 활약을 적은 장문의 상소를 올렸다. 그는 의종이 즉위한 후에야 복직하여 재상직인 정당문학에 임명되지만 권력투쟁에 신물이 났는지 파평으로 은퇴하여 불교를 연구하다가 사망하였다.

그는 임종하던 날 초막에 들어가 다음과 같은 시를 벽에 쓰고는 좌

운문사 원응국사비
경북 청도. 고려 인종 때
세운 비로, 윤언이가 비문
을 지었다.

정한 채 숨을 거두었다고 한다.

> 봄 지나 다시 가을 되니 피는 꽃 지는 잎이로세
> 동에서 서로 가고 또 가는데 나의 본성[真性]을 잘 양생하리라
> 삶과 죽음의 사이에 선 오늘 이 내 몸 돌이켜보니
> 아! 모든 것이 만리 장공의 한 조각 한가한 구름이었네.34

마지막으로 서경의 운명을 살펴보자.

묘청의 난이 끝난 지 약 40년 후 서경에서 조위총의 난이 발생했다. 명분은 무신정권에의 항거였지만, 내면적으로는 누적된 서북면의 불만도 무시할 수 없다. 조위총의 난은 묘청의 난 못지않게 격렬하게 진행되었는데, 이번에는 묘청의 난 때와 달리 서경의 살육을 피할 수 없었다.

이후 서경은 더 이상 북계방어의 중심이 되지 못하고, 연이은 전쟁에서 고려는 고전하기 시작한다. 몽골전쟁 중에 서경은 오히려 반란의 진원지가 된다. 최광수의 난, 홍복원과 필현보의 반란이 이어지더니 마침내 1269년 최탄의 반란이 성공하면서 자비령 이북 땅을 이끌고 몽골에 투항, 몽골의 동녕부가 되었다.

제2부
2차 거란전쟁

11

96년 4월 어느 날, 개경 근교의 별장 앞에 수십 명의 장병이 도열해 있었다. 문 앞에는 잘 단장한 준마 한 마리가 주인을 기다리고 있다. 문이 열리자 안에서 거구의 사나이가 비척거리며 걸어나왔다. 의복은 화려했지만 한 쪽 눈이 멀었고, 손은 무섭도록 투박했다. 고려 최고의 무장이고 격투기의 일인자로 명성을 누렸던 그지만 세월의 흐름은 어쩔 수가 없었다. 이제 노인이 된 그는 말에 오르는 동작도 예전 같지 않아 편자에 발을 얹고 한 호흡을 걸었다.

순간 몇 명의 사나이가 그를 향해 달려나왔다. 경호원들이 제지하려고 했지만, 습격자의 일부가 조직적으로 경호원을 상대했고, 한 사나이가 그 틈을 뚫고 들어왔다. 그는 거세고 빠르게 노인에게 일격을 가했다. 노인이 되었다고는 하나 역전의 용사인 그는 이 사나운 공격을 멋지게 피해냈다. 그러나 하필 몸을 날린 것이 두 번째 자객의 정면이었다. 피하더라도 문 안이나 경호원이 있는 쪽으로 몸을 날려야 했다. 통한의 실수였다.

지금까지 그는 무수한 죽음의 고비를 넘기며 살아왔다. 천민으로 태어난 그는 젊은 시절 형제들과 함께 악명높은 불량배였다. 이들을 체포한 안찰사는 아예 죽여버릴 작정으로 심한 고문을 가했다. 고문에 못 이겨 두 형은 감옥에서 죽었지만 그는 끝까지 버텨냈다. 놀란 안렴사는 그를 석방하고, 추천서를 주어 서울로 보내 시위군에 입대시켰다.

청운의 꿈을 안고 서울로 상경한 첫 날 밤 그는 긴 사닥다리가 성문으로부터 대궐까지 뻗쳐 있고 자신이 그것을 타고 올라가는 꿈을 꾼다. 군인이 되어서는 세 번이 넘는 쿠데타를 보았고, 한 번의 무장반란을 겪었다. 그때마다 그는 한 쪽 세력의 표적이 되었고, 반란군과 싸울 때는 눈에 화살을 맞았다. 하지만 그 무수한 역경도 금빛 사다리도 이 한 번의 실수를 보상해 줄 수는 없었다. 그의 앞을 막은 사나이는 망설이지 않고 칼을 휘둘렀다. 최후의 순간 그는 자객의 얼굴을 보았을까? 아니면 비로소 하늘에 닿은 사다리의 끝을 보았을까?

1. 전쟁영웅

이의민이 죽은 곳은 개경 근교의 미타산이라고 하는데, 정확한 위치
는 확인되지 않았다. 하지만 이 날의 죽음은 역사의 작은 전환점이었
다. 이의민은 무신정권의 1세대이자 증언자다. 그는 최초의 반란이었
던 이고와 정중부의 난 때부터 맹활약을 했다. 보현원에서 벌어진 학
살극에서 그는 가장 많은 사람을 죽였다. 이 공으로 정중부에게 발탁
되어 중랑장(정5품)이 되었다. 경주에 유배된 의종을 살해한 사람도
그였다.

> (이의민이) 의종을 곤원사坤元寺 북쪽 연못으로 데려다가 술을 몇 잔 올리
> 고 왕의 등뼈를 꺾었는데 손으로 치는 대로 소리가 났다. 이의민이 껄껄
> 대며 웃었다. 박존위가 그 시체를 이불에 말아서 가마솥 두 개를 합친 틈
> 에 끼워서 연못 속에 던졌다.01

무신정권 최대의 위기였던 조위총의 난 때도 그의 부대는 맹위를
떨쳐 반군은 그의 이름만 듣고도 피했을 정도였다.

보현원 사건 이후 정중부가 이고를 죽이고, 정중부는 경대승에게
죽었다. 경대승은 왕과 무신 어느 쪽에도 신임을 얻지 못해서 불안에
떨다 요절했다. 그 뒤를 이은 사람이 이의민이다.

이의민이 살해됨으로써 혼란을 달리던 폭력의 세대는 막을 내렸다.
처음 그를 향해 칼을 휘둘렀던 사람은 최충헌의 동생 최충수였고, 최
후의 순간 그의 앞을 막았던 자객은 최충헌이었다. 이의민과 마찬가
지로 최충헌도 조위총의 난이 탄생시킨 전쟁영웅이었다. 당시 그는 특
별히 모집한 무사로 편성한 전봉별초라는 특전부대의 지휘관(도령)이
되어 맹활약을 했고 이 공으로 흥위위 별장으로 진급했다.02

곤원사터
경주시 탑동. 현재 이곳에
는 연못 대신 취수장이 건
립되어 있다(송지현 사진
제공).

전투부대의 돌격대장으로서 최충헌의 이력은 이의민의 살해로 끝난다. 이제부터 역사에 등장하는 최충헌은 차갑고 냉철하면서 탁월한 리더십을 지닌 정치가다.

최충헌에게는 전대의 집권자들이 가지지 못한 능력이 있었다. 그는 백성의 심리도 잘 알고, 정치를 어떻게 해야 하는지, 아랫사람을 어떻게 다스려야 하는지도 안다. 그의 치세에서 최씨정권은 장기집권체제를 확립한다. 마키아벨리의 말처럼 그동안 거듭된 쿠데타가 더 이상 반란을 일으킬 사람을 남겨놓지 않은 탓도 있겠지만, 그것은 아주 작은 요인에 불과하다. 불만세력은 언제든지 새롭게 탄생하고 생성된다. 전임자들은 그것을 감당하지 못했지만 최충헌에겐 모든 시도를 분쇄하고, 생성 자체를 억제할 수 있는 능력이 있다.

최씨정권 하에서 무신정권은 새로운 단계로 진화한다. 고려는 안정을 되찾았고, 새로운 정치질서가 자리잡았다. 그렇다고 최충헌의 통치가 훌륭했다는 의미는 아니다. 그의 치세는 양면성이 있다. 치졸할 정도로 협소했던 고려의 정치판은 확실히 새로운 수혈을 받았다. 너무 많은 피가 갑자기 몰려들고, 쿠데타 세력이라는 어쩔 수 없는 한계 때문에 저질의 피까지 왕창 섞여 들어간 것이 문제였긴 하지만, 변화는 변화였다. 이전 세상이라면 여주의 향리집안 출신인 이규보가 재상까지 되리라고 생각이나 했겠는가?

하지만 최씨정권 하에서도 진정한 개혁, 진정한 안정은 없었다. 정국은 언제나 비상상태이고 음모와 불안, 불법적 거래 속에서 유지되었다. 새로운 피는 세상을 바꾸기보다 기존의 특권을 접수하는 데 더 열심이었다. 결과적으로 새로운 피는 집권층을 혁신하는 대신 특권층을 늘려놓았다. 특권층이 늘어나니 세금과 불법은 더 많아지고, 정치투쟁은 더 가혹하고 잔인해졌다.

무신정권에 대한 후대 문신들의 평가가 편견으로 가득하고, 지나치고, 치사한 것은 사실이지만 그렇다고 해도 세상이 이렇게 흘러간 것은 부정할 수 없다. 개혁을 좋아하는 사람은 이렇게 되물어볼 수도 있다. "그것은 과도기 현상이고 변화를 위한 출산의 고통이 아닐까?"

그럴 수도 있었다. 정상적 권력형태로 이행했다면 말이다. 혹 왕조가 최씨가로 바뀌기라도 했다면 차라리 그럴 가능성이 높아지거나 낮아지거나 했을 것이다. 하지만 최씨정권은 최후의 날까지도 혁명위원회 같은 비상체제를 벗어나지 못했다. 진정한 개혁을 잉태하지도 못했으니 '출산의 고통론'을 적용하기도 애매하다.

그들이 60년 동안 '최씨 위원회'로 일관한 이유는 전쟁 때문이다. 여기서 역사의 진정한 아이러니가 발생한다. 무신정권의 1세대 기간 중에 몽골 침입 같은 대전란이 발생했다면 고려는 훨씬 빨리 붕괴되거나 왕정복고가 되었을 것이다.

그러나 하필 몽골이 침략해 온 때는 최씨정권의 전성기였다. 여기서 또 한 번 양면적인 진실이 발생한다. 최씨정권은 몽골과 60년이란 유래 없는 오랜 결투를 벌인다. 몽골과 싸운 나라 중에는 최장의 기록이다. 원나라는 물론이고 후대의 중국인들도 이 일을 기억하고 경의를 표했다. 고려와 조선의 국제적 명성을 높이는 데는 금속활자나 거북선보다도 이 항쟁이 더 큰 기여를 했다.

（이미지 상단의 한자 경전 부분 - 손으로 쓴 한자 불경 텍스트）

하지만 비정상적 체제 하에서의 전쟁은 보통의 전쟁보다도 더 많은 불합리와 이유 없는 죽음과 고통을 낳았다. 그래서 대몽전쟁은 더 장렬하고 비감하고, 어처구니 없는 이야기를 우리에게 전해준다.

그런데 몽골전쟁으로 들어가기 전에 최충헌의 집권기였던 1216년에서 1218년 사이에 발생한 거란 유민의 침공을 먼저 살펴보아야 할 것 같다. 이 전사는 여타의 전쟁에 비해서는 중요도가 떨어질 수도 있다. 하지만 이 전쟁의 기록은 고려의 전쟁사 기록 중 가장 상세하고 세밀해서, 몽골전쟁 직전 고려군의 전투방식과 능력을 잘 보여준다. 또 대몽전쟁에서 발생하는 무신정권의 문제도 여기서부터 단초를 드러내기 시작한다.

소자본불정심관세음보살대다라니경합각小字本佛頂心觀世音菩薩大陀羅尼經合刻 최충헌·최우·최항 3부자의 장수와 평안을 기원하기 위해 만든 불경. 몸에 지니고 다닐 수 있도록 작게 만든 호신용 불경이다.

2. 불길한 징조

1211년 징기스칸은 숙적 금나라에 대한 공격을 개시했다. 그리고 겨우 2년 만인 1213년 몽골군은 금나라 수도인 연경(북경)을 함락시켰다. 금나라는 화북지방을 거의 상실하고, 예전 송나라의 수도였던 변경

거란민의 모습
거란은 만주인과 몽골족의
혼혈민족으로 유목민적 성
격이 강했다.

(개봉)으로 천도한다. 금나라가 수세에 몰리자 만주에서는 과거 금나라에게 망한 거란(요나라)의 유민이 봉기한다. 최초의 반란은 1211년 옛 부여의 땅이라고 알려져 있는 길림성 융안(지금의 농안현)에서 일어났다. 하지만 이들은 내분으로 금세 분열하여 만주의 해성으로 이주한 뒤 금산왕자金山王子와 금시왕자金始王子가 대요수국大遼收國을 세웠다.

금나라는 이들을 토벌하기 위해 포선만노를 선무사로 파견했는데, 포선만노는 거란족에게 패하자 금나라를 배신하고 독립하여 대진국을 세운다.

대요수국은 요하를 건너 서진을 시도하지만 금나라와 몽골군의 연합공격과 내분으로 좌절되었다. 서쪽이 막힌 그들은 동쪽으로 갈 수밖에 없었다. 1216년 동진하는 거란 유민과 이들을 추격하는 금나라 군대는 지금의 만주 단동 북쪽에 있는 봉황성 부근에서 만났다. 두 군대는 양쪽 다 식량부족으로 고통을 겪었다. 7월에 양측 모두가 고려에 식량원조를 청했다. 금나라는 갈 곳 없는 거란군이 고려로 들어갈 것이 뻔하니 미리 식량을 보내 우리의 토벌에 협조하라는 식이었고, 거란은 우릴 돕지 않으면 다친다는 식이었다.

양쪽의 태도가 기분 나쁘기는 했지만, 양쪽 다 맞는 말이었다. 선택을 해야 하는 상황에서 고려는 양쪽을 향해 고개를 저었다. 한국의 역사에서 제일 이해하기 힘든 부분이 외교 부분이다. 우리의 외교는 상황을 예측하고 미리 대응하기보다는 나는 모른다, 나는 참견하지 않고 간여하지 않고 가만히 있겠다는 식으로 버틸 때가 너무나 잦다. 그 덕분에 우리는 명분에서는 늘 이겨서, '아무 잘못도 없고, 평화롭게 사는 우리를 ○○가 공격했다'고 역사책에 쓸 수 있는 권리를 얻는다. 하지만, 그것이 죽고, 헤어지고, 고통당하는 백성에게 위정자가 내놓을 수 있는 위로가 되는지는 모르겠다.

봉황성 전투에서 금나라 군대가 패했다. 다음 달 기세가 오른 거란군은 금군의 진영을 공격하면서 다시 북계병마사 독고정에게 사신을 보내 식량을 요구하였다. 독고정이 거부하자 거란족은 바로 고려 영내로 침공하였다.

거란군의 장수는 거란의 재상이며 제2인자였던 아아鵝兒와 걸로乞奴였다. 병력은 그저 수만 명이었다고 하는데, 거란 유민의 총수가 약 9만 정도로 추산되고, 그 중 일부만 들어온 것이므로 2만 미만이었을 것이다. 이들은 모두 처자를 거느린 반 유민집단이어서 군사의 수는 더 적었고, 약탈에 주력했다.

의주를 공격한 거란군은 영주, 삭주 등 주요 군진을 공격하여 고려군을 묶어놓고, 의주·정주·삭주·창주·운주·연주 등 평북 일대의 고을을 광범위하게 약탈했다. 일부는 겁 없이 천리장성 라인을 따라 진군하여 함남 정평, 정융, 영삭까지 진출했다. 하필 추수기를 맞아 한 달을 돌아다닌 약탈자들은 주머니가 차자 후퇴하였다.

거란군은 난민치고는 짧은 기간 동안 대단히 효과적으로 고려군의

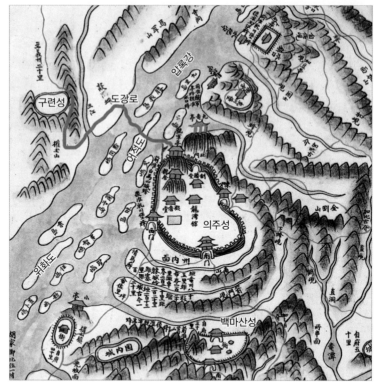

압록강 나루와 의주성
이곳 약간 북쪽에 봉황성
이 있다. 『해동지도』, 조선
후기.

방어진을 제압하면서 매끄럽게 이동했다. 그 비결은 양수척이었다. 거
란족의 이동로인 흥화 일대에 양수척이 많이 살았다. 양수척의 유래
는 정확하지 않다. 정사에서는 고려가 후백제를 점령할 때 저항하던
무리들이 양수척이 되었다고 한다. 하지만 이는 『고려사』에서 쓰는 상
투적인 수법이라 믿을 수가 없다. 원래는 거란 침공 때 고려에 남겨진
거란족 포로와 만주에서 간헐적으로 흘러 들어온 거란, 여진 유민의
후예가 아닌가 싶다. 이들은 고려에 살면서도 정착하지 않고 집시처럼
떠돌며 유목생활을 했다. 유목생활을 하려면 집기가 가벼워야 하므
로 고리로 생필품을 만드는 기술이 발달했다. 그래서 남자들은 유기柳
器 장인이 되었고, 여자들은 카르멘처럼 기녀가 되었다.

양수척에게는 세금이 없었는데, 이의민의 아들 이지영이 양수척을
자신의 첩이었던 기생 자운선에게 소속시켜 공물을 가혹하게 수취했
다. 이의민이 죽자 최충헌이 자운선을 차지했고, 수취는 더욱 가혹해

졌다. 여기에 반발한 양수척들이 거란군에 합
류하여 향도가 되었다고 한다.03 『고려사』는
양수척의 반란도 최충헌에게 뒤집어 씌웠지
만, 고려사회에 융화하지 못하고 차별받던 소
수민족이 자신들과 유사한 혹은 자기들의 선
조라고 생각되는 민족이 침입해 오자 그쪽에
합류했다고 보는 것이 정확한 정황일 것이다.

추수철이 끝나자 거란족 일부는 철수했지
만, 주력부대는 공략을 계속해서 끝내 영변을
함락시켰다. 북계의 고려군은 의주, 구주, 안주
등 주요 군진이 모두 동시에 포위 고립되어 조
직적인 반격을 꾀할 수가 없었다.

유기(고리)
버드나무, 싸리채 등으로
만든 그릇, 광주리, 바구니
등. 수납함으로 많이 사용
했다.

사가는 이것도 최충헌의 책임으로 돌린다. 최충헌은 자기 치세 하에
고려가 융성하고 부강하다고 자만하여 변방의 장수들이 침공을 대비
해야 한다는 경계성 보고를 올리면 화를 내며 처벌했다. 장수들 사이
에서는 처벌을 받지 않으려면 한두 성이 떨어진 다음에 보고를 올려
야 한다는 자조적인 한탄이 터져나왔다.04

그러나 국내 정치에서 보여준 최충헌의 판단력을 보면 그는 이 정도
로 어리석었던 사람이 아니다. 준비부족의 원인은 최충헌의 교만이나
판단력 부재가 아니라 최씨정권의 태생적 한계였다. 정권 기반이 취약
하고, 쿠데타의 위험이 상존하는 상황이라 최충헌은 미리 군대를 동
원할 수 없었다. 어떤 장수라도 외적과 접전하는 상황에서 쿠데타를
일으키기는 힘들다. 하지만 거란족이 금나라 군대에 궤멸당하거나 (당
시에는 누가 이길지 알 수가 없었다) 군사적으로 형편 없는 난민집단
으로 판명된다면 북방에 모아놓은 군대는 무슨 생각을 할까? 최충헌
의 선임자들은 거의가 비명에 갔다. 그들을 죽인 사람은 대부분 동료,

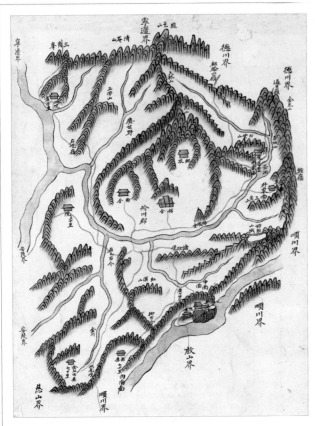

개천 조양진
조양은 개천 서북쪽 하천
이 갈라지는 유역 일대로
거란군이 주둔했던 영변으
로 가는 길목이다. 『해동지
도』.

부하, 친척이었다. 자신만 해
도 동생과 시가전을 벌여 권
력을 획득하지 않았는가?

자신이 다치지 않으려면
한두 성이 떨어진 다음에 보
고를 올려야 한다는 변장의
한탄은 사실은 최충헌의 진
심이자 노림수이기도 하다.
그 상황이 되어야 최충헌은
안심하고 군대를 출동시킬
수 있다. 이것이 국가의 권력
구조가 정당해야 하는 이유
이고, 무신정권이 지닌 태생
적 약점이다.

이런 사정으로 고려군은
거란군이 한 번 쓸고 지나간 8월 말쯤에야 조직되었다(이 해는 7월에
윤달이 껴서 양력으로 하면 10월 후반 정도로 추정된다). 전체는 삼군
이지만 군편성은 중군·우군·후군으로 특이하게 분류를 했다. 상장
군 노원순을 중군병마사로, 상장군 오응부와 대장군 김취려를 각각
우군과 후군병마사로 임명했다.

뒤늦게 편성된 고려군은 9월 한바탕 분탕질이 끝나고 평북 전체가
전쟁터가 되고 난 뒤에야 비로소 평북에 도착한다. 고려의 삼군이 거
란군과 처음 마주친 곳은 평남 연주(개천)의 조양진이었다. 조양진 성
에 주둔하던 고려군은 적이 가까이 오자 삼군에서 최정예인 별초 100
명과 신기군 48명을 차출하여 아이천 쪽으로 출격시켰다. 최초의 접
전에서 고려군은 적을 제압하지 못하고 오히려 약간 밀렸다. 고려군이

조금 후퇴하여 서로 휴식시간을 가질 때, 후군 낭장이며 신기군의 장교인 정순우가 기습적으로 적진 속으로 뛰어들어 지휘기를 가진 자를 죽이고 기를 빼앗았다. 이 기세를 타고 같은 후군 소속인 비장 오응유 부대가 돌격해서 적 82명을 베고 20명을 포로로 잡았다.[05]

패배한 거란군이 물러서자 지금껏 포위되어 있던 창주, 연주, 운주 등지의 고려군도 공격 대열에 합세했다. 이들의 활약이 덧붙여지면서 고려군은 여러 전투에서 수십 명에서 수백 명을 살해하는 전과를 올린다.

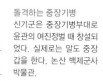

돌격하는 중장기병
신기군은 중장기병부대로 윤관의 여진정벌 때 창설되었다. 실제로는 말도 중장갑을 한다. 논산 백제군사박물관.

창주 분도장군 김공석이 거란의 군사와 창주에서 싸워 머리 42급을 베었다. 연주낭장 현장 등도 여러 번 싸워 머리 70여 급을 베고, 소와 말 80마리를 노획했다. 운주부사 설득유도 두 번 싸워서 머리 50여 급을 베었다.

거란의 군사 3백여 명이 구주의 직동촌에 와서 진을 치니, 비장 오응유가 보졸 3천 5백 명에게 입에 자갈을 물리고 거느리고 가서 쳤는데 산원 함홍재, 견국보 이직과 교위 임종비 등이 갑자기 적군 속으로 뛰어 들어가서 머리 2백 50여 급을 베고, 33명을 사로잡았으며, 소와 말, 전구, 은으로 만든 패, 청동인장 등 노획한 물건이 매우 많았다.

서경 군사가 거란과 조양의 풍단역에서 싸워 머리 1백 60여 급을 베고, 강물에 빠져 죽은 자 또한 많았다. 삼군이 또 구주의 삼기역에서 싸워 2일 동안에 머리 2백 10여 급을 베고, 39명을 사로잡았다.[06]

한편 역시 후군 소속인 이양승도 장흥역에서 거란족을 깨뜨렸다.[07] 이어 9월 25일에는 연주(개천)와 양주에서 문비 등 고려의 9장수가 거

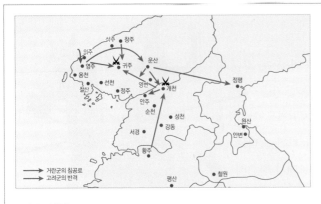
거란의 1차 침입도

느리는 고려군이 거란군과 싸워 700명의 수급을 얻는 대승리를 거두었다.

초전에서 이렇게 쉽게 승리한 이유는 거란군이 약탈에 정신이 팔려 분산되어 있었기 때문이다. 뒤늦게 실수를 깨달은 거란군은 연주(개천)의 개평역에 집결했다. 여기서 양군의 진정한 맞대결이 펼쳐진다.

> 우군은 서산 기슭에 자리잡고 있었고 중군은 평지에서 적의 공격을 받고 약간 퇴각하여 독산(獨山)에 둔취하였다. 그런데 (후군의) 김취려가 칼을 빼들고 장군 기존정과 함께 말을 몰아 적의 포위망으로 돌격하여 드나들면서 맹렬히 공격하니 적병이 흩어졌다. 적을 추격하여 개평역을 지나자 역 북편에 매복하였던 적이 중군을 급격히 공격하였다. 김취려가 반격하니 적들이 또 붕괴하였다.08

초전에서 연이어 승리를 거두었지만 고려군도 병력이 부족하고, 식량도 3일치밖에 가져오지 않았다. 중군병마사 노원순은 연주성(개천)으로 후퇴하여 원군을 기다리자고 했다. 그러나 김취려가 승세를 탄김에 밀어붙여야 한다고 우겼다. 다음 날 벌어진 전투에서 고려군은 대승을 거두어 거란군을 붕괴시킨다. 도망치던 거란군은 향산의 남강에서만 1천 명이 빠져 죽는 참사를 당했다.

이 날도 김취려의 후군은 맹활약을 했다. 적이 공세로 나오자 중군은 대형을 유지하면서 전선을 형성하고—이것이 작전이었는지 겁이 나서 그저 버틴 것인지는 확실하지 않다—후군이 돌격하여 치고 빠지면서 적진을 분쇄하는 전술을 사용했다. 김취려는 장군 문비와 함께 세

번을 돌격해서 세 번 다 승리했다. 그러나 이 전투에서 그의 큰아들이 전사한다.

정신 없이 도주하던 거란군은 사신을 보내 자신들이 스스로 물러가겠으며, 부녀자들까지 있으니 고이 보내달라는 청원을 한다. 고려군이 잠시 공격을 늦추는 사이에 그들은 식량과 우마까지 버리고 달아났다. 소와 말은 고려군이 사용할 수 없도록 허리를 분지르거나 엉덩이를 찔러 불구로 만들었다. 적이 정말로 도주중이라고 판단한 고려군은 삼군에서 2천 명씩을 차출해 추격대를 편성했다. 빠르고 효율적인 추격전을 펼치기 위해서였다. 이 추격군은 평로진에서 출격한 도령 녹진과 합세한 뒤 청새진에서 적을 포착, 대승리를 거둔다.

거란군의 피해는 대단했다. 거란의 지휘관이던 아아는 영변 약산사에 거주할 때 죽고, 지노가 아아의 부대를 통합했다. 이 지노마저 향산 전투에서 살해되고, 아아의 처는 포로가 되었다. 남은 부대는 금산 왕자가 통솔해서 도주했다.[09]

이렇게 해서 거란전쟁이 종결되는 듯했는데, 바로 다른 무리가 합세하여 다시 남하했다. 거란군은 크게 강화되었고, 난민형 군대답게 이리저리 여러 갈래로 움직이는 바람에 전쟁터가 복잡해진다. 정황이 자세하지는 않은데, 거란군이 여러 부대로 대거 남하하는 바람에 고려군의 주력도 분산되었던 것 같다.

고려군 일부는 남하하는 거란군을 영변과 흥교, 홍법사, 박천 등에서 거듭 격파했지만, 전과가 크지는 않고 아군의 희생도 컸다. 문제는 이때부터 고려군이 수세로 몰린다는 것이다. 그동안의 오랜 전투로 고려군은 지치고 병력 손실도 많았다. 지친 고려군이 안주성으로 들어가 휴식하는 사이에 거란군은 청천강을 건넜다.

이때부터 고려군의 패전이 더욱 잦아졌다. 거란군을 따라 남하한 고려군은 안정역, 임원역, 안화사, 묘역사 등 주요 도로와 길목에서 차단작전을 펴지만 연이어 패배했다. 고려군이 서경으로 들어가 농성하자, 거란군은 서경도 무시하고 때맞춰 얼어붙은 대동강을 건너 황해도로 진입한다.

12월에 거란군은 황주를 도륙하고 개경 주변을 빙 감아 평산, 배천을 약탈했다. 개경이 위태로워졌다. 거란군은 먹이를 노리는 늑대처럼 침을 흘리며 개경 주위를 맴돌았다. 거란의 간첩이 성내로 잠입하고, 새벽에 성문을 지키던 병사와 주민이 살해, 납치되고, 주변의 사찰이 약탈당하고, 혜종의 능이 도굴되는 등 각종 사건이 쉴 새 없이 발생했다. 민심은 극도로 뒤숭숭해지지만 거란군은 끝내 개경을 직접 공략하지는 않았다. 그 사이에 일부는 계속 남하하여 충주까지 내려갔다.

거란군을 놓치고 적지 않은 타격까지 입은 북방의 삼군은 남도의 징집병을 보충받아 5군으로 확대되었다. 기존의 3군 지휘부는 서열에서 밀려 새로운 5군의 총사령관은 지원군을 끌고 온 정방보가 맡고, 조충이 부사령관이 되었다. 이와는 별도로 김중귀가 뒤늦게 편성된 남도군을 이끌고 추가로 북상했다.

정말로 힘들게 받은 보충병이었다. 수도에서 징발이 가능한 병사는 다 징발하고 승병까지 모집했지만 약하고 쓸모없는 병사가 많았고, 정예병사는 최충헌이 자기 호위대로 다 편성했다. 그러나 최씨가의 호위대는 개경에서 꿈쩍도 하지 않았다. 묘청의 난 때는 개경에 주둔하던 중앙군이 즉시 출격하여 반란을 초기에 진압했었다. 하지만 이때는 고려의 주력군이 병력부족으로 적의 예상진격로도 차단하지 못한 채 쩔쩔 매고 있었다.

최충헌의 가병들은 화려한 복장으로 시가행진을 하고, 창 끝에 은병(은으로 만든 원나라 때 화폐)을 달아 자신의 대우를 과시했다. 거란군이 개경을 압박하자 최충헌은 자신의 집에 시위군을 모아놓고 모의군사 훈련을 시켰다. 고려시대에는 개경 만월대를 본받아 축대를

개성 만월대 석축과 계단.
최충헌의 집도 이와 같은
구조였다(한정수 교수 사진
제공).

높이 쌓아 계단을 내고 그 위에 집을 두는 것이 유행이었던 모양이다
―쿠데타가 잦았던 탓도 있는 듯하다―. 최충헌의 집도 계단이 높아
말을 탈 수가 없었으므로 말 대신 사람을 타고 훈련을 했다.

이때도 최충헌은 살벌한 군사훈련을 화려한 워게임으로 바꾸어 놓
는 탁월한 감각을 발휘한다.

> "최충헌이 또 제 집에서 전투를 연습시켰는데, 문의 층계가 높고 가팔라
> 서 말이 오를 수 없으므로, 사람으로써 말을 대신하게 하여 앞으로 나아
> 갔다가 뒤로 물러나오면서 서로 싸웠다. 또 거란의 장군이 금패를 차고
> 있는 형상을 거짓으로 만들어 이를 사로잡아 목베고, 군사가 개선하는
> 형용을 하였다. 또 여러 기생을 시켜 봉래산의 선아가 와서 하례하는 형
> 상을 하게 하고, 충헌이 매우 즐거워하며 은병과 명주와 포를 상으로
> 주었다."10

독재자가 되려면 이벤트를 잘 해야 한다는 말이 있는데, 이런 면에
서도 최충헌은 확실히 남다르다. 정중부 이하 그의 전임자들이 이 정
도의 감각이 있었다면 그렇게 허무하게 살해되지는 않았을 것이다.

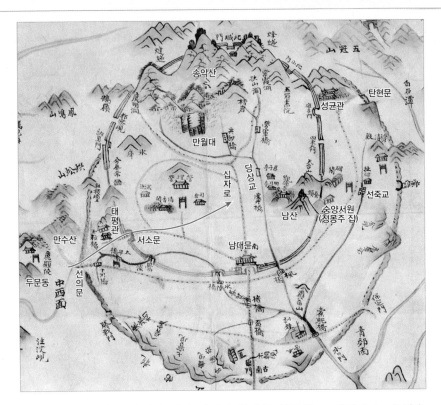

송도전도
선의문은 개경의 서쪽에
있는 문으로 조선시대의 오
정문이다. 최충헌의 집은
대략 시가 동쪽에 있었다.
『1872년 지방지도』.

　　최충헌은 이렇게 해서 개경의 주민을 위무하고, 자신이 늘 출정을
준비하거나 개경 사수전을 준비하는 것처럼 보임으로써 최정예 부대
를 경호부대로 묶어 두고 있다는 비난을 피했다. 아울러 자기 군대의
위세를 과시하여 괜한 생각을 못하도록 했다. 하지만 최충헌은 이 부
대를 전선으로 보낼 생각은 전혀 없었다. 간혹 호위대의 무사 중에 전
쟁터로 보내달라고 부탁하는 자가 있으면 즉시 유배시켜 버렸다.

　　최충헌의 태도를 욕할 수만도 없다. 고려군은 북방에서 거란군을
저지하는 데 실패했다. 좋은 병사들이 다 최충헌의 시위군으로 차출
되어 전력이 약화되었기 때문이라고 하지만, 당시 고려의 전통적 방어
체제는 매우 약화되어 있어서 시위군이 전방에 투입되었다고 해서 거
란군을 막았으리라는 보장은 없다. 최충헌의 본래 의도가 무엇이었든
간에 개경을 보존한 것은 최충헌의 공이었다.

　　게다가 쿠데타의 위협도 현실이다. 당장 개경이 포위되는 동안에도

그를 제거하려는 음모가 발생하기 때문이다.

거란군이 개경 근처를 배회하던 1217년 정월 개경 전방의 방어선을 지키던 승군 수백 명이 새벽에 선의문으로 몰려왔다. 그들은 거란군에게 패해 후퇴했다고 하면서 빨리 성문을 열라고 소리쳤다. 그러나 수문장이 거부하자 승군은 문을 공격하여 파괴하고 시가로 들어섰다.

사서에는 이들이 최충헌을 제거하기 위해 밀어닥쳤다고 했다. 그러나 이들의 목표가 정말 최충헌이었는지, 아니면 지나치게 흥분한 폭동성 시위대였는지 조금 애매하다. 최충헌을 제거하려는 군대치고는 행동과 계획이 너무 엉성했다. 이들은 북을 치며 소란스럽게 성 안에 들어와서는 먼저 최충헌의 집이 아닌 낭장 김덕명의 집으로 향했다. 김덕명이 요역을 일으켜 여러 절을 괴롭혔기 때문이다.

김덕명의 집을 파괴한 그들은 떠들썩하게 시가로 진입하다가 최충헌이 심혈을 기울여 양성한 고려의 최정예 군에게 포위되었다. 시가전을 벌이다 주동자가 사살되자 승군은 선의문으로 달아났다. 하지만 성문은 다시 닫혀 있었다. 최충헌이 가병을 거느리고 이벤트만 했니어쩌니 해도 병사들은 우수하고 군기가 잘 잡혀 있었다. 퇴로가 막힌이들은 시가로 다시 뿔뿔이 흩어졌다. 최충헌은 시가를 수색해서 이들을 체포했다. 이 사건으로 처형된 승려만 800명이었다.

개경의 사정도 복잡했고, 이해할 만도 했지만, 중앙군과 최고 용병부대가 개경에 못박혀 있으니 전선의 병력을 보충하기 위해서는 남도의 병사를 징발해야 했다. 늘 하던 대로 병사 소집 임무를 맡은 관리가 전국으로 파견되었다. 그러나 이들이 파견되자 전국이 북새통이 되었다. 곳곳에서 출정 거부 사태가 발발하고, 어떤 지역에서는 군대를 모으자 당장 반란군으로 돌변했다.

전라도 초군별감 홍부가 보고하기를, "전주 군사는 벌써 출발하였으나,

중도에서 도리어 제멋대로 난을 일으켜 주의 장리들을 쫓고 죽였으며, 나주 군사도 출발하지 않았습니다"라고 하였다.11

승군의 난이 일어난 1월에 경기도 진위현(평택)에서는 더 심각한 반란이 일어났다. 진위의 유력 가문들로 보이는 품관들이 반란을 일으킨 것이다. 정부는 주변 군현의 병사를 동원했다가 패배하자 경기도와 충청도 병력을 차출하여 간신히 이들을 진압했다.

진위현 사람 영동정令同正 이장대와 직장동정 이당필이 나라에 일이 있는 틈을 타서, 같은 현 사람 별장동정 김례 등과 더불어 반란을 꾀했다. 무리를 모아 현령의 병부와 관인을 빼앗고 창고를 열어 촌락에 곡식을 나눠주니, 주린 백성이 많이 좇았다. 그리하여 인근 고을에 공문을 보내어 자칭 정국병마사라 하고 그 군사를 의병이라고 했다.

종덕(경기 화성), 하양(충남 아산) 두 창고를 점령하자 곡식을 풀어서 군사를 먹이고 제멋대로 가져가게 하고는, 경기도 광주를 침범하려고 하였다. 왕이 낭장 권득재와 산원 김광계 등을 보내어 안찰사 최박과 함께 광주·수주(경기 수원)의 군사를 일으켜서 토벌하였으나 이기지 못했다. 다시 충청도와 양주도의 군사를 징발해 공격하여 당필과 김례를 잡으니, 도적의 무리가 흩어져 달아났다. 이장대는 상주로 달아났는데, 안찰사가 그를 사로잡아 형구를 채우고 서울로 보내서 이당필, 김례 등과 함께 모두 죽였다.12

거란의 침입이 있기 전에 이미 고려는 전국적인 농민반란을 겪었다. 공주 명학소에서 발생한 망이·망소이의 난을 시작으로 운문과 청도의 효심과 김사미의 반란 등 세상을 뜨겁게 달구던 반란은 최씨정권이 들어서고 국가가 통제력을 찾아가면서 진정되었다. 그것이 전란이 시작되자 다시 폭발한 것이다. 어느 사회나 나라가 혼란에 빠지면 그

틈을 타서 반란이 발생한다. 그러나 역사적으로 보면 우리나라는 희한하게도 그런 경향이 지극히 적은 편인데, 이 시기는 예외였다. 반란이 터지고, 진압군이 출정하고, 이 틈을 타서 지방군은 출정을 거부하니 북방의 전쟁터로 제대로 된 지원군이 갈 수가 없다.

북계 주민은 주민대로 애가 타고 화가 난다. 이 지역의 주민들은 수백 년 동안 고려의 방패가 되어 왔다. 그런데 남부에서 지원병은 오지 않고, 출병을 거부하고, 반란을 일으켰다는 소식만 들려온다. 배신감과 상실감이 생길 수밖에 없다. 이것은 국민의 분열을 낳는다. 과거의 전쟁에서 북계의 요지에 위치한 군현에서는 주민들은 단결하여 성을 지켰고, 이 방어망이 적의 진군을 저지하는 데 크게 기여하였다.

그러나 이번 전쟁을 보면 과거의 북방 방어선이 상당히 물러져 있음을 볼 수 있다. 창주, 연주, 운산처럼 분투하는 고을도 있지만, 군현이나 성에서 적을 저지하거나 승리를 거두는 사례가 줄어든다. 군현들이 적을 제대로 저지하지 못하니 고려의 정규군이 좌충우돌할 수밖에 없다. 그들은 용감하게 싸웠지만 병사는 지치고, 방어선 여기저기에 구멍이 생겨, 거란군 일부는 개경까지 남하한다.

한편 청천강 북쪽에서 고군분투하던 고려군은 간신히 병력을 증강했지만 거란군도 똑같이 증원되었다. 1217년 2월 거란의 주력군 3만이 추가로 고려로 들어왔다. 이들은 김중귀가 인솔하는 남도군을 격파하고 남하하기 시작한다.[13]

고려의 5군이 이들을 막기 위해 안주로 남하했다. 고려군이 박천의 태조탄에 도착했을 때 비가 주룩주룩 내리고 있었다. 우중의 도하작전은 위험하므로 고려군은 행군을 멈추었다. 지친 병사들의 노고를 우려했는지, 신임 사령관은 진지 구축 명령도 내리지 않고 휴식을 주었다. 장수들을 위해서는 중군 막사에 술자리를 베풀었다. 그때 어떤 사람이 백마를 타고 진중으로 뛰어들더니 기를 흔들었다. 그와 함께

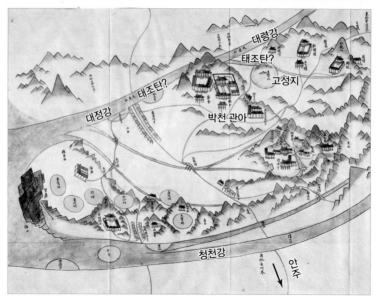

박천군
태조탄의 위치는 미상이나 박천 좌우로 지나는 두 길 중 하나일 것이다. 이 중 고성지를 지나는 동쪽의 대령강 근처 나루가 유력하다고 생각된다. 『1872년 지방지도』.

순식간에 거란군이 들이닥쳐 고려군을 포위했다.

전군이 먼저 무너져 달아났다. 중군은 보루를 설치했지만 거란군이 달려들어 불을 질렀다. 좌군만이 제대로 싸웠으므로 중군에 있던 조충과 정방보는 좌군으로 달아났다. 하지만 좌군도 끝내 무너지고 말았다. 이 전투에서 대장군 이의유李義儒·백수정白守貞과 장군 이희주李希柱가 전사했다. 병기는 말할 것도 없고, 의장과 문서, 병서까지 모조리 빼앗긴 최악의 참패였다. 전사자의 수는 아예 기록하지도 않았다.

후군에 있던 김취려가 분노하여 문비, 김인겸과 함께 역습을 시도했다. 하지만 지금껏 맹위를 떨치던 그의 부대도 패배하였다. 장군 김인겸이 화살에 맞아 사망하고, 김취려도 칼을 휘둘러 화살을 쳐내다가 화살과 창에 맞아 부상을 입고 개경으로 후송되었다. 사령관이 창에 찔릴 정도라면 얼마나 처절한 전투였는지 짐작할 수 있다. 조충과 정방보도 개경으로 돌아왔으며, 거란군은 고려군을 추격하여 선의문 밖까지 와서 다리를 불사르고 돌아갔다.

개경정부는 급하게 병사를 징발하여 5군을 추가로 편성하고 나중에 추가 징집병이라는 이름으로 가발병이라는 부대를 추가했다. 가발

병의 등장은 고려가 정상적인 군사동원체제로
는 이 정도의 정규전도 감당하기 어려워졌다는
것을 의미한다.

거란군은 개경의 문 앞까지 오고, 양수척을
첩자로 들여보내는 등 개경을 위협하다가 슬쩍
우회해서 남하해 버렸다. 개경에는 상당히 강한
정규군이 있었고, 병력에 제한이 있는 거란군으
로서는 전투보다는 약탈—자신들은 보급이라고
불렀겠지만—이 우선이었다.

김취려의 동상
박달재역사관 소장.

거란군이 개경을 스쳐 남하한 뒤에도 5군은
개경 주변에서 미적거렸다. 이때 거란군은 바로 남하하지 않고 적성,
연천 등 경기 북부와 강원도 쪽을 휩쓸면서 내려갔다. 그러다가 철원
이 함락되자 화가 난 최충헌은 중군병마사 오응부를 해임하고 전군
병마사 최원세를 중군병마사로 옮기고, 아직 부상에서 회복되지 않은
김취려—당시 김취려는 나이가 60이었다—를 전군병마사로 임명하여
당장 거란군을 추격하라는 엄명을 내린다.

5군은 부대를 둘로 나누어 중군·좌군·후군을 한 팀, 전군·우군
을 한 팀으로 하였다. 이들은 중소 규모의 전투를 벌이며 거란군을
쫓았는데, 추격은 더디고 느렸다. 노원역 북방에서 중군이 거란군과
맞닥뜨렸다. 보고서에는 좌군이 앞에서 싸우는 동안 중군과 후군이
적의 배후를 습격하여 승리했다고 꽤 규모있게 싸운 것처럼 쓰여 있
었으나 돌아온 부상병의 증언은 거란군은 2명만 죽고, 나머지는 모
두 우리 군사라고 했다.[14] 전투 규모로 보면 적의 주력이 아니고 주
변 부대와 자잘한 전투를 치르는 수준이었음에 분명하다. 그나마
제대로 공격도 못했던 것 같다. 중군보다 비교적 잘 싸운 전군과 우
군도 승리와 패배를 반복했다. 그렇게라도 하면서 군의 수준을 높여

법천사지 지광국사현묘
탑비
국보 59호. 법천사지는 남
한강 수로와 홍원창을 보
호하던 사찰이자 요새다.
거란군을 추격해온 고려군
은 이곳에서 1박한 뒤 박달
재로 진격했다.

가는 수밖에 없었다.

그 사이에 원주가 거란군에게 포위되었
다. 원주성은 아홉 번이나 적을 물리치며
선전했지만 5군은 전혀 구원하지 못했고,
원주는 끝내 함락되고 말았다.

절대로 어리석지는 않았던 최충헌은 당
장 제대로 된 지원부대가 필요하다는 사실
을 깨달았다. 그러나 똑똑한 만큼이나 자
기중심적인 그는 이번에도 자기 병력을 푸
는 대신 서경군을 징발하여 5군에 합류하
라는 명령을 내린다.

이미 국가적 일체감은 사라진 지 오래여
서 서경 군사는 남도를 구원하러 간다는 명령에 심하게 투덜거렸다.
그러자 최광수라는 병사가 말 그대로 깃발을 꽂고 병사들을 선동하
여 반란을 일으켰다. 서경을 장악한 최광수는 고구려 부흥을 내세우
며 주변 고을에 격문을 돌렸다. 이 격문을 보고 분대녹사인 정준유가
필현보 등 지방군 장교 10여 명을 데리고 합류했다. 그는 최광수와는
동네 친구였다. 반갑고도 든든한 협력자를 만난 최광수는 잔치를 벌
였다. 술자리가 무르익자 정준유가 소매에서 도끼를 꺼내 최광수를 내
리쳤다. 최광수의 동료 8명도 현장에서 살해되었다. 이 사건으로 북계
는 기적적으로 분리독립의 위기에서 벗어났지만 고려군 강화계획은
다시 물거품이 되었다. 17년 후인 1234년에 서경에서 다시 홍복원과
필현보의 반란이 일어난다. 정준유는 이때 옛 부하인 필현보를 설득
하다가 살해당한다. 하지만 그의 후손들은 고려왕조에서 지속적으로
등용되었다. 조선의 개국공신 정총, 정탁 형제는 그의 후예다.

원주를 분탕한 거란군은 남한강을 건너 제천으로 내려갔다. 5군은

박달재

남한강가의 법천사에서 하룻밤을 자고 다음 날 드디어 거란군 본대에 따라붙었다. 이 전투에서 고려군은 비로소 볼 만한 승리를 거두어 적군 300명을 죽였다. 이어 제천까지 바짝 추격하며 적을 두들겼다.

3일 뒤 고려군은 박달재에 도착했고, 가발병도 합류하여 병력이 크게 불었다. 박달재 고개 밑에서 삼국지의 가정 전투와 비슷한 논쟁이 벌어진다. 중군병마사인 최원세는 고갯마루가 협소하니 고개 밑에 주둔하자고 하였다. 병사들의 수준은 떨어지고 고개 위는 보급이 어렵다. 그런 상황에서 훈련이 덜 된 부대를 좁은 곳에 밀집해서 배치하면 혼란이 발생하기 쉽다. 그러자 관운장을 닮은 김취려가 마속의 역을 맡는다. 전쟁에서는 인화도 중요하지만 지형의 이점도 무시할 수 없다. 적이 고개에서 저지선을 펴면 (이 훈련 안 된) 군대는 돌파가 불가능하다. 그동안에 적의 주력은 앞의 고을을 유린하면서 더 멀어질 것이다.

삼국지처럼 이 논쟁에서도 마속이 이긴다. 고려군은 고개로 올라가 야영을 한다. 다음 날 새벽 삼국지와는 반대로 마속이 옳았음이 증명된다. 거란군 수만 명이 박달재를 습격했다. 고려군이 이미 고갯마루에 있으므로 거란군은 좌우의 높은 봉우리를 점거하여 고려군을 감

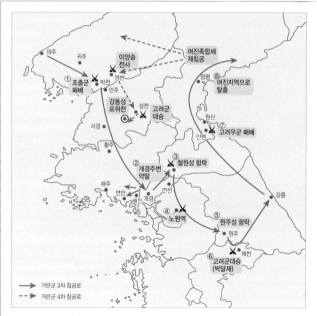

거란의 3, 4차 침입도

제하려 한다. 고려군은 부대를 삼분하여 적이 오르는 길목을 차단하게 한다. 새벽의 산에서 수만 명의 달리기 시합이 시작된다. 달리기의 승자는 고개에서 출발한 고려군이다. 고려군은 결사적으로 적을 막아 거란군을 저지하는 데 성공한다. 아무리 훈련이 덜 된 군대라고 해도 상황을 파악하는 눈은 있다. 전투를 지켜보던 예비대는 승리를 확신하고, 거란군을 향해 돌격한다.

이 패배로 거란군은 남진을 포기하고 강원도 해안을 따라 북진하여 여진의 땅으로 도주한다. 고려군은 계속 추적하지만 훈련이 덜 된 군대라 산악지대에서의 추격은 위험하고 버겁다. 5군은 행군속도도 제각각이어서 다른 부대가 강릉 근처까지 가는 동안 후군은 경상도도 벗어나지 못한다. 8월에 거란군은 강릉과 함경남도 안변을 지나 성공적으로 국경을 넘었고, 안변에서는 추격하던 고려의 우군에게 역습을 가해 큰 손실을 입힌다.

거란군이 여진 땅으로 들어간 덕분에 고려군은 여진과의 국경선을 따라 함남에서 평북까지 병력을 분산 배치할 수밖에 없게 된다. 화가 난 최충헌은 제일 미적거린 후군의 지휘관과 장수들을 모두 파면하고 평생 서용하지 못하게 하는 처벌을 내린다. 그 후군의 지휘관 유돈식은 최충헌의 외조카였는데, 왕은 최충헌의 눈치를 보고 바로 사면한다.[15]

고려군이 국경선을 따라 분산되자 걱정이 된 김취려는 휘하 부대에게 주둔지 주변에 이중 삼중으로 방어시설을 설치하라고 지시한다.

하지만 급하게 쌓는 방어벽은 야전진지 수준을 벗어나지 못한다.

그 사이에 불구대천의 원수였던 거란족과 여진족은 동맹을 맺고, 불과 한 달 만에 힘을 합쳐 고려로 재진입한다. 평북에서는 조충이 여진족 500기를 살해하여 지난번의 실패를 만회하지만 결정적 타격을 주지는 못한다. 거란과 여진의 연합군은 강력하여 고려군은 이 세 번째 침공에는 전혀 대응을 못한다. 10월 29일 영변에 있던 김취려의 분견대가 대패하여 장군 이양승이 전사한다. 지치고 줄어든 5군과 가발병은 3군으로 통합되지만, 작년의 엉성한 전력마저도 전설이 된다. 이후 지금까지 거둔 승리와 노력이 무색하게 평북과 함남의 고을들이 차례로 함락되거나 마구잡이로 약탈당한다. 고려는 북계를 상실했지만 속수무책이다. 이 상태는 다음 해 9월까지 근 1년간 계속된다.

꼬박 1년 동안 고려군은 침묵한다. 도대체 왜? 고려는 무엇을 하고 있었을까? 최충헌을 너무 무시하지는 말자. 그는 냉정한 승부사다. 혼란과 반란, 임시조치와 쇼까지 진행하는 상황에서도 그는 기본을 잃지 않는다. 이 점은 진정으로 존경할 만하다. 금선왕자가 이끄는 거란의 주력과 여진족이 합세했지만, 그들은 북계만 약탈할 뿐 이전처럼 남하를 시도하지는 못한다. 이것은 북쪽 방어선이 어느 정도 체계가 잡혔다는 것을 의미한다.

전선이 안정되었으니 작년처럼 엉터리 군대를 성급하게 출동시킬 필요도 없다. 지금 있는 3군도 여러 지역의 반란과 반발을 겪으며 간신히 징발한 군대다. 북방의 고을이 고통받고 있지만, 여기에 추가징발을 하다가 새로운 반란을 야기하는 것보다는 낫다. 지금 있는 부대라도 제대로 단련하여 확실한 승리를 거두어야 한다.

기록에는 없지만 당시의 관원과 지식인들 사이에서는 왜 빨리 군대를 출동시키지 않느냐는 불만이 팽배했을 것이다. 최충헌의 독재시대라 그렇지 조선시대처럼 언관의 활동이 자유로운 시대라면 상소가 수

천 통은 쌓이고, 언관에게 시달린 왕은 절대로 이렇게 오래 버티지 못했을 것이다.

1218년 7월이 되어서야 고려는 공격군을 편성한다. 아마도 3군으로 줄었던 작년 전역의 생존자들에 보충병을 더해서 다시 5군으로 만든 것 같다. 이번에는 5군의 인선이 논란을 낳는다. 냉정한 독재자는 작년의 전역을 검토해서 김취려를 5군의 부사령관으로 임명한다. 여기에는 이의가 있을 수가 없다. 장신에 관운장처럼 허리까지 내려오는 수염을 기른 그는 용감하고 책임감이 투철하며, 공명정대해서 병사들사이에도 인기가 높은 장수다.

그러나 총사령관의 인선은 의외다. 최충헌이 선택한 총사령관은 작년 태조탄 패전 당시 부사령관이었던 조충이다. 그는 태조탄 패배에 직접적인 책임이 있다. 이후 여진족과의 전투에서 작은 승리를 거두기는 했지만, 그것은 말 그대로 작은 승리다.

편성을 완료한 후에도 5군은 추수철까지 눌러앉아 있다가 9월에야 개경을 출발했다. 추수철이 오기 전에, 즉 적이 식량을 획득하고 북계의 농민들이 고통을 당하기 전에 군대를 파견해야 한다는 의견도—최소한 마음 속으로는—빗발쳤겠지만 아군의 군량도 충분히 확보하자

는 계산이 작용한 것 같다. 어차피 정면승부를 결심했다면 군비를 확고하게 갖추어야 적을 확실하게 토벌할 수 있다.

여기에는 사령관 조충의 결단도 작용했다. 조충은 김취려와 달리 문관이다. 태조탄 패전 때 조충도 병사들이 부실하다는 사실을 알았다. 그는 시간이 걸리더라도 부대를 훈련시켜 출발하고자 했으나 총사령관이 고집을 부렸다. 그러나 전적으로 총사령관만 탓할 수도 없다. 조충 스스로도 마음이 모질지 못해 병사들을 강하게 다그치지 못했다고 시인했다.[16]

누군가가 말했다. 잘못을 알지 못하는 사람보다 알고도 시인하지 않는 사람이 더 나쁘고, 시인하지 않는 사람보다 시인하고도 고치지 않는 사람이 더 나쁘다고. 이 말에 비추어 보면 최충헌의 판단은 정확했다. 조충은 자신의 잘못을 알고 시인하고 고친다.

이 회개의 대가로 7월에 조직된 고려군은 2개월 동안 강한 훈련에 단단히 시달렸다. 마침내 부대가 출정하는 날, 훈련된 부대는 행군하는 모습부터가 달랐다. 그 확고한 모습에 찬사가 터지고, 조충에 대한 비난이 쑥 들어간다.

훈련의 효과는 실전에서 그대로 드러난다. 고려의 5군과 단위부대는 유기적으로 움직이며, 전술적 움직임으로 상대를 압도한다. 고려의 5군이 남도의 증원병과 합류하기로 한 곳은 성천이었다. 거란군은 가지를 먼저 자르고 본대를 치는 전술을 구사해서 성천으로 진군하는 경상도 안렴사 이적의 증원군을 공격한다.

이적은 거란군과의 전투에서 두 번이나 승리를 거둔 적이 있는 용감한 장수였다. 거란군의 공격계획을 탐지한 조충이 밀사를 파견하여 샛길로 우회하라고 했으나 이적은 전투란 적을 찾는 행위라고 말하고 큰 길로 행군했다.[17]

이 소식을 들은 조충은 이돈수와 김계봉 부대를 원군으로 파견한다. 이돈수와 김계봉이 현장에 도착하니 이미 전투가 시작되었다. 이적의 경상도 군은 잔뜩 웅크리고 있고, 거란군은 두 방향에서 이적의 중군을 압박하고 있었다.

뭉쳐야 산다고 훈련이 덜 된 군대는 뭉치기를 좋아한다. 이적의 부대가 딱 그런 형태였던 것 같다. 굳어버린 군대를 격파하는 제일 좋은 방법은 병력을 집중해서 심장부를 강타하는 것이다. 웅크린 군대일수록 중심을 치면 벽돌처럼 부서지며 깨져나간다.

이런 상황에서 구원병이 훈련 안 된 군대라면 행군을 멈추고 관망할 것이다. 핑계는 확실하다. "이미 늦었더라." 일부는 훈련되고, 일부는 덜 된 부대라면 정예부대를 돌진시켜 아군의 희생을 최소화하거나 철수를 엄호하려고 할 것이다.

마지막으로 전술적으로 충분히 완성된 부대라면 어떻게 할까? 이돈수와 김계봉은 즉시 이적 군의 좌우익으로 전개했다. 한순간에 고려군에 양 날개가 형성된다. 그래도 응원군의 도착이 늦어서 이적 군을 타격할 시간이 있었던 것 같지만, 군대가 움직이는 모습만 보아도 수준을 알 수 있다. 강력한 고려군의 양익이 뻗어나오자 포위망에 갇힐 것이 확실하다고 판단한 거란군 지휘관은 공격을 중단하고 후퇴했

다. 기회를 놓치지 않고 이적의 부대는 반격을 개시하여 다수의 포로를 획득했다.[18]

거란군은 다시 고려군의 군량수송대를 공격했으나 운반병력이 100여 기라는 기술이 있는 것으로 보아[19] 큰 전투는 아니었다. 며칠 후 드디어 양군의 대회전이 벌어졌다. 그런데 의외로 이 전투에 대해서는 기술이 소략하다. 적의 기병 수만 명이 총공격을 했으나 아군이 격퇴시켰다는 내용뿐이다. 그러나 이 전투로 거란군은 마침내 궤멸된다. 거란군에서는 장수 탈라脫剌의 부대만이 만주로 도망쳤고, 금산왕자의 부대로 추정되는 주력은 퇴로마저 막혀 평양과 성천 사이에 위치한 강동성으로 들어간다.

이제야 겨우 전쟁이 끝나는가 싶었는데, 시련은 끝이 없다. 12월에 합진과 찰라가 인솔하는 몽골군 1만과 동진국의 군사 2만이 거란족을 토벌한다는 구실로 강동성으로 진군해 왔기 때문이다.

동진국은 거란군을 진압하기 위해 금나라에서 파견한 요양선무사 포선만노가 세운 나라다. 포선만노는 거란군 진압에 실패하자 스스로 독립하여 요양에서 대진국을 세웠다. 이후 몽골이 침공해 오자 대진국은 두만강 유역의 간도 지방으로 이주하여 이름을 동진국으로 바꾸고, 몽골과 강화하여 속국이 되었다.

몽골군은 세상에서 가장 위험한 군대다. 이 군대가 예고나 사전 양해도 없이 고려의 경내로 들어왔다. 거란족과 마찬가지로 우리 땅을 노리고 있는 동진국의 군대 2만 명까지 달고서 말이다. 이 당시 만주의 정세는 여러 세력이 뒤섞여 복잡하고, 서로간의 관계가 수시로 바뀌었다. 지난 10년을 회고해 보아도 몽골이 금을 화북에서 몰아내고, 거란이 봉기하자 금과 몽골이 합해서 거란을 치고, 거란과 여진이 동맹하고, 간도의 여진이 금을 공격하고, 금나라 장군 포선만노가 금을 배반하여 대진을 세우고, 금과 몽골이 대진을 치고, 대진이 몽골과 연합했다. 그러니 강동성에서 거란과 동진, 몽골이 연합해서 고려를 치지 말라는 법도 없다.

몽골군과 동진군은 군량원조를 구실로 고려군과의 회합 내지는 합동작전을 요청한다. 그들의 속셈을 알 수 없지만 피할 수 없는 상황이라고 판단한 조충과 김취려는 회합에 응하기로 한다. 몽골이 아직은 고려와 싸울 때가 아니라고 판단했는지 회합은 대단히 우호적이다. 몽골군의 원수 합진과 조충과 김취려는 호형호제하는 사이가 되었다.

2월 14일 식량이 떨어진 거란군은 강동성에서 나와 항복하였다. 왕자는 자살했고, 합진은 거란군 포로 중 부녀자와 소년 700명을 조충에게 주고, 포로가 되었던 고려민 200명도 찾아 돌려주었다.[20] 조충은 거란 포로를 사찰과 관청에 나누어 주어 사역하게 하였다.[21]

2월 말에 몽골군이 회군하자 조충은 친히 의주까지 나가 합진을 전송하고, 다시 후군을 거느린 부원수 찰라를 조양(개천)까지 전송했다.

그렇게 긴 겨울이 가고 1219년의 봄이 왔다. 비로소 산들바람처럼 다사롭고 가벼운 평화가 고려에 밀려온다. 하지만 봄은 짧고 심술궂다. 조충은 개선행사도 하지 못하고 도중에 해임되었다. 최충헌은 군대가 개경으로 진입하는 것을 용납할 수 없었다. 조충은 인생의 정점에 도달했지만 다음 해에 병이 들어 50세의 나이로 사망한다.

최충헌은 조충을 해임하고 군공의 포상을 모두 자기가 처리한다. 그는 혹시라도 자신의 반대세력이 군의 요직으로 들어오는 것을 용납할수 없다. 이제 생명도 얼마 남지 않았건만 그는 끝까지 용이주도하고 심술궂다.

7월 포상에서 제외된 10여 명의 장교가 술에 취해 불만을 털어놓는다. 최충헌은 그들을 모조리 잡아 죽인다. 전투부대는 생명을 함께 나누던 집단. 죄 없는 그들의 동료와 일가도 함께 엮여 들어간다. 옛날 거란의 낙타들이 죽어 갔던 보정문 앞 시냇가에 다시 100

여 구의 시체가 놓인다.

두 달 후 최충헌도 눈을 감는다. 최후의 날, 그는 안흥리에 있는 자택에서[22] 악공을 모아 하루 종일 연주를 시키다가 풍악 소리 속에서 눈을 감는다. 자신의 임종을 장식하는 팡파르였을까? 아

13세기 고려와 만주의 세력분포

니면 음악으로 액기를 쫓고, 정신을 잃지 않고 버팀으로써 오늘의 사신을 넘겨보자는 의도였을까?

최충헌이 아직 죽기 전 그가 위독하다는 사실이 알려지자 반란 음모가 싹튼다. 음모자들은 후계자인 최이가 최충헌의 문병을 올 때 살해하기로 한다. 그러나 이 못된 아들은 부친이 위중한데도 문병 한 번 오지를 않는다. 음모자들은 이 불효자식을 욕하며 할 수 없이 자신들이 최이를 찾아간다.

최이를 찾아간 그들은 위독한 부친이 아들을 보고 싶어한다는 비감한 전갈을 전한다. 최이는 대뜸 그들을 체포하더니 처형해 버린다. 얄밉도록 현명하고 용의주도한 최충헌은 자신이 죽을 것을 알자 미리 최이를 불러 밀약을 맺었었다. "암살의 위험이 있으니 오늘부터 문병을 끊어라. 나는 죽을 때까지 결코 너를 부르지 않겠다." 최이는 이렇게 음모자를 제거하고 권력을 세습한다.

10월에는 의주의 낭장이던 한순과 다지가 반란을 일으켜 의주를 점령하더니 평안도로 내려왔다. 이들은 박천을 점령했으나 안주 공략은 실패한다. 힘의 한계를 느낀 한순과 다지는 압록강에 주둔한 금나라 장수 우가하에게 사신을 보내 의주를 넘겨준다는 조건으로 원조를 청하고, 동진국에게는 청천강 이북 땅을 바치겠다는 제의를 한다.

그러나 고려정부도 이 정보를 탐지하고 재빨리 우가하에게 사신을 파견한다. 우가하는 고려에게 빚이 있다. 1217년 의주에 있던 유능한 장군 정공수는 여진족에게 패해서 도망쳐온 우가하의 부하 90여 명을 구해준 적이 있다. 그들의 지휘관은 상당한 고급장교였다. 이 사건으로 우가하는 정공수와 친분을 돈독히 하고, 고려와도 좋은 관계를 지속하였다.

이런 사례를 들먹이며 고려 사신이 우가하의 배신을 질책하자 우가하는 화를 내며 사신을 감금하더니 대뜸 박천에 주둔중이던 한순과 다지를 불렀다. 한순과 다지는 600명의 호위대를 거느리고 의주로 왔다. 우가하는 고려 사신을 감금했음을 알리고, 이들에게 최대한 호의를 베풀며 협력을 다짐한다. 그리고는 여러 고을에 포진해 있는 한순과 다지 일당의 명단을 달라고 한다. 한순과 다지가 명단을 넘겨주자 우가하는 바로 한순과 다지를 살해하고 고려 사신을 옥에서 꺼내 명단을 넘겨준다.23 북계의 반란이 다시 한 번 극적으로 진압되었다. 하지만 이들의 잔존세력과 거란의 잔당은 오래도록 고려를 괴롭힌다.

만주의 정세도 여전히 불안하다. 동진국이 다시 고려를 침입하고, 지금까지 우리 편인 듯하던 우가하가 괜히 고려로 들어와 어슬렁거린다. 이렇게 하루하루를 살아가지만 고려는 여전히 외교에 무관심하고, 주변의 강대국에게 학처럼 꼿꼿한 자세를 유지한다. 고려는 타국을 침략하지도 않고, 우호관계를 밥 먹듯이 바꾸지도 않는다. 우리는 언제나 올바르고 정당하다.

사실 동진국과 우가하는 아무것도 아니다. 최충헌이 죽던 날, 지구의 반쪽 끝은 몽골군의 말발굽 소리로 가득차 있었다. 보이지도 않고 볼 수도 없지만 이미 몽골군은 세상의 끝을 향해 달려가고 있었다. 그 한쪽 끝에 고려가 있었다.

제3부
최강의 제국

침울하던 성내가 잠시 소란스러워졌다. 부녀자와 아이들은 모두 창고로 대피하라는 명령이 떨어졌다. 옷가지를 챙겨들고 집 밖으로 나온 사람들은 흘깃흘깃 하늘을 보며 관아의 창고 쪽으로 움직였다. 언제 포격이 쏟아질지 몰랐다. 그나마 낮에 떨어지는 포탄은 보고 피할 수나 있었지만, 깜깜한 밤하늘을 날아 엄습하는 보이지 않는 돌덩이는 정말로 무서웠다. 몽골군의 맹렬한 포격으로 성 안의 집들은 불타고 부서졌다. 그나마 성내에서 가장 크고 튼튼한 건물이 창고였다. 식량도 바닥난 지 오래고, 부상자와 환자가 속출했다. 남은 주민들을 관리하고, 물자를 배급하려면 안전한 시설로 모으는 것이 제일 나은 방법이었다.

곡물과 소금으로 가득 찼던 창고는 텅 비어 날겨와 곰팡이가 섞인 매캐하고 퀴퀴한 냄새만이 가득했다. 철산성이 포위된 지 이미 보름이 지났다. 갑작스러운 몽골군의 등장에 식량을 비축할 틈이 없었다. 군인과 주민들이 성 안으로 쏟아져 들어오면서 얼마 안 되는 비축식량이 금세 바닥이 났다.

방어전을 지휘하던 철산부 판관 이희적은 주민들의 소개가 끝났다는 보고를 받았다. 잠시 침묵하던 그는 한 군관을 향해 다짐하듯이 물었다. "구원병이 오는 징조는 없는가?" 군관은 아무말도 하지 못했다. 하긴 구원병이 온다 한들 몽골군을 공격하여 포위를 뚫을 수 있을 것 같지도 않았다. 그는 생전에 이런 군대를 본 적이 없다. 병력도 대규모였지만 빠르고 날렵하고, 사나웠다. 그들을 상대하려면 고려가 총동원령을 내리고, 최정예 주력군이 출동해야 했다. 그러나 정부에서 총동원령을 내리고, 군대를 편성해서 이곳까지 오려면 최소한 두 달은 걸릴 것이다.

철산성은 몽골군의 엄청난 공격을 보름이나 이겨냈지만, 식량이 떨어졌다. 새삼 싸우지도 않고 몽골군에 항복해 버린 의주가 야속하고 원망스러웠다. 그들이 조금만 시간을 끌어주었어도, 우리는 더 오래, 더 영광스럽게 싸울 수 있었을 것이다. 아니 더 큰 책임은 정부에 있다. 몽골군의 침공에 대한 일언반구의 언급이나 경고도 없었다. 사전 경고가 있었고, 식량과 무기를 충분히 비축만 해 두었더라도.

어쨌든 우리는 최선을 다했고, 적들에게 굴하지도 패배하지도 않았다. 하지만 체력도 식량도 고갈된 지금, 철산성은 더 이상 공격을 막아낼 수가 없었다. 이희적이 몽골군과 대적한 것은 처음이었지만, 몽골군이 항복을 거부하고 저항한 도시에 대해서 얼마나 끔찍한 살육을 저지르는지는 익히 들어서 알고 있었다.

주민 소개작전을 시작하기에 앞서 그는 장교와 병사들에게 몽골군의 잔혹함과 자신이 구상한 최후의 작전을 이야기했다. 사람들은 굳은 표정으로 그 작전에 동의했다. 잠시 후 부녀자와 아이들이 들어간 창고에서 불길이 솟았다. 창고에서 들려오는 비명 소리와 격렬하게 뛰는 심장을 억누르며, 남아 있는 병사들은 칼을 뽑아들고, 작별인사를 나누기 시작했다.

1. 전설의 군대

최충헌이 죽던 1219년 봄, 20만의 군대가 현재의 카자흐스탄 지방, 알타이 산맥 사면에 위치한 이르티슈 강 상류에 집결했다. 150cm대의 키에 눈이 작은 56세 노인이 출정을 선포하자 대군은 말머리를 일제히 서쪽으로 돌렸다. 인류 역사상 가장 광범위하고, 빠르고, 광폭했던 전사戰史의 시작이었다.

이 날로부터 겨우 8년 만인 1227년 징기스칸이 사망하기까지 몽골군은 중앙아시아와 중동, 러시아를 점령하고, 서쪽으로는 폴란드, 남쪽으로는 인도 국경까지 진출했다.

징기스칸이 창출한 몽골군은 당시까지 지구상에 존재한 군대 중에서 가장 걸출한 군대였다. 그들은 중앙아시아의 기병과 낙타부대, 인도의 코끼리 부대, 유럽의 중장기사단 등 세계 전쟁사에 등장하는 모든 유형의 군대를 격파하고, 혹한지와 혹서지, 사막과 고원, 열대의 숲과 늪지 등 모든 기후와 지형을 정복하는 전무후무한 기록을 세웠다.

그뿐이 아니다. 개개의 전역에서 몽골의 작고 볼품 없는 기병부대는 현대의 기계화 부대도 이루지 못한 기록들을 세웠다. 러시아 전역에서 몽골의 말들은 히틀러의 탱크보다 더 빨리 진군했고, 나폴레옹과 히틀러도 실패한 러시아를 간단하게 점령했다. 2001년 미군이 성공하기까지 몽골군은 아프가니스탄을 정복한 유일한 국가였다. 1979년 아프가니스탄에 도전했던 러시아는 최첨단 탱크와 헬기, 화학탄을 사용하고도 아프간 점령에 실패했다.

징기스칸 사망 후 몽골군은 인도를 지나 정글과 더위를 뚫고 버마까지 진군했는데, 600년 후에 이 전역을 모방했던 일본군은 최악의 패배를 당했다.

하다못해 페르시아 지역에서 수백 년간 암약해 온 하시신파(산의

노인이라는 신비의 지도자로 더 유명한 이 종단은 마르코 폴로의 『동
방견문록』에 소개되어 유명해졌다. 암살을 의미하는 assassination이
란 단어는 하시신이란 명칭에서 유래하였다)라는 신비한 자객 집단(실
제는 시아파 종교집단)은 거의 수직으로 솟아오른 산에 난공불락의
요새를 구축하고 있었는데, 몽골군은 이 요새를 공략하고 산의 노인
의 전설을 끊었다.

　몽골군의 이 놀라운 성공의 비결은 무엇일까? 유목기병 부대가 몽
골군이 처음은 아니다. 몽골군의 기본 무장과 전술은 거란군과 크게
다르지 않다. 1명의 기병은 서너 필의 말을 거느렸고, 창과 칼, 철퇴, 활
로 무장했다. 활은 복합활인 각궁을 썼는데, 마상에서 사용하는 작은
활과 말에서 내려서 사용하는 조금 큰 활의 두 종류를 사용했다.

　경기병과 중기병으로 구성되고, 정찰대를 활용하는 방식도 유사하
다. 몽골군이라고 하면 늘 털모자를 쓰고 모피조끼를 입은 경기병만
생각하는 경향이 있는데, 몽골군도 중갑기병이 있었다.[01]

　하지만 같은 무기와 같은 전술로 싸워도 몽골 전사들이 훨씬 강하
고 독했다. 혹자는 그 원인으로 유목민이라는 태생적 환경을 든다. 폭
염과 폭설을 반복하는 기후, 물과 풀을 찾아 끊임없이 이동해야 하는
생존환경은 극한의 생존력과 투지를 키운다. 그들의 삶 자체가 군사
훈련이라는 점도 간과할 수 없다. 걷기도 전에 말 타는 법과 활 쏘는

아프카니스탄의 험로

법부터 배우는 유목환경은 모든 국민을 세계 최고의 기병으로 키운다.

가혹한 환경은 인간만이 아니라 말도 강하게 만든다. 몽골종은 오늘날 경마세계를 제패한 아랍종에 비하면 체격은 거의 조랑말 수준이고, 생김새도 영 볼품 없다. 하지만 스포츠와 전쟁은 준엄하게 달라서 세계 최고의 군마는 몽골종이다. 최고의 지구력과 생존력을 자랑하는 몽골종은 혹한과 혹서를 다 견뎌낸다. 기병의 최대 약점은 보급이다. 말은 매일 제 체중의 2~3%를 먹어야 한다. 음식도 까다로워 군마에게는 여물을 먹여서는 안 되고, 반드시 생초와 곡물을 섞어 먹여야 한다. 그래서 기병은 엄청난 식량 수레를 달고 움직인다.

몽골군이 기병이어서 엄청난 기동력을 자랑한다고 생각하는 분이 많은데, 이는 절반의 진실이다. 일반적인 기병의 행군속도는 꼬리에 달린 식량수레 때문에 보병과 다를 바 없다.

그러나 몽골종은 사막에서는 물을 찾고, 언 땅을 파서 풀뿌리를 캐어 먹는다(우리 같은 농경지역에서는 뿌리까지 뽑아먹는 종은 키울 수가 없다. 목초지가 황폐해지기 때문이다). 이것은 몽골종의 생태적 특성만이 아니라 몽골인들의 양육과 훈련법에도 기인하지만, 어찌되었든 몽골말의 강인한 생존력 덕분에 몽골군은 아프가니스탄의 춥고

황폐한 산지까지
도 거침없이 점
령했다.

세계의 모든 훈련소에서는 전우애
를 만들어 내기 위해 고심한다. 고된 훈
련과 심술쟁이 하사관은 생면부지의
젊은이들을 전우로 만드는 특효약이다. 몽골
에서는 가혹한 생존환경이 이를 대신하는데, 말에게까지도 전
우애를 부여하는 것 같다. 초원에서는 말과 말, 말과 사람이 함께 자
라며 고락을 같이한다. 몽골병은 보통 3~5마리의 말을 거느리는데, 말
과 뒤엉켜 자면서 차디찬 고원의 밤을 이겨내고, 말 젖을 마시며, 검은
사막을 건넌다.

몽골말의 충성도와 복종력도 거의 신화적이다. 몽골의 울란바타르
근교에 말의 동상이 있다. 1961년 베트남에 수송되었다가 중국 대륙
을 가로질러 집으로 돌아온 군마를 기념하는 동상이란다.

이것이 왜 중요할까? 기병작전에서 사람과 말의 친화는 매우 중요
하다. 말은 겁이 많고 까다롭고 참을성이 없는 동물이라 기병의 활동
에 상당한 제약을 받는다. 기병대의 천적이 코끼리나 낙타부대인 이
유는 말이 이 동물을 보면 움직일 생각을 않기 때문이다. 그 밖에도
이 까탈스런 동물은 장애물을 뛰어넘기 싫어한다는, 군인이 되기에는
결정적인 장애가 있다.

그러나 만리길을 걸어 주인을 찾아오는 몽골말은 전쟁터에서는 받
침대를 딛고 성벽 위로 뛰어오르고, 번뜩이는 창과 방패를 뛰어넘고,
흔들리는 배에서 시커멓게 출렁이는 파도를 내려다보며 뱃전에서 뱃
전으로 건너뛰는 영웅적인 활약을 보인다.

그 정도가 아니다. 재갈을 물리지 않아도 기도비익이 완벽하다. 몽

몽골말(오른쪽)은 아랍종
인 호마해馬(왼쪽)에 비해서
머리가 크고 뒷다리가 짧
다. 체구는 작지만 용맹하
고 강하다.

골말들은 평소에 무리지어 있어도 절대 울지 않도록 훈련을 받는다.02 전장에 나가면 수신호 한 번에 수천 마리의 말과 사람이 함께 엎드리는 장관을 연출한다. 산이 없는 초원에서 낮은 관목 뒤에 엎드려 매복 작전을 수행할 수 있는 기병대는 몽골 기병대뿐이다.

여기까지가 대략적인 몽골군 신화의 비결이다. 그러나 우리가 한 가지 간과하는 사실이 있다. 유목 생활과 가혹한 환경이 몽골군을 만들어낸 전부는 아니다. 만약 그것만이라면 몽골은 예전에 몇 번이고 제국을 이루었어야 했다.

징기스칸의 몽골군은 예전의 몽골군과는 다른 군대다. 징기스칸은 부족을 통일하면서 전통적인 몽골군의 약점을 알았다. 부족간의 전투에 길들여져 있던 몽골군은 국가 단위의 광범위하고 조직적인 전쟁을 수행할 수 있는 전술적 운영능력이 없었다.

몽골활의 모양과
사용 모습

징기스칸은 이를 깨닫고 자기 혁신을 달성했다. 징기스칸은 몽골 통일 과정에서 점점 크고 복잡한 규모의 전투를 치르게 되었는데, 자기 군대가 충분히 훈련되고, 전술적으로 준비되기 전까지는 절대 다음 수준의 전쟁으로 이행하지 않았다. 징기스칸이 본격적으로 통일 전쟁에 나서는 타타르 정복전을 시작하기 전에도 그는 무려 7년 동안 꼼짝 않고 군대를 조련했다. 이 같은 철저함 덕분에 초기의 성장은 느렸지만 마지막 순간에는 엄청난 폭발력으로 지구의 반을 질주했다. 1219년 이르티슈 강변에서 56세의 작은 노인의 눈 아래에 도열한 몽골군은 역사상

가장 잘 조직되고, 강인하며, 다양하고 탁월한 전술 운영능력을 지닌 군대였다. 역사상 누구도 이런 수준의 군대를 보유한 적이 없었다.

유럽의 군대는 체력적으로 강하고 중장갑을 갖추었지만, 갑옷의 무게만 70kg이나 나가 느리고 둔탁했다. 게다가 이 무거운 갑옷도 몽골군의 활을 완전히 막지는 못한다.

흔히 유럽기사단은 느려서 빠른 몽골 경기병을 잡을 수가 없었다고 하지만 몽골군이 다 경기병은 아니다. 또 몽골군은 도적떼가 아니기 때문에 도망다니기만 해서는 승리를 거둘 수 없다.

유럽기사단의 진짜 약점은 지나친 무게가 전술적 능력을 제한한다는 점이다. 전술이란 적을 속여서 함정에 몰아넣거나 기습을 하는 '꾀'가 아니다. 전술의 목적은 조직의 목적과 같다. 개별 구성원의 능력을 극대화하고, 개개인의 능력의 총합 이상의 능력을 발휘하도록 하는 것이다. 즉 1의 능력을 가진 사람 10명을 모아 10의 능력을 발휘했다면 그것은 전술도 아니고 조직도 아니다.

중장기사단은 느리고 행동반경이 좁아서 대규모 병력을 운영하거나 다양하고 정밀한 작전을 펼 수가 없다. 중세 기사단의 전투가 제멋대로고 난투극에 가까울 정도로 기율이 없어 보이는 것은 이 때문이다.

크레시 전투03나 하틴의 뿔 전투04 같은 중세 유럽의 유명한 전쟁사를 읽은 분이라면 그 난장판 같은 전투 장면에 고개를 갸웃거린 경험이 있을 것이다.

알렉산더의 청동보병 이래 전술가로 유명한 세계적인 명장들의 군대를 보라. 그들의 군대 중에 구보 못하는 군대는 없다.05 같은 전쟁터에서 상대보다 빨리 뛰고, 빠르게 움직여야 천재 장군의 번뜩이는 지혜를 따라갈 수 있다.

반면 중국과 페르시아 같은 동방의 군대는 전술과 구성이란 면에서는 자부심을 가질 만했다. 군사행정 체제도 최고 수준을 이루었다. 무관과 문관이 조화된 숙달된 행정관료와 군수, 보급체제, 질서정연한 이동과 야영, 그래서 중국이 남긴 세계적인 문화유산 중 하나가 병서다(병서라고 하면 보통 기발한 책략이나 전투기술이 적혀 있는 줄 아는 분이 많은데 가장 많은 내용을 차지하는 부분이 군 편제와 운영방식이다).

하지만 군 편제와 전술운영 능력이 뛰어나다고 해서 전투력이 극대화되는 것은 아니다. 중국군은 질서정연하고, 병력은 많지만 직업군인은 적고, 보병 중심의 군대라 몽골군에 비해 느리고 비효율적이었다. 군의 유지와 동원에 막대한 비용이 들었으며 막상 전쟁터에서는 전술적 예리함이 떨어졌다. 어쩌면 중국 군대는 한 도시를 점령하기보다는 도시 하나를 통째로 이주시키는 작전을 더 잘 수행했을 것이다.

더욱이 몽골이 발흥할 당시의 송나라 군대는 역대 중국군 중에서도 이런 단점이 제일 두드러진 고비용, 저효율의 군대였다.

몽골군은 공간 활용 능력에서 세계 최고의 군대였다. 징기스칸 치하에서 몽골군은 그들의 장기인 기동력이 공간에 대한 새로운 활용방법을 제공한다는 사실을 깨달았다.

똑같은 면적의 공간이라도 몽골군에게는 실용 공간이 넓어진다. 기동력은 상대를 압도하는 공간 창출 능력과 활용 능력을 제공한다. 부대와 부대의 연락에도 몽골의 기동력은 대단한 위력을 발휘했다. 무선통신이 없던 시대였음에도 징기스칸군은 서로 1,000km는 떨어져 있는 부대들이 연락을 유지하며 합동전술을 펼 수 있었다.[06] 여기에 징기스칸의 군사적 천재성과 리더십이 더해져 칸의 군대는 세계 어느 나라 군대보다도 정교하고 복잡한 작전 수행능력을 보유했다.

간단한 예로 다음과 같은 작전계획을 세워보자. 좌군은 서문을 공격하고, 우군은 동문을 공격한다. 2시에 좌군이 서문 공격을 포기하고 철수한다. 서문의 수비대가 동문 방어에 가담하자 동문에 있던 우군도 걷잡을 수 없이 무너져 도망친다. 수비군이 성문을 열고 추격해 나온다. 이때 도망치는 척했던 좌군이 다시 등장하여 적군의 후면과 측면을 공격한다.

시나리오는 아름답지만 보병을 가지고 이런 작전을 수행한다면 난장판이 될 것이다. 좌군이 눈에 띄지 않을 만큼 멀리 철수했다가 다시 등장하려면 장거리 이동으로 병사들은 지치고, 주어진 시간도 충분치 않다. 공격이고 후퇴고 접전 상황에서는 대형을 유지하며 움직여야 하기 때문에 실제 이동속도는 더욱 느려져 오가는 사이에 날이 저물어 버린다. 해가 남아 있다고 해도 스피드가 없는 기습이기 때문에, 적군은 좌군이 다시 등장하자마자 작전을 알아차릴 것이다. 결국 복잡한 작전은 아무런 소득도 없이 피로만 누적시킨 채 끝날 것이다.

몽골군은 느리고 단조롭게 꿈틀대던 전쟁터를(상대적으로 그렇다

몽골군의 갑옷

는 의미다) 현란하고 다양하고 역동적으로 바꾸었다. 흔히 몽골군의 힘이라면 기동력을 거론하지만, 기동력은 일종의 재료다. 그 재료로 만들어낸 작품의 내용이 이것이다. 축구에 비유하자면 1950년대 이전의 더블 포메이션과 현대의 토탈사커 만큼의 차이다. 압박축구와 멀티플레이를 구사하는 몽골군은 세상에 존재하던 모든 종류의 전술과 군대를 조롱하고 패퇴시켰다.

몽골군의 신화를 만든 또 하나의 요소는 잔혹함이다. 전근대 사회에서 장군들은 종종 약탈을 방조했다. 약탈은 병사들의 전투의욕을 고취하는 수단이기도 했지만, 전선이 길어질수록 누적되는 군비와 보급을 감당할 수 없다는 현실적 이유도 있었다. 그러므로 어느 군대가 가장 잔혹했는가라는 질문은 우문 중의 우문일 수도 있다. 장거리 원정을 하거나 대제국을 이룩한 군대는 다 현지조달을 했다고 보면 된다.

그러나 누가 잔혹 행위를 가장 많이 그리고 일상적으로 저질렀느냐고 묻는다면 답은 단연 몽골군이다. 그들만큼 빠르고 광범위하게 돌아다닐 수 있는 군대가 유사 이래로 없었기 때문이다.

몽골군의 잔혹함은 그들의 사회구조와도 관련이 있다. 몽골군은 강하기는 했지만 소수였다. 유목문화에 길들여 있고, 인구도 소수여서 점령하여 지배하기보다는 털어먹기를 좋아했고, 통치를 염두에 두지 않기 때문에 굳이 인정을 베풀거나 정치적 배려를 베풀 필요를 느끼지 않았다.

초원의 유목민인 몽골인들의 삶은 유동적이다. 당장 눈앞에서 무릎을 꿇고 빌어도 서로 이동하니 곧 보이지 않게 된다. 일단 시야에서 사라지면 간섭도 공포도 없다. 그러므로 그들은 배신을 밥 먹듯이 했고, 항상적인 통제가 불가능했다. 그래서 충격적인 학살로 적을 위협하고, 초원의 바람처럼 공포가 멀리, 오래 전해지기를 기대했다. 공략할 도시에 다다르면 그들은 먼저 사신을 보내 항복을 권한다. 순순히 성문을 열고 항복하면 그 날로 주민들은 몽골민으로 편입되었지만—대신 세금과 전리품은 바쳐야 했다—, 저항할 경우 철저한 보복이 뒤따랐다. 저항과 손실 정도에 따라 학살은 더욱 가혹해졌다.

몽골의 숙적이던 호라즘의 수도 부하라를 함락했을 때는 주민을 성 밖으로 끌어내 살해하고, 강둑을 헐어 도시를 수장시켜 버렸다. 사람은 물론이고 개, 고양이 등 생명체란 생명체는 모두 소멸시켜 버린 경우도 있고, 도시 전체를 소금으로 덮어버려 지금까지도 풀 한 포기 나지 않는, 원폭 피폭지보다도 더 심한 황무지로 만들어 버린 사례도 있다. 1219년 이 군대가 세계를 향하여 진군을 시작했다. 그 동쪽 끝에 고려가 있었다.

2. 침략과 유린

몽골의 침공은 시작부터 달랐다. 보통 갈수기나 강이 언 후에 도강하는 전례를 깨고 1231년(고종 18) 8월 아직 압록강의 물이 창창할 때에 도강을 하더니 바로 의주를 포위했다. 무심한 것인지 용감한 것인지 이번에도 고려는 정규의 수비군 외에는 아무런 대비가 없었다.

침공 6년 전인 1225년, 악명 높던 몽골 사신 저고여가 고려 국경 부근에서 살해되었다. 이 사건으로 몽골은 고려와 국교를 끊었고, 침공의 이유가 되었다. 우리는 저고여 살해에 고려는 책임이 없고, 이것이 몽골의 억지였음을 강조한다. 하지만 더 중요한 문제는 저고여 사건과 몽골의 국교 단절에 대응하는 고려의 태도였다. 저고여 사건에 대해 고려는 몽골에 사신을 파견하지도, 적극적인 해명도 하지 않았다.

몽골 사신 저고여는 살해되던 때에 압록강을 건너자 수달피 외에 모든 공물을 버리고 가는 이상한 행동을 한다. 1년 전에 왔던 사신 찰고야(동일 인물인 것 같다)도 똑같은 행동을 했다. 값비싼 물화를 포기하고 짐을 줄이는 것은 비상시에나 하는 행동이다. 당시 저고여는 두만강 북쪽의 동진국을 경유하는 안전한 우회로를 버리고, 의주를 건너 금나라 세력권을 횡단하는 빠르고 위험한 길을 택했다. 무언가 위험을 느낀 것이 분명하다. 어쩌면 자신들을 호위해 주기로 약속했던 누군가가 나타나지 않았을 수도 있다.

당시 만주에는 금나라와, 여진족, 동진국의 세력이 교차하고 있었다. 거란 유민과 고려의 반란군 생존자도 일부는 남아 있었을 것이다. 그들은 몽골과 적대감정이 있거나 고려와 몽골이 갈등을 일으키기를 원하는 세력들이었다.

표면적으로 몽골과 가장 가까운 세력은 동진국이었다. 하지만 동진도 속으로는 몽골을 꺼려했고, 고려의 북계를 탐냈다. 몽골을 안심시키고 고려를 치기 위하여 그들은 계속 몽골과 고려를 이간질했다.

나중에 고려는 저고여 살해사건은 금나라 장수 우가하의 짓이고, 몽골 사신의 조사활동을 방해하고 고려와의 연락을 두절시킨 것은 동진국의 짓이라고 주장했다.[07] 고려의 말이 사실이라고 해도 이 이야기는 몽골의 1차 침입이 끝난 후에 한 해명이라 설득력이 떨어질 수밖에 없다. 물론 고려는 뒤늦게 동진국의 망명자로부터 이 정보를 얻었다고 했지만, 고려가 저고여 살해와 몽골과의 국교단절이라는 상황을 안이하고 수동적으로 대처했다는 비판을 면할 수는 없다.

고려가 저고여 사건에 이처럼 태평하게 대응했던 이유는 국교 단절 이후에도 몽골이 6년간 아무런 행동도 보이지 않았기 때문이다. 당시 몽골은 서방 정벌에 전력을 투입하고 있었고, 남쪽의 금나라와 남송도 견제해야 했다. 1227년에는 징기스칸이 사망하여 모든 군대가 회군했고, 후계자 문제로도 갈등을 겪었다.

1224년 무렵에는 몽골의 속국을 자청하던 동진국도 고려를 충동질하기 시작했다. 그들은 고려에 사신을 보내 "징기스칸은 군대와 함께 먼 곳에 있어서 소재를 알 수 없고, 와적흔訛赤忻(징기스칸의 넷째 동생)은 탐욕스럽고 사람이 어질지 못하기에 몽골과의 우호관계를 벌써 끊어 버렸다."면서 고려의 방심을 충동질했다.[08]

그러니 고려로서는 몽골이 종이호랑이처럼 느껴졌을지도 모른다. 아니 속으로는 귀찮은 방문자가 없어져서 편해졌다고 생각했을지 모르겠다. 나중에 고려는 스스로도 말하기를 자신들은 저고여가 살해된 줄도 몰랐고, 몽골 사신이 오랫동안 오지 않는 것을 이상하게 생각하기는 했다고 한다.[09] 그리고 막상 몽골이 침공해 오자 이렇게 말한다. "얼마 안 되어 대병력이 국경에 들어왔다는 말을 들었으나 소국은 (몽골의) 통호를 믿는 터라 몽골 군사라고는 생각지도 못했다가 오랜 뒤에야 이 사실을 알았습니다."[10]

이 말이 정말이라면 기절할 노릇이다. 정말 그랬던 것은 아니고, 외교적 수사, 쉬운 말로 변명이라고 간주해도 말 속에 인격이 숨어 있는 법이다. 이런 구실을 댄다는 것 자체가 고려정부의 외교자세와 주변국의 정세와 정서에 대한 인식 수준이 얼마나 낮았는가를 보여준다.

이런 증거는 또 있다. 1221년(고종 8) 저고여가 고려에 처음 나타났을 때 그들은 수달피만 1만 장을 요구했다. 게다가 사신들은 무례하고 치졸했다. 고려에서 선물한 비단이 저급품이라며 화가 난 그들은 왕을 알현할 때 비단을 옷 속에 품고 왔다가 퇴청할 때 일제히 왕 앞에 내던지고 나가는 치기를 부렸다. 고종은 화가 나서 당장 국교를 끊고 북방에 요새를 쌓자고 주장했다. 평생 최씨가에 눌려 살면서 개인 의견을 제시했다는 기록이 거의 없는 고종으로서는 놀랄 만한 강경발언이다.[11] 이것은 고종의 용기라기보다는 몽골에 대한 낮은 인식의 결과였다.

우구데이(오고타이)
1185 ~1241년. 징기스칸
의 셋째 아들.

징기스칸의 뒤를 이어 셋째 아들 우구데이가
즉위하면서 몽골은 서방원정을 중단하고 중국
으로 시선을 돌린다. 만주도 몽골의 사정권에 들
었다. 그러나 고려는 여전히 몽골에 대해 전혀
무관심했다. 유일하게 1222년 의주, 화주, 철관
에 성을 쌓은 일이 있다.[12] 하지만 이도 40일 만
에 끝난 것으로 보아 방어력을 크게 강화했다거
나 몽골과의 전면전에 대비한 축성이었다고 보
기 어렵다. 몽골이 아니라도 이 지역은 불안했다. 고려의 관심은 온통
성가신 동진국을 제거하는 데에 쏠려 있었고, 압록강을 넘어 지방 군
벌처럼 변해버린 금나라 장수 우가하를 정벌하기도 했다.[13]

그러니 1231년 몽골군이 의주성 밑에 올 때까지 전쟁의 기미를 까
맣게 몰랐던 것도 무리가 아니다. 의주 부윤과 수비대장은 백성을 살
리기 위해 항복을 택한다. 저항하는 자는 모두 죽인다는 몽골군에 대
한 소문은 고려에도 전해져 있었던 것 같다. 확실하지는 않지만 몽골
군 원수 살례탑이 강동성 전투 때 부원수로 참전한 찰라라는 견해도
있다.[14] 수비대장이던 조숙창은 조충의 아들이었다. 조숙창은 이 기묘
한 인연(?)을 들먹이며 항복했고, 몽골군의 향도가 되었다(조숙창은
몽골군의 향도와 사절로 내내 활약했고, 몽골군을 업고 고려에서도
대장군으로까지 승진했다. 그러나 1233년 서경에서 필현보의 난이 발
생하자 이 난과 연루되었다는 죄로 개경 시가에서 공개 처형되었다).

쉽게 의주를 함락시킨 몽골군은 영덕진, 서창현을 함락시키고 철산
으로 몰려갔다.

포로로 잡은 서창의 낭장 문대✕✕를 시켜 고을 사람을 불러, "진짜 몽골
군사가 왔으니 마땅히 빨리 나와 항복하라."라고 타이르게 하였다. 문대

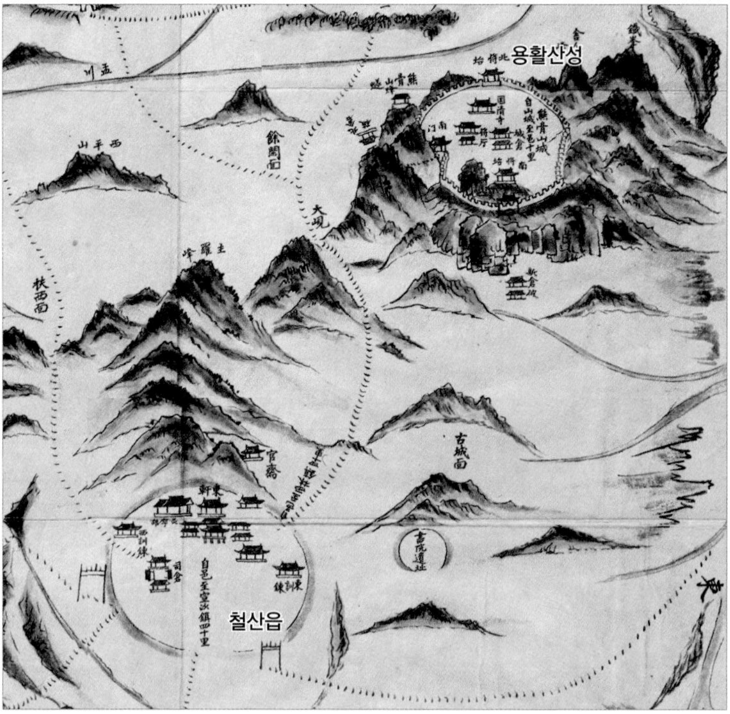

철산부
당시 전투가 벌어진 곳이
읍성인지 용활산성인지는
분명하지 않다. 『1872년
지방지도』.

가 이에, "가짜 몽골이다. 그러니 항복하지 말아라."라고 하였다. 몽골 사람이 죽이려다가 다시 불러 타이르게 하였으나 여전하였으므로 드디어 죽였다. 몽골 사람들이 공격을 더욱 급하게 하고, 성중에는 양식이 떨어져 능히 성을 지키지 못하고 함락 당하기에 이르렀다. 판관 이희적이 성중의 부녀자와 어린아이들을 모아 창고에 넣고 불을 지르고, 장정들과 함께 자결하여 죽으니, 몽골 사람이 드디어 그 성을 도륙하였다.[15]

이 기사는 시간을 기록하지 않았지만, 철산 전투는 보름이나 지속된 전투였다.[16] 전술적으로 보면 의주가 회피한 일을 철산이 해주었다. 그러나 철산 주민들의 장렬한 희생에도 불구하고 고려는 이 피묻은 시간을 전혀 활용하지 못했다.

철산이 불탄 후 인주, 용천, 선천, 곽산이 차례로 함락되고, 구주가 포위되었다. 9월에는 몽골군의 일부 부대가 황주와 봉산까지 도달했다. 그제서야 겨우 개경에서는 병력 편성을 완료하여 9월 중순에 3군

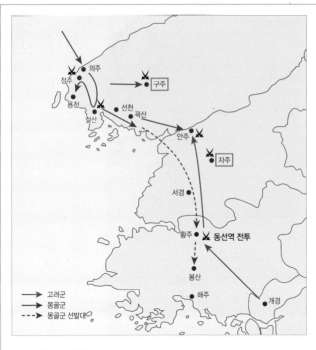

1231년 몽골군의 기동
몽골군은 의주에서 철산으
로 갔다가 다시 북상해서
정주, 용천을 치고 남하한
다.

이 개경을 출발하였다.

1231년 8월 몽골군은 그들의 명성대로 단 한 달 만에 평안도 지역을 거의 석권하고, 일부는 황해도까지 내려오는 놀라운 실력을 보여준다. 어떻게 이런 진격이 가능했을까?

몽골군의 움직임을 분석해 보면 몽골군은 지금까지 이 땅에 침입했던 어떤 군대도 하지 못한 방식으로 전쟁을 치르고 있음을 발견할 수 있다.

보병이 중심이며 군사학의 창시자인 중국군(수·당)의 경우는, 진군로 상의 모든 지역을 점령하고, 좌우로 보급로를 연결하면서 진군한다. 한 마디로 물감이 번지듯이 전 지역을 도포하며 먹어 들어가는 것이다. 그래서 당나라군이 북경에서 평양성까지 오는 데만 30만의 병력과 엄청난 시간과 물자가 필요했다.

몽골군의 선배였던 거란군은 기병의 기동력과 현지조달 능력을 이용하여 웬만한 지역은 점프하고, 주요 거점만 점령하며 진군했다. 빠르고 효율적이지만 그래도 약점은 있다. 몇 개를 뛰어넘었다 뿐이지 최소한 몇 개의 거점은 필요로 했고, 그 거점들에 차례차례 접근했기 때문에 고려군은 그들의 다음 공격 목표를 예측할 수 있었다. 고려군은 그곳을 집중 방어하여 전쟁을 유리하게 이끌었다.

그러면 같은 유목기병인 몽골군은? 가끔 몽골군이 거란군의 기병 전술을 답습했다고 보는 견해가 있는데, 이는 겉만 보고 실상은 보지 못한 설명이다. 적어도 대고려 전쟁에서 보인 몽골군의 기동은 두 가지 점에서 거란군과 달랐다. 먼저 몽골군은 성을 건너뛰기 전에 전술의 기본명제 하나를 건너뛴다. 선택과 집중은 전술학에서는 기본 중의 기본이다. 종이도 나오기 전, 죽간에 쓴 고전 『손빈병법』(손빈은 『손자병법』을 쓴 손무의 손자다)에 이런 경구가 있다.

> 적의 병력이 많으면 분산시켜 서로 구원하지 못하게 하라. 수십만 명의 병력이 천 명씩 공격해 온다면 만 명의 병력으로도 막을 수 있다.

어쩌랴, 몽골군은 이 절대명제를 무시한다. 그들은 가뜩이나 적은 병력(몽골군의 진정한 약점은 적은 인구에서 기인한 병력 부족이었다)을 여러 부대로 쪼개서 사방으로 분산시켰다.

다음으로 공격대상도 지도상의 순서를 완전히 무시한다. 이 해 9월에 몽골군이 공격한 성을 시간 순으로 나열하면 황해도의 황주, 봉산, 평남 서경, 그리고 평북의 용천, 선천, 곽산이었다. 지도로 보면 남으로 갔다가 다시 북상하여 압록강까지 갔다가 평북 해안을 따라 다시 내려온다. 처음 압록강을 건너 의주를 함락한 직후에도 남서쪽 철산을 먼저 공격하고 다시 의주 쪽으로 되돌아와서 정주를 치고 다시 남으로 내려갔다.

병력을 분산하면 안 되는 이유는 전력이 약화되고, 각개격파 당할 위험이 크기 때문이다. 도시를 공격할 때도 순서가 있는 것은 병참과 보급선을 확보해야 하기 때문이다.

이 때문에 이 공격은 단일 부대가 아니라 여러 독립부대에 의해 행해졌다고 보기도 한다.[17] 그러나 "몽골군이 철주를 도륙하고 정주로 왔다"는 기록[18]을 보면 적어도 정주로 온 부대는 철주를 함락시킨 부대가 맞다. 위 기록의 전투 전부를 한 개의 부대가 수행한 것은 아니겠지만, 여러 부대로 나뉘어 이런 기동을 했다고 해도 결론은 마찬가지다. 분산된 부대들 역시 시간과 공간의 전략적 순서를 무시하고 움직이고 있기 때문이다.

몽골군의 전술 기동은 왜 병법을 무시하고, 이 제멋대로의 움직임이 왜 무서운 것일까? 몽골군의 장점은 속도와 기동력, 생존력이다. 작은 단위로 분할하면 기동성은 더욱 높아지고, 현지조달은 더 쉬워진다. 분산하면 약해진다지만 적이 강하면 도망가면 그만이다. 보통의 부대는 후퇴할 때도 본진이나 베이스 캠프로 돌아가야 한다. 그래서 상대는 후퇴로를 예측할 수 있다. 하지만 몽골군은 빠르고, 온 길을 되짚어 가지도 않는다.

한국전쟁 때 함경도에서 중공군에 포위된 미 해병대가 철수할 때 해병 사령부의 어느 장교는 이렇게 말했다. "우리는 후퇴하는 것이 아니라 뒤쪽으로 공격하는 중이다."[19] 이 말은 반은 맞는 말이었다. 압도적인 화력과 제공권 덕분에 미군은 보급이 끊어지지 않았고, 후퇴로 상에 매복해 있는 중공군을 폭격과 포격으로 격파하면서 자신들보다 더 많은 포로를 끌고 흥남으로 내려왔다.

전력과 보급이 유지된다면 후퇴는 후퇴가 아니다. 새로운 방향의 공격이다. 이 말은 몽골군에게 더 적합하다. 어떤 적도 그들을 따라잡을 수 없었으므로 적이 강하면 그들은 방향을 바꾸어 다른 지역을 공격하고 약탈했다. 더욱이 그들은 어떤 지형에서도 강했고 탁월한 생존력과 현지조달 능력을 보유했으므로 어디로 가든 전투력을 유지할 수 있었다.

그렇다고 몽골군이 자신들의 달리기 실력을 자랑하기 위해서 전쟁터를 난장판으로 만드는 것은 아니다. 제 아무리 몽골군이라도 중간 기지나 후방 교통로는 필요하다. 전쟁에서 이기려면 반드시 점령해야 하는 전술적 거점도 있는 법이다. 몽골군도 이를 안다. 다만 그것을 획득하는 방식이 다른 것이다.

몽골군은 부대를 나누어 먼저 주변을 휩쓴다. 상식과 지도를 무시하고 동시다발적으로 사방을 공격하니 도로는 끊기고, 성들은 고립된다. 전략요충인 대읍에는 병력이 모이지 않고, 전선은 형성되지 않는다. 몽골군은 이런 방법으로 성들을 고립시키고, 대읍으로 집결할 병력을 제거한 뒤에 영양실조에 걸린 전략요충지를 공략한다.

따지고 보면 몽골군은 선택과 집중이라는 전술학의 명제를 무시한 적이 없다. 손빈의 병서로 다시 돌아가 보자.

적의 병력이 많으면 분산시켜 서로 구원하지 못하게 하라.

몽골이야말로 적을 분산시켜야 할 필요성이 절실했다. 그들은 늘 병력이 부족했기 때문이다. 그래서 그들은 먼저 자신들을 분산시키는 방법으로 전술학의 기본 명제를 실현한다. 그리고는 흩어진 적보다 빠르게 집결하여 적의 머리와 심장을 친다. 알고 보면 그들도 선택과 집중이라는 고전적 명제에 충실하다. 다만 그것을 수행하는 방법이 남다를 뿐이다.

이것이 진정한 기동전이다. 수백 년 후 스톤월 잭슨(남북전쟁 당시 남군의 명장)과 롬멜(2차 세계대전 때 독일의 장군)은 바로 이런 개념의 전술로 세상을 놀라게 하고, 현대 기동전술의 선구자가 되었다. 다만 잭슨과 롬멜이 몽골군에게서 힌트를 얻은 것인지는 확실하지 않다. 뭐 징기스칸도 이 원리를 사관학교에서 배운 것은 아니니까.

몽골군은 이런 전술로 수양제와 당태종도 실패하고 그들의 선배라는 거란군도 무릎을 꿇은 난공불락의 땅을 최고의 속도로 유린한다.

3. 구주성

몽골군의 침공이 시작된 지 한 달쯤 되어서야 개경에서 군대가 소집되었고, 9월 중순에 개경을 출발하였다.

황해도까지 내려왔던 몽골군 선봉대도 고려의 주력이 출현하자 긴장했던 것 같다. 9월에 몽골군은 다시 북상하여 혹은 후방의 군대를 움직여서 평안도 해안길의 주요 성들을 거의 함락한다.

개경을 출발한 고려군은 느리고 신중하게 움직였다. 개경에서 황주까지 가는 데만 10일 이상이 걸렸다. 몽골군의 위치도 파악하기 힘들었지만, 새로 편성한 대군이니만큼 손발과 진형을 맞추는 훈련을 하면서 행군해야 했다.

9월 하순 고려군은 황주읍 바로 남쪽 고개 아래에 위치한 동선역에 도착했다. 벌써 100년 전 최언과 한선정이 고려 관원을 체포하는 묘청의 반군을 목격했던 그곳이다. 동선역 북쪽 고개는 동서로 능선이 담장처럼 뻗어 있어 고개 건너편이 잘 보이지 않는다. 척후병을 풀었지만 몽골군은 보이지 않았다. 고려군이 무장을 풀고 쉬고 있는데, 산 위에서 누군가가 몽골병이 온다고 소리쳤다. 몽골군의 특기대로 무려 8천의 몽골 기병이 소리 없이 숨어 있었던 것이다. 몽골군을 제대로 겪어보지 못한 것이 죄였다. 몽골군이 산등성을 넘어 동선역으로 돌진하기 직전에 누군가 이들을 발견하고 소리친 것이 그나마 다행이었다.

놀란 병사들이 달아나기 시작하는데, 몽골군이 들이닥쳤다. 학살의 순간에 장군 이자성과 이승자, 노탄 등 5, 6명이 필사적으로 몽골군의 앞을 막았다. 이자성은 화살에 맞고, 노탄은 창에 맞아 말에서 떨어졌다. 충직하고 용감한 병사들이 달려들어 간신히 노탄을 구해냈다.

이들의 분전으로 고려군은 대량학살을 면하고, 그 사이에 주변의 부대가 달려와 진형을 갖추는 데 성공한다. 고려의 3군이 싸울 자세

황주 동선역
동선역은 황주로 가는 주
요 길목이다. 『해동지도
(하)』, 조선 후기.

를 확립하자 병력이 적은 몽골군은 물러났다. 하지만 몽골군은 노련
하다. 물러서는 척하다가 고려 진영을 우회해서 우군을 쳤다.

이때 우군에는 특수 부대가 하나 있었다. 정부에서 군을 모집할 때
마산馬山의 초적 두령 두 명이 최이를 찾아와 병력을 이끌고 군에 자
원하겠다고 했다.[20] 그들 병력이 5천이라고 한 것을 보면—과장이 들
어갔겠지만—단순 도적떼는 아니고 반란 내지는 소요를 일으킨 집단
이었던 것 같다.

> 3군이 비로소 집결하여 함께 싸우니 몽골병이 잠시 물러났다가 다시 와
> 우리 우군을 쳤다. 산원 이지무, 이인무 등 4, 5인이 이를 맞아 싸우는데,
> 마산 초적으로 종군한 자 두 명이 몽골병을 쏘니 적이 시윗줄을 따라 엎
> 드렸고, 관군이 이긴 기세를 타 쳐서 패주시켰다.

몇몇 장수와 부대가 분전하고 병사들이 어느 정도 훈련되어 있었던
덕분에 고려군은 초반의 위기를 극복하고 승리를 거두었다. 역전승은
더욱 달콤한 법, 사기가 오른 고려군은 안주까지 단숨에 북상한다. 안

주 이북은 이미 몽골군에게 떨어졌지만, 아직 한 가지 희망이 있다. 구주성이 굳건히 버티고 있기 때문이다.

거란전쟁 때 살펴본 대로 평북에는 해안길과 내륙길 두 길이 있다. 이 중 내륙길의 중심이 구주고, 두 길은 안주에서 하나로 만난다. 구주와 안주가 연결되면 내륙길이 완전히 차단된다. 그렇게 되면 해안길의 몽골군도 최소한 선천까지는 후퇴해야 한다. 고려군이 구주에서 곽산으로 진군하면 곽산—안주 사이의 해안길에 있는 몽골군은 꼼짝없이 갇히기 때문이다.

위기를 느낀 몽골군도 해안길을 따라 안주로 내려와 고려군과 대치한다. 성을 선점한 고려군 진영에서 작전회의가 열린다. 안건은 야전이냐 수성전이냐다.

회의의 내용에 대해서는 기록이 없다. 하지만 양쪽 주장의 요지는 대략 이런 식이었을 것이다.

> 몽골군은 강하고 공격적이며 승부를 서두르고 있다. 우리는 대군이지만 훈련이 부족하고, 우리의 장기는 수비다. 우리가 수성작전으로 나가면 몽골군은 반드시 공격해 올 것이다. 그때 타격을 입히고 여세를 몰아 공세로 나가 격파하자.

> 우리가 농성하면 몽골군은 주변을 약탈할 것이다. 개경으로 직공할 우려도 있다. 적이 우리를 우회하면 우리는 따라잡을 수 없고, 자칫하면 이곳에 고립되고 보급이 끊길 수도 있다. 지금껏 그래 왔지만 몽골군은 빠르고 자생력이 강하다. 그들이 흩어져 국토를 유린하면 우리는 그들을 포착할 방법이 없다. 적이 스스로 모여 결판을 내려 하는 지금의 상황은 몽골군을 격멸시킬 수 있는 하늘이 준 기회다. 동선역 전투에서는 기습을 당한 상태에서도 전열을 가다듬어 승리했다. 우리에겐 충분한 능력이 있다. 지금 적을 격멸해야 한다.

어느 쪽이 옳았을까? 타당성과 개연성만 놓고 보면 양쪽의 주장은 다 일리가 있다. 하지만 타당성과 개연성이라는 잣대로 판정을 내리는 방식이 문제다. 아마추어들, 옛날 용어로는 오활한 서생들은 논리적 개연성을 가지고 세상사를 재단하기 좋아한다. 하지만 그것은 무섭고도 무책임한 태도다.

작전회의의 본질은 현재 상황에서 어느 전략이 우리에게 더 적합하냐는 것이 되어야 한다. 현장의 지휘관은 당위성이나 개연성이 아니라 현실적 조건을 토대로 적합한 결론을 찾아야 한다. 회의에서는 수성을 지지하는 장수들이 상대적으로 많았다. 하지만 후군진주 대집성이 결전을 주장한다. 그는 최충헌의 심복이고, 나중에 최이와 사돈이 된다. 그의 권력과 고집에 밀려 고려군은 야전을 택한다.

> 진주와 지병마사는 다 나오지 않고 성에 올라가 바라보았다. 대집성도 역시 성으로 돌아왔다. 3군이 몽골 군사와 싸우는데, 몽골 군사들은 모두 말에서 내려 대隊로 나누어 줄을 지어 서고 기병이 우리 우군을 공격하니 화살이 비오듯 떨어졌다. 우군이 어지러워져서 중군이 그를 구원하려다가 역시 어지러워지므로 다투어 성으로 들어오는데, 몽골 군사가 승세를 타고 쫓아와서 사상자가 반이 넘었다. 장군 이언문李彦文・정웅鄭雄과 우군판관 채식蔡識 등이 죽었다.

이 기사는 시점과 서술방식에 일관성이 결여되어 있다. 몽골군이 말에서 내려 대로 나누어 줄을 지어 섰다는 것은 전투 개시 전의 시각적 묘사에 불과하다. 특수한 계략도 아니다. 기병은 돌격 직전까지는 말에서 내려 대기한다. 말의 체력을 최소화해야 하고, 말이 날뛰면 대형이 동요할 우려가 있기 때문이다. 이는 몽골군만이 아니라 고려군도 마찬가지다.

몽골군이 우군을 공격했는데, 화살이 빗발쳤다고 했다. 기병을 보내

조선시대 안주성의 모습
『1872년 지방지도』.

사격으로 진을 흔들고 약한 고리를 찾는 방식도 교과서적 수순이다. 말에서 내린 기병도 대기하는 동안 궁수로 전환해 지원사격을 한다.

몽골 기병은 우군을 공격했는데, 이때도 처음부터 우군을 집중 공격한 것인지 아니면 여러 부대를 내보내어 약한 곳을 찾는데 우군이 먼저 허물어진 것인지 분명하지 않다. 아마 후자일 가능성이 높을 것이다.

그런데 이런 이야기는 하지 않아도 짐작이 가능한 장면이다. 표준적 공격 형태이기 때문이다. 진짜 전투의 장면과 교훈은 여기서부터 시작한다. 몽골군은 어떻게 고려군을 유린했을까? 고려 우군이 경기병의 화살공격만으로 무너졌을까? 몽골군은 우군을 공격하면서 중군과 좌군을 어떻게 견제했고, 어떤 방식으로 우군 진영을 공격했을까? 우군의 편성이나 훈련, 장비에 문제가 있었던 것일까?

이 기사는 카메라가 쓸고 가듯이 전투 대기중인 병사들의 모습을 방영하더니 뻔한 전투 양상을 잠깐 보여주고, 전투의 결과만 툭 던져주고 끝나버린다. 정작 장군과 병사에게 필요한 설명은 한 마디도 없다. 그 이유는 『고려사』의 찬자가 전술적 교훈을 전하는 따위에는 전

130

혀 관심이 없기 때문이다. 그가 말하고 싶은 내용은 이것이다. 이 작전은 간신 대집성이 우겨서 결정한 것이고, 지휘부는 비겁하게 성 안에 남았다. 사악한 인간에게서 제대로 된 판단이 나올 리 없다. 이것이 패인이다. 그러니 인물을 등용하거나 아이디어를 채택할 때는 심성과 지향을 먼저 보아야 한다. 심성이 바르고 지향이 맞으면 능력과 방법은 저절로 해결된다.

물론 정작 국정을 운영하는 양반들은 이 정도로 순진하지는 않았지만, 역사책과 교과서에서는 이렇게 쓰고 가르쳤고, 배운 대로 확신하는 관료도 많았다. 그러니 누군가가 카이사르처럼 『구주성 종군기』나 『몽골전역사』를 쓰고 싶어도 쓸 수 없었을 것이다. 실전 상황에서는 선한 사람의 생각은 언제나 옳다는 식의 논리와 맞지 않는 이야기를 수두룩하게 서술해야 했을 테니 말이다.

본론으로 돌아오자. 이 무책임한 기록도 한 가지 사실은 짐작하게 해준다. 이 전투는 교과서적인 전투였고, 고려군도 상황 변화에 대응하며 괜찮게 싸웠다. 하지만 객관적 전력에서 몽골군이 한 수 위였다. 몽골군은 너무 강한 반면 고려군은 상대에 대한 정보와 견문이 부족했다. 특히 실전경험과 전술운영 능력에서는 수십 년간 훈련과 전쟁으로 단련된 몽골군이 한 수 위였다. 수성전은 고정된 영역 안에서 주어진 공간을 지키면 되고, 상대의 전술에 대해 수읽기가 야전보다는 쉽다. 그러므로 전투경험 부족이라는 약점이 어느 정도는 커버 되지만, 야전에서는 그렇지 못하다.

안주성 전투는 고려와 몽골의 대군이 정면으로 격돌한 처음이자 마지막 전투였다. 값비싼 수업료를 내고 자신의 장기대로 싸워야 한다는 평범한 진리를 깨달은 고려는 다시는 몽골군과 정면대결을 펼치지 않는다.

고려군 주력이 안주성에서 패배하자 더 이상 몽골군을 막을 방법이 없었다. 몽골군은 거침없이 개경을 향한 남하를 시작한다.

몽골군이 평북의 해안길을 먼저 공략한 덕분에 전선이 황해도까지 내려가는 동안에도 구주성과 자주성(평북 자산군)은 고도처럼 떠 있었다. 안타깝게도 자주성 전투에 대해서는 기록이 없으므로 구주성 전투만 살펴보도록 하겠다.

몽골군이 구주성에 나타난 때는 음력 9월, 낙엽들이 빛을 잃어가고 마른 나뭇잎들이 주검처럼 가지에 붙어 있는 그런 계절이었다. 당시 구주에는 고려의 정규군, 구주 토병과 주민, 주변 고을의 패잔병들이 모여 있었다. 구주성의 총책임자는 서북면 방어사 박서였다. 박서는 죽주(경기도 안성 죽산면) 사람인데, 동향인인 송문주도 부장으로 박서를 따라왔다. 서북면 방어사라면 직할부대 하나는 거느리고 있었을 것이고, 군대를 지역단위로 구성하던 고려의 제도로 미루어 볼 때, 송문주를 비롯한 죽주의 병사들이 직할군의 주축을 이루었을 가능성이 높다.

몽골군은 고립전술에 따라 구주성을 공격하기 전에 주변 고을을 먼저 공격했다. 하지만 군인정신과 책임감으로 무장한 일부 장수와 용사들은 이를 악물고 구주성으로 들어왔다.

그 중에는 정주분도장군 김경손과 삭주분도장군 김중온 같은 성주급 장군도 있었다. 정주성靜州城(평북 의주군의 일부. 일반적으로 알려진 정주군과는 다른 지역이다)에서 탈출해 온 김경손은 최전선에는 어울리지 않는 사람이었다. 인맥으로 보면 그는 최고 권력자의 측근이자 인척이었다. 그의 형 김약손은 최충헌의 오른팔이었다. 최충헌이 이의민을 제거할 때 김약손은 맹활약을 했고, 최충헌과 동생 최충수의 군대가 개성 시가에서 격돌했을 때는 최충헌의 부대 하나를 지휘했다. 신임을 얻은 그는 최이의 딸과 결혼했다. 차후의 일이지만 이 부부의 딸이 원종과 결혼해서 충렬왕을 낳는다.

가릉
김약손의 딸인 순경태후 김씨의 능이다. 능의 앞쪽에는 문인상, 뒤쪽에는 독특한 모양의 동물상이 서 있다(강화군 양도면 능내리).

가문으로 보면, 그의 집안은 평판이 좋지 않았다. 부친 김태서는 '돈과 권력을 밝히는 껍데기 유학자'였다. 형 김약손에 대한 평판이야 그가 최충헌의 심복이니 더 말할 것도 없다. 김약손은 과도한 권력과 돈에 취해 음행에 빠졌다. 사람들은 그 아버지에 그 아들이라고 말했을 것이다.

김경손은 이런 가문을 배경 삼아 음서로 관직을 얻었다. 쭉쭉 승진하던 그가 어쩌다 최전방인 정주의 분도장군이 되었는데, 하필 이때 몽골 전쟁이 터진다.

몽골군은 정주로 오기 직전 최초의 참극인 철주성 학살을 자행했다. 정주 주민은 공포에 젖었고, 항거할 의욕을 잃었다. 이를 본 김경손은 세상에서 누릴 것이 많은 사람들이 보여주는 모든 전형적인 행동을 뒤로 하고 단신으로 출전했다. 그는 정주에서 12명의 별초를 선발했는데, 이들만이 김경손을 따랐다.

13명의 전사는 몽골군 정찰대와 싸워 승리했다. 조금 후에 몽골군 주력이 도착했다. 김경손과 12명의 별초가 성으로 돌아오기 위해 뒤를 돌아보자 성벽에는 이미 사람이 하나도 없었다. 할수없이 이들은 산으

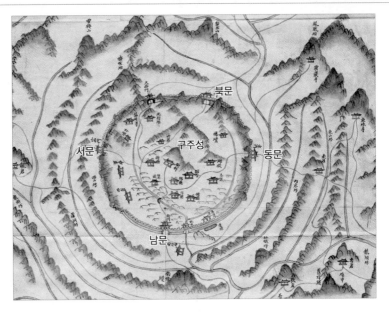

로 달아났고, 식량 하나 없이 7일 동안 산길을 걸어 구주성으로 들어
왔다.

삭주분도장군이던 김중온도 구주성으로 들어왔다. 위주에서도 부
사가 포로로 잡혔지만, 위주의 별초, 태주의 수령과 별초 등 약 200명
이 구주로 입성했다. 이들의 합세로 구주의 별초군은 총 250명이 되었
다.[21]

별초는 단어 그대로 특별히 선발한 정예무사다. 유럽의 예로 말하
면 기사와 같은 존재들이다. 중세의 백병전에서 이러한 전문 무사가
없으면 전투를 할 수가 없다. 김경손이 정주에서 선발한 별초는 12
명이었고, 구주성의 별초도 겨우 50명이었다. 이런 귀중한 무사들이
도주하지 않고 구주성으로 집결한 덕분에 구주성은 250명의 특전
대를 보유하게 되었다.

박서는 김경손에게 가장 중요한 남문 방어를 맡겼다. 몽골군이 남문
으로 접근하자 김경손은 정주에서와 똑같은 방식으로 출전을 시도했
다. 다행히 이번 부하들은 농민이 아닌 별초였다. 김경손은 그들을 향
해 '너희들은 목숨을 돌보지 않고 죽어도 물러서지 않을 용사'라고 격

중국의 성문과 성벽
서안성. 중국의 주요 도시
는 평지에 있어서 의외로
성의 지형적 장점은 극히
낮다. 대신 중국은 인력과
물자에 장점이 있으므로
인력과 물자를 집중하기 좋
게 성벽을 두껍게 하고 곡
선형보다는 장방형을 선호
한다.

려하며 비장한 연설을 했다. 12명의 용사들이 먼저 일어서서 지원했
다. 영화라면 여기서 감동적인 장면이 연출되어야 하건만, 현실은 냉
정해서 나머지 무사들은 땅에 엎드린 채 꿈쩍도 하지 않았다.

　김경손 일행은 또다시 그들만의 출격을 감행해야 했다. 김경손은 화
살을 날려 적장을 쓰러뜨리고, 대형 가운데에서 북을 치며 지휘했다.
화살이 김경손의 팔을 관통하고, 다른 용사들도 크고 작은 부상을 입
었겠지만 12명의 기병은 맹렬하게 적진을 강타했다. 몽골군은 견디지
못하고 후퇴했고, 김경손 일행은 환호로 뒤덮인 성으로 돌아왔다.

　조금 후 진짜 전투가 시작되었다. 몽골군에 대한 어처구니 없는 오
해 중 하나가, 그들은 초원의 야만족이라 공성전 같은 고급전쟁은 잘
하지 못할 것이라는 생각과 물을 무서워한다는 허망한 상상이다.

　해전에 대한 이야기는 일단 제쳐두자. 몽골군은 공성전에서도 세계
최강이었다. 몽골이 제국으로 변신하면서 제일 먼저 점령한 지역이 중
앙아시아와 중동 지역이다. 우리는 보통 중국의 성이 크고 높은 줄 알
지만, 인류 역사상 가장 높고 험악한 요새가 자리잡고 있는 곳이 중앙

몽골군이 함락시킨 아프
카니스탄 서부의 헤라트
성벽
알렉산더 대왕이 쌓은 성
의 유구 위에 세워진 성. 몽
골군의 공격에서 살아남은
주민은 겨우 25명뿐이었다
고 한다.

아시아다. 공격군과 수비군
의 사이가 100미터가 넘는
곳도 있다.

그 지역을 석권하면서 몽
골군은 엄청난 성들을 경험
했고, 동서양의 기술자와 기
계를 섭렵하여 중국군보다
더 첨단의 공성기구와 기술
로 무장했다.

몽골군은 서문, 북문, 남문을 동시에 공격했다. 구주성 전투 내내
몽골군은 유독 동문만 공격하지 않았다. 지도상으로 보면 구주성은
서쪽이 지대가 높고, 남쪽과 동쪽이 평야다. 그런데 동쪽은 평야가 더
넓지만, 구주성은 전체가 역삼각형 형태여서 남쪽에서 진입하면 삼각
형의 꼭지점 부분으로 접근하게 되므로 수비측 사선이 좁아지지만 동
문 쪽으로 접근하면 긴 사면을 마주보면서 전진해야 한다. 그래서 동
문은 아예 포기하고 남문 쪽으로 공격을 집중했던 것 같다.

처음에는 고려군을 만만히 보고 단순하게 달려들었다. 3개 문을 동
시에 공격한다고 다 똑같은 방식으로 공격하는 것은 아니다. 동시 공
격은 수비군을 분산시키기 위한 전술이다. 주공은 남문으로 수레에
초목을 싣고 밀면서 진격해 왔다. 수레의 초목은 화살막이가 되어주
고 목재와 수레를 성 밑에 쌓아 받침대를 만든다. 북문에는 소수 정예
기병 300명을 돌격시켰다.

북문의 공격은 박서가 지휘하는 고려군의 저항으로 격퇴되었다. 남
문에서는 김경손이 성 안에 배치한 투석기로 쇳물을 부어 목재를 태
우고, 불의 장벽을 쳤다.

패배한 몽골군은 준비를 다시 해서 공성구를 이용하는 고급스러운

방식으로 작전을 변경했다. 기록에는 누거(층으로 된 수레)와 목상木床 (나무로 만든 장갑차)에 소가죽을 둘렀다고 했다. 목상은 굴착용 장갑차인 두차인 것 같다. 열차와 같이 장갑차를 연결하고 내부에 굴착 장비와 병사를 두는 기계다.

두차를 이용한 공격
두차는 차 안에 작은 토사 운반용 차량을 배치한 장 갑차다. 두차를 이용해 성 벽 밑에 접근한 병사들이 땅을 파고, 굴착한 토사를 운반용 수레를 이용해 후 방으로 배출한다. 적의 화 공을 방비하기 위해 두차 위에 몸을 내민 병사는 두 차의 밖에 물을 뿌리고 불 을 끈다.

누거는 두차를 엄호하면서 성벽을 허물기 위한 공성탑 같은 기구인 듯하다. 원래 공성구라는 것이 정형이 있는 것이 아니라 상황에 맞춰 다양하게 개조하여 사용한다.

몽골군은 이 장비를 이용하여 성벽을 부수고, 성 밑으로 땅굴을 팠다. 땅굴은 파기 쉬운 것 같지만 그렇지 않다. 우리는 성벽이라고 하면 땅 위에 솟아 있는 부분만 보지만 땅 밑으로도 성벽이 들어간다. 기초 공사이기도 하지만 성을 파고 들어오는 것을 막기 위해서다. 잘 만든 성은 빙산처럼 땅위 부분보다 땅속 부분이 몇 배나 되는 곳도 있다.

이 밑으로 굴을 파자면 흙을 파내는 것이 아니라 돌을 들어내야 한다. 몽골군은 고려의 축성술을 잘 몰랐던 것 같다. 고려군은 그들이 어느 정도 들어오기를 기다렸다가 돌을 무너뜨려 몽골군 30여 명을 생매장시켜 버리고, 썩은 풀을 태워 공성탑과 두차를 불질러 버렸다. 썩은 풀을 사용한 이유는 잘 모르겠는데, 공성구가 화공에 대비하여 소가죽을 두르고 있으므로 풀에 소똥 등을 섞어 인화성과 접착성을 높이고, 유독가스를 발생시켜 내부의 병사들을 몰아내었던 것이 아닌가 싶다.

몽골군의 세 번째 공격에서는 더욱 강력한 무기가 동원되었다. 몽

몽골군(왼쪽)의 포격 그림에서 몽골군이 사용하는 투석기가 트레뷰셋(trebuchet)이다.

골군은 대형 투석기 15대를 포치하고, 김경손이 지키는 남문에 집중 포격을 가했다. 몽골군은 서방으로 원정하면서 서구의 투석기인 트레뷰셋을 수입했다. 중국의 투석기가 사람이 줄을 당겨 돌을 던지는 방식인 데 비해, 트레뷰셋은 지렛대의 원리를 이용해서 투석기의 축 아래 저울추와 같은 상자를 달고 이곳에 돌을 채운다. 추가 투석보다 무거워지면 축이 아래로 쳐지면서 그 힘으로 돌을 날렸다. 중국에서는 이것을 회회포回回砲라고 했다. 오랫동안 원나라의 거센 공격을 막아내던 남송의 양양성을 파괴한 무기가 바로 이 트레뷰셋이었다. 구주성 전투 기록에 몽골군은 늘 대형 투석기를 사용했다고 나오는데, 혹 트레뷰셋을 사용한 것은 아닌지 모르겠다. 단 양양성 전투는 구주성 전투가 있은 지 한참 후의 일이라 확신할 수는 없다.

치열한 포격에도 고려군은 물러서지 않고 성벽에 붙어 벌어진 틈을 막았다. 병사들이 성벽에서 물러나면 몽골군이 해일처럼 밀려 들어올 것이다. 몽골군이 남문을 포격한 이유도 남문 앞이 넓은 평지라 포차를 설치하기도 좋고, 병력이 돌입하기도 편했기 때문이다.

몽골군의 포탄은 크고 강력해서 사람이 맞으면 박살이 났다. 한 발이 문루에 앉아 있던 김경손에게 날아와 이마를 스치고 지나갔다. 그것은 뒤에 있던 위병을 맞춰 몸과 머리를 분해시켜 버렸다. 막료들이 자리를 옮기자고 했으나 김경손은 태연하게 문루에 앉아 병사를 지휘했다. 누구도 물러설 수 없는 순간이었다.

고려의 장병들은 분전을 거듭했지만 이런 식으로는 오래 버틸 수 없는 것이 분명했다. 남문을 구하려면 적의 포대를 파괴해야 했다. 몽골군의 포는 사정거리가 길었지만 고려군은 지대가 높고 적의 포대를 볼 수 있다는 장점이 있었다. 박서는 성 안에 단을 쌓고 그 위에 투석기를 올려 몽골군의 포대를 분쇄했다.

간신히 적의 포화를 잠재웠지만 성벽은 크게 무너졌다. 무너진 성벽은 보통 미리 준비해둔 목책으로 막는다. 몽골군도 이를 예상하고 2차 공격을 준비해 두었던 것 같다. 첫 날 전투처럼 몽골군은 성 밑으로 접근하여 나무를 쌓았다. 전날에는 고려군이 그것을 불살랐지만, 이번에는 입장이 바뀌었다. 목책을 파괴하기 위해 몽골군이 화공으로 나왔다. 고려군이 물을 부어 진화하려고 하자 불길이 더 세게 타올랐다. 고려군의 소화작전도 예상하고 기름을 발라놓았던 것이다. 기록에는 사람기름을 썼다고 했는데, 진위는 모르겠다.

하지만 이번에도 실패였다. 고려군은 물을 섞은 진흙을 부어 기름불을 제압했다. 목재와 기름이 떨어졌지만 몽골군은 포기하지 않았다. 이번에는 수레에 풀을 싣고 불붙인 수레를 밀어 성문을 태우려고 했다. 하지만 고려군은 이 역시 예상하고 문루에 물을 저장했다가 일시에 부어 소화시켜 버렸다.

이상의 서술은 전투 장면의 일부분에 불과하다. 20여 일 동안 더 다양한 공격과 대응이 이루어졌다. 『고려사』는 이 상황을 이렇게 말한다.

이와 같은 격전이 20여 일간 계속되었는데 김경손은 임기응변으로 전투 자재를 준비해 두었다가 급할 때 쓰는 수법이 귀신 같았다. 몽골군이 말하기를 "이와 같이 작은 성으로 대군을 막아내는 것은 하늘의 도움이요,

충차

사람의 힘은 아니로다."라고 하고 드디어 포위를 풀고 물러갔다.[22]

똑같은 칭찬이 박서에게도 있다. 이것은 김중온도 마찬가지였을 것이다.

몽골 군사가 성을 에워싸기를 한 달이나 되어 갖은 방법으로 공격하였으나, 박서가 번번이 임기응변으로 굳게 지키니, 몽골 군사가 이기지 못하고 물러났다.[23]

목만

앞에서 살펴본 대로 고려군의 주력이 안주성에 도착한 것은 이 전투가 있었던 후였다. 만약 이 소식을 들었다면 구주성에는 화색이 돌았을 것이다. 하지만 기대는 금세 무너졌다. 몽골군은 병력을 분산시켜 구주성과 안주성을 동시에 공격하는 대담한 작전을 펼쳤다. 안주성 전투에서 고려군이 대적한 몽골군은 구주와 안주로 분리된 몽골군이었다. 그럼에도 불구하고 고려군은 정면대결을 벌였다가 패배해 버렸다.

안주성에서 전투가 벌어지던 바로 그 날 구주성에서도 몽골군의 2차 공격이 시작되었다. 이번 공격에서 몽골군은 포격의 비중을 높였다. 공성전에서 투석기는 기본적인 장비지만, 안주성 전투로 병력이 분산된 탓도 있었을 것이다. 그들은 대량의 투석기를 동원했고, 엄청난 포격에 성곽 200여 칸이 무너졌다. 하지만 이번에도 고려군은 성벽을 사수했다. 성벽을 보수하면서 지난 번과 같은 방식으로 몽골군 포대를 파괴했던 것 같다.

잠시 물러선 몽골군은 항복한 고을에서 고려군을 징발하여 보충했다. 이들을 동원하여 성을 넓게 포위하고, 포대를 이동배치했다. 기록에는 포차 28대를 신서문新西門 쪽 요지에 배치했다고 했다. 구주성을

답사해 볼 수 없어 안타깝지만, 신
서문이 서쪽 방면 문이라고 가정하
고 보면 몽골군의 의도는 둘 중 하나
다.『여지도서』로 보면 구주성 서문 쪽은
산지다. 고려군의 투석기에 포대가 파괴되는
것을 방지하기 위해 낮은 평지가 아닌 산지 쪽에 포대를 배치했거나
성의 약한 부분을 발견하고 집중 공격할 장소를 찾았을 것이다.

검차

이 포격으로 성벽 50칸이 무너졌다. 전보다 파괴 범위는 크게 줄었
지만 실제로는 더 위험했다. 성벽이
뚫려버린 것이다. 몽골군의 진입이 시작
되었다. 공성전을 그린 영화에서 클라이막스에 등
장하는 장면, 성벽 위로 적들이 해일처럼 넘쳐 들
어오기 시작하거나, 성문 또는 성벽이 무너져 열리면서 적군이 쏟아져

투석기

들어오는 그런 순간이 시작된 것이다.

13세기의 지구상에서 가장 잘 훈련되고 사나운 군대를 향해 구주
성의 병사들은 육탄으로 부딪혔다. 이 장면의 기록이 자세하지 않아
서 안타깝다. 하지만 이런 전투라면 정예 무사들인 별초들이 선두에
서야 했다. 김경손의 예지가 빛을 발했다. 그가 단지 12명의 부하와 함
께 성 밖으로 출격했던 이유는 바로 이런 순간을 예상했기 때문이다.
지난 달 김경손의 공격명령에 땅에 엎드려 움직이지도 않던 별초들은
이 날 그들의 명예를 회복한다.

11월 구주성에는 새로운 적이 찾아온다. 안주성 패전의 소식이 전
해진 것이다. 구원의 희망은 사라졌다. 지난 번 공세도 간신히 막아냈
는데, 두 개의 전장이 하나로 통합되었으니 이제 모든 몽골군이 구주
성을 향해 달려올 것이다. 불안과 절망 속에서 20여 일이 지나간다.

하지만 몽골군의 특이한 전술이 이번에는 선물이 된다. 안주에서

승리한 몽골군은 구주로 합류하지 않고 바로 남하했다. 구주성 공격은 평북에 남아 있던 나머지 부대의 몫이다. 3차 공격에서는 대형 포차 30대가 등장했다. 최소한 지난 번 공격 이상의 병력을 모은 것 같다. 그러나 구주성이 고립된 채 이미 50여 일의 전투를 치른 점을 감안한다면 사실상 몽골군이 크게 증원된 것과 마찬가지였다. 줄어든 병력, 오랜 전투로 인한 피로, 성 전체를 짓누르는 절망과 불안. 구주성은 보이는 적과 보이지 않는 적이라는 두 가지 적을 맞아 힘겨운 싸움을 전개해야 했다.

다시 치열한 포격이 전개되었다. 이번 포격전에서도 고려군이 승리했다. 몽골군 포대는 성벽 50여 칸을 허물고 궤멸되었다. 고려군은 지난 전투를 교훈 삼아 무너진 부위를 불에 타는 나무울타리 대신 쇠줄로 엮어 막았다.

쇠사슬 사이로 성 내부와 고려군의 모습이 보였다. 오랜 전투로 고려군도 줄어들었다. 그들은 지치고 희망이 없는 상태에 빠져 있다. 그들의 전투력은 분명 예전 같지 않을 것이다. 그런데 이런 상황에서 세계에서 제일 사납다는 군대가 돌격을 망설인다. 드디어 몽골군이 무서워하는 군대가 지상에 탄생했다.

몽골군이 공격을 망설이자 고려군이 성문을 열고 뛰쳐나왔다. 수많은 전쟁영화에서 등장하는 가장 극적인 장면이 구주성에서 재현된다. 큰 피해를 입은 몽골군은 멀찌감치 물러나 진지를 구축했다. 구주성의 용사들은 이제 몽골군을 압도하기 시작한다.

몽골군은 스스로 정한 원칙, '저항하는 성은 살육'이라는 원칙을 깬다. 그들은 사신을 보내 항복을 권한다. 지난 일은 불문에 부치겠으니 항복하라는 이야기였을 것이다. 안주성 패배로 고려정부가 항복교섭을 시작했다는 전갈도 가져왔을 것이다. 그러나 구주성은 항복을 거부한다. 여러 번 사신이 오고 나중에는 정부에서 몽골군 진영에 파견

한 왕족 회안공 왕정까지 편지를 보냈
지만 박서는 끝까지 항복을 거부한다. 교섭이 결렬되자 4차 공
격이 개시된다. 몽골군은 포격을 이용한 성벽 파괴 작전
을 단념하고 공성탑과 운제를 동원한 등성 작전
을 감행했다.

운제가 다가가자 성벽에서 대우포
가 출현했다. 운제를 막는 도구도 여러 가지가

운제

있는데, 대표적인 무기가 당차다. 그네처럼 생긴 구조
물에 그네 대신 큰 창을 달아 타종하듯이 운제를 쳐
서 파괴하는 것이다.『고려사』의 묘사를 보면 대우포는
곧 이 당차였다고 생각된다. 그 밖에도 여러 도구를
사용했겠지만, 고려군은 맹렬하게 싸워 몽골군의 운
제를 완벽하게 파괴했다.

당차

몽골군 진영에 70세 정도의 노장이 있었
다. 70세면 징기스칸과 거의 동년배다. 그가
스무 살 때부터 종군했다고 하니 이때 나이가
70~75라고 보면 1181년에서 1186년 사이에 처음 입대한 셈이다. 테
무진이 몽골부족을 통일하고 징기스칸으로 추대된 때가 1189년이니
까 테무진의 부족통일전쟁 때부터가 된다. 그는 분명 호라즘 원정에
도 참전했고, 서역의 상식을 뛰어넘는 요새들과 만리장성과 중국의
크고 두꺼운 성벽도시도 경험했을 것이다.

그 노장이 구주성과 성벽에 배치한 기계를 둘러보더니 감탄한다.

"내가 20세 때부터 종군하여 천하를 두루 다니면서, 성곽과 해자에서 공
격하고 싸우는 모습을 여러 번 보았으나 이처럼 호된 공격을 받고도, 끝
끝내 항복하지 않는 곳은 처음 보았다. 구주성 안에 있는 장수들은 반드

시 다 장군과 재상이 될 것이다."

안주성 패배 이후 구주성을 제외한 전 지역이 무기력 상태에 빠졌다. 몽골군은 안주에 총사령부를 두고 유유히 남하하며 고을을 약탈한다. 이 노정에서 유독 평산이 몽골에 저항하였다. 고려를 건국한 유명 장수들은 거의가 평산 출신이었다. 그 전통과 자부심이 남아 있었던 모양이다. 몽골은 그 대가로 개와 닭 한 마리 남기지 않고 평산의 생명체를 멸종시켰다.

12월 1일 몽골군은 개경을 포위했다. 하지만 개경 공격은 자제하고 흥왕사를 공격하며 개경을 위협했다. 고려는 할수없이 사신을 보내 강화를 요청하고, 왕족인 회안공 왕정을 살례탑에게 사신으로 파견했다.

몽골은 조숙창을 사신으로 파견했다. 조숙창이 가져온 항복 조건은 금은과 백만 명에게 나눠줄 의복으로 말 1만 내지는 2만 필에 실을 만한 분량(말도 포함해서), 수달피 2만 장, 큰 말 1만 필, 작은 말 1만 필, 공주, 왕족 등 1천 명과 대갓집 부녀자들, 왕의 자제와 대관의 아들 1천 명, 딸 1천 명이었다.[24]

이 조건을 빨리 들어주면 자신들은 빨리 떠날 것이요 그렇지 않으면 백성들의 고통만 더 심해질 것이라는 말을 남겼다. 기다리는 동안 고려를 약탈하며 시간을 보내겠다는 말이었다. 정말로 몽골군은 별소득 없는 개경 포위를 풀고 경기도 광주를 지나 충주와 청주 방면으로 이동하면서 엄청난 학살과 약탈을 자행하기 시작하였다.

1232년 1월에 강화가 성립했다. 몽골은 72명의 다루가치를 남겨두고 철군하기 시작했다. 하지만 구주성은 이때까지도 싸우고 있었다. 도저히 구주성을 함락시킬 수 없었던 몽골군은 강화에 동의한 고려정부에 압력을 넣어 구주성의 항복을 종용한다. 결국 조정의 명을 어길 수 없다 하여 구주성은 성문을 열었다. 다행히 몽골군이 약속을 지켜 장군들은 무사히 개경으로 귀환했다.

몽골 노장의 예측대로 구주성의 영웅들은 재상과 장군으로 승진하기는 했다. 박서는 정2품 문화평장사로 임명되었다. 그러나 몽골 사신 중에 박서에게 원한을 품은 자가 있어 박서를 죽이려 하였다. 최이는 박서를 권유하여 고향인 죽산으로 내려보냈다. 그 이후의 소식은 알 수 없는데, 그때쯤 사망한 것 같다.

박서의 부장이었던 송문주도 구주 전투의 공으로 양장으로 승진했다. 몽골의 3차 침입 때 고향에서 죽주산성 전투를 지휘하여 다시 한 번 영웅이 되었고, 좌우위장군으로 승진했다. 이후 몽골의 침입 기간 내내 그는 장군으로 복무하였다. 몽골전쟁 후기에 혜성처럼 등장한 전쟁영웅 임연은 그의 부하였다.[25]

김경손은 대장군을 거쳐 전라도 지휘사가 되었다. 이때 나주에서 초적 이연년 형제가 반란을 일으켰는데, 구주성 전투 때처럼 별초 30명만 거느리고 나가 이들을 격퇴하여 다시 유명해졌다. 그 후 재상직인 추밀원부사까지 승진했다.

최이는 적자가 없어 사위인 김약선(김경손의 형)을 자신의 후계자로 점찍고 첩에게서 난 최항을 출가시켜 버렸다. 교만해진 김약선은 사생활이 문란해졌다. 가정불화 속에서 부인도 가노와 사통을 하다가 김약선에게 들켰다. 궁지에 몰린 부인은 아버지 최이를 찾아가 김약손이 역모를 꾸민다고 모함하여 김약손을 죽여버린다. 나중에 딸에게 속았음을 안 최이는 이 무서운 딸을 다시는 만나지 않았다고 한다.

김약손이 죽자 최이는 최항을 환속시켜 후계로 삼았다. 그렇게 권력을 계승한 덕분에 최항은 콤플렉스가 심했다. 김약손의 동생이며 왕가의 인척이고(김약손의 딸이 원종의 비가 되었다) 신망 높은 장군인 김경손은 껄끄러운 존재였다. 그는 집권하자마자 김경손을 백령도로 유배시켰다. 2년간의 유배 생활이 지난 어느 날 최항이 보낸 사람

백령도 두무도

들이 김경손을 찾아왔다. 그들은 김경손을 묶더니 바다에 던졌다.

자주성은 구주성보다 더 오래도록 항복에 응하지 않았다. 자주부사 최춘명은 고려 초기의 명신 최충의 후예다. 정부에서는 대집성을 사자로 보냈는데, 최춘명은 대집성에게 사격까지 하면서 그를 받아들이지 않았다.

결국 자주성도 항복하지만 살례탑은 분노했고, 대집성은 더 분노했다. 몽골군이 철군한 후에 정부에서는 최춘명의 처벌 문제를 두고 토의가 벌어졌다. 재상들은 눈치를 보고 최이까지도 망설였지만 대집성의 강경한 주장으로 사형이 선고되었다.

당시 최춘명은 서경에 잡혀와 있었다. 정부에서 파견한 무장이 최춘명을 처형하려고 하자 서경에 남겨둔 몽골 관원(다루가치인 듯하다)이 저 사형수가 누구냐고 물었다. 사신이 "자주성의 수령이다."라고 대답하자 몽골 관원이 이렇게 말한다. "그는 우리에게는 적이지만 너희에게는 충신이다. 이미 화의를 맺었고, 우리도 그를 죽이지 않았는데, 끝까지 성을 사수한 충신을 너희가 죽이느냐?" 그 몽골 관원이 끈질기게 설득한 덕분에 최춘명은 목숨을 건진다.

4. 분열하는 사회

몽골의 1차 침공 후 4개 월째였던 11월, 고려 사신 민희가 안주에 자리잡은 몽골군 병영에서 살례탑을 만났다. 살례탑의 파오는 겉에는 모포를 두르고, 안에는 비단을 깔았는데, 살례탑은 좌우에 시녀를 세우고 의자에 앉아 있었다. 민희를 보자마자 살례탑은 이렇게 말했다. "너희가 성 안에서 버티려면 버티고, 투항하려거든 투항하고, 맞서 싸우려면 맞서 싸워라. 무엇을 하든 빨리 승부를 내자." 그러더니 그는 문득 생각난 듯 이렇게 되물었다. "그런데 당신 관직이 뭐요?"

이 일화는 몽골군의 특징을 단적으로 보여준다. 최고 사령관이고 사신이고 간에 그들은 거칠고 투박했다. 대신 화통하고, 사나이다운 사람에게는 감동도 잘 받는 면도 있었다.

그러나 보편적으로는 위험하고 무식하고 탐욕스러웠다. 1232년 몽골군은 철수하면서 긴 요구사항을 남겼다. 처음 조건보다는 완화되었지만 이 조건도 상상을 넘어섰다. 왕족과 대신층의 자제 500명과 처녀 500명을 보낼 것, 개주관 일대에 정착시킬 이민단을 보낼 것, 기술자를 보낼 것, 수달피 1천 장을 보낼 것, 몽골군이 분실한 말을 찾아 보낼 것.

고려는 수달피 977장과 몽골말 15필을 수집해 보낸 것 외에는 들어줄 수 없다는 말로 일관했다. 들어주기도 힘들었지만 진심으로 항복할 마음도 없었다. 최이는 안주성 전투에서 패배하고, 강화회담을 추진할 때부터 다음 전략을 구상하고 있었다. 안주성 전투 이후 최이는 두 가지 사실을 확신했던 것 같다.

"몽골군과 정면대결 해서는 승산이 없다."
"몽골군은 고려에 상주시킬 병력이 없다."

이 둘을 조합하면 다음과 같은 결론이 나온다. "몽골이 침공하면 평야를 태우고, 마을을 비우고, 주민은 깊은 산속이나 섬으로 입보시킨다. 몽골군이 돌아다니는 기간은 길어야 6개월이다. 지방별로 따지면 한두 번 쓸고 지나갈 뿐이다. 태풍과는 맞서는 법이 아니다. 태풍을 이기는 방법은 잠시 피하여 기다리는 것이다."

이 전술은 이미 효과를 입증했다. 의주가 항복한 후 의주부사 전한은 정부와 내통하여 잔류한 몽골인을 살해한 뒤 주민을 거느리고 보신도로 달아났다.[26] 몽골군이 개경으로 진군할 때 황주와 봉산의 주민들도 섬으로 이주했는데, 몽골군은 이들에게 전혀 손을 대지 못했다.

이 전술이 지닌 문제는 고려의 방어선을 해체시켜 버려서 개경까지 직항로가 열린다는 것이다. 누군가가 이를 지적했다면 최이는 방어선은 이미 없다고 대꾸했을 것이다. 몽골군의 기동전술은 고려의 전통적 방어체제를 무력화시켜 버렸다. 지난 1차 침공을 견뎌낸 성은 구주와 자주, 서경, 충주 정도였고, 이들도 버티기에 성공했을 뿐 몽골의 진격을 저지하지는 못했다.

따라서 고구려 이래 지켜온 산성을 이용한 고전적 방어전술은 이미 쓸모없게 되었다. 그런데 새로운 회피 전술을 사용하자면 수도 개경이 문제가 된다. 지방이야 철마다 피난할 수 있지만 수도는 그렇지 않다. 수많은 문서와 통치자료를 철마다 들고 옮길 수는 없다. 재물상의 손실도 막대하다. 개경의 귀족들에게 주기적으로 이 같은 재산손실을 요구한다면 역사상 최초로 귀족에 의한 민란이 발생할 것이다.

그러면 어떻게 해야 할까? 최이의 답은 수도를 옮기는 것이었다. 항구적인 방어가 가능한 요새지역으로서 최이는 이미 강화도를 염두에 두고 있었다.

천도 논의는 몽골군이 막 철수중이던 2월에 이미 시작된다. 이 달

강화 갑곶나루

20일 재상들이 전목사典牧司에 모여 천도를 논의했는데, 국영 목장을
관리하는 관청인 전목사에서 모인 것으로 보아 비밀회의였던 것 같다.
그러나 천도에 대한 반대론이 높자 6월에 최이는 대신들을 자기 집으
로 소집했다.

　장소가 바뀌자 분위기도 바뀌었다. 오직 유승단 한 사람이 반대의
견을 제시한다. 그의 반론은 "이것은 국가의 장구한 계책이 아니다."
라는 말로 끝을 맺는다. 이 말 속에는 천도와 항전은 국가를 위한 대
책이 아니라 최씨가를 위한 대책이라는 의미가 포함되어 있다. 최이는
불쾌하지만 참고 무시하기로 한다. 유승단은 고종의 스승이고, 이미
살 날도 얼마 남지 않았다(유승단은 두 달 후에 사망했다).27

　애매하던 회의는 007 영화에 자주 나오는 방식으로 해결된다. 회의
중에 야별초의 지휘관이었던 김세충이 회의장 문을 밀치고 들어오더
니 강하게 천도반대론을 폈다. 조금 후에 회의장에 모인 사람들은 김
세충이 끌려나가 참수당하는 장면을 목격한다.28 그리고 회의는 결론
을 얻었다.

　천도는 결정되었지만 왕부터 미적거렸다. 최이는 먼저 자기 가솔을

강화 외성
고려시대에 쌓았던 외성을
조선시대에 석축으로 다시
재건했다.

옮기고, 관사와 지역별로 이주 날짜를 정하여 어기는 자는 군법으로
다스리겠다는 엄명을 내린다.

7월 을유일 고종이 왕궁을 떠났고, 개성 주민의 대이동이 시작되었
다. 하필 장마철이어서 길은 진탕으로 변하고, 고아와 노약자들은 어
쩔 줄 몰라하며 수많은 사람이 길에서 울부짖었다.[29] 당시 개경에는
가옥 수만 10만이 넘었다.[30] 이런 대도시를 단기간에 철수시키자니 무
리가 따를 수밖에 없었다.

하지만 어쩔 수가 없었다. 천도 소식이 들어가는 순간 몽골은 고려
의 의도를 알아채고 전쟁을 시작할 것이다. 최이는 천도를 결정하는
동시에 북방에 있는 72인의 다루가치를 제거하라는 명령을 내린다.[31]

강화도는 항전의 거점으로서 여러 가지 좋은 요건을 갖추었다. 강화
도를 택한 첫 번째 이유는 몽골군의 약점이 수전이기 때문이다. 강화
생활을 직접 체험한 이규보와 최자는 각기 강화의 천험을 찬양하는
시를 남겼는데, 그 첫 마디가 물이었다.

물은 방벽일 뿐 아니라 보급선도 된다. 강화로 천도하기 이전부터

요새로서의 강화도

본문에서 서술한 여러 장점에도 불구하고 강화도가 과연 몽골군이 공격할 엄두도 내지 못할 만한 요새였느냐 하는 점은 의문으로 남는다. 몽골군은 왜 강화도를 공격하지 않았을까? 하지 않은 것인가, 못한 것인가?

한 가지 분명한 사실은 몽골군이 강화도를 직접 공략할 의지를 표명하기 시작하자 바로 고려가 강화에 동의했다는 것이다.

본문에서는 강화의 장점만을 열거했지만 강화도도 사실은 심각한 약점이 있다. 첫째 너무 넓어서 외성을 따라 군사를 배치하려면 엄청난 병력이 필요하다. 강화의 천험을 찬양했던 최자도 최의가 죽자 바로 비관론으로 바뀌는데, 그가 지적한 방어상의 난점이 바로 이것이었다. 병력을 절감하기 위해 중성에 방어선을 펴려면 몽골군의 상륙을 허용해야 한다. 고려정부도 이 사실을 알고 있어서 몽골군이 공격하려 하자 당장 이 문제가 거론된다.

몽골군이 해전에 약한 것은 사실이지만 그것은 해상을 봉쇄해서 강화의 보급선을 차단하는 작전을 곤란하게 할 뿐이지 강화에 대한 직접 공격을 방해하는 요인은 되지 못한다. 강화 갑곶에서 육지 사이의 거리는 한강 정도에 불과하다. 배가 아닌 부교를 사용해서도 건널 수 있다. 몽골군은 세계를 정복하면서 이보다 넓은 강도 수없이 건넜다. 병자호란 때도 청나라 군은 하룻만에 이곳을 건넜다.

원래 이 세상에 완전한 요새란 없다. 공성작전은 전술적인 필요와 공격군이 감당할 수 있는 희생의 양과 투자액에 따라 결정이 된다. 잘 요새화된 성은 공격군의 투자 비용과 공성 기간을 늘리는 것이지 절대적인 안정성을 보장하는 것은 아니다. 그러므로 강화천도와 고려의 버티기 작전도 몽골의 침략 목적과 대고려 정책, 고려왕실과의 관계 속에서 이해해야지 강화도가 절대적인 요새여서, 혹은 몽골군이 물을 무서워해서라는 관념적 선입견을 가지고 이해해서는 안 될 것이다.

강화 광성보 바로 건너편이 육지다.

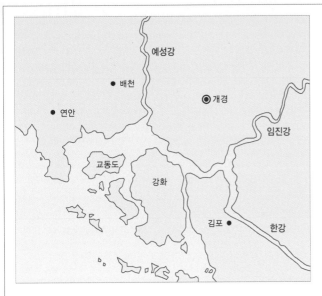
강화부 지도

국가 재정과 관리의 녹봉에 필요한 세금 수송은 대부분 서해항로와 한강 및 임진강을 이용했다. 그러므로 강화에 있으면 세금과 보급이 끊어질 우려가 없다. 또 강화는 개경으로 들어오는 서해안 수로의 입구에 위치하고 있다. 그러므로 개경을 중심으로 만들어 놓은 기존의 교통망과 해운망을 수정할 필요도 없다.

강화는 섬이면서도 개경 사람들이 이주해 들어갈 수 있을 만큼 충분히 넓다. 평야는 넓고, 간간이 구릉과 산도 있어 목재와 기타 임산물을 얻는 데도 편리하다.

육지와 가깝다는 것은 편리하기도 하지만 방어상에는 약점이 될 수도 있다. 특히 김포와 연결되는 동쪽은 한강 정도의 넓이밖에 되지 않는다. 그러나 가까운 대신 동쪽과 북쪽 해역 모두 물살이 빠르고 조수 간만의 차가 심해서 물때가 아니면 배가 이곳을 거슬러 올라올 수가 없었다.

강화는 섬이면서도 분지처럼 외곽이 산으로 감겨 있어 자연적인 장애물이 되어준다. 이것도 큰 장점이다. 개경을 마주보는 북쪽 해안은 산이 더욱 가파르다. 이런 지세를 이용하여 해안선을 따라 장성 형태의 성을 쌓았다. 현재 강화도에 남아 있는 성벽은 석축인데, 조선 후기에 쌓은 것이다. 고려시대의 성은 토성이었다. 석축의 성에 비해 대단히 빈약해 보이지만 토성이 더 좋았다는 견해도 있다. 강화도 해안은 심한 갯벌이었는데, 조선 후기에 성을 석축으로 재건설하면서 갯벌을

강화 고려궁지
석축과 계단은 개경 만월
대의 구조를 연상시킨다.
조선시대에 이곳은 강화유
수부로 바뀌었다.

메워버려 방어력이 더 떨어졌다는 것이다.[32]

고려는 강화의 방어시설을 계속 보강해서 강화읍 주변으로 도성에 해당하는 내성을 두르고, 고종 37년에는 다시 중성을 쌓아 3중의 방어망을 만들었다. 중성은 2,960여 칸이고, 17개의 성문이 있었다.[33]

개경을 떠나면서 고통이 어떠했고, 분노가 어떠했든 이주를 했으니 새 터전을 마련해야 했다. 사람들은 궁을 짓고, 관청을 짓고, 집을 새로 지었다. 집을 짓는 일이야 당연하지만, 있는 사람들은 피난을 와서도 좋은 집을 짓고, 가난한 관료는 그것을 바라보며 시를 읊는다.

천도한 새 서울에 날로 더욱 집을 지으니
수천의 누에가 다투어 고치를 짓는 듯하네[34]

이 시의 저자는 이규보인데, 시의 끝에는 녹봉이 부족하여 몇 번씩 양식이 떨어졌다는 서술을 잊지 않고 달았다. 그나마 이규보는 장원 급제 출신의 관료라 박봉과 지배층들의 고깝고 무책임한 태도를 참고 바라보았지만, 개경에 살던 하층민이나 노비들의 입장은 그렇지 못했다. 그들 중 상당수는 강화로 따라갈 엄두를 내지 못하고, 천도행렬에서 이탈했다. 이규보의 종도 서강을 건널 때 도망쳐 버렸다.[35]

개경에 떨궈진 이들은 폭동을 일으켜 개경을 점거했다. 정부에서 이런 일을 예상하고 개경에 병마사를 남겨두었지만 반란 규모가 생각보다 커서 막을 수가 없었다.

> 어사대의 하인 이통李通이 경기의 초적과 성중의 노예들을 불러 모아서 반역하여 유수 병마사를 쫓아냈다. 드디어 3군을 조직하고 여러 절로 문서를 보내 승도를 모아 관청의 돈과 곡식을 약탈했다.
>
> 왕이 이 말을 듣고, 추밀원부사 조염경趙廉卿을 중군진주로, 상장군 최근崔瑾을 우군진주로, 상장군 이자성李子晟을 후군진주로 삼아 토벌하였다. 적은 3군이 강화로부터 강을 건넜다는 말을 듣고 강변에서 맞아 싸웠다. 3군이 적을 승천부의 동쪽 교외에서 공격하여 크게 쳐부쉈다.
>
> 견룡행수牽龍行首 별장 이보李甫와 정복유鄭福綏가 야별초를 거느리고 먼저 개성에 이르니, 적이 문을 닫고 성을 지키고 있었다. 이보가 거짓으로 말하기를 "우리가 지금 관군을 격파하고 돌아오는 중이니 속히 문을 열라." 하니, 문지기가 그 말을 믿고 문을 열었다. 이보와 정복유 등이 문을 지키던 자를 죽이고, 군사를 이끌고 들어가 이통의 집에 이르러 그를 참하였다. 3군이 계속하여 들이닥치니, 적의 괴수가 방법이 없어 달아나 숨고, 나머지 무리는 다 죽였다.[36]

천도의 첫 성과는 상하로 나뉘어진 개경 주민 간의 살육전이었다. 이규보의 종도 이 내전에 희생되었는지 모른다. 이것은 또 하나의 징조를 예고하고 있었다.

한편 개경 사람들, 아니 강화 사람들은 점차 자신의 삶에 적응해 갔다. 집 지을 돈이 없어 객사의 방 한 칸을 빌려 살던 가난한 관료 이규보는 승진을 거듭해서 재상까지 되었다. 생활 형편도 나아졌다. 강화

강화에 있는 이규보의 묘
와 사당

군 길상면 길직리에 남아 있는 그의 무덤은 산으로 둘러싸여 밖에서
는 보이지 않는 아늑하고 작은 분지 안에 있다. 객사 생활을 청산하고
집도 지었겠지만, 그래도 없던 시절의 우울함을 기억했는지 새 집의
낙성을 축하하는 시는 남기지 않았다.

모든 것이 개경보다 못하기는 했지만 모든 것이 있었다. 전국이 분탕
되어도 강화는 안전했다. 최씨가가 모집한 최고의 무사들이 강화를
철통같이 지켰고, 고려의 수군은 바닷길을 장악했다. 몽골군은 어디에
든 출몰했지만 바다만큼은 얼씬도 하지 않았다. 안전한 해상을 따라
조운선은 서강 대신 강화 포구에 세금으로 거둔 곡식을 하역했다.

살벌했던 개경과 달리 강화로 온 뒤로는 정변도 별로 발생하지 않
았다. 나가 싸울 일도 없고, 별로 할 일도 없는 귀족들은 술이나 마시
며 몽골군을 씹고, 저주했다. 조금 철학적인 사람들은 인간도 아닌 저
포악한 무리를 하늘이 왜 쪼아먹지 않는지 모르겠다고 중얼거렸다.

조금 철학적인 사람들과 덜 철학적인 사람들의 공통점은 그러다가
취해 쓰러진다는 것과 술맛이 개경보다 못하다고 투덜거리는 것이었
다. 술맛의 문제는 개경에 대한 향수 때문이거나 강화의 물에 염분기

가 있는 탓이 아닌가 싶은데, 필자가 상관할 일은 아닌 듯하다.

강화는 술에 취해 있었지만 백성을 향해서는 금주령과 쌀밥 금지령이 선포되었다. 전란 중에 한 톨의 곡식도 아껴야 한다는 이유였겠지만, 강화로 가져올 쌀이 부족해질지 모른다는 속셈도 있었을 것이다.

빽 없는 관리로 한때는 실력자(박서)의 초상화를 빌려다 집에 모셔놓고 아침저녁으로 공양까지 하며 살아가기도 했던 이규보마저도 이 형편없는 조치에 대해서는 어이가 없었던지 신랄한 비난을 가한다.

> 국령國令으로 농민들에게 청주와 쌀밥을 먹지 못하게 한다는 소식을 듣고
> 장안의 부호한 집에는
> 구슬과 패물이 산같이 쌓여 있다
> 절구로 찧어낸 구슬 같은 쌀밥을
> 말이나 개에게도 먹이며
> 기름처럼 맑은 청주를
> 종들도 마음껏 마시네
> 이 모두 농부에게서 나온 것
> 하늘로부터 받은 것이 아니로세
> 남들의 손힘을 빌고는
> 망녕되이 스스로 부자가 되었노라 하네
> 힘들여 농사지어 군자를 봉양하니
> 그들을 일컬어 농부라 하네
> 알몸을 한겹 베옷으로 가리고는
> 매일같이 얼마만큼 땅을 갈았던가
> 벼싹이 겨우 파릇파릇 돋아나면
> 고생스럽게 호미로 김을 매지
> 풍년 들어 천종의 곡식 거두어도
> 한갓 관청 것밖에 되지 않는다오
> 어쩌지 못하고 모조리 빼앗겨

하나도 소유하지 못하고
땅을 파 부자를 캐먹다가
굶주림에 지쳐 쓰러진다오
노동할 때 아니라면
어느 누가 이들에게 좋은 음식 먹여줄까
목적은 힘을 취하기 위해서지
이들의 입을 아껴서가 아니라오
희디흰 쌀밥이나
맑디맑은 청주는
모두가 이들의 힘으로 생산한 것이니
하늘도 이들이 먹고 마심을 허물치 않으리
권농사에게 말하노니
국령이 혹 잘못된 것 아니오
높은 벼슬아치들은
술과 음식에 물려 썩히고
벼슬없는 사람들도 나누어 갖고는
언제나 청주를 마신다오
노는 사람들도 이와 같은데
농부들은 어찌 못 먹게 하는가

　이 시는 겉으로는 금주령을 문제 삼은 것이지만, 속으로는 몽골항
쟁기에 발생한 심각한 분열을 표현하고 있다. 생산자인 농민은 굶주리
고, 기생계급인 귀족들은 호의호식하는 모순이야 새삼스러울 것이 없
다. 장자크 루소의 말처럼 사유재산과 계급이 생긴 이래 지속된 모순
이기 때문이다.

　그러나 이 모순도 지배층이 자기 임무를 수행하는 척이라도 할 때
봐주고 넘어갈 수 있는 것이다. 지배층이 지배층이 될 수 있는 첫 번
째 의무는 국방과 국가운영이다. 그런데 지배층은 요새로 도망치고,

백성들을 향해서는 너희도 알아서 도망치라고 한다. 군대를 자기 백성에게 보내 논과 밭을 불태우고 섬이나 산성으로 강제이주를 시킨다. 그리고는 곡식이 부족하니 너희는 술도 마시지 말고 쌀밥도 먹지 말고 그 쌀을 세금 수송선에 실으라고 말한다.

이것도 몽골에 저항하기 위한 수단이라고, 전쟁이니 어쩔 수 없다고 한다면 착한 백성들은 감내할 수 있다. 귀족들이 좀더 좋은 곳에서 편안하게 사는 것도 늘 그래 왔던 것이니 이해할 수 있다.

하지만 시간이 갈수록 의문이 든다. 이 이상한 전쟁은 이기기 위한 전략이 없다. 상대가 지쳐 떨어져 나가게 하는 것도 훌륭한 전략의 하나이기는 하다. 하지만 원나라는 지치기는커녕 지금도 확장 일로에 있다. 물론 이런 반론이 가능하다. 그렇다면 강한 나라에는 무조건 굴복해야 하느냐? 눈에 보이지 않는 희망을 벗 삼아 벌이는 저항은 더욱 위대하다. 만약 그렇지 않다면 이 세상에서 벌어진 수많은 저항은 맹목적인 것이 된다.

맞는 말이다. 그러나 국가의 정책과 저항의 논리는 다르다. 백성들에게 일방적인 희생을 강요하는 전쟁, 몽골이 20세기 식민지와 같은 직접지배를 추구하는 것도 아니고, 몽골군이 물러간다고 해서 더 나은 세상을 만들어 준다는 보장도 없는 전쟁. 사람들은 점차 궁금해진다. 우리는 무엇을 위해, 누구를 위해 싸우고 있는가?

5. 나라야 무너지겠느냐만

대몽전쟁 기간은 몽골군이 최초로 침공한 1231년부터 최씨정권이 몰락하고 강화가 성립하는 1259년까지 약 30년을 잡는다. 하지만 이 기간 내내 전쟁이 있었던 것은 아니다. 유목민족은 군사와 민간인의 구분이 없다. 이것은 인구에 비해 많은 병사를 낼 수 있고, 병사 개개인의 전투력이 강하다는 장점이 되지만, 단점도 있다. 군민 일체이므로 1년의 절반은 생업에 복귀해야 한다. 그러므로 유목민족이 종군하는 기간은 8월에서 1월이다.

머나먼 중앙아시아나 유럽으로 떠난 원정군은 예외였지만, 고려를 침공한 몽골군은 이 주기에 따라 움직였다. 한 번 침공하면 평균 6~7개월 정도 돌아다녔으므로 전쟁이 벌어진 기간만 계산하면 11년이 된다.

그렇다고 해서 몽골과의 30년 전쟁이 과장이라는 의미는 절대로 아니다. 오히려 그 반대다. 임진왜란도 7년 전쟁이지만 일본군이 내륙을 전전한 기간은 첫 해뿐이다.

〈표〉 몽골의 침공 횟수와 기간

구 분	기 간		
1차	1231. 8	~	1232. 1
2차	1232. 8	~	12
3차	1235. 윤7	~	1239
4차	1247. 7	~	1248. 초
5차	1253. 7	~	1254. 1
6차	1254. 7	~	1255. 3
7차	1255. 8	~	10
8차	1256. 5	~	10
9차	1257. 6	~	1258. 3

더욱이 이 전쟁은 몽골군과 전선을 형성하고 싸운 전쟁이 아니라 몽골군이 고려 땅을 짓밟고 돌아다니는 전쟁이었다. 그들의 탁월한 기동력과 약탈욕을 감안하면 대몽전쟁은 이 땅에서 벌어진 그 어떤 전쟁보다도 길고 고통스러운 전쟁이었다.

다만 여기서 말하고자 하는 것은 침공이 이처럼 간헐적으로 진행되

제천 월악산 덕주산성
충주민이 도피했던 성으로
몽골군이 공격하다가 갑작
스런 비바람에 놀라 달아
났다는 전설이 있다.

고, 일정한 형식과 주기가 있었기 때문에 강화정부의 대몽전략이 명
분을 가질 수 있었다는 것이다.

정부 측의 이론에 따르면, 일정 기간 동안 피하기만 하면 되었다. 일
정 기간만! 지배층이 솔선수범하지 않는다고 함부로 비난하지도 말
것이다. 우리는 항구적으로 피난생활을 하고 있다. 하지만 일반 백성
들은 몇 년에 한 번씩 가을에서 겨울 동안만 피난생활을 하면 된다.

그러나 이 이론을 한 꺼풀만 벗기면 대몽전략의 추악한 일면이 또
다시 드러난다. 그동안 우리 역사책에서는 이 전략의 문제점을 지적
하면서 "귀족들은 강화에서 편하게 살았지만, 산성과 섬에서 살아야
하는 백성들의 생활은 고통스러웠다."는 사실을 강조했다. 하지만 이
것은 고통의 본질이 아니다. 산성과 섬으로 피난할 수 있는 주민이 대
체 얼마나 되겠는가? 군현 가까이에 있는 산성은 많다. 아니 군현마다
가까운 산성이 없는 곳이 없다. 충주의 충주산성, 단양의 적성, 통주
의 동림성, 의주의 백마산성 등 우리나라의 대부분의 전략요충이 이
런 곳에 있다. 이곳에 군현의 식량을 비축하고, 주민을 잠시 집단 이주
시킨다. 좋은 방법이지만 이런 성은 다 길가에 있다. 이곳에서 거주하

설악산 권금성
전설에는 신라의 장군이
쌓았다고 하지만 고려 때
쌓은 산성이다.

려면 구주성 전투나 죽주산성 전투처럼 몽골군과의 전투를 각오해야
한다.

그러므로 이때 피난의 대상이 된 성은 이런 성이 아니다. 산성에는
군현과 가까운 산성이 있고, 말 그대로 산악 깊숙이 자리잡은 피난용
산성이 있다. 피난용 산성으로 우리가 제일 쉽게 접할 수 있는 성이 설
악산의 권금성, 두타산의 두타산성, 월악산의 덕주산성 등이다.

하지만 이런 산성이 없는 고을이 더 많다. 있다 해도 심산유곡에 위
치하고 있으므로 며칠씩 걸어서 이동해야 한다. 게다가 그 많은 사람
이 들어갈 수도 없고, 장기간 거주할 식량도 땔감도 없다. 평소에 식량
을 비축해 놓을 수도 없으므로 들고 들어가야 하는데, 옛날에 사람들
이 한 번에 가지고 들어갈 수 있는 양은 잘 해야 1주일치가 고작이다.
미리미리 군현의 식량을 옮겨두고 이주를 한다고 해도 이 역시 인근
고을의 일부 사람에게나 가능한 이야기다.

섬도 마찬가지다. 남해안과 서해안에 섬이 많은 것 같지만 작은 섬
은 몇 백 명을 받기도 벅차다. 큰 섬도 내륙의 주민이 한꺼번에 몰리면
감당할 수 없다. 사람들을 수송할 배도 없다. 고려시대에 대형 전함은

50~100명 정도를 태웠다. 고려 수군은 그런 전함을 100~300척 정도 보유했다. 이 배와 작은 배들을 해안 군현에 나누어 할당하고, 민간의 배까지 동원한다고 해도 한 번에 실어나를 수 있는 인원은 하루에 500명이 채 못 될 것이다. 1만 명의 주민이 좀 깊은 섬으로 가려면 20일이 걸린다. 물론 20일 내내 날씨가 좋다는 가정 하에서 그렇다.

결국 이론과 같은 소개 작전은 불가능하다는 결론이 나온다. 섬이나 산성(도피성)으로 피하라는 명령은 식량이 떨어진 병사에게 식사를 충분히 한 뒤 기운을 내서 싸우라는 명령과 똑같다. 전형적인 책임 회피 수단에 불과하다.

기록을 찬찬이 살펴보면 섬에 들어가 장기거주 하는 사람은 주민 전체가 아니라 관청과 주민 일부와 군대다. 식량을 섬에서 다 조달할 수 없으므로 세금 걷듯이 외부에서 징발하기도 한다.

김방경이 서북면 병마판관이 되었을 때 몽골군이 침공해 왔으므로 여러 성에서 위도葦島에 들어가서 관청을 유지하고 인민들을 보호하게 되었다. 이 섬에는 평탄한 땅으로서 경작할 만한 곳이 10여 리 가량 있었으나 조수물이 밀려 들어오곤 하였기 때문에 개간하지 못하고 있었다. 그래서 김방경이 방파제를 쌓고 파종하게 하였는데 백성들이 처음에는 이것을 고통스럽게 여겼으나 가을에 이르러 곡식이 잘 되었으므로 그 덕택에 살아나갈 수가 있었다.
또 섬에는 우물이나 샘이 없어서 항상 육지에 나가서 물을 길어왔는데 때때로 물 길러 나간 사람들이 붙잡혀 갔다. 그래서 김방경이 비가 오면 그 물을 저축하게 하여 못을 만들었으므로 그러한 근심이 드디어 없어졌다.37

이 기록이 말해주듯 위도는 여러 군현의 사람이 다 들어가 살 수 있는 곳이 아니다. 방파제를 쌓고 개간하기 전에는 식량도 부족했고,

고려의 선박
완도선 복원모형. 길이 약
9m, 적재중량은 10톤 정
도였다. 국립해양유물전시
관, 전남 목포시.

물은 바깥에서 조달해야 했다. 결국 국가의 행정기구와 소관 지역의 일부 백성과 군대가 정착한 것이다. 이처럼 관청과 일부 백성, 군대가 주둔하는 섬은 몽골군을 요격하는 군사기지도 되지만, 국가가 주변 군현에 대한 통제력을 유지하는 직접적 힘이며, 들어온 백성은 인질이기도 하다.

피난지에서의 장기거주가 불가능한 대부분의 백성들은 이중의 고통을 겪는다. 먼 섬에 있는 정부에게는 세금을 내고, 가까운 섬에 있는 관청에는 물자를 조달한다. 막상 몽골군이 닥치면 알아서 잠시 피하는 방법밖에 없다. 하지만 이것도 탁상공론이다. 몽골군의 평균 이동속도는 하루에 50km다. 이것은 평균치고, 단기간에는 하루에 100km 이상도 가능하다. 반경 100km 이내의 몽골군의 이동 상황을 누가 탐지하고, 누가 알려주며, 누가 노인과 어린이를 끌고 식량을 메

초지진에서 바라다본 강
화 앞바다

고, 그들보다 빨리 안전지대로 달려갈 수 있는가?

　피난, 소개전술, 청야작전이라는 것도 국가가 제대로 된 방어전선을 형성하고 방어거점을 마련해서 전투를 할 때 가능한 이야기다. 몽골군은 이 땅을 자기 땅처럼 돌아다니고, 척후도, 경보장치도, 달아날 수단도 없는 상황에서 몽골군이 오면 그들보다 빨리 몽골군이 오지 못할 곳으로 피난하라는 이야기는, 나는 모르겠으니 너희들이 알아서 하라는 말의 공문서식 표현에 불과하다.

　앞에서 한 말을 수정해야겠다. 대몽항쟁에는 이기기 위한 전술이 없는 것이 아니라 전술 자체가 없다. 그들이 말한 전술이란, 정부는 아무것도 하지 않겠다는 선언이다.

　그래서 몽골군의 2차 침공부터는 전쟁이 사라진다. 정부군도 없고, 전선도 없고, 하다 못해 조직적인 유격전술조차 없다. 당시의 기록이 조금만 더 충분하게 남아 있다면 누군가가 이 전쟁을 "전쟁 아닌 전쟁"이라고 기록한 문서를 분명히 발견할 수 있을 것이다.

　아무리 그래도 이건 너무 심한 말이 아닐까? 기록을 보면 간간이 전투도 있었고, 정부는 끊임없이 장수를 파견하지 않았는가? 맞다. 그러나 대부분의 전투는 지역군이 단독으로 싸운 전투다. 최소한 주변 지역의 병사들이 소집되거나 합동작전을 펼친 경우조차 없다.

정부에서 장수를 파견한 경우도 있다. 이때 파견하는 장수의 명칭이 산성방어별감, 산성수호별감, 방어사 등등이다. 명칭으로 보면 전형적인 유격전 지도방식 같다. 정부에서 장수를 파견하면 지역군을 조직해서 싸우는 것이다.

하지만 이 방식에는 전제가 있다. 몽골군의 1차 침공 때 끝까지 싸운 성은 구주성과 자주성 단 두 곳뿐이었다. 막상 몽골군이 왔을 때 항전의지를 보이거나 버틸 수 있는 성은 극소수라는 이야기다. 이런 형편은 정부측 사람들이 더 잘 알았을 것이다.

그러므로 산성수호별감을 파견했다고 해서 이들이 싸우기를 기대하는 것은 아니다. 싸움을 기대한다면 군사요충에 여러 지역의 병사들을 집결시키는 조직적인 전개가 있어야 한다. 박서의 구주성 전투도 여러 고을의 장수와 병사들이 모여 이루어낸 성과다.

간혹 야별초가 성의 군사를 지휘하여 몽골군을 물리쳤던 사례도 있지만,[38] 거의 드러나지가 않는다. 그러므로 이들의 파견 역시 전투가 목적이라기보다는 국가가 행정력과 지배력을 놓지 않으려는 시도다. 전술이 없고, 전쟁은 알아서 하라고 지방민에게 떠넘겼다고 해서 정부 스스로 이를 공포하고 분리 독립을 시킬 수는 없는 일이었다. 어찌 되었든 몽골군이 이 땅에 들어와 있는 기간보다는 없는 기간이 더 많았다. 정부는 이 평화기(?)에 세금과 주민에 대한 관리권까지 포기할 마음은 전혀 없었다.

또한 지방군의 조직이 관리되지 않으면 반란이 일어날 위험이 크다. 실제로 전란이 길어지면서 몽골에 투항하는 지역이 늘어갔고, 몽골과 접경지대에 있던 군현과 토호들은 아예 몽골의 영토로 귀속되기도 했다.

　그러므로 산성방호별감은 일반 행정을 계엄체제로 바꾼 형태에 불과하다. 그래서 더더욱 백성들은 섬이나 피난용 산성으로 자유롭게 도피할 수도 없었다. 30년이란 계엄 기간 동안 백성들은 산성을 쌓고, 유시시에는 성으로 이주하기도 하면서 살아야 했다. 그런 때면 국가도 무엇인가를 하고 있고 거대한 제국과 힘겨운 싸움을 하고 있다는 인상을 심어줄 수도 있었다.

　하지만 막상 몽골군이 출현하면 백성들은 자신들이 홀로 내버려져 있다는 사실을 알게 된다. 그들이 관리의 명령에 복종하고, 산성으로 마을로 옮겨다니며 살았던 것은 국가라는 조직의 협력과 지원을 기대했기 때문인데, 그것이 없다. 관리는 먼저 도망하고, 주민들은 스스로 운명을 결정해야 한다.

　누구는 깊은 산속이나 섬에 들어가서 산다고 하지만 그런 기회란 적고도 희귀하다. 백성들은 대부분 삶의 현장에서 혹은 마을의 산성에서 소나기를 만나듯 탐욕스런 몽골군을 만난다.

　하지만 강화도로 오면 이 모든 현상이 남의 나라 이야기다. 강도에는 오늘도 술과 쌀밥이 부족함이 없다. 장마가 아무리 길어도 그들은 의연하다. 나라가 설마 망하기야 하겠는가? 몽골군이 눈에 보이는 곳까지 다가와도 산성의 백성들처럼 도망쳐야 할지 싸워야 할지, 항복한다고 해도 아내와 딸을 빼앗기지 않을지, 노예로 끌려가지는 않을지 고민할 필요도 없다. 그렇게 예전부터 말하지 않았는가, 몽골군이 오기 전에 우리처럼 섬이나 깊은 산중의 성으로 피신하라고.

오랑캐 종족이 완악하다지만　　　어떻게 이 물을 뛰어건너랴
저들도 건널 수 없음을 알기에　　　와서 진치고 시위만 한다오
누가 물에 들어가라 명령하겠는가　물에 들어가면 곧 다 죽을 건데

> ·어리석은 백성들아 놀라지 말고　　안심하고 단잠이나 자소
> 　그들은 응당 저절로 물러가리니　　나라가 어찌 갑자기 무너지겠는가39

　얼마나 긍정적인 인식인가. 정말 "나라가 무너지기야 하겠는가?" 백
성들이 극심한 고통을 받을 뿐이지.

6. 세 번의 승리

고대로 올라가면 마을 주민들이 스스로를 지켜야 하던 시절이 있었
다. 씨족, 부족 단위로 살던 사람들은 마을 주변에 울타리를 두르고,
망대를 설치했다.

　시간이 흘러 마을과 마을, 지역과 지역이 연합하면서 사회는 안정
되어 갔다. 마을 주변의 해자는 사라졌다. 마을이 커져 울타리를 두를
수도 없었다.

　하지만 아직 국가의 통제력은 불완전했다. 전쟁은 잦았고, 세상이
혼탁해지면 도적떼와 무법자가 습격해 오기도 했다. 마을 사람들은
유사시를 대비해서 마을 근
처에 작은 요새를 두었다. 군
대가 쳐들어온다면 더 큰 성
이나 산성으로 피난해야겠
지만, 도적이나 소규모 약탈
부대가 몰려올 때는 신속하
게 피난할 수 있는 마을 요
새가 제 기능을 했다. 사회가

고대의 마을과 방어시설
마을 주변에 해자를 두르
고 울타리와 망대를 세웠
다. 울산 검단리 복원모형
(김해박물관).

처인성
성벽에서 남쪽 들판을 바라
다본 모습이다. 마을은 사
진 뒤쪽인 북쪽 산기슭에
있으므로 몽골군은 이쪽
들판에서 돌격해 왔을 것이
다.

더욱 안정된 조선시대에는 이런 요새들도 다 사라지고 농경지가 되었
지만 삼국시대나 고려시대만 해도 마을 가까이에 이 같은 요새들이
남아 있었다.

1232년 12월 어느 날, 경기도의 작은 마을에 비상경보가 울렸다. 주
민들은 마을 입구에 마련한 작은 토성으로 모였다. 갑작스런 몽골군
의 출현 때문이었다. 조금 후에 전투가 벌어지고, 몽골군 지휘관이 화
살에 맞아 쓰러졌다. 몽골군 총사령관 살례탑이었다.

몽골군은 황제가 사망하거나 최고 지휘관이 사망하면 전투를 중지
하고 철군하는 관습이 있었다. 살례탑이 사망하자 별장 철가鐵哥가 부
대를 인솔하여 후퇴했다. 이 한 번의 승전으로 대구 일대까지 휩쓸었
던 몽골의 2차 침입은 거짓말처럼 소멸되었다.

처인성이 있는 곳은 현재의 용인시 남사면 아곡2리다. 지금도 처인
성을 방문하려면 333번 지방도로를 달리다가 작은 골목길처럼 보이는
샛길로 빠져나와 차 두 대가 교차하기 힘든 시골길을 달려 들어가야
한다.

성 앞에 오면 북쪽으로는 제법 가파른 산맥이 동서로 장벽처럼 서 있다. 그 산맥에서 가지처럼 두 줄기 산자락이 흘러나와 'ㅅ'자형 골짜기를 이룬다. 그 골짜기 사이에 있는 마을이 옛 처인부곡이다. 마을은 ㅅ자의 안쪽에 있고, ㅅ자형 바깥쪽으로 평야가 펼쳐져 있다. 처인성은 평야에서 마을로 들어가는 길, 즉 ㅅ자의 왼쪽 줄기가 농경지와 만나는 부분에 있다. 표고 70m, 성은 사각형에 가까운 사다리꼴로 둘레가 약 350m, 내부 면적은 8,000m²에 불과하다.[40] 이런 종류의 토성 중에서도 규모가 작은 편으로, 1개 중대만 집어넣어도 장비를 둘 곳이 없을 정도로 작고 작은 요새다.

안에 들어가 보면 월남전 영화에 나오는 원형 진지처럼 생겼다. 지금은 나무가 무성해서 도리어 성처럼 보이지 않고, 멀리서 보면 평야 가운데 볼록하게 솟은 동산처럼 보인다. 원래는 성문과 망대가 있고, 성벽 위에는 목책을 두르고, 아래 사면에는 장애물을 꽂아 놓았을 것이다.

이런 규모의 성에서 어떻게 몽골군과 싸워 총사령관을 살해할 수

처인성
한눈에 보기에도 매우 작은 토성이다. 지금은 무성한 나무 때문에 성의 모습이 선명하게 드러나지 않는다.

있었을까? 아니, 몽골군과 싸우려는 생각을 했다는 자체가 신기하다.

하지만 세상에 완전한 우연이란 없다. 그날 이곳에는 한 명의 걸출한 장수가 대기하고 있었다.

처인성의 주역 김윤후에 대해서는 알려진 내용이 너무 적다. 신분은 평민 정도였던 것 같다. 전쟁 전에는 승려가 되어 백현원이란 곳에 있었다. 백현원도 어디에 있던 곳인지 모른다. 고려시대에 사찰은 중세 유럽의 수도원처럼 사회적으로도 여러 가지 기능을 했다. 그 중의 하나가 치안이었다. 그래서 고려시대에는 교통의 요지에 국가에서 사찰을 지어주고, 사원에게 치안 확보 기능을 맡기기도 했다.

모든 곳에 사찰을 지을 수는 없으므로 중요한 고개에는 원을 설치했다. 원은 오늘날로 치면 여관이지만 이때는 파출소 기능도 했다. 원역시 국가에서 세우기도 하고 사원에서 세우기도 했는데, 국가에서 세운 경우도 승려에게 관리를 맡기는 경우가 많았다.

김윤후가 고개에 설치한 원에 거주했던 것으로 미루어 볼 때 그는 무술을 닦은 무승이었던 것 같다. 고려시대의 사원은 우수한 장인과 무사의 공급소이기도 했다. 고려시대의 전쟁에서는 승군이 빠짐없이 등장한다. 미안한 얘기지만 무인정권 때 맹활약한 자객에도 승려들이 많았다.

전쟁이 시작되자 그는 처인부곡으로 피난했다. 그곳이 그의 고향이었는지, 누군가 그를 아는 사람이 초빙했는지, 피난길에 우연히 그 마을에 정착하게 되었는지, 정착했다면 그 혼자 정착한 것인지, 김경손을 따른 12명의 용사처럼 일군의 무사들과 함께한 것인지는 아무도 모른다. 험난한 시대였으니 만큼 처인 사람들도 김윤후 같은 인물이 필요했을 것이다. 처인현은 위치상으로 대군이 지나갈 길은 아니었지만, 초적이나 낙오병, 무뢰배들이 들러 행패를 부리거나 몽골군 약탈대가 방문할 여지는 있었다. 김윤후도 그 정도의 예상은 하고 이 마을에 머물렀을 것이다. 외진 마을이라 안전하고 마을 주민을 보호한다는 보람도 있었다.

그 후의 행적으로 보면 김윤후는 욕심이 적고, 동료와 아랫사람에게는 의리가 있고, 부하들로부터 신뢰를 받는 리더였다. 그날 처인부곡 사람들을 처인성으로 모으고 몽골군에게 항전하게 한 힘도 그의 조련과 리더십 덕분이었을 것이다.

그러나 아무리 뛰어난 리더와 무사들이 처인부곡에 은거하고 있었다고 해도 절대전력이라는 것이 있다. 처인성은 대규모 정규군과 전투를 벌일 수 있는 곳이 못 된다. 아무리 생각해도 살례탑이 몽골군 주력과 함께 이곳에 온 것은 아닌 듯하다. 처인성은 작기 때문에 그 앞에 대병력을 몰아놓기도 어렵다. 그러므로 몽골군 본진이 함께했다면 좁은 지역에 병력이 밀집했으므로 아무리 진두지휘하는 스타일의 지휘관이라고 해도 오히려 화살에 맞을 만큼 근접하지는 않았을 것이다.

또 아무리 몽골군이 지휘관이 전사하면 전투를 중지하는 관습이 있다고 해도 주력이 그곳에 있었다면 처인성의 수비대를 그대로 두고 물러났을지도 의문스럽다.

몽골의 2차 침공은 1차 침공 때보다도 더 큰 전쟁이었다. 이때 몽골군은 대구까지 내려가 대구 부인사에 소장했던 대장경을 불사른다.[41] 이 대장경은 성종~현종 때 거란전쟁의 승리를 기원하면서 제작했던 것이다. 그러나 이 기간의 역사는 강화천도의 영향 때문인지 기록이 제대로 남아 있지 않다.[42]

그래서 처인성 전투 이전 살례탑 부대의 행적도 모호하다. 다만 1232년 11월부터 12월 사이에 몽골군이 경기도 광주성(남한산성이었다고 추정된다)을 공격했으나 광주 부사 이세화의 역전으로 끝내 함락시키지 못한 사건이 있었다.[43] 얼마 후에 살례탑이 처인성에 나타나

남한산성

는 것으로 보아 이 부대가 살례탑이 지휘하는 몽골군 본진임에 틀림이 없다.[44] 광주에서 저지되는 바람에 살례탑의 진로에 이상이 생겼다. 광주는 이천, 음성을 지나 충주로 이어지는 길목으로 이 길은 조선시대까지도 중, 남부를 잇는 가장 중요한 도로였다. 살례탑군은 이 중앙로로 진격하려다가 광주에서 저지당한 것이다.

　몽골군은 할수없이 우회로를 찾아 용인 쪽으로 내려온다. 지금으로 말하면 중부고속도로에서 경부고속도로 쪽으로 이동한 것이다. 여기서 길은 두 갈래로 갈린다. 용인에서 안성·죽산으로 가는 길이 있고, 용인에서 양지로 나가 음성—충주로 갈 수도 있었다. 즉 강력한 저항을 보인 광주와 이천을 우회하여 충주로 진출하는 것이다.

　살례탑의 의도가 무엇이었는지는 애매하다. 12월 중순 살례탑은 주 도로에서 벗어나 있는 처인부곡에서 발견되었다. 처인부곡은 용인에서 오산 사이에 있는 작은 마을이다. 이 진로상으로 보면 살례탑은 용인—양지—음죽—충주로 가는 길을 버리고 수원—오산—안성 쪽을 기웃거린 듯하다.

　몽골군의 처음 목표는 분명 충주였지만, 충주도 남한강에 휘감긴

172

요새지역이다. 몽골군은 1차 침공 때도 충주 노비군의 역전으로 충주성을 점령하지 못한 기억이 있다. 이번엔 충주에 가기도 전에 광주에서부터 실패하고 나니 충주 쪽에 정이 떨어졌을 수도 있다. 더욱이 이 길은 작년 몽골의 1차 침입 때 충분히 약탈을 당한 곳이다. 복구도 되지 않았을 것이고, 주민들은 미리 도망쳐 황폐하고 황량했을 것이다.

이를 목격한 살례탑은 약탈을 면한 처녀지를 찾아 오산, 안성 방면 쪽으로 진출을 모색했고, 사납고 겁없는 몽골군답게 소수 병력을 거느리고 정찰에 나섰거나 야영할 곳을 점검하다가 처인성에 오게 된 것은 아닐까?

이런 예상을 해보더라도 의문은 끝이 없다. 그러나 어쩌랴! 우리가 아는 사실은 살례탑이 이곳에서 화살에 맞아 죽었으며, 마침 이 전투를 지휘한 김윤후라는 승려가 탁월한 인재였다는 것. 그러므로 살례탑의 방문이 우연한 사건이었다고 해도, 역사에 완전한 우연은 없다는 진리뿐이다.

1232년 살례탑의 사망으로 몽골군이 허무하게 철수하자 강화정부는 희색이 만연했을 것이다. 천도를 하고 결사항전을 표명한 첫 해에 이런 쾌거가 발생했다. 하늘의 도움이요, 천륜이 우리 편이라는 징조였다.

그러나 근거 없는 낙관은 근거 없는 비관보다 더 위험하다. 2년 후인 1235년 윤7월 몽골군의 3차 침공이 시작되었다. 새로운 사령관은 당고로, 살례탑과 함께 참전했던 세 원수 중 한 명이었다.

2년 반의 휴식기 동안 고려는 이루어 놓은 것이 없었다. 원래의 전술방침이 방관이기 때문이다. 고려정부의 안이한 태도와 달리 몽골군은 작심을 하고 압록강을 건넜다. 이 3차 침공은 사실 4년에 걸친 네 차례의 침공이지만, 이 기간의 사료가 워낙 부실하다 보니 한 번의 침공으로 묶여버린 것이다. 그들은 1235년부터 1239년까지 쉬지 않고 고

려를 휩쓸었다. 경주의 황룡사탑이 불탄 것도 이때다. 경주까지 내려 온 것으로 봐서는 거의 전국을 유린했던 것 같다.

전쟁이 길어지고, 전장은 확산되었지만 고려군의 조직적인 저항, 대 규모 전투는 자취를 감춘다. 오직 게릴라전 형태의 소규모 전투만이 기록에 등장한다.

다만 변화라면 최이의 가병인 야별초의 장교와 무사들이 게릴라전 의 전면에 등장하는 경우가 많아졌다. 정규전이 불가능해지자 최이는 야별초 무사들을 파견해서 지방 무사들을 규합, 게릴라전을 펴는 작 전을 사용했던 것 같다.

- 야별초가 지평현砥平縣(경기도 양평군 지제면) 사람과 함께 밤에 몽골 군사를 습격하였는데 죽이고 사로잡은 것이 매우 많았고, 말과 노새를 빼앗아 바쳤다.
- 가을 7월에 몽골 군사가 개주价州(평남 개천)에 이르렀는데 경별초 교 위京別抄校尉 희경希景과 개주 중랑장 명준明俊 등이 복병으로 협공하여 살 상이 자못 많았고, 안마·궁시·의복 등의 물건을 많이 노획하였다.
- 부령 별초扶寧別抄로서 의업醫業에 응시하였던 전공렬全公烈이 고란사高蘭 寺 산길에 복병하였다가 몽골 기병 20명을 맞아 공격하여 두 사람을 죽이

고, 병기와 말 20여 필을 노획하였다. 때문에 공렬에게 상을 주고, 본업(의업)으로 벼슬하게 하였다.

- 야별초 박인걸朴仁傑 등이 공주 효가동孝加洞에서 몽골군을 만나 싸우다가 열여섯 사람이 죽었다.
- 최이 도방의 야별초 도령 이유정李裕貞이 적을 치겠다고 자청하므로 군사 1백 60명을 주어 보냈다. 이유정 등이 몽골 군사를 해평海平(경북 선산 동쪽 33리)에서 공격하다가 패하여 전군이 몰살당하였다.

전쟁 후반기로 가면 간혹 큰 전투도 있고, 별초군이 대규모로 참전하는 경우도 발생했다.

- 몽골군이 성주成州 기암성岐巖城을 침공하므로 야별초가 성 안 사람들을 거느리고 적과 싸워서 크게 처부쉈다. (고종 46년, 1259)
- 동진국에서 금강성金剛城을 침략하므로 별초 3천 명을 보내 금강성을 구원하였다. (고종 46년, 1259)

어느 시대, 어느 전쟁에서나 이런 용사들의 활약은 영웅적이다. 그리고 그들의 헌신과 희생은 언제나 초야에 묻히고 잊혀진다는 점도 공통적이다. 이런 소규모 항쟁은 우리가 알 수 있는 것보다 훨씬 많았을 것이다. 야별초의 활약 기사가 상대적으로 많은 것도 그들의 활약상이 중앙에 알려지거나 파악하기 쉬웠기 때문일 것이다.

이런 승리가 우리가 알 수 있는 기록보다 훨씬 많았다고 해도 그것들은 너무나 작고, 산만한 전투였다. 게릴라전도 전쟁의 중심이 있을 때에 전술적 의미를 지닐 수 있다. 그렇지 못하다면 그 투쟁은 의분과 보복, 테러의 효과를 벗어나기 어렵다.

으레 그렇듯이 몽골군은 몇 배는 가혹한 학살과 약탈로 대처했을 것이다. 게릴라전이 성공하려면 이런 희생에 대해 설득력 있는 명분과

죽주산성 장대
현재의 죽주산성은 임진왜
란 이후 증축한 것이다. 임
진왜란 때도 이곳에서 큰
전투가 벌어졌다.

이유를 제시해줄 수 있어야 한다. 아군의 상륙작전이 임박했다거나,
아군이 반격할 7월까지 적이 합류하지 못하도록 최대한 지연시켜야
한다는 등의 구체적 전술목표와 이유 말이다.

그런 것이 없고, "국가와 민족을 위하여" "어떠한 희생을 치르더라
도 적을 죽이는 것이 국민의 의무다"라는 말로 유가족을 설득하려 한
다면 게릴라전은 스스로 소멸되고 말 것이다.

길고도 힘든 전란이 이렇게 지속되는 동안 역사는 두 번의 승리를
전해주고 있다. 1236년의 죽주산성 전투와 1253년의 충주산성 전투
다. 몽골군에게 항복하지 않고 버티어낸 전투가 이 두 성만은 아니다.
기록에도 증거가 보이고, 기록되지 않은 성은 더욱 많을 것이다. 그럼
에도 이 두 전투가 주목받는 이유는 두 전투가 대몽항쟁과 관련한 주
요한 교훈을 전해주기 때문이다.

죽주산성은 현재의 경기도 안성군 죽산면에 있다. 산성이 자리잡은
비봉은 겉으로 보면 삼각형의 평범하기 그지없는 산이다. 요즘은 나무
가 울창해서 성이 보이지도 않는다. 그러나 이 산은 중부지방 최고의
요충이다. 대몽전쟁 때 죽주산성 전투가 벌어졌고, 임진왜란 때도 서

로 주인을 바꿔가며 두 번이나 격전을 치렀다. 정유재란 때도 왜군이 직산전투에서 패배하지 않았으면 다음 격전지는 이곳이었다.

1236년 몽골군이 죽산에 도착했을 때 주민과 병사들은 죽주산성에 들어가 있었던 것 같다. 몽골군은 사자를 보내 투항을 권유했으나 죽산 사람들은 병사를 출격시켜 그들을 쫓아버렸다. 분노한 몽골군은 15일 동안 맹렬하게 성을 공격했다.

죽주산성의 성벽(위)

충의사忠義祠(아래)
죽주산성 안에 세운 송문주 장군의 사당이다.

> (몽골군이) 포를 가지고 성의 사면을 공격하여 성문이 포에 맞아 무너졌다. 성중에서도 포를 쏴서 그들을 역공격하니 몽골 군사가 감히 가까이 오지 못하였다. 조금 후에 또 사람기름, 소나무 홰, 쑥풀 등을 갖추어 불을 놓아 공격하므로 성중 군사가 일시에 문을 열고 출전하니, 죽은 몽골 군사의 수를 이루 헤아릴 수 없었다. 몽골 군사가 온갖 방법으로 공격했

는데 무릇 15일 동안 끝끝내 함락시키지 못하고 공격에 사용하던 병기들을 불살라 버리고 갔다.

방호별감 송문주가 전에 구주에 있으면서 몽골 군사들의 성을 공격하는 방법을 익히 보았다. 때문에 저들의 계획을 먼저 알아차리어, 번번이 여러 사람에게 고하기를, "오늘은 적이 반드시 아무 기계를 쓸 것이니, 우리는 마땅히 아무 방법으로 그에 응해야 한다." 하고, 곧 명령을 내려 방비하고 기다렸다. 적이 오면 과연 그 말과 같았으므로 성중에서 모두 그를 신명이라 하였다.45

어둡고 암울하던 시기, 죽주산성의 전투는 몽골군에게 저항할 용기를 발휘했다는 사실 자체가 놀라운 것이었다. 이 용기와 승리의 요인은 무엇이었을까? 사가는 죽주산성의 지휘관이었던 송문주가 구주성 전투에 박서의 부장으로 참전하였던 경력을 든다. 여기서는 송문주만 언급했지만, 다수의 어쩌면 아주 상당수의 참전용사들이 죽주산성에 포진하고 있었을 것이다.

전쟁에서는 물질적·기술적 요인도 중요하다. 죽주산성은 겉모습은 평범하지만 안으로 들어가 보면 아주 독특한 요새다. 뾰족하게 솟아오른 산은 정상부에 도착하면 누가 한 입 베어 먹은 것처럼 안쪽으로 파여 있다. 이 파인 부분을 따라 성벽이 감겨 있고, 안쪽으로는 분화구처럼 파인 넓은 공터가 형성된다.

이 독특한 구조 때문에 안에서는 밖이 보이고 포격을 하기도 쉽지만, 밑에서는 안이 보이지 않는다. 또 투석기를 이용한 포격은 포물선을 그릴 수밖에 없는데, 분화구처럼 생긴 구조 덕분에 산기슭 쪽으로 참호를 파고 붙으면 포격으로부터 상당히 안전하게 피할 수 있다. 초전에 몽골군의 포격을 대응포격으로 분쇄한 것은 구주성 전투의 경험과 산성의 지세가 결합된 결과였을 것이다.

작은 산이지만 성에 올라가서 보면 비탈이 상당히 가파르다. 우리나라 산이 원래 경사가 급한 편이지만 이 산은 특별히 가파르고, 정상부에서 아래로 주름치마 모양으로 가늘고 깊게 파인 골들이 많아 이중으로 사람을 괴롭힌다. 전방의 경사도 급하고 좌우 측면은 더 급한 비탈이어서 공성구를 댈 만한 곳이 마땅치 않고, 병사들이 고르게 포진하기도 힘들다.

몽골군이 화공으로 나오자 고려군이 역으로 성문을 열고 돌격하여 다수의 몽골군을 살상했다는 것도 이 약점을 이용한 돌격이었다. 주름처럼 갈라진 골짜기와 비탈 탓에 공격선의 병사들은 연결선이 끊어지고, 고랑과 이랑에 가려 옆 골짜기의 병사가 보이지 않으며 측면으로 이동하기가 쉽지 않은데, 스스로 불까지 질러 연기로 덮어버렸다. 고려군은 이 기회를 놓치지 않고 돌격했다. 아마도 양쪽 골짜기를 점거해서 양 측면의 군사를 단절시키고, 정면의 적군을 좌우에서 협격하면서 돌격했을 것이다.

죽주산성이 상당히 공을 들여 축조한 성이라는 점도 지적해야 한다. 겉으로 봐서는 평범하지만, 보이지 않는 부분에 많은 공을 들였다. 물론 지금의 죽주산성은 임진왜란 후에 수축한 것이다. 특히 능선에 돌출한 장대 부분이 조선시대에 크게 보강되었다. 내성도 온전히 보전되어 있지 않아 죽주 전투 당시의 모습을 제대로 짐작하기는 어렵다. 그러나 기본적인 특징은 변화가 없다고 보인다.

성의 높이는 평균 2.5m 정도지만, 기초를 튼튼히 하고, 적이 성 밑을 파고 들어오지 못하도록 지하로부터 대단히 깊게 돌을 쌓았다. 기단공사를 하면서 성벽 바깥쪽 땅들도 손을 보아서 계단형으로 층이 지게 만들어 수비병이 이중삼중으로 포진할 수 있게 했다.[46] 또 정상부가 분화구처럼 둥글게 파였기 때문에 분화구의 능선이 성벽 역할을 하여 8부 능선에 성벽을 두르고, 능선 정상부에 목책을 설치하면 자연스럽게 이중의 성벽이 형성된다. 이렇게 해서 수비병을 다중으로 배치할 수 있다는 것은 수비군에게는 대단한 장점이 된다.

죽주산성 전투는 준비된 군대만이 승리할 수 있다는 평범한 진리를 확인시켜 준다. 잘 훈련되고 경험 많은 병사와 노련한 지휘관, 특별한 지형과 공들여 축조한 성. 이 사실은 역으로 30년간의 전쟁에서 고려가 침묵으로 일관할 수밖에 없었던 원인이 무엇이었는가를 말해준다.

몽골군이 드물게 강한 군대이기는 하지만, 몽골군과 제일 잘 싸울 수 있는 스타일의 군대가 고려군이다. 농업사회이기 때문에 자급자족적 경향이 강해서 군현 하나하나가 고립 분산적인 농성전이 가능하다. 산성들은 하나같이 가파르고 견고하며, 최강의 궁수를 보유한 고려군은 수성전에 특별히 강하다.

몽골군이 공성전에 약하다는 속설은 잘못된 것이지만 그들은 약탈을 좋아하고, 만성적인 병력 부족현상을 겪고 있기 때문에 시간이 오래 걸리고, 희생이 큰 공성전에 얽매이기를 좋아하지 않는다.

청야전과 산성전투를 기초로 하는 고려의 대몽전술은 나름대로 타당성과 가능성이 있었다. 제대로 기능할 수만 있다면 말이다. 지배층이 양심과 신뢰를 보존하고, 정부군과 농민이 서로를 죽이는 내전을 경험하지 않았고, 향촌의 민병조직이 살아 있었다면, 보다 좋은 조건으로 먼저 몽골군이 강화를 제의하게 만들 수도 있었을 것이다.

이러한 추정을 뒷받침하는 또 하나의 사례가 충주성 전투다. 손자는 싸우지 않고 이기는 장수가 최고의 장수라고 했다. 깊은 통찰력과 경험이 있다면 군대의 전력이란 계수화할 수 있으며, 정확한 예측이 가능하기 때문이다.

그러나 참혹하고 파멸의 신이 지배하는 전장에서 사람들은 때때로 예상과 상식을 뛰어넘는 이야기를 만들어 낸다. 그래서 전쟁은 과학이면서 드라마가 된다.

1253년 몽골 제5차 침공 때 충주성은 드라마가 될 수 있는 모든

충주관아
현존하는 건물은 한말 고
종 때 지은 것이다.

조건을 충족하고 있었다. 충주의 주민과 노비들이 도망가거나 투항
하지 않고, 항전을 결심한 자체가 신기한 일이었다.

이 해 몽골군은 유달리 가혹한 압박을 가하며 충주로 다가오고 있
었다. 총사령관 야굴이 직접 지휘하는 몽골군의 주력은 금화와 금성
주민이 입거한 동주산성과 춘주성(춘천), 양산성을 함락했다. 함락할
때마다 대량학살을 자행하고, 여자들은 포로로 잡아갔다. 양산성에
서는 사망자만 4,700명이었다. 남자 10세 이상은 모두 죽이고, 부녀와
어린아이는 포로로 잡아갔다. 동주산성과 춘천에서도 같은 방식으로
학살을 자행하였다.

이 사건의 충격으로 양근과 천룡산성은 항복했다. 몽골군이 충주
로 다가왔을 때는 두 고을 군사도 몽골군에 합류한 상태였다.

공포와 절망이 지배하는 상황, 주민들을 설득하기 위해서는 특별한
이유가 필요했다. 하지만 충주에는 특별한 이유는커녕 그 반대의 이
유만이 가득했다.

1232년 몽골군과 최초의 전투가 벌어졌을 때, 충주의 지휘관과 양
반별초는 다 도망치고, 노비와 잡류들만이 남아서 성을 지켰다. 전투
가 끝나자 돌아온 지휘관들은 노군과 잡류들이 관의 기물을 훔쳤다
고 죄를 뒤집어 씌웠다. 분노한 노비군은 반란을 일으켰다가 정부군

충주산성
남문 쪽에 설치한 연못. 화
공을 방지하기 위해 성문
안쪽에 연못을 팠다. 이 연
못은 석축으로 공들여 만
든 것으로 이런 시설과 준
비가 승리의 원동력이 되었
다.

에 의해 진압되었다.[47] 이 사건은 기나긴 몽골전쟁 중에서 고려 지배층
의 수준과 도덕성을 보여주는 대표적인 비극으로 알려져 있다.

20년이 지난 1253년에도 이 성을 지키는 주력은 노비와 하층민이었
다. 그들 중에는 20년 전의 사건에 직간접으로 연루된 사람, 희생자의
가족, 친지도 있었을 것이다. 그들은 정부에 대한 깊은 원한과 불신이
있다. 누가 그들에게 몽골군과 싸우자고 말할 수 있을까?

그래서 정부에서 선택한 장군이 처인성의 영웅 김윤후였다. 처인성
전투에서 살례탑을 죽인 공으로 고종은 김윤후에게 정3품 상장군을
제수했다. 그러나 김윤후는 전투 중에 자신은 활을 갖고 있지도 않았
으며, 살례탑을 쏜 사람도 자신이 아니라며 공을 다른 사람에게 돌리
고—그가 누구인지는 기록이 없다—자신은 6, 7품 정도인 섭랑장직을
받았다.[48]

이 기록을 보면 그는 양심적이고 공정하며, 동료와 부하를 생각하
는 인물이었다. 그의 이러한 성격이 믿음을 주었던 것일까? 그는 처인
성의 신화를 다시 한 번 재현하여 이 불신에 가득찬 부대를 이끌고

70여 일을 버텼다. 성의 식량이 떨어지려고 하자 김윤후는 성을 사수하면 귀천을 가리지 않고 모두 관직을 내리겠다고 약속하고, 사람들 앞에서 관노비의 명부를 불태웠다.

충주 마지막재 전경과 대몽항쟁전승기념탑

충주의 포위전이 장기화되자 몽골군 지휘부에 갈등이 생겼다. 결국 지휘관 야굴이 도중에 교체되었고, 끝내 공성에 실패하자 몽골군은 바로 철수하였다. 김윤후는 총 9차례에 걸친 몽골의 침입 중 두 번의 침공을 격퇴하는 계기를 만들었으며, 1명의 사령관을 사살하고, 1명의 사령관을 경질시켰다.

충주전투는 사후의 처리과정도 드라마틱하다. 그토록 포상에 인색하던 고려정부도 몇 십 년 만에 거둔 승리에 감격했다. 충주민에 대한 미안한 마음도 겹쳤던지, 충주를 국원경으로 격상시키고, 이번에는 정말로 관노와 백정을 구분하지 않고 공적에 따라 모두 관직을 제수하는 파격적인 보답을 했다.

충주성의 무용담을 보면 정부가 좀더 일찍 이런 자세를 보였더라면 몽골전쟁 동안 더 많은 드라마를 창출하고, 백성들의 희생도 크게 줄였을 것이라는 아쉬움을 낳는다.

하지만 이 에필로그 후반부는 이런 작은 아쉬움과 기대조차도 얼마나 쓸모없는 것이었는가를 말해준다.

최고의 영웅 김윤후는 충주성 전투의 공으로 상장군으로 진급하고, 2군6위의 하나인 감문위 사령관이 되었다. 파격적인 승진 같지만, 감문위 사령관이라는 데 함정이 있다. 감문위는 전투에 나갈 수 없는 늙은 병사들을 배속시키는 부대로 2군6위에서도 제일 하급의 위였다. 편제도 고작 1령(1,000명) 하나뿐이었다(2군6위 중 4개 부대가 1령으로 구성되었다. 나머지 4개는 2~5령의 규모였다). 정부는 전쟁이 벌어지면 가장 위험하고 급한 곳에 그를 파견하고, 평화가 돌아오면 양로원 수준의 한직으로 보냈다.

얼마 후 동북면이 고려로부터 이탈해 나가려고 하자 정부는 그를 다시 동북면 병마사로 임명했는데, 그가 부임하기도 전에 몽골군이 동북면을 삼켜버렸다. 만약 그가 동북면 병마사로 부임했더라면 몽골에 투항하는 이성계의 선조들과 또 한 장의 역사를 만들어 냈을지도 모르겠다.

김윤후는 몽골의 전란이 끝날 때까지 살아남았다. 벼슬은 재상인 수사공 우복야守司空右僕射까지 승진했다. 만년에는 크게 출세한 것 같지만 이 관직은 1263년(원종 4) 그의 은퇴에 맞추어 제수한 것이었다.49

7. 세 개의 일화

대몽전쟁 동안 고려의 전쟁수행 방식이 부실했다고 해서 지배층
들이 전란을 극복하려는 의지나 노력도 없었다는 것은 아니다.
다만 몽골은 너무 강했고, 고려의 내부 사정이 총력전을 펴거나
효율적이고 합리적인 대응책을 마련하는 것을 어렵게 하고 있었
다. 그들이라고 이 전란을 끝내고 싶지 않았겠는가? 그들도 할 수
있는 영역에서는 최선을 다했다. 그 한 분야가 종교였다.

유리로 만든 사리함
부처의 진신사리를 담았던
것. 중국 법문사, 9세기.

불가에서 보물 중의 보물이 부처의 진신사리다. 그것은 단순한 보
물이 아니라 예배의 대상이다. 당나라에서는 역대 황제
가 부처의 손가락뼈라는 불지사리를 봉헌해서 성대한
법회를 열곤 했다. 이 불지는 수도 장안에서 북쪽으로
115km 떨어진 법문사에 보관했는데, 신기하게도 당나라
가 망한 후에도 수천 년간 보존되었다. 1981년에 법문사
탑이 무너져 보수공사를 하던 중에 비로소 이 불지를 숨
겨둔 지하창고(중국에서는 지하궁전이라고 한다)가 발견
되었다.

신라 금동사리함
불국사 석가탑 출토, 국보
126호, 국립경주박물관.

같은 시대에 같은 신앙이 신라에도 유입되었다. 643년 자장법사가
당나라에서 귀국하면서 부처의 머리뼈와 어금니, 부처의 사리 100알,
부처가 입던 가사 한 벌을 가지고 왔다. 이 사리는 황룡사 탑과 통도
사의 계단戒壇에 안치했다.

그 후에도 부처의 어금니가 몇 번 더 들어왔다. 고려 예종 15년
(1119)에 송나라에 간 사신 정극영과 이지미는 중국 선원으로부터 부
처의 어금니를 비밀리에 수송중이라는 말을 듣는다. 송의 휘종 황제
가 도교를 숭상하여 불교를 탄압하려 하기에 궁중에 보전되어 온 부
처의 어금니를 바다에 숨기려 한다는 것이다. 정극영과 이지미는 천화

용天花茸 50령領과 모시 300필을 호송하는 관원에게 주고 부처의 치아 (불아)를 빼돌려서 고려로 가져왔다. 예종은 각각 침향목과 순금, 백 은, 유리, 나전칠기의 5중으로 된 함을 만들어 어금니를 안치하고, 궁 전 안의 작은 전각에 이 보물을 모셨다. 이곳은 국왕만이 참배할 수 있었다.

100여 년 후에 왕이 된 고종은 신앙심이 깊지 않았던지 부처의 치 아에 별다른 관심이 없었다. 강화로 천도한 지 4년이 지난 고종 23년 (1236) 왕의 원찰인 신효사神孝寺의 주지 온광蘊光이 침울하고 의기소 침했을 고종을 찾아와 불아를 모시고 법회를 열자고 청했다. 그제야 신앙심이 되살아난 고종은 부처의 치아를 가져오게 했다. 그러나 아 무리 뒤져도 불아는 발견되지 않았다. 기록을 뒤져 피난하던 날 불아 를 맡았던 관리와 피난 이후 불아를 보관했던 전각의 경비를 모두 붙 잡아 문책해도 아는 사람이 없었다. 가장 혐의가 짙었던 사람은 피난 날 호송책임을 맡았던 김서룡金瑞龍이었으나 증거가 없었다. 3일 후 밤 김서룡의 집 마당으로 누군가가 상자를 집어던졌다. 불아를 소장했 던 유리함이었다. 나머지 4개의 함은 사라지고 유리함만 있었으나 그 안의 불아와 사리는 온전했다. 왕은 백은함을 만들어 이 유리함을 넣 고, 십원전(궁의 건물이름) 안에 불아를 모시는 불아전을 다시 짓고, 온광과 승려 30명을 불러 재를 올렸다. 참석한 승려 중에는 지림사 대 선사였던 각유覺猷도 있었는데, 그는 그날의 감격스런 장면을 평생토 록 기억했다.

재를 올리는 중에 왕이 신하들을 돌아보며 말했다. "내가 불아를 잃은 후 네 가지 의심이 생겼소. 첫째 불아가 우리 조정에 머무를 기한이 차서 스스로 하늘로 올라갔을까 하는 것이요(즉 왕조의 운명이 다했다는 뜻), 둘째 국난이 이러니 하늘의 신물인 불아가 인연이 있는 안전한 나라로

창령 용선대
부처가 세상을 주관하며
보호하는 불국토 사상을
보여준다.

스스로 옮겨간 것이 아닐까 하는 것이요(강화도 안전하지 않고 언젠가
큰 비극을 겪을 것이라는 의미), 셋째 재물을 탐낸 소인이 상자를 훔치고
불아는 구렁에 버렸으리라는 것이요(그러면 하늘의 징계를 받겠지), 넷째
도둑이 훔쳐가기는 했으나 드러낼 수가 없어서 집 안에 감추어 두었으리
라는 것(이것이 가장 다행스러운 경우다). 이제 네 번째 의심이 맞았소."
말을 마치자 왕이 소리를 내어 크게 우니 뜰 안에 있던 사람들이 모두
눈물을 흘리며 진헌했다. 그 중에는 이마와 팔을 불에 태우는 사람도 이
루 헤아릴 수 없이 많았다.[50]

다시 30년이 지나 몽골의 마지막 침공이 된 9차 침공 부대가 철수
를 시작하던 고종 45년(1258) 11월, 10명의 야별초 대원이 안내인 1명
과 함께 비밀리에 강화를 빠져나갔다. 그들의 임무는 명주성(강릉) 창
고에 보관되어 있는 두 개의 보주寶珠를 강화로 호송해 오는 것이었다.

그 보주는 의상대사가 당나라에서 관음보살을 만나 얻었다는 수정
염주와 동해의 용에게서 받았다는 여의보주였다. 그 후 이 보물을 양
양 낙산사에서 보관해 왔는데, 1254년(6차 침공) 때 몽골군이 양양으

낙산사 의상대
의상대사가 관음보살과 바
다의 용으로부터 받았다는
보주는 1254년까지 낙산
사에 보관되었다.

로 쳐들어 오자 양양성 안으로 옮겼다. 구슬도 보호하고, 신보의 힘으로 양양성도 보호해 보려는 의도였을 것이다. 그러나 1254년 10월 22일 양양성은 함락되었고, 낙산사 주지도 몽골군에게 살해되었다.

얼마 후 명주의 감창사監倉使(강릉 일대의 조세나 군적을 관리하는 특별 사신) 이녹수李祿綏에게 노비 한 명이 찾아왔다. 그는 낙산사의 사노였던 걸승乞升이라는 사람으로, 은으로 만든 함을 가져왔는데, 그 안에 낙산사의 보주가 들어 있었다. 성이 함락되려고 하자 낙산사의 주지 아행阿行은 보물을 들고 탈출하려고 했지만 걸승이 빼앗아 땅에 파묻고는 부처를 향해 이렇게 기원했다고 한다. "내가 만약 죽으면 이 두 보물은 다시는 인간세상에 나타나지 않게 될 것입니다. 내가 만일 죽음을 면한다면 이 보물을 나라에 바치겠습니다." 구사일생으로 살아난 걸승은 부처님께 한 약속대로 보물상자를 파내 명주성으로 가져왔던 것이다.

이제는 노승이 된 각유는 낙산사 보주도 국가의 신물이니 불아와 마찬가지로 궁중에 가져와 보관하자고 건의했다. 불아가 위태로운 고려 조정과 강화도를 지켜주었으니 보주의 영력까지 더하자는 뜻이었던 것 같다. 이제는 신앙심이 깊어진 고종이 동의했다. 야별초 대원은 강화로 와 있던 걸승을 안내인 삼아 명주성으로 갔고, 호송에 성공했다. 그들은 이 공으로 은 1근과 쌀 5석을 상으로 받았다.

불아와 보주의 이야기는 관리가 궁전의 보물을 훔치고, 주지가 불가의 보물을 들고 달아나는 신성한 가치관마저 전도되는 시기의 단면이다. 그러나 한편으로 역경은 신앙의 타락에 못지않게 신앙의 강화도 불러왔다. 불아와 보주가 보존되고, 법문사 지하궁전의 비밀이 수천 년간 보존될 수 있었던 것은 신앙과 경외의 힘이었다.

몽골침공 중에 발휘된 신앙과 경외의 힘의 절정은 팔만대장경이다. 앞서도 말한 대로 최씨 정권은 미증유의 국난과 강적에 직면하여 할 수 없는 일은 하지 못하고, 하기 싫은 일은 하지 않았지만, 할 수 있는 일은 최선을 다해서 했다. 신앙은 이 중 세 번째 영역에 있었다. 뭐 어떤 역경에서도 가능성의 영역에 있다는 것이 종교의 장점이 아니겠는가?

대장경은 1,496종, 6,568권의 불경을 판각한 것으로 총 81,258장의 목판으로 구성되었다. 이 모두가 고려시대에 판각한 것은 아니고, 일부는 나중에 추가된 것이기는 하지만, 몽골 전란과 강화 천도라는 어려운 시절에 이런 대사업을 이루어 냈다는 사실만으로도 기적 같은 일이었다고 할 수 있다.

대장경 판각사업은 강화로 천도한 지 5년 후인 1237년(고종 24)부터 시작해서 1248년(고종 35)경에 끝났다. 그러나 이후에도 계속 추보가 이루어졌다. 강화에 대장도감을 설치하고[51] 몽골군으로부터 비교적 안전한 남해에 대장도감분사를 설치하여 비용조달과 판각사업을 수행했다(이 남해의 분사를 남해도에 설치한 분사로 보는 경우도 있고, 남해안 여러 곳에 설치한 분사로 보기도 한다). 이 밖에도 전국의 많

강화 선원사 터
고종 33년(1246) 최이의
원찰로 창건되었다. 팔만
대장경을 보관하던 곳으로
대장경은 조선 태조대에 해
인사로 이장되었다. 일연
이 거주하기도 하였다.

은 사원이 판각사업에 참여했다.[52]

국왕조차 원당을 세우고 재를 올릴 비용이 없었던 어려운 시절에 이 엄청난 사업을 기획한 이유는 무엇이었을까? 부처님의 힘을 빌어 나라와 백성을 수호하자는 신앙의 힘을 무시할 수는 없다.[53] 사실 대장경 조판이 처음은 아니다. 몽골침입 못지않게 어렵고 힘들었던 거란 전쟁 당시에도 현종은 현화사를 중심으로 초조대장경을 판각했던 전례가 있다.

그러나 모든 진실한 종교는 거대하고 화려한 봉헌물을 거절하지도 않지만, 반드시 그러한 것이 필요하다고 말하지도 않는다. 소원의 크기만큼 봉헌하는 물량도 커져야 한다고 주장한다면 그것은 진실한 종교가 아니다. 그래서 상식을 뛰어넘는 엄청난 사업에는 항상 또 다른 이유가 있다.

대장경 조판사업을 추진한 사람은 부처님의 치아를 보존할 작은 전각 하나 마련할 수 없었던 가난한 국왕이 아닌 집정자 최이였다. 최이 본인이 신실한 신앙인이었다고 하더라도 정치적, 사회적 효과를 염두에 두지 않을 수가 없었을 것이다. 그렇다면 그가 바란 효과는 어떤 것이었을까? 대장경 사업을 명분으로 재단을 만들고 펀드를 운영하는, 즉 고리대를 하고 토지를 축적했다는 의혹이 있다. 최이는 젊은 날

190

의 자신이 그랬던 것처럼 서자인 두 아들 만종

팔만대장경을 소장하고 있는 해인사 장경각

과 만전을 출가시켜, 진주에서 자금과 토지를 관장하게 했는데, 둘은 가혹하게 부를 축재하여 악명이 높았다. 만전은 나중에 환속해서 최이의 후계자인 최항이 된다.

그러나 아무리 최이가 미워도 오직 축재를 위해서 이런 사업을 벌렸다고 평가하는 것은 너무하다. 그는 바보가 아닌 예리하고 뛰어난 정치가였다. 그래서 불교계의 통합, 특히 무신정권과 대립적이던 교종을 회유하기 위한 정책이었다는 해석도 있다. 대장경 사업은 참선을 중시하는 선종보다는 교리를 중시하는 교종에 어울리는 사업이기 때문이다.

하지만 선종이 아무리 참선을 좋아한다고 해도 불경을 경시하기까지야 하겠는가? 일연도 선종의 최고위 승려였지만, 훌륭한 주석서를 포함하여 100권이 넘는 저술을 했다.

이 두 설을 제외하고, 정치적 사회적 관점에서 제일 그럴 듯한 해석은 사원이 지닌 조직력이 필요했다는 추정이다. 고려시대에 사원은 지역의 치안과 구호사업을 담당할 정도로 국가와 사회 운영에 커다란 힘과 능력을 지니고 있었다. 군현의 행정망도 취약하고, 세금은 꼬박 거두지만, 국가의 의무는 회피하는 강화정부의 행태와 관리의 횡포에 불만이 고조되는 상황에서 불교계가 지닌 전국적인 조직과 영향력

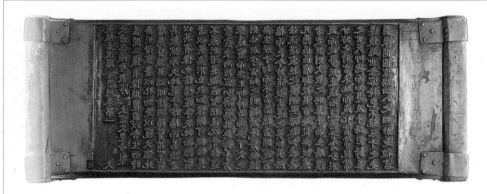

팔만대장경
오늘날 세계문화유산으로
등록되어 있다.

은 굉장한 힘이었다. 그들과 연계의 끈을 놓지 않으려면 공동의 사업이 필요했다. 정부와 사원, 사원과 사원을 하나로 묶을 수 있는 사업, 명분과 이유가 뚜렷하면서도 기왕이면 상당한 자금과 특혜도 오고갈 수 있는 사업. 그것이 정치가 최이가 구상한 대장경 사업의 진실이었을 것이다.

그렇다고 팔만대장경의 가치를 폄훼할 필요까지는 없다. 동기야 어쨌든 최이의 추진력과 고려 불교계의 헌신 덕분에 불교계는 지구상에서 사라져 버린 유일본을 보유하게 되었고, 우리는 세계에 둘도 없는 문화재를 간직하게 되었다. 대장경 사업이 지닌 현실적인 요소도 무시하거나 비하할 것만은 아니다. 전란에 휩싸인 사회에서 안정과 통제보다 중요한 과제가 무엇이겠는가?

하지만 그렇다고 해도 그것이 유일한 방법이었겠느냐는 반론은 있을 수 있다. 이 사업을 수행하는 주체나 그들의 방법에 대해서도 회의적인 시각이 있을 수 있다. 그들이 진정 부처님의 가호와 백성의 안정을 바란다면 대장경 사업 이전에 먼저 해야 할 일이 있지 않겠는가?

그 의문과 답에 대한 이야기가 있다. 불아와 보주의 이야기에 이어 고승 일연이 『삼국유사』에 남긴 세 번째 이야기다.

여기서 잠깐 이 일화들을 우리에게 전해준 일연에 대해서 먼저 살펴보자. 『삼국유사』의 저자라는 사실 때문에 일연이라고 하면 깊은 산속 외로운 절에 거주하는 무명의 승려를 연상하는 분들이 의외로 많다. 『삼국유사』가 왜 외로운 고승의 이미지로 연결되는지는 잘 모

인각사 보각국사 비와 탑 일연의 비와 탑으로, 일연은 이 인각사에서 『삼국유사』를 저술했다고 한다.

르겠는데, 조선시대의 유배문학이나 「청산별곡」류의 영향으로 명작이라고 하면 당장 속세를 등진 고독한 저술가를 떠올리는 풍조가 생긴 듯하다. 그러나 동서고금을 막론하고―잠시 조용한 곳을 찾아 집필을 하는 경우는 제외하고―산 속에서 탄생하는 명

저는 별로 없다. 『삼국사기』를 쓴 김부식이 과거에 낙방한 초라한 유생이 아니었듯이 일연도 산사에 거주하는 무명의 승려가 아니라 당시 불교계의 최고위 승려였다.

일연(1206, 희종 2~1289, 충렬왕 15)의 속성은 김씨로 경북 경산 출신이다. 아홉 살에 무량사(광주 무량사로 추정한다)에 기탁되어 살다가 1219년 설악산 진전사에서 출가하였다.

1227년 승과의 선불장選佛場에 응시하여 장원으로 급제했다. 1236년에 삼중대사의 품계를 받고, 1246년에 선사가 되었다. 1249년에는 정안鄭晏의 초청을 받아 남해 정림사로 이거한다. 정안은 최이의 처남인데 이때 남해로 은퇴한 뒤 남해에 있던 사저를 희사하여 정림사를 세우고 일연을 초빙했다. 이곳에서 정안은 사재를 털어 팔만대장경 추가분

의 판각사업을 추진했다. 당연히 일연도 이 사업에 간여했을 것이다.

하지만 이상하게도 일연은 『삼국유사』에서 팔만대장경 사업과 관련해서는 전혀 언급하지 않았다. 자장과 의천이 중국에 유학하여 대장경을 수입하고, 대장경이 해인사에 보존되어 있다는 이야기는 했지만, 그것은 주로 삼장법사가 인도에서 불경을 가져온 것처럼 중국에서 고려로 경전을 가져왔다는 의미에서 대장경을 거론한 것이고, 강화정부가 행한 이 거대한 사업에 대해서는 일언반구 말이 없다.[54] 더욱이 일연은 강화의 무신정권이나 권력과는 일정한 거리를 유지했다. 그가 강화 선원사에 거주하게 되는 것은 왕정이 복고된 1260년(원종 1)의 일이다. 이미 국존으로 추존된 몸이지만 일연은 왕궁에 머물기를 거부하고 겨우 5년 만에 다시 낙향했다. 77세가 되던 충렬왕대에 다시 개경으로 가지만 겨우 열 달 만에 가지산 운문사로 내려와 노모를 곁에 모시고 살았다. 대신에 일연은 『삼국유사』에 이런 이야기 한 편을 남긴다.

국사 경흥이 어느 날 대궐에 들어가려고 했다. 시종하는 이들이 동문 밖에서 먼저 채비를 차리니 말과 안장은 매우 화려하고, 신과 갓도 제대로 갖추었으므로 길 가던 사람들은 길을 비켰다. 그때 엉성한 옷을 입은 거사 한 사람이 지팡이를 짚고 등에는 광주리를 이고, 하마대(궁성 같은 곳에서 말에서 내려야 하는 위치를 알리는 표석) 위에 앉아 쉬고 있었다. 광주리 안에는 마른 물고기가 담겨 있었다. 시종이 그를 꾸짖었다. "너는 중의 옷을 입고 어찌 깨끗하지 못한 물건을 지고 있느냐!" 거사가 말했다. "살아 있는 고기[말]를 다리 사이에 끼고 있는 것보다 시장의 마른 고기를 끼고 있는 것이 무엇이 나쁘단 말인가?" 경흥이 문을 나오다가 그 말을 듣고 사람을 시켜 그를 쫓아내게 하니 남산 문수사 앞에서 광주리를 버리고 숨었는데, 짚었던 지팡이가 문수보살상 앞에 있었고, 마른 고기는 바로 소나무 껍질이었다. 쫓았던 사람이 와서 그 사실을 알리자 경

194

흥이 탄식하고, 그 뒤로 평생토록 말을 타지 않았다.[55]

경흥이 말을 타지 않았다는 것은 무슨 의미일까? 수행의 도를 높여 아예 고기는 몸에 대지도 않았다는 의미일까? 문수보살을 알아보지 못한 죄로 고행

금안장을 얹은 말과 금으로 만든 장신구와 재갈 이 밖에도 방울, 갈기 장식, 엉덩이 부분에 설치하는 우산 형태의 장식 등으로 화려하게 치장한다.

을 자처했다는 의미일까? 아니면 자가용을 버리고 걸어다니면서 검소하게 살았다는 의미일까? 모두 아니다.

조선시대에도 양반은 성안에서는 걸어다녀서도 안 되고, 말을 타고 다녀야 한다는 법이 있었다. 신분제 사회에서 말은 단순한 자가용이 아닌 권위의 상징이었다. 어느 귀족이 건강을 위해서 걷겠다고 마음대로 승마 대신 보행을 선택할 수 있는 사회가 아니었던 것이다. 기마는 그 자체가 통치행위이자, 사회를 유지하는 방법이며 지배층의 의무였다.

그런데 경흥이 말에서 내렸다. 그는 국사였다. 이 시기에 국사가 되려면 최소한 왕족이나 고위 귀족은 되어야 했다. 경흥은 진골은 아니었지만, 백제의 옛 귀족쯤은 되는 인물이었다(경흥은 웅주 출신으로 성은 수水 씨였다). 그런 그가 말에서 내렸다. 그것이 신분제를 폐지하고 평등사회를 만들자는 외침까지는 아니었겠지만, 지배층이 특권과 권위를 내세우려면 그에 합당한 역할과 행동이 있어야 한다는 반성의 표현은 되었다. 그리고 일연은 팔만대장경 사업 대신 이 이야기를 『삼국유사』에 실었다.

일연과 같은 시기에 살았던 송광사의 6세 사주社主 원감은 몽골 전란기에 화전민촌에 들어가 10년을 살았다. 이 10년간 한 번도 제대로

담근 장을 먹어보지 못했으며, 하늘에 떠가는 무심한 구름을 보고도 그것을 쳐다보기 부끄러워 고개를 숙였다고 한다.[56] 경흥선사의 이야기를 기록하던 일연도 같은 심정이 아니었을까? 이 깨달음이 무신정권과 몽골전쟁이 남긴 가장 값진 소득이었다. 하지만 이 깨달음이 속세로 내려오기까지는 아직도 길고 어두운 터널이 남아 있다.

8. 종말

몽골의 3차 침입 때부터 몽골의 내부사정과 국제정세가 많이 변하였다. 1234년에 우구데이(태종)는 금나라를 멸망시켰다. 원나라는 화북 지방을 차지하고 중국통치를 안정적으로 시행할 수 있게 되었다. 정복에서 내실 다지기로의 전환이 시작된 것이다.

1251년 몽케(헌종)가 즉위하면서 원제국은 더욱 안정되었다. 정복지인 이란과 중앙아시아 지역에 행정망이 구축되고, 몽케의 동생 쿠빌라이가 중국 총독으로 화북 통치를 전담하게 된다.

이 변화에 맞추어 온 세상과 닥치는 대로 싸우던 전쟁터도 정리되고, 정복 목표도 서역에서 남송으로 이동한다. 이것은 고려 전쟁에도 변화를 야기했다.

1253년 야굴과 차라대가 지휘한 5차 침입은 변화의 시작이었다(야굴은 충주산성 공략 실패와 신병으로 중간에 귀환하고, 차라대가 후임 사령관이 된다. 이후 몽골침공이 끝날 때까지 차라대가 고려 전쟁을 지휘한다). 몽골은 고려를 강력하게 압박해서 빠른 시일 내에 항복을 받아내기로 방침을 정하고 이때부터 7년간 한 해도 쉬지 않고 고려를 침공한다. 약탈도 고려의 항복을 받아내기 위한 전략적 타격으로 바뀐다. 이전까지는 그들이 가져갈 수 있는 만큼, 필요한 만큼 약탈을 했다면, 이때부터는 고려에 최대한 타격을 주는 초토화 작전으로 바뀐 것이다.

그동안 고려는 몽골 장수에게 뇌물을 주어서 대도시의 약탈을 면하거나 몽골군을 자제시키는 전술을 써왔다. 그러나 이때부터는 이런 전술도 잘 통하지 않게 되었다. 고려의 피해는 급증했다. "한 해 동안 심은 곡식을 몽골군이 모조리 걷어갔다."거나 1254년 한 해 동안 포로로 잡혀간 사람이 206,800여 명이나 된다는 참혹한 기록이 등장하기 시작한다.[57]

승부를 내기로 결심한 몽골군은 지금껏 안전한 피난처로 여겨져 왔던 해도에 대해서도 공략을 시작한다. 몽골침공의 전반기 동안 별다른 전투가 없고, 고려군의 저항도 지지부진했던 데는 몽골군의 탓도 있다. 그들이 전략적 목표보다는 개별적 목적에 주력하다 보니 길고 위험한 전투는 피하고, 공략하기 어려운 곳은 방치하는 경향을 보였다. 하지만 5차 침공부터는 분위기가 바뀐다. 5차 침공 때 양산성과 동주산성, 춘주성의 학살이 발생한 것도 우연이 아니다. 차라대로 사령관이 바뀐 6차 침공부터는 섬에 대한 공격도 시작되었다.

1255년에 조도를 치고, 1256년에는 70척의 함대를 동원하여 목포 앞바다의 공략에 나섰다. 해도 공략은 쉽지가 않았고, 전선이 커지고 공세로 나가다 보니 몽골군의 희생도 늘었다. 하지만 차라대는 전라도 해안 일대에 주둔하면서 해도 공략을 밀어붙였다. 몽골군 내부에서도 예전처럼 서경과 같은 북쪽 내륙에 주둔하면서 병사들의 희생을 줄이자는 의견이 제시되었지만 차라대는 "내가 여기서 죽을지라도 그냥 물러설 수는 없다."고 거부하였다.[58]

몽골군의 해도 공략은 쉽지 않았지만, 몽골군은 집요했고, 조금

씩 수전의 방법을 터득해 갔다. 1257년에는 황해도 옹진반도 앞에 있는 창린도와 신위도를 침공했는데, 마침내 신위도가 몽골군에게 떨어지고 말았다. 입보해 있던 맹산 수령은 피살되고, 부인은 바다에 투신하였다. 1259년에는 고려에 둔전을 설치하고, 전함을 건설해 강화를 직접 공격하겠다는 계획까지 선포한다.

몽골군의 태도가 바뀌고 전세가 악화되자 민심도 급속히 떠나갔다. 1258년 함경도 영흥에서 조휘와 탁청이 반란을 일으켜 몽골에 투항했다. 지방관이 백성들의 해도 이주를 지나치게 가혹하게 몰아붙인 것이 원인이었다고 하는데, 이때 이성계의 선조인 이안사도 몽골에 항복한다. 이 사건으로 고려는 동북면(함경도)을 상실했다.

몽골의 강화침공이 가시화되자 고려정부도 강화를 모색하기 시작한다. 차라대의 조건은 왕이 육지로 나오거나 태자나 왕의 친아들이 인질이 되는 것이었다. 왕은 출륙을 하고 싶어했지만, 출륙은 곧 최씨정권의 붕괴를 의미하는 것이어서 차마 말을 꺼내지 못했다. 다급해진 신하들은 왕에게 달려가 왕 대신 태자를 보내라고 안달을 했다. 실권이 없는 왕이지만 고종은 그것만은 못하겠다고 버텼다.

이러지도 저러지도 못하는 사이에 묘한 변화가 감지된다. 태자나 왕자의 파견 논의에 대해 최씨가는 가타부타 말이 없다. 출륙이든 태자파견이든 둘다 최씨가에는 치명적인 방법이기는 하다. 하지만 신하들이 왕에게 요구할 정도라면, 최씨가로서는 이에 대해 의견 표명이나 대안이 있어야 했다. 그러나 최씨가는 이 중요한 시점에 침묵으로 일관한다. 이런 판에서 놀아본 사람은 안다. 침묵은 무능의 또 다른 표현임을.

인질 문제가 부상하기 직전에 최씨가에 변화가 있었다. 1257년 4월 최씨정권의 3대 집정인 최항이 사망하고 아들 최의가 대를 잇는다. 최씨 집안은 정실부인은 자식을 낳지 못하는 이상한 징크스가 있어서 최이부터 최의까지 모두가 첩의 아들이었다. 그래서 최이와 최항 모두 처음에는 후계자로 인정받지 못하고, 출가해서 승려로 살다가 뒤늦게 후계자로 간택받아 정계에 입문했다.

서얼이라고 인간을 차별할 이유는 없다. 하지만 인맥과 혼맥으로 이루어지는 정계에서 굴곡 많은 계승 과정은 권력구도를 불안정하게 만들고 대를 이어갈수록 스스로의 기반을 약화시키는 결과를 초래했다.

최이는 최충헌을 닮아서 무섭고 냉정하면서도 예리한 판단력의 소유자였다. 그는 대단히 현실적이고 합리적이며 포용력도 있었다. 그러나 후계자가 되는 과정이 험난했고, 정권의 기초가 불안정하다 보니 자신에게 위협이 된다고 생각되는 일에는 용서가 없었다.

정권이 안정되려면 자기 편을 확대시켜 나가야 한다. 시간이 갈수록 그런 필요는 더욱 커진다. 더욱이 최항이 최이를 계승할 무렵은 대몽 전선의 상황이 나빠지고, 사람들이 이 전쟁이 고려를 위한 것인지 최씨가를 보호하기 위한 것인지 의문을 품기 시작하는 시기였다.

최이보다 더 큰 포용력을 발휘해야 하는 시점이었지만, 최항은 할아버지와 아버지의 예리하고 각박한 성격에 2대째 지속되는 콤플렉스까지 물려받았다. 최항의 모친은 천인 기생 출신이었다. 그는 집권하자마자 김약손 세력과 김경손을 제거함으로써 최이가 왕실과 귀족 안에 간신히 심어놓은 기반을 스스로 도려냈고, 콤플렉스로 귀족들과 날을 세우며 지냈다.

최의 대에 와서야 비로소 최씨 집안은 귀공자 풍의 지도자를 얻게 된다. 최씨 가문에서 제대로 교육을 받으며 안정되게 자라난 후계자는 최의가 처음이었다. 최의는 잘 생기고, 몸은 풍만하고, 조용하고 수줍음을 타는 성격이었다고 한다. 손에는 부처님처럼 흐릿하게 금빛이 돌았다는 소문도 있다. 최의도 최항이 출가 시절 여승과 간통해서 얻은 자식이었지만, 최이에 의해 강제 출가를 당해 불우한 시절을 보냈던 최항은 최의가 어릴 때부터 문신을 붙여 시와 글씨, 역사와 예법을 가르쳤다.

그러나 안정되고 풍요로운 환경은 최의를 포용력을 가진 지도자가 아니라 소심하고 뻔한 귀공자로 키웠다. 도리어 귀공자 최의는 최씨가를 지탱해 온 야성마저 잃어버렸다. 어렵고 복잡한 정세에 자신감을 상실한 그는 소수의 측근에게 의지하여 틀어박혔다. 조용하고 차분하기만 할 뿐 판단력과 용기에 포용력마저 더욱 결여되었음을 깨달은 친위대 장교들은 쿠데타를 일으켜 최의를 살해한다. 1258년 3월의 일이었다.

최씨정권 최후의 날은 꽤나 복잡하고 아슬아슬하게 진행되었다. 반란의 주역은 최씨가의 종 출신인 김인준(나중에 김준으로 개명함)과 대몽전쟁의 영웅 임연, 그리고 삼별초 중에서도 계통이 좀 다른 신의군 출신의 장교들이었다.

삼별초는 최이가 창설한 부대인데 최씨가의 친위대인 야별초가 모태였다. 몽골전쟁이 진행되면서 몽골에서 귀환, 탈출한 자들을 모아 신의군을 창설하고 좌·우 별초와 합쳐서 삼별초라고 불렀다. 신의군은 창설 과정이 다른 만큼 야별초에 비해 최씨가에 대한 충성도가 떨어졌던 것 같다.

이들이 잡은 거사일은 4월 초파일의 등불놀이 시간이었다. 하지만 김인준의 아들 김대재가 장인인 최양백에게 계획을 누설했다. 최양백은 바로 최의에게 달려가 거사계획을 밀고했다. 최의는 즉시 심복 장수인 유능을 불러 대책을 논의했다. 유능은 이미 밤이 깊었으니 내일 군대를 소집하여 일망타진하자고 한다. 이때 최의의 옆에 김대재의 부인이 있었는데, 이번에는 그녀가 부친을 배신하고 이 계획을 남편에게 알린다.

이야기가 좀 이상한데, 앞에서도 말했지만 지나치게 사적인 인간관계로 뒤덮이다 보니 최의 때가 되면 그들 자신도 누구를 믿어야 하고, 누구를 의심해야 할지 모르는 상태가 되었던 것이다. 그래서 조직을 운영하려면 최소한의 공의와 원칙은 지켜야 하는 것이다.

거사가 누설되었다는 사실을 안 김인준은 즉시 공모한 장교들을 통해 신의군을 소집하고, 삼별초의 일부도 끌어들였다. 이어 임연 등을 나누어 보내 최양백 이하 최의의 심복 장수들을 차례로 살해하고, 최의의 집으로 쳐들어갔다.

> 새벽에 야별초가 최의의 집 벽을 무너뜨리고 들어갔다. 거성원발(최의의 외삼촌)은 장사인데, 최의의 집에서 자다가 소동을 듣고 놀라 일어나 칼을 뽑아들고 작은 문을 막으니, 군사들이 앞으로 달려들지 못하였다. 원발이 스스로 이기지 못할 것을 헤아리고 최의를 업고 담을 넘어 달아나려 하였으나, 최의가 살찌고 둔중하여 그렇게 하지 못하였다. 이에 최의를 부축하여 천정 위로 올리고 몸으로 문을 막았는데, 오수산이 돌입하여 원발을 쳐서 이마를 맞추었다. 원발이 담을 넘어 달아나자, 별초병이 추격하여 강 언덕에서 베었다. 또 최의와 유능을 찾아서 모두 베었다.[59]

최의의 죽음으로 최씨정권은 무너졌지만 무신정권은 아직 끝나지 않았다. 로마의 친위대처럼 최씨가가 키워놓은 가병단이 강화 정부의 실세였기 때문이다. 그래도 최씨가의 중압감에 비할 바는 아니었다. 다음 달에 벌어진 아래의 사건 기사에서도 변화를 느낄 수 있다.

> 김인준과 유경이 이주·최문본·유태·박선·유보 등을 베기를 청하니, 왕이 이르기를, "이들이 미치고 미혹하여 오직 눈앞의 이익만 도모하니, 어찌 대의를 알겠는가. 용서하는 것이 가하나 경들이 청하니 귀양을 보내라." 하였다. 유경 등이 굳이 청하자, 왕이 이르기를, "반드시 죽이려고 하면 어째서 다시 나한테 알리는가. 경들 마음대로 하라." 하고, 일어나서

흥릉
강화에 있는 고종의 묘.

안으로 들어갔다. 유경 등이 땅에 엎드려 사죄하고, 드디어 이주 등을 섬에 귀양보냈다.[60]

재위 45년 만에 속박에서 벗어난 고종은 다음 해 2월에 6년간 끊어졌던 연등회를 개최했다. 잔치 석상에서 갑자기 고종이 손을 들더니 참석한 모든 신하들에게 "박수를 쳐서 나의 흥을 돋우라!"고 명령했다. 술이 떨어지고, 파장 분위기가 되어도 고종은 혼자 흥에 겨웠고, 참석자들은 온 몸이 땀투성이가 되도록 박수를 쳐야 했다.[61] 사가는 이 사건을 심하게 비난했지만 인간적으로는 이해할 만도 하다.

이때부터 고종은 정치도 제끼고, 면담도 줄이고, 아예 궁전을 떠나 친한 신하의 집으로 가서 바둑을 두고, 기생을 끼고 술을 마시며 소일했다.[62] 이것도 용서해 주자. 고종의 생명도 얼마 남지 않았기 때문이다. 당시 고종은 이미 병세가 드러나서 자신도 자유의 시간이 얼마 남지 않았음을 알고 있었다. 정말로 이상한 것이 중압과 스트레스가 만병의 근원이고, 내 삶에 파고든 가시와 같다고들 말하지만, 정작 그 가시를 뽑아내면 생명도 함께 꺼지는 경우가 많다. 고종도 그렇다. 최의

송나라의 수도 개봉

가 죽은 지 1년 만인 1259년 6월에 고종은 강화에서 사망하였다.

최의가 죽자 고려는 몽골의 요구대로 태자를 출륙시켜 중국으로 파견하였다. 그러나 태자(원종)가 중국으로 가는 사이에 정치적 상황이 급변한다. 고려에서는 6월에 고종이 사망하고, 7월에는 몽골의 헌종이 사망했다. 몽골의 칸직은 바로 세습되지 않고 족장회의인 쿠릴타이를 통해 후계자를 선출하는 방식이라 시간이 걸린다. 그래서 갑자기 태자는 만나야 할 정상이 없어져 버렸다.

태자는 과감하게 개봉 근처로 이동하여 헌종의 동생으로 황제 계승을 노리고 열심히 북방으로 귀환중이던 쿠빌라이를 노상에서 만난다. 두 사람 사이에 무슨 밀담이 오갔는지는 알 수 없지만 쿠빌라이는 고려에 대한 침공 중지를, 태자는 몽골에 대한 저항 중지를 약속했던 것 같다. 당시 쿠빌라이는 사실상의 쿠데타를 기획하고 있었다. 원래 칸직의 계승을 결정하는 쿠릴타이는 몽골의 수도 카라코룸에서 열리게 되어 있었는데, 카라코룸에서는 쿠빌라이의 막내 동생인 아릭부케가 이미 충분한 막후공작을 해놓은 상태였다.

쿠릴타이에서 승산이 없음을 감지한 쿠빌라이는 카라코룸까지 가지 않고 다음 해인 1260년 3월 지금의 개평부에서 독단적으로 쿠릴타

원의 세조 쿠빌라이

이를 연 뒤 칸으로 등극했다. 이것은 몽골 본토 세력과의 결별이자 전쟁 선포였다(이 전쟁은 1264년까지 지속되었다. 이후 쿠빌라이는 중국의 서쪽 중앙아시아에서 러시아로 진출한 몽골 세력과 다시 한 번 결전을 벌여야 했다. 이 전쟁은 쿠빌라이가 죽을 때까지도 승부가 나지 않았다).

거대한 야망과 내전을 앞두고 있던 쿠빌라이 앞에 고려의 왕위계승자가 자발적으로 나타났다. 쿠빌라이가 알고 있는 고려는 당태종이 정벌에 실패하고, 천하의 몽골군도 30년 동안 정복하지 못하고 있는 땅이었다. 이들이 자신의 편이 된다면? 설사 고려가 군사적 도움을 주지는 못한다고 해도 굳이 고려와 싸움을 벌여서 전력을 낭비할 필요는 없지 않은가? 게다가 정확하지는 않지만 지리적으로 봐서 고려를 담당한 몽골군은 쿠빌라이 계열의 군대라기보다는 몽골 본토에 소속된 군대일 가능성이 높다.

원종은 원종대로 몽골이 필요했다. 최씨정권은 소멸되었지만 아직 무신정권은 건재했다. 정상적인 권력을 회복하기 위해서는 군이 장악하고 있는 강화도를 벗어나야 하는데, 자신에게는 그것을 실행할 군대도 힘도 없다.

당시 쿠빌라이는 35세, 원종은 31세였다. 연배도 비슷하고, 서로간에 인생의 전환점에서 만난 두 사람은 동병상련의 감정이 싹텄는지 그 후로 독특한 관계가 형성된다. 쿠빌라이는 태자가 귀국하자 깜박 잊었다는 듯 바로 사신을 뒤따라 보내 조서 한 장을 보내왔다. 결론이야 자신의 신하가 되어 충성하라는 내용이지만, 의미심장한 내용 두 개가 포함되어 있었다.

"원은 이후로 고려를 침공하지 않겠다. 이는 황제의 약속으로 나는 절대

식언하지 않는다."

"고려의 신하로서 감히 다시 난동을 계속 부려 위를 범하는 자가 있다면 너의 임금을 범하는 것만이 아니라 나의 법을 어지럽히는 것이다."63

　원종은 즉위한 뒤 다시 태자(충렬왕)를 원나라로 파견했다. 기분 나쁘게 보면 인질이지만, 좋게 보면 유학이자 왕가의 정치적 안전을 위한 장치였다. 태자가 원나라에 있으므로 과거 무신정권 때와 같은 쿠데타가 어렵게 되었다.

　그럼에도 불구하고 강화도의 무신집단은 완고해서 원종은 즉위한 지 10년이 지나도록 강화도를 벗어날 수가 없었다. 이것은 여러 가지 상황을 야기했는데, 당시 정황은 복잡한데다가 이해가 가지 않는 측면이 있어서 설명하기가 쉽지 않다.

　화가 난 사람은 쿠빌라이였다. 그는 젊은 날의 만남까지 회상하는 약간은 감상적인 조서까지 내려가며 원종을 책망했고, 원종은 모든 것을 무신의 탓으로 돌렸다. 이것은 다시 무신을 자극해서 집정자였던 임연은 원종을 폐위시켰다. 그러나 원에 가 있던 세자의 주선과 원의 간섭으로 원종은 복권되었다. 위기에서 벗어난 원종은 직접 중국으로 가 쿠빌라이에게 세자와 원 황실 간의 정혼을 요청한다. 그리고 쿠빌라이에게서 군대를 빌려 국내로 진공한다.

　원종과 몽골군이 국내로 진입하자 임연은 근심이 병이 되어 사망했다. 권력은 아들 임유무에게 계승되었지만, 누가 보아도 무신정권은 이제 종말을 눈앞에 두고 있었다. 결국 몽골군이 진입하기 전 임유무는 정부 측의 사주를 받은 삼별초군에 의해 살해되었다.

　(임유무의) 매부인 어사중승 홍문계와 직문하성 송송례는 겉으로는 순종하고 있었으나 내심으로는 항상 불만을 품고 있었다. 임유무가 장차 원종과 몽골에게 거역하려 하자 국내의 인심이 흉흉해졌다. 홍문계

가 송송례와 모의하였다. 송송례의 아들 송담과 송분은 모두 위사장이었다. 송송례와 홍문계가 삼별초를 소집하여 대의로써 타이르고 임유무를 체포할 것을 토의하였다.

임유무는 사변이 발생했다는 소식을 듣고 병정을 소집하여 습격에 대비했지만, 삼별초들은 그 집 동편 문을 파괴하고 돌입해서 활을 난사하여 임유무 무리들을 몰아내고, 임유무와 그의 매부 대장군 최종소를 사로잡았다. 처음에는 섬으로 귀양 보내려고 했으나 몽골 사신이 사관에 있는지라 다른 사변이 생길 것을 우려해서 모두 시가에서 목 베어 죽였다. 이응렬과 송군비 및 족부 송방우, 이성로, 외제 이황수 등을 귀양 보냈다. 그리고 이어 서방(가병) 3부대와 조성색을 해산했더니 온 나라가 기뻐하며 모두들 "이제는 살아났다."라고 하였다. 이응렬은 머리를 깎고 도망갔으나 추격 체포하여 구정(毬庭)까지 끌고 오니 소년들이 손가락질 하며 덤벼들어 주먹질을 하였다. 그리고 임유인은 제 손으로 목을 찔렀으나 목숨이 끊어지지 않은 것을 몽골 사신이 보고 목을 눌러 죽였다.

임유무의 모친 이씨는 천성이 질투가 많고 험악했다. 임유무가 왕명을 거역하고 인명을 살육한 행위는 대개 그녀가 사주한 것이었다. 그러다가 패망하게 되자 이씨는 화려하게 차리고 진기한 보물을 가슴에 품고 도망치는데 문 밖에서 조오(임연에 의해 흑산도로 유배된 장군)의 처자들이 노리고 있다가 붙잡아서 머리를 끌고 뺨을 때렸으며 그동안 감정이 쌓인 마을 사람들이 달려들어 그의 의복을 찢고 벗겼다. 구경꾼에게 둘러싸여 숨을 곳을 찾지 못하다 미나리밭으로 들어가는 것을 어린아이들이 몰려와서 기왓장을 던졌다. 그 후 아들 임유간, 임유거, 임유제 들과 함께 체포되어 몽골로 압송되었다.64

1270년 5월 임유무의 죽음으로 무신정권은 완전히 종식되고, 개경 환도가 선포되었다. 이로써 긴 전쟁과 무신집권기와 강화 생활이 한꺼번에 종식된다. 사람들은 환호했다.

하지만 재난은 아직 끝나지 않았다.

제4부
검은 현무암

12 70년 6월 1일, 강화의 포구들은 배와 사람으로 북적이고 있었다. 근 40년 만에 개경 환도가 결정되었기 때문이다. 원종과 왕비들은 이미 개경에 머무르고 있었고, 강화에 있던 신하들도 상당수는 먼저 출륙하여 원종에게 갔다. 남은 가족들은 이삿짐을 옮기느라 분주했다.

포구에 모인 사람들은 들뜨고 흥분했을 것이다. 전쟁은 끝나고, 넓고 새로운 세상이 기다리고 있었다. 강화 생활이 만족스럽지 못했다 해도 그들은 선택받은 사람들이었다. 대몽전쟁 동안 적게 잡아도 수십만 명 이상이 포로로 잡혀갔다. 그보다 많은 사람이 죽고 이산가족이 되었다. 그러나 강화도 사람들은 최소한 가족은 보존할 수 있었고 이리저리 옮겨다닐 필요도 없었다. 강화도는 그야말로 선택받은 땅이었고, 그들은 선택받은 족속들이었다.

그저 아쉬운 부분이라면 이규보처럼 고대하던 개경 환도를 보지 못하고 사망한 양반들이었다(이규보는 1241년에 사망했다). 40년은 긴 세월이었다. 그 사이에 절반의 세대가 죽고 절반의 세대가 새로 태어났다. 아이러니컬하게도 포구에서 바쁘게 움직이는 젊은이들은 개경을 보지도 못한 사람들이다. 절반의 사람들에게 개경 환도는 귀환이 아니라 새로운 이주였다.

새로움이란 말의 동의어는 뭘까? 불안이다. 솔직히 누구에게나 그렇다. 그런데 때때로 누군가에게 그 불안은 참기 힘든 고통이 된다. 삼별초의 장군 배중손과 지유 노영희는 원종이 장군 김지저를 보내 삼별초의 명부를 압수하고, 삼별초를 해산한다는 명령을 들었다. 이 조치의 의미는 무엇일까? 그들도 세상이 바뀌었음을 인정했다. 삼별초는 오랫동안 최씨정권의 가병 취급을 받았지만, 최씨정권을 몰아낸 주역도 자신들이었다.

최씨정권을 제거하면서 자신들이 독재자를 없애고 세상을 안정시키는 데 공헌했다고 자부했다. 긴 대몽전쟁 동안 강화주민들을 지켜주고, 식량을 날라주고, 피 흘리며 싸워온 사람들도 자신들이 아닌가? 하지만 정치가들은 자신들이 피와 헌신의 대가로 얻은 작은 특권조차도 못마땅한 모양이다. 최의의 뒤를 이은 무신정권의 지도자들은 최씨가의 지도자들에 비해 훨씬 조심하고, 힘도 미약했음에도 불구하고, 차례로 제거되었다. 그 제거작업 때도 삼별초의 무사들이 맹활약을 했다. 국왕에게 기대를 걸었기 때문이다. 국왕이 권력을 장악하는 것이 정상이고, 자신들도 정상적인 관료가 되고, 정상적인 대우를 받을 것이라고 생각했다.

그러나 국왕은 몽골군을 끼고 진주하더니 삼별초에 해산령을 내렸다. 몽골군이 그들을 모두 죽이고, 고려를 완전히 무장해제 시켜 버릴 것이라는 소문도 돈다. 그렇지 않다고 해도 해산령은 그들이 실업자가 되는 것을 의미한다. 지휘관과 장교들은 요주의 인물이 되어 철저하게 매장 당할 것이다.

포구는 재물과 사람들로 넘쳐난다. 전 국토의 국민이 굶어죽고 얼어죽고 학살당하는 중에 모은 재물들이다. 온 국민이 이산가족이 되는 동안 저들은 안전하게 살았고, 누구는 개경에 살 때보다 더 큰 부자가 되어 돌아간다고 좋아하고 있다. 저 사람들, 저 재화와 곡식들도 자신들이 걷고 수송하고 지켜준 물건들이 아닌가. 저들은 그렇게 돌아가고 자신들은 이곳에 버려지고 있다.

1. 최후의 이산가족

삼별초의 기원에 대해서는 두 가지 설이 있다. 좌·우별초로 구성된 야별초에 몽골군에게 붙잡혔다가 탈출해 온 사람들로 구성된 신의군을 합쳐 삼별초가 되었다는 『고려사』의 설과, 야별초와 신의군에 최씨가의 호위대 역할을 하던 마별초를 합쳐 삼별초라고 했다는 이제현의 설이다.[01]

누구의 말이 맞느냐는 논쟁이 있지만, 삼별초란 용어 자체가 정식 부대 명칭이 아니고 편의적인 용어이므로 당시 사람들도 이리저리 사용했을 것이다.

하지만 삼별초의 기간세력이 야별초라는 점에 대해서는 이의가 없다. 야별초는 최이의 친위세력으로 탄생했다.

> "최이가 나라에 도둑이 많아진 것을 근심해서 용사를 뽑아 매일 밤 순찰을 돌며 폭동을 방지하게 했다. 밤에 순찰을 돌아서 야별초라는 이름이 생겼다. 또 여러 도에서 도적이 일어나면 별초를 나누어 파견해서 체포하였다. 군사가 점점 많아지자 좌·우 별초로 나누었다."[02]

이 글에서 말한 도둑이 소매치기나 불량배가 아님은 물론이다. 최씨정권 하에서 정국이 안정되었다고는 하지만 크고 작은 음모는 그치지 않았다. 여기에 전쟁이 더해지고, 각지에서는 반란이 이어졌다. 최충헌부터 사설 군대를 거느리고 있었지만, 이것만으로는 불안했다. 평화로울 때라면 가병만으로도 치안을 유지할 수 있겠지만, 전쟁과 반란이 발생하면 정규 부대를 편성하지 않을 수 없다. 이 정규군이 문제다. 앞서 거란족의 침입 때 최충헌이 개선행사조차 허용하지 않았던 사건을 언급했지만, 군대가 언제 딴 마음을 먹을지 모르는 일이다.

그러므로 "도둑이 많아지면" 즉 반란이 커져서 군대를 편성해야 하는 상황이 되면, 전쟁과 반군 토벌까지 담당하는 정규군을 장악하지 않고서는 안심할 수가 없게 되는 것이다.

삼별초가 최씨가의 가병 즉 사설 군대냐 국가의 정식 군대냐에 대해서는 논쟁이 있다. 가병이든 공병이든 결과적으로 가병 노릇을 했다고 보는 견해도 있다.[03] 하지만 삼별초의 진짜 특성은 가병과 공병 역할을 모두 했다는 데에 있다. 삼별초는 평소에는 치안을 유지하고, 최씨가를 호위하고, 전쟁과 반란이 일어나면 출동하여 전쟁을 수행해야 했다. 그것이 최이가 야별초를 만든 진짜 이유다.

야별초는 점점 늘어 좌·우별초가 되고, 나중에 마별초도 들어오고, 신의군도 들어왔다. 병력이 늘어서 편제가 늘어난 것일까?

아니다. 군대를 사적으로 장악하려면 인맥을 심어야 한다. 사병화가 심할수록 인맥의 정도와 양도 늘어난다. 이것이 정도를 넘으면 인맥 스스로가 인맥을 재생산하여 특수한 단결력을 가진 집단이 되어 버린다. 이 단계가 되면 자신도 통제할 수 없는 위험한 집단이 된다.

이때 나오는 편법이 인맥을 여러 계통으로 나누어 서로를 견제하게 하는 법이다. 『고려사』에서는 최이가 야별초의 수가 많아져서 좌·우별초로 나누었다고 했지만, 사실은 이런 이유가 더 컸을 것이다.

그러나 편법이란 언제나 한계가 있다. 강화천도와 대몽항쟁이라는 특수한 상황은 삼별초를 더욱 폐쇄적인 인맥집단으로 만들었던 것 같다. 그들은 강화도의 유일한 무력이었고, 자신들도 그것을 알고 있었다. 로마의 친위대가 황제를 옹립하듯이 권력이 계승될 때마다 그들은 심상치 않은 움직임을 보였다.

최이가 죽으니 지이부사 상장군 주숙周肅이 야별초와 내외 도방을 영솔하고 정권을 다시 왕에게로 돌릴 생각으로 머뭇거리고 있을 때, 전전殿前

(국왕 앞에서 시위, 호종하는 관직) 이공주, 최양백, 김준 등 70여 명이 최항에게로 넘어갔으므로 주숙도 최항에게 붙고 말았다.[04]

주숙은 최이의 동서였는데, 최이가 죽자 야별초와 도방을 거느리고, 왕에게 붙을지 최항에게 붙을지 망설였다는 것이다. 그러자 이공주 등이 먼저 최항에게 붙었는데, 이들은 최씨가의 노복 출신이었다. 이 공주만 해도 3대째 최씨가를 섬긴 충복이었다. 최이는 1258년에 이공주를 낭장으로, 최양백과 김준을 별장으로, 김준의 형제인 김승준은 대정으로 임명했다.[05]

이 일화는 이공주나 최양백 정도 되어야 최씨가에 확고한 충성을 바칠 만큼 최씨가의 기반이 불안했거나 혹은 삼별초가 지나치게 성장했음을 보여준다. 그러나 이 종들의 충성도 3대까지는 이어지지 않았다. 최항의 후계자인 최의를 죽이는 사람이 바로 김준이다.

최항이 집권 후에 의심이 많아지고 사람을 자주 죽였던 것도 이런 사정을 알고 보면 이해가 간다. 천첩 소생이라는 콤플렉스 때문만이 아니라 그의 권력 핵심부에 균열이 생기고 있었던 것이다.

집단 내부의 인맥은 강화되는 반면 집단간의 균열은 커져가는 현상은 시간이 갈수록 강화되었다. 최의가 죽을 때 최의의 심복들은 최씨가를 죽이는 자와 막는 자로 나뉘었다. 이 균열은 그 후에도 계속되었다. 김준이 최의를 죽이고, 임연이 김준을 죽이고, 홍문계와 송승례가 임유무를 제거할 때 현장에 있던 병사는 피아를 막론하고 모두 삼별초였다.

삼별초의 부대 간에도 균열이 있었다. 특히 야별초와 신의군 사이의 대립이 컸다. 김준이 최의를 제거할 때 신의군이 동원되었다. 임유무를 제거할 때는 송승례의 아들 송분이 끌고 온 신의군이 결정적 역할을 했다. 송분은 신의군의 지휘관이었는데, 그는 신의군을 인솔하

여 야별초 초소를 접수하고, 이들을 합류시켜 이 병력으로 임유무를 공격했다.06

이런 현상을 종합하면 무신정권 말기에 삼별초는 여러 개의 독립 군단처럼 변해 갔고, 인맥도 분화하여 국왕 편에 서는 파벌도 생겼다. 권력이 후계자에게 넘어갈 때마다 인맥의 구도에도 변화가 발생한다. 자체적인 내적 인맥이 이미 형성된 사병화된 집단일수록 인맥 구성의 다양성과 탄력성이 떨어지기 때문에 권력지도가 변하면 새 권력에 포용되는 집단보다 소원해지는 집단이 많아지게 된다. 마침내 분열된 집단은 제각기 다른 권력과 연결된다. 지금까지 드러난 경우만 보아도 김준과 임연, 국왕 편에 붙은 삼별초가 있었다.

하지만 개개의 무사집단이 특정 권력과 연결된 특수한 집단이 되고 싶어하는 속성은 전혀 바뀌지 않았다. 그런데 원종은 이것을 잘 이용해서 자기 편으로 흡수해야 했는데, 일괄적으로 삼별초 해산령을 내렸다. 그리고 해산하고 나면 능력에 따라 좋은 관직을 주고 잘 대우해 주겠다고 회유한다. 삼별초 입장에서 보면 자신들의 조직과 구성 자체가 힘이다. 이빨과 발톱을 뽑힌 사자가 사자 대우를 받을 수 있을까? 이 같은 자각이 분열되었던 삼별초를 다시 단합시켰다.

약간의 소수를 제외하고 삼별초는 자신들의 권리를 사수하기 위해 다시 뭉친다. 강화의 거리와 포구가 환도 준비로 북적이던 1270년 6월 1일 갑자기 도심 어디에선가 몽골군이 진입하여 사람들을 학살한다는 외침이 들려오기 시작했다.

> "병사들, 싸울 수 있는 사람은 궁궐의 광장인 구정毬庭(이곳에서 격구를 했기 때문에 구정이라는 명칭이 붙었다. 원래는 개경의 신무문 앞 광장인데, 강화의 궁에도 똑같은 명칭의 연병장을 만들었던 모양이다)으로 모여라!"

　병사들이 궁궐 마당에 집결하고, 무기고가 열렸다. 한편 이 난리통에도 부처의 치아를 보관하는 십원전을 담당했던 심감선사는 궁전으로 뛰어들어가 도난사건 후에 다시 만든 불아함을 들고 뛰쳐나왔다. 그의 신속하고 용감한 행동으로 불아와 낙산사의 보주는 약탈을 면했다. 나중에 충렬왕은 개경 묘각사의 금탑에 이 보물을 안장했다.

　포구에서는 보다 솔직하고 조직적인 점거가 시도된다. 포구로 들이닥친 군인들은 양반들은 배에서 내리지 않으면 모두 죽이겠다고 소리쳤다. 어느새 수군을 태운 배들이 항구를 봉쇄했다. 눈치 빠른 몇몇 사람들은 노를 저어 탈출을 시도했고, 포구에서는 쫓고 쫓기는 추격전이 벌어졌다.

　마침 가족과 함께 포구에 있던 장군 현문혁은 삼별초의 하선 명령을 무시하고 개경 쪽으로 배를 몰아 달아났다. 실은 그도 삼별초 지휘관 출신이다. 삼별초의 배가 추격해 오자 현문혁은 활을 쏘아 접근을 막았다. 삼별초의 배는 4~5척이 대형을 이루며 접근했지만 현문혁은 네 척의 배를 향해 번개같이 활을 쏘아대며 4 : 1의 사격전을 감당했다. 그의 아내가 옆에서 화살을 뽑아준 덕분이었다.

　그러나 배가 여울에 걸리는 바람에 이 용감한 부부의 분전은 끝이 났다. 현문혁의 배가 좌초하자 삼별초군이 근접하면서 화살이 정확하게 날아들었고, 한 발이 현문혁의 팔을 관통하여 그를 쓰러뜨렸다. 하지만 삼별초는 현문혁을 죽이지 않고 생포했다. 그를 아는 사람이 추격대에 있었거나 처음부터 삼별초에 합류시키려는 의도가 강했던 것 같다. 나중에 현문혁은 아들과 함께 다시 탈출하여 개경으로 돌아왔고, 역시 삼별초 토벌전에서 명성을 날린 나유와 함께 여러 전투에 종군하여 공을 세웠다.

그러나 남편 못지않은 투사였던 그의 부인은 남편이 쓰러지고 삼별초의 추격대가 접근하자 "쥐새끼 같은 놈들에게 욕을 당할 수 없다."고 소리치며 두 딸을 껴안고 바다로 투신하였다.

김준 및 임연과 대립했던 유경은 소문난 거부였다. 이 재물 때문에 모함을 받아 거의 알거지가 되었다. 다시 재기해서 재산을 모은 그는 개경으로 이사하기 위해 배 두 척을 구했다. 큰 배에는 재물을 싣고 작은 배에는 가족을 실었다. 그런데 삼별초군이 진입하는 바람에 잡히고 말았다. 유경은 삼별초군과 큰 배에서 함께 지내며 그들로부터

강화 삼별초 비
강화를 약탈한 후 삼별초
함대가 출발한 곳이라고 전
해지는 강화군 내가면 외
포리 선착장 앞에 서 있다.

신뢰를 얻었다. 어느 날 그는 구토를 하면서 더위를 먹은 것 같으니 작은 배에 가서 시원한 공기를 마시게 해달라고 요청을 했다. 군사들이 허락하자 유경은 즉시 큰 배와 연결된 밧줄을 끊고 도주했다. 삼별초는 유경을 추적했으나 따라잡지 못했다.[07] 그를 따라잡으려면 짐을 버려서 배를 가볍게 해야 했는데, 재물에 탐이 난 그들은 차라리 유경을 놓치는 쪽을 선택했던 것 같다. 아니면 순진하거나 양심이 있어서 재물을 받은 대가로 놓아주었거나. 유경은 두 번이나 재산을 잃었지만, 한 번은 재산 때문에 패망하고, 한 번은 재산 덕분에 가족과 목숨을 구했다.

현문혁과 유경만이 아니다. 한국에 최초로 성리학을 도입하고, 성균관을 세웠던 유학자 안향과 『제왕운기』의 저자 이승휴도 삼별초군에게 잡혔다가 탈출해서 빠져나왔다.[08] 삼별초 지휘부가 "놓아주는 자는 처벌한다."는 명령을 내린 기록[09]이 있는 것으로 보아 싸우거나 속임수로 빠져나온 경우도 있지만 아는 사람의 도움을 받거나 순박하거나 인정 있는 병사를 만나 빠져나온 경우도 있었던 듯하다. 그러나 대부분의 사람들, 특히 여자와 아이들은 그렇지 못했다. 대몽전쟁과 무신정권이 종결되는 시점에서 선택받은 사람들은 비로소 이산가족이 된다.

강화를 점거한 반군은 승화후承化侯 왕온을 협박하여 왕으로 세우고, 남아 있던 문신 몇 명을 붙잡아 관료로 삼았다. 삼별초가 일본에 보낸 문서에는 왕이 아니라 황제로 표기되어 있다. 그런데 왕온은 꼭 협박 때문에 삼별초의 수장이 된 것이 아닐 수도 있다는 해석도 있다. 왕온은 문종의 동생인 평양공 왕기의 후손인데, 왕기는 문종을 제거하려는 음모를 꾸미다가 갑자기 사망했다. 사후에 그의 음모가 드러나서 많은 사람이 숙청되었는데, 셋째 아들 왕영만이 나이가 어린 탓에 처벌을 면했다. 왕온은 이 왕영의 후손이다.[10]

왕온은 이런 내력을 지닌 집안의 후예여서 정치적으로 불안했거나 여러 가지 차별대우를 받았을 수도 있다. 삼별초도 그것을 알고 왕온을 끌어들인 것인지 모른다.[11] 그러나 평양공 왕기의 모반음모는 오래전 일이고, 왕영의 후손들은 왕족으로 대우를 받으며 살아왔다. 또 나중에 왕온의 조카가 삼별초 토벌군의 지휘관이 되었다. 그러므로 왕온이 집안의 내력과 차별 때문에 삼별초에 합류했다고 확신할 수 없다. 오히려 그런 사연이 없어도 권력의 자리는 매력적이다. 왕온이 정말 우연히 그들에게 잡혀간 것인지, 삼별초가 의도적으로 접근한 것인지는 현재로서는 알 수 없다.

반군은 노획한 관료들의 처첩과 딸을 골라 취하고, 자신들의 인질로 삼았다. 개경으로 미리 나와 있던 백관들은 가족들이 유괴되었다는 소식을 듣고 천지가 진동하도록 통곡했다고 한다. 그러나 조금 후 이성을 되찾은 그들은 허겁지겁 새 장가를 들기 시작했다. 강화도에서 납치된 사람들을 다시 구출하는 데는 1년 정도의 시간이 걸렸는데, 그 사이 대부분의 사람들은 기회라는 듯이 아내를 새로 얻었다.

> 나유는 여러 번 승진해서 장군이 되었고 원수 김방경을 따라 삼별초를 진도에서 토벌하여 전공을 세웠다. 당시 조정 관원의 처들이 모두 반란군에게 붙잡혀 갔기 때문에 대부분 새 장가를 들었다. 반란군이 평정되자 처들 가운데 돌아온 이들이 있었건만 모두 내버리고 말았다. 나유 역시 새로 처를 얻었으나 맨 먼저 적군 속에 들어가서 옛 처를 찾아내고 귀환한 후 다시 처음과 같이 부부가 되어 살았다. 그 소식을 들은 사람들이 모두 의리가 바른 사람이라고들 하였다.[12]

　　반란 이틀 후인 6월 3일, 삼별초는 강화도에서 붙잡은 백성을 끌고 남으로 탈출했다. 배만 1천 척이나 되는 엄청난 규모였다. 강화를 떠난 삼별초는 서해안의 여러 섬들을 점거, 약탈하면서 70여 일 간 서해를 떠돌다가 9월에 진도로 들어갔다.

　　삼별초가 반란 초기에 70일이라는 오랜 기간 서해를 유랑한 것은 이해하기 쉽지 않다. 초기 계획에 문제가 있었던 것도 같고, 여름철이므로 장마와 태풍도 그들의 발을 붙잡았을 것이다.

　　그러나 중요한 이유의 하나는 여러 섬에 흩어져 있는 삼별초와 동조세력을 규합하는 것이었다. 대몽항쟁기 동안 주요 항쟁 거점은 섬이었다. 그래서 많은 섬을 요새화하고 별초를 파견해 두었다. 그러다 보니 일찍부터 섬에서는 무인정권과 깊은 인적·물적 유대관계가 형성되

용장산성
산성에서 내려다본 삼별초
의 근거지와 진도 앞바다.

었다. 그 한 예로 최씨정권의 토지가 경상도, 전라도 남해안의 섬 지방
에 광범위하게 분포되어 있었는데, 진도에도 최씨의 농장이 있었다.[13]
1256년 대부도 별초가 출격하여 몽골군 100명을 죽인 사건이 있다.[14]
당시로서는 꽤 큰 전투에 속하는데, 삼별초가 반란을 일으키자 대부
도도 즉시 삼별초 정권에 귀순하였다.

2. 용장산성

진도로 들어간 삼별초가 자리를 잡은 곳이 지금의 벽파진과 용장산성
이다. 벽파진은 진도 대교 남쪽에 있는 포구로 진도와 내륙을 연결하
는 최단 코스의 항구다. 진도대교가 들어서기까지는 진도의 관문이었
다. 울돌목의 어구로 임진왜란 때 명량해전을 치른 이순신 장군의 함
대가 주둔한 곳이기도 하다. 또 벽파진 남쪽 해안가의 지명이 고군古郡
인 것으로 보아 고려시대에는 읍치가 이곳에 있었을 가능성도 있다.

벽파진은 지세도 독특해서 바다를 제외한 나머지 3면이 이중으로 산에 감겨 있다. 삼별초는 이 산의 능선을 따라 성을 쌓아 이 지역을 요새화했다. 이 성이 용장산성인데, 전체 길이는 약

벽파진과 용장산성
바다를 앞에 두고 삼면에
능선을 따라 성을 쌓았다.

13km다. 성벽은 안쪽은 흙을 대고 바깥쪽에만 돌로 쌓는 속성법을 사용했다. 삼별초의 왕궁은 성의 중앙부 맨 안쪽 산등성이에 있었다. 원래는 절터였는데, 경사진 곳이므로 여러 층으로 축대를 쌓고 그 위에 건물을 세웠다. 발굴조사에 의하면 전체 면적은 약 7,000평이고 17채의 건물이 있었다.

근거지를 정한 삼별초는 서남해안의 섬지방을 근거로 삼아 세력을 확대했다. 완도, 남해도, 거제도 등 남해의 주요 섬들이 모두 삼별초의 근거지가 되었다. 삼별초의 장군인 송징은 완도에,[15] 유존혁은 약 80척의 병선을 거느리고 남해도에 주둔했다. 이 섬들을 중심으로 인근 내륙지방까지 삼별초의 세력권에 들어갔다.

지도를 보면 진도는 서해와 남해가 나뉘는 모서리 부분에 있다. 이곳처럼 땅이 돌출한 지역은 해류가 부딪히고 물살이 거세서 옛날 배들은 크게 우회하지를 못한다. 즉 꼼짝없이 진도에 붙어 항해해야 하며 물살이 빨라서 배가 지날 수 있는 시간도 제한이 많다. 지나가는 배를 요격하거나 조운선을 털기에는 최적의 장소다. 실제로 삼별초가 진도에 정착하자 당장 조운로가 막혀서 개경정부는 큰 어려움을 겪었다.

고려군은 장군 양동무와 고여림을 시켜 바로 진도 공격을 개시했다. 아마도 호남에 있던 지역병을 동원한 것 같다. 두 장군은 모두 용

감한 장수들이었다. 고여림은 야별초 지휘관 출신으로 임연이 김준을 제거할 때 크게 활약했다. 그 공으로 장군으로 승진했던 것 같은데, 이때는 완전히 정부군 장수가 되어 있었다.

용장산성 안의 궁전터
사찰이 있던 자리에 궁전을 지었다. 가장 안쪽 높은 곳에 궁이 있었다. 사진에 보이는 산의 능선에 산성이 있었다. 아래 사진은 산성 안에 남아 있는 우물.

그러나 장수가 용감해도 허술한 관군은 삼별초군의 상대가 되지 않았다. 삼별초는 도리어 공세로 나와 호남의 여러 고을을 공격하여 수령이나 지휘관을 사로잡고 복속시켰다.

이때 삼별초가 주목한 지역이 나주였다. 지금은 작은 도시가 되었지만 당시 나주 영산포는 서해 해로와 영산강 수운의 요지였다. 진도와 마주보고 있는 전남 내륙을 장악하기 위해서는 필수적인 곳이었다. 옛날 고려 태조 왕건이 수군으로 나주를 점령하는 바람에 후백제가 전남지역을 상실하고 그것이 후삼국 항쟁에서 패배하는 주요한 원인이 되었던 사실을 상기하자.[16]

삼별초가 나주를 위협하자 나주 부사와 관원들은 감히 저항하지 못하고 머뭇거렸다. 그런데 상호장인 정지려가 거꾸로 항전을 요구했

220

다. "성을 고수하지 못할 바에야 차라리 산골로 도피하겠다. 한 고을의 수석 아전으로서 무슨 면목으로 나라를 배반하고 적에게 복종하겠는가?"

다른 고을에서라면 아전이 먼저 항복하려고 하고, 수령이 "한 고을의 관리로서 무슨 면목으로 나라를 배반하고 적에게 복종하겠는가?"라고 소리쳐야 정상인데, 나주에서는 관리와 향리가 거꾸로 되었다. 이것도 나주와 고려왕실과의 특별한 관계 때문이다. 태조가 나주에서 기반을 얻었고, 나주에서 얻은 장혜왕후의 아들이 혜종이 되었다. 거란이 침공했을 때 개경을 버리고 피난한 현종은 피난길에 갖은 고생을 했다. 관리와 백성들은 개경을 상실한 왕을 약탈하고 공격하기 일쑤였다. 그런 현종을 맞아 보호해준 고장도 나주였다.[17] 그 일이 있은 지 수백 년이 더 지났지만 나주는 끝까지 고려왕실을 배신하지 않았다.

정지려의 질책에 감동한 나주 사록 김응덕은 항전을 결심하고 즉시 인근 고을에 공문을 보내 금성산성으로 병력을 모았다. 금성산은 나주읍 서남쪽 고지대에서 나주를 내려다보고 있는 산이다. 마치 깎아서 만든 듯 매끈한 원추형 산으로 산성을 두기에는 이상적인 지형이었다.

나주로 몰려온 삼별초는 7주야를 공격했으나 금성산을 끝내 함락시키지 못했다.[18] 나주가 떨어지지 않자 삼별초는 병력 일부를 돌려 전주를 공격했다. 전주는 나주와 달리 지레 겁을 먹고 항복하려 했고, 이 소식에 잘 싸우던 나주까지 동요했다. 삼별초가 승리를 거두려는 찰나 김방경이 인솔하는 고려정부군과 몽골군이 호남 땅에 들어섰다. 김방경의 군대가 근접했다는 소식을 들은 나주와 전주는 항전의지를 굳혔고, 삼별초는 철수하였다.

이 실패는 삼별초에겐 치명적이었다. 만약에 삼별초가 나주와 전주를 장악했더라면 정부군은 충청도에 머물러야 했을 것이고, 호남의 삼별초를 방어하느라 진도는 공격할 엄두도 내지 못했을 것이다. 이 틈에 삼별초가 서해안을 완전히 장악하면 충청도의 정부군도 측면이 압박당하고 보급로가 끊기므로 한강 이북으로 밀려 올라갈 것이다. 그렇다면 삼별초는 황해도에 상륙해서 개경 공략을 시도할 수도 있었다.

물론 설사 그렇게 되었다고 해도 원의 지원을 받는 고려왕실을 완전히 밀어낼 수 있었겠냐는 데는 의문의 여지가 있다. 삼별초군이 개경을 점령했더라면 쿠빌라이는 분명 고려에 강력한 대군을 파견했을 것이다. 쿠빌라이는 고려에 대한 애착이 대단하였다. 자기 말처럼 원종과의 젊은 날의 우애 때문이 아니라 일본 원정에 대한 욕심 때문이었다. 마르코 폴로의 여행기에도 나오지만 도대체 누가 그런 허위정보로 황제를 홀렸는지 몰라도 쿠빌라이는 황금의 땅 '지팡고'(일본)에 대해 이상할 정도로 과도한 환상과 집착을 보였다. 그 환상을 이루기 위해서는 고려가 반드시 필요했다.

그러나 설사 원의 공세를 막아내지 못했다고 해도 삼별초가 나주와 전주를 점령했더라면 반란의 양상과 규모는 크게 달라졌을 것이고, 역사는 전혀 다른 방향으로 진행되었을지도 모른다.

하지만 나주와 전주 공략에 실패함으로써 상황은 급변한다. 삼별초의 진도 입거 자체가 전술적 실패가 되어 버린다. 반란이란 세력을 확산시키는 것이 성패의 관건이다. 정부 측에서도 반란이 발생하면 제일먼저 하는 일이 세력 확산을 차단하는 것이다. 그런데 삼별초는 진도에 틀어박힘으로써 스스로 내륙과 단절되었다.

이 무렵 삼별초는 김해도 침공하는데, 남해도의 유존혁 부대가 아닌가 싶다. 그러나 이들도 경상도 진입에 실패하였다.

흔히 삼별초의 진도 입거를 이야기할 때 진도가 뛰어난 요새라는 사실을 강조한다. 진도는 좋은 요새였지만, 요새란 분수의 분출구와 같이 밖으로 터져나가는 기반이 될 때 전술적 의미가 있다. 그것이 없는 요새란 단순한 버티기에 불과하고, 패배의 시간을 연장시키는 역할밖에 못한다.

결과론이지만 삼별초는 서해에서 너무 꾸물거렸고 힘을 분산시켰다. 해상에 웅거해서는 정부와 몽골군을 괴롭힐 수는 있지만, 이길 수는 없다. 삼별초의 지휘부도 이 사실을 알기는 알았을 것이다. 그러나 그들은 결코 포기하지 않았다.

지휘부의 숨은 고민이야 어떠했든 삼별초 병사들의 움직임은 활력이 넘쳤다. 진도에서 거제도까지 남해안의 큰 섬들은 다 장악했다. 1271년까지 삼별초가 장악한 섬은 30여 개였다.[19] 마침내 1270년 11월에 이문경이 이끄는 삼별초의 분견대가 제주도에 상륙했다.[20]

그러나 제주에는 이미 관군이 파견되어 있었다. 삼별초의 제주 진출을 예측한 고려정부는 영광 군수 김수를 파견하여 제주를 수비하게 했다. 김수는 전라도 광주 출신으로 과거 급제 출신의 문관인데, 담량이 출중한 인물이었다.[21] 정말로 담력과 포부가 없이는 맡을 수 없는 업무였다. 김수가 거느린 병력은 200명에 불과했기 때문이다. 제주 방어는커녕 제주의 포구 하나도 지킬 수 없는 병력이었다. 정부는 다시 장군 고여림을 보내 제주 수비대를 증원했으나 고여림의 증원병도 70명에 불과했다. 아무리 고려가 어려운 상황이었다고 해도 도저히 이해할 수 없는 규모다. 그래서 이 70명을 700명의 오기로 보는 견해도 있다.[22] 아니면 제주에 제주민으로 조직된 기간 병력이 있고, 이 70명은 군관과 무사로 구성된 초급장교와 하사관급 병력일 것이다. 당시 이들의 파견을 명령한 사람이 전라도 안찰사 권단이었다는 기록[23]으로 보아 영광과 나주의 지역병 중에서 정예병을 차출했던 것 같다.

관군이 믿는 바는 제주도의 병력을 동원하는 것이었다. 그러나 제

명월포
1374년 제주반란 때 최영이 인솔한 고려군이 이곳으로 상륙했다. 조선시대에는 성을 쌓고 수군기지를 만들었다(『제주십경』).

주의 민심은 극단적으로 나빴다. 16세기까지도 제주도 사람들은 길에서 관원을 만나면 도망가 숨었다고 할 정도로 관원과 육지 사람을 싫어했다.[24]

제주로 가는 뱃길은 전라도에서 출발하여 추자도를 거쳐 제주로 연결되었다. 제주의 포구는 현재의 제주시 서쪽 협제 해수욕장 옆에 있는 애월포와 애월포 조금 동쪽에 있는 명월포, 그리고 제주시 동쪽의 조천포다. 제주 항로가 서북쪽에서 접근하므로 제주로 오는 배는 애월과 명월, 조천 순으로 도착한다.

이 세 항구 중에서 제주 중심부(지금의 제주시)와 제일 가깝고 편리한 곳은 조천이다. 조선시대에 제주로 부임하는 관원들은 조천을 통해 제주에 들어오고 나갔다.

김수와 고여림의 관군도 조천에 주둔했던 것 같다. 하지만 조천은 동쪽 끝에 있는 항구라 삼별초가 애월이나 명월로 상륙하면 탐지할 수가 없다. 세 항구 모두에 수비대를 배치하면 좋겠지만 병력이 턱없이 부족하다. 할수없이 김수는 조천을 지키면서 애월이나 명월에서 조천으로 이르는 지점에는 보루를 쌓아 방어선을 구축하려고 했다. 그러나 제주민들이 관군에게 전혀 협력하지 않아 보루 축조작업은 실패했다.[25]

현재 제주시 남쪽에 남아 있는 환해장성이 이때 관군이 쌓은 성이라는 설이 있다. 『신증동국여지승람』에 의하면 고여림이 삼별초를 막기 위하여 1천 명을 거느리고 쌓았다고 한다. 그러나 당시 관군은 장성을 축조할 만한 시간이 없었다.
물론 제주민을 어느 정도는 징발해
서 인부로 충당했을 수도 있고, 이
미 있던 성을 보강했다면 짧은 시
간에 성을 완공할 수도 있다. 그러
나 장성은 수비병력이 많이 필요하
고, 전략적으로 무용해서 이런 성
을 쌓았을 것 같지는 않다. 그들의
입장에서는 상륙 지점에서 저지하
거나 제주읍으로 오는 길목의 요충
을 장악하는 것이 가장 합리적인

조천 포구
바닷물이 해자 역할을 하
고 있음을 알 수 있다(『제
주십경』)

방법이었다.

그러나 이 차단작전도 실패로 돌아갔다. 삼별초는 관군이 지키는
조천을 피해 제주 서쪽에 상륙했는데, 제주민으로부터 외면 당한 관
군은 이들의 움직임을 전혀 탐지하지 못했다.[26]

조선시대에 조천 포구에는 포구를 방어하기 위한 작은 성이 있었
다. 성 주변으로 바닷물을 끌어들여 해자를 만들었다. 고려시대에도
어떤 형태든 방어시설은 있었을 것이다. 그러나 해안진지는 상륙하는
적을 막기 위한 요새라 육지에서의 공격에는 취약하다. 삼별초군이
애월 쪽에 상륙해서 진격해 오자 그들을 막을 요새가 없는 관군은 자
연지형에 의존해서 방어선을 쳐야 했다. 이런 경우 가장 적합한 지형
이 하천이다. 관군은 포구를 포기하고 서쪽으로 이동하여 송담천松淡
川에서 삼별초와 만났다. 이 송담천은 지금의 제주시 화북2동에 있는
별인내라고 한다.[27] 삼별초는 제주읍을 지나 이 하천 서쪽편 지금의
화북1동에 있는 동제원[28]에 진을 쳤다.

최초의 충돌에서 관군은 용감하게 싸워 삼별초의 선발대를 거의

벽파진
수평선쪽 육지에 고려군
의 기지가 있었다. 진도대
교의 개통으로 오늘날에는
거의 항구로 사용되지 않
고 있다.

살해했다. 그러나 제주민이 삼별초에 가세하는 바람에 삼별초군의 전
력이 크게 증강되었다. 관군이 수세에 몰리면서 김수가 전사하고, 고
여림도 전사했다. 마지막으로 관군 측에는 진자화라는 나주 출신의
19세의 소년 장수만이 남았다. 진자화는 적진으로 돌입하여 삼별초의
장수를 살해하는 등 맹활약을 펼쳤으나 세 번째 돌격 때 전사하고 관
군은 전멸하였다.[29]

　　제주마저 삼별초에 떨어졌다는 우울한 소식이 들려오는 동안 진도
를 바라보는 좁은 해협에서는 관군과 삼별초가 대치중이었다. 이곳의
전황도 회색빛이었다. 삼별초 수군은 정부군을 압도하였다.

　　반적들은 약탈해 간 선박들과 군함들에다 모두 괴상한 모양을 한 동물
　　들을 그렸는데, 그 배들은 강을 덮을 듯이 많고 그 그림자들은 물 위에
　　비치어 어른거렸다. 게다가 움직이고 돌아가는 것이 날아다니는 듯 빨라
　　서 힘으로는 당해내기 어려웠다. 매양 싸울 때마다 반적들의 군사들이
　　먼저 북을 울리고 고함을 지르면서 돌진해 오곤 했다.[30]

이 상황을 이해하려면 벽파진 앞바다와 지형에 대한 이해가 필요하다. 삼별초의 배들이 날아다니듯 움직였다는 그 바다는 300년 후 명량해전이 벌어진 바로 그 해협이다. 물살이 빠르고 변화가 심하기로 악명 높은 곳이다.

옛날 배는 동력선이 아니므로 물길을 맞추지 못하면 운신하기조차 쉽지 않다. 삼별초 수군은 현지 기반이 탄탄했고, 관군과 몽골군은 그렇지 못했다. 그래서 삼별초군의 배는 날아갈 듯 움직이며 공세적으로 나왔지만, 기동이 되지 않는 정부군은 수세에 몰릴 수밖에 없었던 것이다.

초기 전황은 삼별초군이 압도하는 듯했지만, 삼별초군에게도 심각한 어려움이 있었다. 진도는 면적이 430.82km^{2}로, 302.14km^{2}의 강화도보다 더 넓은 섬이다. 개경 주민이 통채로 강화도로 이주한 상태에서도 강화도가 너무 넓어 수비가 곤란하다는 판이었다. 삼별초는 진도 전역을 도저히 지킬 수가 없었다.

만약 정부군이 진도의 다른 항구로 상륙해 오면 꼼짝없이 지상전을 치러야 한다. 병력과 방어시설이 부족하고, 몽골군까지 대적해야 하는 삼별초군으로서는 불리할 수밖에 없다. 그러므로 삼별초는 초기에 공세적으로 나가 정부측 수군을 궤멸시키거나 지속적인 공세와 신속한 기동으로 관군을 위협하여 그들이 배를 띄울 엄두를 내지 못하도록 해야 했다.

김방경과 아도는 다른 항구를 통해서라도 진도로 진입하고 싶었겠지만 그것이 쉽지 않았다. 대규모의 배와 병력을 삼별초의 눈에 띄지 않게 이동시키기란 불가능했다. 혹 상륙에 성공한다고 해도 수군이 궤멸되면 육상의 부대는 보급이 끊겨 고립된다.

지금의 벽파진 건너편에 주둔한 관군은 삼별초를 봉쇄하는 의미도 있다. 만약 우회 상륙을 위해 이동하면 삼별초는 역으로 벽파진을 탈출하여 내륙으로 들어갈 수도 있었다. 결국 관군으로서는 벽파진 앞바다의 제해권을 장악한 뒤에, 벽파진으로 밀고 들어가는 것 외에는 방법이 없었다. 김방경은 수비를 강화하고, 섣부른 대응과 공격은 자제하면서 오직 수군력 증강에 노력했다.

관군이 장기전을 택하자 삼별초는 초조해졌다. 장기전이란 결국 물량작전이고, 관군과 몽골군은 지속적으로 증강될 것이다. 이때 갑작스레 기회가 왔다. 토벌군 내부에는 여러 가지 알력이 있었다. 몽골군 지휘관 아해는 김방경을 좋아하지 않았다. 삼별초를 빨리 토벌하지 않는다며 조급증을 부리는 사람도 있었다. 이 사태는 김방경의 반군 내통설로 발전했다.

개경으로 압송되었던 김방경은 이 고발이 무고로 판명되어 전선으로 복귀한다. 하지만 이렇게까지 된 이상 더는 전투를 미룰 수가 없게 되었다. 1270년 11월 22일 고려와 몽골 연합함대가 총공격을 개시했다.

고려군의 전함은 100여 척, 삼별초의 함대는 30여 척이었다.[31] 그러나 삼별초 함대가 공격해 오자 몽골군은 겁을 집어먹고 후퇴해 버렸다. 하지만 김방경은 "오늘 적과 승부를 내야 한다."고 소리치며 용감하게 적진의 중앙으로 돌진했다. 관군은 병력상으로는 우위지만 수군의 질이 떨어진다. 그래도 정부군에는 항상 우수한 장비와 정예 무사가 있다. 김방경은 질이 떨어지는 함대는 주변부에서 엄호하게 하고, 최고의 배에 최정예 병사를 태우고, 혹은 그런 병선을 몇 척 마련해서 적의 심장부로 돌격하는 작전을 쓴 것이 분명하다.

삼별초도 고전적인 방식으로 대응했다. 적의 병력이 우세할 때는 적의 머리를 쳐야 한다. 질적으로 우수하고, 진도의 물길에 능숙했던 삼별초군은 김방경이 탄 사령선을 본대에서 분리시키고 포위하는 데 성공했다. 그래도 사령선은 강해서 쉽게 함몰되지는 않았다. 그러자 삼별초는 사령선을 포위하고 함정으로 밀어넣었다.

무동력선인 옛날 전함은 물길에 잘못 걸리면 방향을

울돌목
현재의 진도대교 아래의 바다다.

바꿀 수도, 원하는 곳으로 갈 수도 없다. 하물며 이 바다는 급류로 유명하다. 지금도 진도 대교에서 내려다보면 중앙부로 흐르는 엄청난 물살을 볼 수 있다. 현지 주민 분들의 말로는 진도대교가 들어서고, 간척사업도 행해져 물살이 예전보다 상당히 약해졌다고 하는데도 이 정도다. 가운데의 조류가 워낙 빨라서 주변부는 물살이 뒤틀리고, 바깥으로 밀려난다.

김방경의 배도 이 물길에 걸렸다. 김방경은 자신의 배가 삼별초가 진을 치고 있는 진도 해안 쪽으로 밀려가고 있다는 사실을 발견했으나 벗어날 수가 없었다. 적의 땅으로 흘러들어가는 동안 사령선의 병사들은 죽을 힘을 다해 싸워 삼별초 군의 승선은 간신히 막았으나 화살과 돌도 다 떨어지고, 화살에 맞아 부상당하지 않은 병사가 없었다. 마침내 김방경의 배가 진도 해안에 걸렸다. 침을 삼키며 육지에서 기다리던 삼별초군이 배로 뛰어올랐다. 화살이 떨어진 관군은 백병전으로 그들을 저지해야 했는데, 이미 대부분의 병사가 화살에 맞아 바닥에 쓰러진 상태였다.

김방경은 "차라리 고기 뱃속에 장사를 지낼지언정 어찌 반적들의 손에 죽겠느냐?"라고 하면서 바다에 몸을 던지려고 하였다. 그러나 시위병이었던 허송연과 허만지 등이 말렸다. 이때 부상당한 군사들이 김방경이

몽충
『무경총요』(송, 1044년)에
실린 그림.

위급한 것을 보고 소리를 내지르면서
일어나 급히 싸웠으며 김방경은 호상에
앉아 군사들을 지휘하였는데 안색이
조금도 변하지 않았다.[32]

승리의 여신이 삼별초를 향해 미
소를 지으려는 순간 장군 양동무가
몽충蒙衝을 몰고 포위망을 뚫고 들
어왔다. 몽충은 중형의 전함으로, 갑판 위에 선실을 크게 짓고 그 안
에 궁수를 태워 백병보다는 사격을 위주로 하는 배다. 아마 사방으로
난사를 하면서 길을 열고 들어온 것 같다. 그의 분전으로 포위망에
틈이 생겼고, 김방경은 간신히 포위를 뚫고 나올 수 있었다.

관군의 패전은 현지 수로에 적응하지 못한 상태에서 서둘러 공격을
개시한 탓이었다. 전투 후에 김방경이 장군 안세정과 공유가 사령관
의 위기를 구경만 하고 구하지 않았다는 죄로 처벌한 기록이 있다. 그
런데 이들이 꼭 비겁해서 구경만 한 것은 아닌 듯하다. 김방경을 구한
장군 양동무는 김방경이 오기 전에 제주에서 전사한 장군 고여림과
함께 지역군을 이끌고 진도의 삼별초를 공격했던 사람이다. 그 자신
이 이 지역 출신이거나 최소한 그의 병사들이 이 지역 출신임에 틀림
없다. 그래서 김방경이 꼼짝없이 밀려들어간 물길을 건너 김방경을 구
하고, 관군 쪽으로 돌아나올 수 있었던 것이다.

관군이 비록 패전했지만 김방경은 능력과 리더십을 인정받았다. 몽
골은 수군을 충분히 확보하고 현지 적응력을 높인 후에 진도를 공략
하자는 김방경의 계획을 승인하고, 몽골 사령관 아해를 흔도로 교체
했다.

삼별초로서는 천재일우의 기회를 놓친 셈이었다. 이 무렵 삼별초는 일본으로 사신을 보낸다. 정확한 내용은 알 수 없는데, 몽골이 일본을 침공하려 한다는 정보를 제공하고, 대몽 공동전선의 결성과 병력 및 식량의 지원을 요청했던 것 같다.

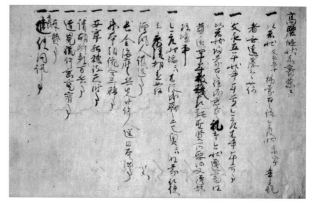

삼별초가 일본에 보낸 교서에 대한 처리를 논의한 문서

일본의 지원을 끌어내고, 제주도와 남해안 주민의 참여를 끌어내려면 시간이 필요했다. 시간 끌기에 가장 좋은 방법은 회담이다. 삼별초는 몽골군 사령관 흔도에게 밀사를 보내 양자 간의 비밀회담을 제의한다. 몽골측 기록에는 몽골군이 물러나면 나와 항복하겠다고 했다가,[33] 이를 거부하자 전라도를 떼어주면 몽골에 귀속하겠다는 제안을 했다고 한다.[34] 이 제안은 삼별초가 전라도를 차지하도록 몽골이 도와주면 평북지방이 반란을 일으켜 몽골에 투항한 뒤 몽골의 동녕부가 된 것처럼 고려로부터 분리 독립하여 몽골의 자치구가 되겠다는 것이다.

이 제안이 사실이라면 오늘날 민족항쟁으로 높이 평가받고 있는 삼별초의 위상은 땅에 떨어지게 된다. 물론 이 건의가 진심이 아닌 계략이었을 가능성도 높다. 흔도는 회담 제의를 거부했고, 고려군에게도 이 정보가 흘러 들어갔다. 몽골 조정에서도 삼별초의 제의는 시간 끌기 작전이라고 일축했다.[35]

삼별초의 진심은 무엇이었을까? 현재로서는 영원히 알 수 없는 답이다. 그러나 삼별초 내에도 여러 기류가 있었을 것이고, 삼별초로서는 모든 가능성을 타진해 보았을 가능성이 높다.[36]

그런데 삼별초만 테이블 전략을 이용한 것은 아니다. 원래 이런

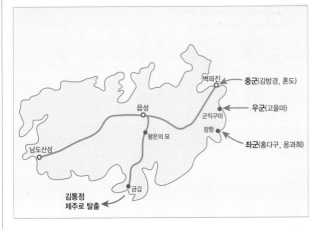

여몽연합군의 진도상륙
작전

술수는 써먹을 수 있는 카드가 더 풍부하고, 문관과 전문가가 많은 정부 측이 더 유리하고 노련할 수밖에 없다. 고려정부도 사신을 파견해서 여러 가지 제안을 했는데, 마침내 삼별초를 해빙 무드에 빠뜨리는 데 성공한다.

정부의 제안과 계략 역시 내용이 전혀 남아 있지 않다. 삼별초의 요구대로 전라도를 떼어준다고 했을까? 글쎄 그 제안을 했던 삼별초도 믿지 않았을 것 같다. 총체적 사면? 그걸 믿고 무장해제를 할 거면 반란을 일으키지도 않았다. 그럼 제주도 할양?

아무튼 무언가 솔깃한 협상이 진행되는 동안 정부군은 총공격을 준비했다. 삼별초는 일본의 동향에도 꽤 기대를 했을 텐데, 삼별초의 제안이 교토에 있는 천황에게 미처 전달되기도 전에, 실제로는 삼별초의 일본행 사신이 출발하자마자 고려와 몽골군의 총공세가 시작되었다.

진도 상륙의 디데이는 1271년 5월 어느 날이었다. 당시 관군이 보유한 병선이 260척이었다. 계획상으로는 140척을 더 동원하기로 했는데,37 정말 동원을 했는지 취소했는지는 미지수다. 『고려사절요』와 김방경의 전기에는 공격에 참여한 배가 100여 척이었다고 기록되어 있다. 이것은 전체 병선 중에서 대선만 헤아린 숫자일 수도 있고, 김방경이 위치한 중군의 함선 수일 수도 있다.

병력도 크게 증강되었다. 현지에서 6천 명을 추가로 징발하고, 경군과 충청도와 경상도 군사를 추가로 파병하고, 수군 300명을 증원했다. 당시 고려의 국정 고문 비슷한 지위에 있던 몽골관원 탈타아脫朶兒

남도석성
배중손이 최후까지 싸우다
전사한 곳이라는 전설이 있
다. 좁은 만 안에 자리잡은
기지로 조선시대에도 수군
기지로 사용되었다. 성문
앞은 지금은 매립되었지만
예전에는 바닷물이 성 앞
까지 흘러 해자를 구성했
던 것으로 보인다. 전남 진
도군 임회면 남동리.

는 고려측 기록에서도 평판이 아주 좋은 공정하고 양심적인 관원이었
다. 그는 직접 군사를 점검하더니 재상과 고관의 자제로 종군하는 사
람이 없다는 사실을 적발해 냈다. 그리고 이를 빌미로 재상들에게는
말 한 필씩을 군대에 바치고, 4품관 이상 집에는 종 한 명씩을 내어
수군에 보충하라는 명령을 내렸다.[38] 동녕부 지역을 가지고 몽골로 투
항했던 홍복원의 아들 홍다구도 동녕부 병력과 자신의 사병을 거느
리고 진도 공격에 참여했다.[39]

공격군은 고전적인 방식대로 3군으로 편성했다. 김방경과 흔도가 지
휘하는 중군은 정면의 벽파진으로 진군했고, 대장군 김석과 만호 고
을마가 거느리는 우군은 동쪽으로, 홍다구가 인솔하는 좌군은 벽파
진 동남쪽 장항(노루목)으로 들어갔다.

삼별초는 중앙에 병력을 집중했다. 그럴 수밖에 없는 것이 용장산
성은 벽파진 외곽 3면만을 싸고 있어 포구가 뚫리면 용장산성 내부가
바로 열리게 된다. 용장산성 자체가 수군의 압도적 우위를 전제로 한
기지였다.

이 허를 찔러 홍다구의 좌군이 기습적으로 상륙에 성공했다. 홍다

구가 포구에 불을 지르자 장항을 지키던 삼별초의 우군이 놀라 중앙으로 달아나고, 반대로 중군과 좌군은 우군을 돕기 위해 장항으로 달려가다가 혼란에 빠졌다.

홍다구가 상륙한 장항(노루목)은 진도에서는 지금의 고군면 원포 일대라고 구전되고 있다.[40] 김석과 고을마의 상륙지는 군직구미라는 설이 있는데, 고을마가 물 속으로 헤엄쳐 와서 잠입했다는 전설도 있다.[41] 지형상으로 보면 그럴 가능성도 높다고 하겠다. 그러나 이런 지명은 유동성이 크고 상황 설명은 부족해서 홍다구가 상륙한 당시의 상황을 유추하기란 쉽지 않다.

홍다구군의 상륙지점이 용장산성 바깥쪽이었는지 안쪽이었는지도 확실하지 않다. 진도의 전설대로라면 홍다구는 원포 쪽으로 기습상륙하고, 고을마 부대가 UDT처럼 성벽 안쪽 해안으로 수중 침투를 해서 용장산성의 성문을 연 것일까? 아니면 김석과 고을마의 부대가 삼별초의 시선을 끄는 동안 홍다구군이 그 아래쪽으로 기습적으로 상륙했을 가능성도 있다.

홍다구 부대의 상륙지점이 산성 안쪽이었다면 삼별초로서는 방어선을 마련할 곳이 없다. 홍다구가 불을 지른 것도 이 약점을 알고 삼별초군을 동요시키려는 의도였을 것이다.

군대가 혼란에 빠지면 병사들은 자신감을 상실한다. 틀렸다고 생각한 삼별초군은 산성 안에 거주하는 처자들을 포기하고 도주하기 시작했다. 삼별초의 지도자인 배중손도 전사했다.

지휘부까지 쉽게 전사한 것을 보면 일부 부대들이 제멋대로 무너지고 도주하면서 삼별초군은 조직적인 통제를 상실했던 것 같다. 덕분에 강화에서 유괴되었던 관료와 민간인들 상당수가 구조되었다. 김방경이 획득한 사람만 만여 명이었다고 한다.[42]

진도에서 전해오는 전설에 의하면 배중손은 진도군 남단에 있는 남

도석성으로 후퇴하여 최후까지 싸우다가 전사했고, 김통정은 생존자를 이끌고 금갑항을 출발하여 제주로 들어갔다고 한다.[43]

한편 홍다구군의 좌군에는 고려왕족인 왕희와 왕옹이 400명의 군사를 이끌고 참전하고 있었다. 왕희와 왕옹은 삼별초의 왕으로 옹립된 왕온의 친동생인 영녕공 왕준의 아들이었다. 왕준 일가는 원나라에 머물고 있었는데, 왕준은 형을 구출하기 위해 아들 왕희와 왕옹을 토벌군에 참전시켰다. 원종도 이들에게 왕온을 무사히 구해오라는 명령을 내렸다고 한다. 그러나 먼저 상륙한 홍다구는 왕온과 아들 왕환을 살해해 버렸다.

3. 바람과 전설

진도가 함락되자 김통정이 인솔하는 삼별초의 생존자들은 제주로 들어갔다. 남해도에 있던 유존혁도 병선 80척을 이끌고 제주로 합류한

항파두성

다. 진도 함락 당시의 정황으로 추측해 보면 김통정은 진도의 포구 하나를 맡아 지키던 책임자였을 가능성이 있다. 관군의 진도 공략전은 진도의 동북쪽 항구에 집중되었다. 모든 포구를 봉쇄하고 공격할 만큼 배부른 상황이 아니었기 때문에 공격지점에 함대를 집중해야 했다. 그 덕분에 인근 포구에 주둔하던 삼별초의 일부 병력은 패잔병을 수습하여 바다로 탈출할 수 있었을 것이다.

아니면 생존자의 상당수가 수군일 가능성도 있다. 홍다구의 상륙이 기습적으로 이루어졌기 때문에 벽파진 앞에서 본격적인 해전이 벌어지지는 않았다. 해상에서 용장산성이 함락당하는 것을 본 수군 함대의 일부는 전장에서 벗어났을 것이고, 생존자를 수습하여 제주로 갈 수 있었을 것이다.

모든 생존자가 제주로 들어간 것은 아니다. 일부는 서남 해안의 섬으로 들어갔던 것 같다. 지금도 이 일대의 섬에는 그런 전설들이 전해지고 있다.

제주의 삼별초는 제주시 서남쪽 애월읍에 있는 항파두성에 자리

236

를 잡았다. 지금은 항몽유적지로 정비되어 있는 이곳은 바깥쪽은 지형을 따라 토성을 쌓고 안쪽에는 돌로 사각형의 내성을 쌓았다. 내성의 둘레는 약 700m, 외성은 6km 정도다. 외성 성벽의 단면을 보면 전체적으로 삼각형인데, 안쪽에 약간 턱을 주어서 수비군이 엎드리거나 자세를 잡기에 편리하도록 하였다.[44]

건물과 치소는 내성에 있었을 것이다. 성 내부에는 가뭄에도 마르지 않는 상당히 좋은 샘이 있었다. 이 샘은 지금도 남아 있다.

제주도에서 마지막에 항복한 군사가 1,300명이었으므로 전사자, 도망병에 이들과 합류하거나 결혼한 제주 주민을 포함한다고 해도 군사 규모는 3천, 4천 정도고 가족들까지 합해도 최대 1만 명 미만의 집단이었다고 추정된다. 작은 군 하나 수준이다.

처음 제주에 들어온 1년간 삼별초는 별다른 활동을 하지 않았다. 아마 항파두성을 쌓고 제주 주민을 포섭하여 세력을 확충하기 위해 노력했을 것이다. 그러나 제주 주민의 눈에 비친 그들 또한 육지에서 온 불안한 군사집단일 뿐이었다. 차라리 삼별초가 전성기에 제주로 이주해 왔다면 제주 사람에게 비전이라도 심어줄 수도 있었을지 모르지만 지금의 삼별초는 분명 미래를 기약할 수 없는 집단이었다.

위세로 되지 않을 때는 물질로 끌어들여야 한다. 1년 정도가 지난 후부터 삼별초는 부지런히 전라도 해안으로 출동하여 조운선을 나포했다. 1272년 3월에서 5월 사이에 턴 곡식만 3,200석이었다.[45] 자신들의 식량도 필요했겠지만, 제주민을 포섭하고 병력을 충당하려면 자금이 필요했을 것이다.

그렇다고 해서 완전히 해적으로 전락한 것은 아니다. 삼별초의 또 하나의 전략목표는 전함과 일본 원정을 위해 함선을 건조중이던 조선소였다. 이 배들은 제주 공격에도 사용될 수 있었다. 그들은 게릴라식 기습을 가해 전함을 불태우고 몽골군을 납치했다. 합포에서는 전함

32척을 태우는 전과를 올린 적도 있다.

해안 고을을 기습해서 장수와 수령을 납치하기도 했다. 이들 중에는 중량급 인사도 있었다. 명망 있는 관리로서 김방경의 부친인 김효인의 문생이던 홍주 부사 이행검이 납치되고,[46] 안남도호부사(부천) 공유도 아내와 함께 납치되었다.[47]

이행검은 전함 건조를 감독하다가 결성과 남포의 감무와 함께 납치되었다. 공유는 삼별초와는 질긴 악연이 있다. 1270년에 그는 김방경 휘하의 진도 토벌군에 속해 있었다. 고려군이 패한 첫 번째 진도 공격 때, 거의 죽을 뻔했던 김방경은 지휘관을 구원하지 않은 죄로 안세정과 공유를 처벌하고 강등시켰다. 그렇게 전장에서 쫓겨난 공유는 부천 부사로 발령받았는데, 1272년 삼별초군이 부천 관아까지 습격하여 공유와 부인을 납치했던 것이다.

제주 삼별초의 활동은 새로운 전쟁이었다. 전선이 없는 게릴라전이었기 때문이다. 무전도 없고 수군이 적어 기동순찰도 불가능한 시대여서 이들을 저지하기란 쉽지 않았다. 게다가 프로가 다 된 그들은 거의 잡히지를 않았다.

나중에는 경기도 연안까지 침범했고, 개경에 잠입해서 테러를 저지른다는 소문도 돌았던 모양이다. 1272년 11월에 경기도 남양만에서 삼별초의 배가 탐지되자 원종이 몽골 원수 흔도에게 몽골군 50명을 청해 궁궐 경호를 맡긴 적도 있다.

고려정부는 사신을 보내 삼별초의 투항을 유도해 보려고 했으나 삼별초의 생존자들은 요지부동이었다. 김통정은 "한 번 속지 두 번 속느냐?"는 식의 분노에 찬 답변만을 남겼다.

이제 남은 해결책은 단 한 가지, 제주를 분쇄하는 방법뿐이었다. 그러나 고려는 제주 원정을 감행할 수가 없었다. 일본 원정 준비가 시작되고 있었기 때문이다. 원종은 더 이상 쿠빌라이의 조바심을 견뎌낼 수가 없었다. 1269년(원종 10)에 원종이 임연에 의해 잠시 폐위되자 서북면의 향리이던 최탄이 반란을 일으켜 원나라에 투항했다. 1270년 쿠빌라이는 원종과의 안면을 몰수하고 자비령 이북의 땅을 동녕부로 편입했다. 원종과 세자까지 직접 나서서 여러 번 이 땅을 돌려달라고 부탁했지만 쿠빌라이는 명백한 반란임을 인정하면서도 묵묵부답이었다.

동녕부가 설치된 때는 원종의 신의와 능력에 대한 쿠빌라이의 실망이 극에 달한 때였다. 그럼에도 불구하고 쿠빌라이는 군대를 보내 원종의 복위를 돕고, 막내딸을 세자와 결혼시켜 사돈을 맺는 이중 플레이를 했다. 300명이 넘는 부인을 둔 징기스칸을 시작으로 몽골의 결혼정책은 한계가 없었다. 몽골 관습에 결혼이라는 것을 정략적으로 그렇게 중시한 것인지, 색욕이 넘쳐난 것인지는 모르겠지만 넘쳐나는 결혼 중에서도 충렬왕과 제국대장공주의 결혼은 결코 소홀히 볼 수 없는 사건임에 분명하다.

몽골족은 결혼정책을 중시해서 서열과 원칙도 분명했다. 제국대장공주는 쿠빌라이의 막내딸로 징기스칸의 직계다. 이 족보는 그들의 용어로 황금씨족이라고 하며, 칸의 선출권을 가지고 칸으로 선출될 수도 있는 혈통이었다.

특혜가 엄청난 만큼 이들의 혼인은 특별한 집단으로 한정되어 있었다. 그러나 쿠빌라이는 이 전례조차 무시하고 막내딸을 충렬왕에게 주었다. 우리 입장에서 보면 이 혼인 자체가 기분 나쁜 일일 수도 있으나, 몽골 입장에서 보면 엄청난 특혜고, 제국대장공주로서도 충격적인 혼례였다.

쿠빌라이가 막내딸을 주어 사돈까지 맺은 원종의 땅을 빼앗고 주지 않았다는 것은 역설적이지만 기왕에 큰 투자를 한 이상 더 큰 일도 할 수 있다는 경고였다. 그러니 원종으로서는 일본 원정 준비를 더 이

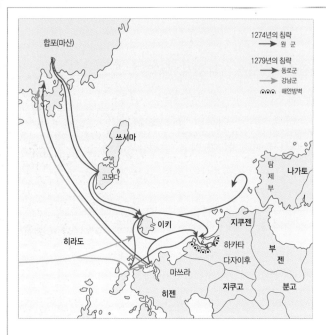

여몽연합군 침공도

상 미룰 수 없었고, 이로 인해 삼별초의 생명은 연장되었다.

하지만 이 연장은 의미 없는 연장이었다. 일본 원정 준비가 어느 정도 진행되고 여몽 연합군의 일본침공을 1년 앞둔 1273년 4월경, 160척의 함선에 분승한 1만의 연합군(고려군 6천, 몽골군 2천, 중국군 2천)[48]이 제주로 출발했다. 지휘관은 김방경과 흔도로, 일본 침공의 지도부 그대로다.

추자도에서 잠시 머문 함대는 2대로 나뉘어 제주에 상륙했다. 김방경과 나유가 이끄는 중군은 제주시 동쪽인 조양읍에 상륙했다. 좌군 30척은 지금의 협제 해수욕장 앞에 있는 비양도를 지나 상륙했다. 이 작전이 주목되는 이유는 다음 해에 개시할 일본 상륙작전과 똑같은 방법으로 진행되기 때문이다.

이 시대에 상륙작전을 수행하기에 가장 좋은 곳은 큰 강의 하구였다. 일단 바다에 비해 안전하고, 바로 상륙하지 않고 강을 타고 내륙으로 깊이 들어갈 수도 있다. 일본 원정은 두 번 다 풍랑으로 실패했는데, 함대가 강 하구로 들어갔다면 가미가제 신화 같은 것은 발생하지 않았을 것이다.

그런데 상륙 예정지인 일본 규슈는 상륙작전을 할 만한 좋은 강이 없다. 결국 해안으로 상륙해야 하는데, 파도와 바람, 풍랑 등 여러 가지 애로사항이 많다. 그래서 선택한 장소가 가능하면 만이 깊이 패여 들어가고, 만의 입구에 작은 섬이 있는 곳, 지금의 규슈 후쿠오카 항

명월

비양도

항파두성

애월

이 소재한 하카타博多 만이었다.

　작은 섬이 필요한 이유는 방파제 역할도 해주고, 전진기지를 확보하기 쉽기 때문이다. 작은 섬은 수비군이 병사와 시설을 배치하는 데 한계가 있고, 바다의 전함에서 포위한 뒤 집중사격을 하는 것이 가능하다. 그렇게 섬을 먼저 점거해서 물자와 병력을 내리고, 이곳을 해안교두보로 이용한다는 전략이었다.

　풍랑 때문에 실패한 일본 하카타 상륙작전과 달리 비양도 상륙작전은 순조롭게 진행되었다. 동쪽과 서쪽에 무사히 상륙한 중군과 좌군은 항파두성을 향해 진군했다. 이들을 요격하기 위해 삼별초군은 바위 뒤에 복병을 설치했다. 제주도는 화산지형이라 해안가에는 나무가 없다. 해안절벽이나 산기슭의 현무암 지대에 매복했던 모양인데, 이런 매복에 걸릴 군대는 없다. 기습적인 매복이라기보다는 내륙에 특별한 방어시설이 없으므로 지형지물을 이용해서 유리한 곳에 자리잡고

공격하는 수준이었을 것이다. 최후의 생존자들답게 삼별초군이 끝까지 싸웠다는 정도로 이해하면 될 것 같다.

항파두성 앞에서 관군이 합류하자 외성은 금방 함락되었다. 내성을 포위한 연합군은 몽골군이 가져온 화포까지 쏘아올리며 수비군을 위협했다.

김통정은 일부 부하와 함께 산으로 달아났고, 나머지 병력은 투항했다. 투항병의 수는 1,300명이었고 그들의 가족과 합류한 제주민 등은 수를 알 수 없다. 김방경은 주모자급 6명과 그들의 가족과 직계부하 40여 명을 처형하고, 나머지는 석방했다. 이행검과 공유 등 몇 명의 관료는 생환하여 고려의 관료로 복귀했다.

전투가 끝난 후에도 패잔병 수색을 위해 고려군과 몽골군 수백 명이 제주에 주둔했다. 두 달 간의 수색작업 끝에 김통정이 목을 매어 자살한 채로 발견되었고, 김혁정과 이기 등 70여 명이 체포되었다. 홍다구는 이들을 모조리 죽였고,[49] 이로써 공식적인 토벌작전은 종료되었다. 하지만 완전한 토벌은 불가능하다. 산속으로 도피한 사람 중에 일부는 살아남았을 것이다. 일본으로 망명한 사람도 있을 가능성이 있고(이 책을 집필중이던 2007년에 오키나와에서 진도의 삼별초 유적에서 발견된 기와와 같은 종류의 기와가 발견되었다는 보고가 있었다), 관군이 도착하기 전에 이미 제주도민 속에 자리잡거나 융화되어 살아간 사람도 있을 것이다.

그러나 그들의 흔적은 역사에서 완전히 사라졌고 살아남은 후손들에게서도 기억은 끊어졌다. 그들이 살던 항파두성에는 약간의 돌과 바위와 바람만이 남아 있다.

가끔 항파두리로 들어온 진도의 생존자들이 검은 바위와 바다를 보면서 무슨 생각을 했을지 궁금해진다. 누가 보아도 상황은 절망적이었지만, 그들은 이곳에 공들여 성을 쌓고 생존의 터와 보금자리를 일구고, 시한부적인 투쟁을 계속했다.

분명 얼마 남지 않았을 시간 동안 그들은 무엇을 생각하고 무엇을 추구했을까? 인간은 어디까지 강해지고 어떤 이유로 어디까지 독해질 수 있는 것일까?

삼별초의 투쟁은 오랫동안 대몽항쟁의 상징이 되어 왔다. 한 번 이루어진 것을 바꾸기는 쉽지 않다. 그것이 민족정기나 자주, 사대와 관련된 문제라면 더욱 그렇다. 사석에서는 "삼별초 문제를 어떻게 서술해야 할지 곤혹스럽다."고 말하는 역사학자들을 여러 번 만난 적이 있다. 뭐 요즘에는 삼별초를 민족항쟁으로 볼 수 없다고 주장하는 글도 발표되어서 새삼스러운 이야기는 아니지만, 아직까지는 합리적인 설명을 하기 쉽지 않은 사건이 삼별초의 항쟁이다.

삼별초가 오직 민족해방을 위해 싸웠다고 말하기는 어렵다. 하지만 동기가 무엇이든 간에 삼별초의 항쟁이 대몽항쟁이라는 결과와 의미를 지닌 것도 사실이다.

배중손 동상 및 삼별초 사
당(진도군 굴포리)

삼별초가 그들의 기득권 내지는 생존을 위해 반란을 일으켰다고 해
도, 그 동기 중에 민족감정이란 요소가 없었다고 할 수도 없다. 그들이
진도에 거주할 때 고려 사신은 벽파정에서 잔치를 베풀며 환대하고,
몽골 사신은 구금하곤 했다.

한두 가지 요소로 인간의 행동을 재단하기란 어려운 일이다. 삼별
초 문제를 설명하기 어려운 이유는 선과 악을 이분법적이고 상대적으
로 보는 개념 때문이기도 하다. 만약 삼별초가 폭도였고, 그 항쟁이 무
의미한 투쟁이었다고 한다면, 그럼 원에 복속하고 몽골의 점령을 방
관하는 것이 선이냐는 질문이 들어올 것이다. 한쪽이 악이라고 해서
악의 반대편이 저절로 선이 되는 것은 아니다. 역사 속의 사건을 선과
악이라는 두 가지 기준으로 평가할 수 있다는 발상부터가 잘못된 것
이다.

삼별초가 살았던 시대는 격랑의 시대였다. 몽골군에 대한 복수심에
신의군에 입대한 무사는 몽골군은 구경도 못하고, 같은 고려군과 싸
우고 있는 자신을 발견한다. 다사로운 강화나루, 처음 보는 개경 나들
이의 꿈에 부풀어 있던 새댁은 삼별초에 납치되어 어느 무사의 아내

가 되고, 갓난아이를 안고 진도에서 제주도로 떠돌며 잡초같이 살아 가는 억척스런 여인네가 되어 간다.

삼별초에 납치되어 제주로 끌려간 관원은 그곳에서 자신의 종이었 던 한 사내를 만난다. 두 사람은 서로 이유를 알 수 없는 눈물을 흘리 고 서로 의지하며 살아간다. 관군이 들어오자 관원은 구출되지만 그 종은 성벽을 지키다가 전사한다.

그들에게 물어보자. 당신은 왜 싸우냐고, 당신은 왜 자결하지 않느 냐고, 당신은 왜 도망쳐서 항복하지 않느냐고? 끝까지 저항하는 병사 의 행동은 이념 때문일까? 민족주의? 계급의식? 습관성 맹종? 세상에 서 제일 잔혹한 사람이 인간의 행동을 한 마디로 규정하고 평가하는 사람들이다. 정작 현장에 있던 사람들은 이렇게 대답할 것이다. 그때 는 그 행동 외에 선택할 삶이 없었노라고. 진정한 역사가라면 선악을 나누기 전에 인간의 삶에 대한 애정 어린 눈길이 필요하다. 그리고 이 것을 따져야 한다. 무엇이 그들의 삶을 그러한 선택 속으로 던져넣었 는가를.

삼별초 포로들의 운명

삼별초에게 사로잡혀 진도로 끌려갔던 사람들은 지배계층인 왕족, 관료, 군인 들의 가족, 친척, 노비 들이었다. 진도가 함락될 때 고려군에게 구출된 사람들은 가족의 품으로 돌아올 수 있었으나 몽골군에게 붙잡힌 사람들은 다시 몽골군의 포로가 되었다. 몽골군은 이들을 자신들의 노획물로 간주하고 풀어주려고 하지 않았다. 고려는 원나라 조정과 중서성에 탄원을 넣어서 이들의 석방을 요구했다. 쿠빌라이는 강제로 진도로 잡혀간 처자와 가족을 풀어주고, 삼별초가 아닌 진도의 백성들도 풀어주라는 친서를 보냈다. 몽골군 사령관 흔도는 어쩔 수 없이 처자는 풀어주었으나 친서에 일가 친척과 노비는 언급하지 않았다는 억지를 쓰며 나머지 사람은 풀어주지 않았다.

고려는 다시 탄원을 하고, 고려 조정에 파견되어 있던 다루가치인 탈타아도 흔도를 찾아가 언쟁까지 벌이며 석방을 요구했다. 흔도는 마지못해 일부만 석방했다. 결국 수많은 사람들이 몽골군의 포로수용소에 수용되어 있다가 몽골로 끌려갔다.

고려군에게 구출되거나 몽골에서 석방된 사람들도 예전 생활로 돌아가기는 쉽지 않았다. 많은 여인들이 몸을 버렸다는 이유로 다시 가족에게 버림을 받았다. 부인은 버리고 아들과 딸만 받아들이는 사람도 있었을 것이고, 진도 생활 중에 태어난 사생도 있었을 것이다. 이산가족의 복귀는 또다시 새로운 이산을 낳았다.

삼별초 포로 외에도 기나긴 몽골 전쟁 동안 원나라로 잡혀간 수십, 수백만 포로가 있었다. 이들 역시 회복이 불가능했다. 간혹 연락이 닿아 소재를 알아낸 경우라도 고려 정부는 여행허가를 내주지도 않았고, 이미 노비로 매매되어 버린 그들을 되찾아오려면 자금이 필요했다. 『고려사』 열전에 강릉 향리였던 김천이 원나라로 잡혀간 모친과 동생을 찾아온 미담이 소개되어 있는데, 두 사람을 되찾아오는 데 12년이 걸렸다. 그나마 수많은 사람의 도움을 받아서 겨우 가능했다.[50]

제5부
혼돈의 땅

13 57년(공민왕 6) 부친의 3년상을 막 끝내고 상경한 21세의 경상도 출신의 젊은이가 과거 초시에 합격하여 성균관에 들어간다. 3년 뒤인 1360년 10월 그는 최종시험인 복시에 응시한다. 시험은 초장, 중장, 종장이라는 3장으로 나뉘어 장마다 다른 과목이 출제된다. 이 젊은이는 쟁쟁한 문벌가의 자제들을 상대로 3장에서 모두 수석이라는 놀라운 기록을 세우며 장원으로 급제한다.

이 시골 청년은 이제 부러움과 질시의 눈총을 한몸에 받으며, 관복을 입고 궁궐로 출근한다. 그러나 그의 눈앞에 펼쳐진 궁전의 모습은 실망스럽다 못해 당혹스럽다. 급제의 축하연이 벌어졌던 궁전의 뜰은 소란하고 어수선하다. 궁궐 마당에서는 매일 관료와 시종, 환관, 궁녀 들이 모여 피난대형을 연습하고 있다. 원나라에 살면서 몽골족에게서 교육을 받았음에도 불구하고 말타기를 못하는 왕은 승마를 배우지 않은 것을 후회하며 밤마다 후원에서 승마 과외를 받고 있다는 소문도 들린다.

두려움의 실체는 만주에서 쳐 내려오는 홍건적이다. 몇 달 전 개경은 간신히 함락의 위기를 벗어났지만 또다시 대규모 침공이 있을 것이라는 소문으로 흉흉하다.

수도를 남경(한성)으로 옮긴다는 소문도 돌고 있다. 하지만 누구는 북방의 적이 무섭다고 남쪽으로 가겠냐는 자조적인 농을 한다. 남방은 남방대로 사나운 왜구에 시달리고 있다. 왜구의 규모는 갈수록 커지고, 함락되는 군현의 수도 늘어만 간다. 그의 고향도 언제 짓밟힐지 모른다.

왜구는 남방에만 출몰하는 것도 아니다. 개경의 입구인 교동과 강화는 연례행사처럼 왜구에게 함락되고 있다. 왜구는 이곳을 차지하고 앉아 수도로 들어오는 조운선을 턴다. 조운선이 털리니 관원은 녹봉을 받지 못한다. 그와 같은 지방 출신이나 하급 관원일수록 생계는 더욱 곤란하다. 그럼에도 불구하고 나라에 돈과 병사가 없어 사변이 터질 때마다 관원들은 성금을 내고 하인이나 말을 바치고, 자신들도 전역에 참전해야 한다. 장수와 관리도 부족하다 보니 올 봄에는 절대 전쟁에는 동원하지 않는다는 관례를 깨고 현직 언관들과 교수들까지 차출했다.

장원급제한 자신도 당장 전쟁터로 불려갈지 모른다. 그러나 그것은 두렵지 않다.

오히려 청년은 자신의 가슴 속에서 꿈틀거리는 사명감과 의욕을 느낀다.

진정한 두려움은 부패하고 무능해진 국가와 정부다.

세상은 이미 혼돈스럽고, 더 큰 혼돈이 파도처럼 밀려들고 있다.

이것이 일시적인 재난일까? 파멸의 시작일까?

1. 붉은 두건

공민왕에게 원나라는 장인의 나라다. 원나라 사람인 왕비는 생존해 있다. 그러나 공민왕은 이제 원과의 관계를 끊고자 한다. 공민왕이 독립을 꿈꾸는 이유는 원나라의 쇠퇴가 눈에 보이기 때문이다.

중국 본토에 살고 있는 한족들에게는 쇠퇴의 징조가 보다 선명했다. 그들은 이미 행동을 개시했고 성공적으로 중국을 분할했다. 반란의 중심지는 양자강 중하류다.

1351년 비밀결사인 백련교주 한산동은 황하 치수공사로 모인 인부를 선동하여 반란을 시도한다. 한산동은 봉기 직전에 모의가 누설되어 살해되지만, 그의 제자인 유복통이 안휘성에서 봉기에 성공한다. 이들은 붉은 두건을 표식으로 사용해서 홍건군(홍건적) 혹은 홍두군, 홍군이라고 불렸다.01

이 여파로 여러 곳에서 반란이 발생했다. 양자강 중류인 기주에서 서수휘가 봉기해서 천완국을 세웠다. 1352년에는 홍건적 일파인 곽자흥이 강소성에서 궐기했다. 그의 사위가 후에 명나라를 건국하는 주원장이다. 1353년에는 소금상인이던 장사성이 강소성 고우를 점령하고 왕으로 즉위했다. 사실 장사성은 홍건적이 아니었고, 서수휘와 곽자흥도 백련교도를 사칭한 수준이었지만, 이 시기의 반란을 통털어서 홍건적의 반란이라고 한다.

유복통은 한산동의 아들 한림아를 맞아들여 그를 북송의 마지막 황제인 휘종의 8대손이라고 선전하고 대송국을 세웠다. 1357년 유복통은 북송의 수도였던 개봉을 점령하여 대송국의 수도로 삼았다. 이 직전에 그는 중국 점령을 위해 3개 군단을 발진시키는데, 동로군은 산동·하북 방면으로, 중로군은 산서·섬서 방면으로, 서로군은 섬서·감숙 방면으로 진군하였다.

고려군과 홍건적의 충돌
은 반란 초기부터 이루어졌
다. 1353년 장사성이 고우에
서 봉기하자 원나라는 당장
고려에 원병을 청했다. 1355
년 고려는 유탁柳濯, 염제신
廉悌臣, 권겸權謙, 원호元顥, 나
영걸羅英傑, 인당印璫, 김용金
鏞, 이권李權, 강윤충康允忠, 정
세운鄭世雲, 황상黃裳, 최영崔
瑩, 최운기崔雲起, 이방실李芳
實, 안우安佑, 최원崔源 등 당

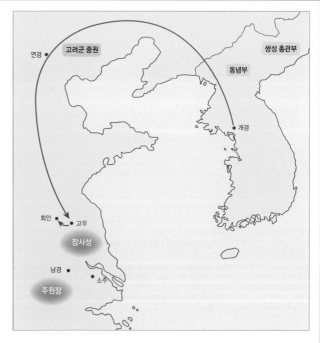

고려군의 원정로

대 최고의 장군들과 왕실의 최정예 무사까지 차출한 2,000명의 정예
부대를 편성하여 북경으로 파견했다.

이 부대는 연경에서 이곳에 살던 고려인을 모아 2만 3천의 대부대
로 확충되었다. 원나라의 태사 탈탈이 인솔하는 토벌군은 이 고려군
부대를 선봉으로 삼아 고우성 공략에 나섰다.

첫날 전투에서 고려군은 빛나는 투혼을 발휘하여 성을 함락 직전까
지 몰고 갔다 그러나 고려군이 공을 세울 것을 시기한 몽골군 지휘관
이 전투를 중지시켜 버렸다.

다음 날부터 장사성군이 시설을 보강하는 바람에 고려군이 재차
공격했으나 희생만 내고 성을 함락시키지 못했다. 전투가 교착 상태에
빠지자 탈탈은 모함을 받아 물러나고, 고려군은 회안으로 이동배치
되었는데, 고우성 회전에서 고려군은 무려 27회의 전투를 치렀다.

회안에서도 고려군은 쉴 틈 없이 싸웠다. 최대의 전투는 회안성 포
위전이었다. 반군이 재집결하여 8천 척의 병선으로 회안성을 포위했

다. 고려군은 이권李權, 최원崔源 등 6명의 장수가 전사하는 격전 끝에 성을 사수했다. 이 전투에서 최고의 영웅으로 떠오른 장수가 최영이다. 최영은 두세 번이나 창에 찔려 부상을 당하면서도 물러서지 않고 싸워 승리를 일궈냈다.

고려군은 적지 않은 희생을 치렀지만, 소득은 있었다. 홍건적과 싸워보는 귀중한 경험도 하고, 원나라가 내부적으로 형편없이 취약하다는 사실도 알아낸다.

1356년 격렬한 원정에서 돌아온 고려군을 정부는 회군시키지 않고 압록강 일대에 배치했다. 얼마 후 공민왕은 기황후(순제의 제2 황후. 고려의 공녀 출신으로 순제의 황후가 되고 황태자를 낳았다) 일족을 궁중연회에 초대한 뒤 근위병을 동원하여 모조리 살육한다.

이 숙청을 신호로 압록강의 고려군이 동북면과 평안도로 동시에 진군하여 동녕부와 쌍성총관부를 탈환했다. 고려는 원과의 우호를 단절하고, 절강과 강소성을 차지한 장사성, 진옥량 등과는 우호관계를 개설한다.[02]

동녕부와 쌍성총관부의 회복으로 고려는 국력의 1/2을 되찾았다. 이것이 공민왕이 이룬 최고의 업적이다. 이 수복이 없었더라면 고려는 남은 반세기의 전쟁을 감당할 수 없었을 것이다. 특히 쌍성총관부를 탈환할 때 이성계 일가가 고려로 귀순했다. 고려 유민과 여진족으로 강력한 군사집단을 형성한 이씨 집안은 때맞춰 벌어진 대혼란기에 맹활약을 한다.

한편 고려의 공격에 원나라는 분노했다. 원은 사신을 보내 고려의 배신에 대해 강력하게 항의하고, 군대를 파견해 고려를 정벌하겠다고 위협한다. 공민왕은 대뜸 동녕부 공격의 최고 지휘자인 인당의 목을 베어 원나라로 보낸다. 인당에게는 미안하지만 이미 중국은 내전에 휩싸여 고려와 교통도 잘 되지 않던 시기라 더 이상 이를 문제 삼지 않

았다.

북방 문제는 일단락되었지만, 고려의 정예군이 타국으로 출정하는 사이에 남쪽의 상황은 더욱 심각해졌다. 왜구가 예성강 하구까지 침입하여 조운선을 털어가는 것은 이미 예삿일이 되었다. 1357년 한 해에만 강화와 교동, 인천, 부안 등 서해안의 대읍들이 모조리 약탈 당했다.

하지만 이제는 왜구 문제에 집중할 수 있다. 성가신 원나라와는 이혼까지는 아니어도 별거 상태에 들어갔다. 남방의 홍건군과는 우호적인 유대관계를 맺었다. 공민왕은 새로운 전쟁영웅 최영을 북방에서 남방으로 내려보내 왜구 방어체제를 점검하게 한다.

하지만 이때 고려가 전혀 예상치 못한 군사적 움직임이 뱀처럼 고려를 향해 다가오고 있다. '홍건적' 자신들의 정식 명칭으로는 대송국의 중로군이다.

관선생關先生, 사류沙劉, 파두반破頭潘 등이 인솔하는 중로군은 대송국에서 산서성 지역으로 파견한 부대였다. 그러나 이들은 장사성과 주원장처럼 성공적으로 점령지를 확보하지 못하고, 만리장성을 넘어 북진하다가 1358년 7월에 원나라의 상도上都인 개평부(현재의 내몽골 호화호특)를 점령하는 쾌거를 이룬다. 여기서 동진해서 요양을 점령할 때가 중로군의 전성기였다. 하지만 원의 반격을 받아 상도에서 밀려나고 주력이 양분되면서 하북으로 돌아갈 퇴로가 단절되었다.

그 사이에 대송국도 와해된다. 1359년에 대송국은 원나라 군에게 패해 개봉을 빼앗겼다. 황제 한림아는 간신히 주원장에게 구조되지만 늑대를 피해 호랑이의 품 안에 들어간 것에 불과했다. 1366년 주원장은 한림아를 살해, 백련교와 결별하고 명을 건국한다. 이런 상황에서 중로군이 할 수 있는 일은 안정된 근거지를 확보하기 위하여 또는 그저 살기 위하여 미지의 땅으로 나아가고 나아가는 것뿐이었다.

고려가 이들의 존재를 처음 알게 된 것은 1359년 2월이었다. 홍건적은 대송국의 야심이 담긴 당당한 국서를 보냈다. 하지만 이미 대송국은 와해 상태였다. 고려는 장사성과 꾸준히 통교하고 있었으므로 이들의 동향을 어느 정도 알고 있었을 가능성이 크다.

11월 만주 일대에서 피난민이 대거 고려로 들어왔고, 이들과 함께 홍건적의 선발대 3,000명이 압록강을 넘어와 일대를 약탈했다. 다음 달인 12월 모거경毛居敬이 이끄는 독립부대가 의주성을 공격했다. 그들은 4만 병력이라고 자칭했는데, 가족과 함께 이동했으므로 전투병력은 훨씬 적었을 것이다.

모거경의 공격으로 의주가 함락되고 정주와 철산이 떨어졌다. 철산의 청강에서 안우가 홍건적의 한 부대를 격파했으나 주력부대는 아니었던 듯하다. 안우, 이방실 등 전방의 지휘관들이 소규모 정예병을 이끌고 적의 진격을 저지하기 위해 애쓰는 사이에 서북면 도지휘사로 임명된 이암이 서경에 입성했다. 하지만 그가 인솔한 병사는 2,000명에 불과했다.03 지원군이 와야 하는데, 후방 부대의 편성이 느려 주력군이 전혀 도착하지 않았다. 이암은 서경을 포기하기로 한다. 단 한 달만에 고려군의 방어선은 황주까지 후퇴한다.

지난한 고려의 전쟁사를 볼 때 침략군이 서경 방어선을 돌파하면

정몽주와 홍건적의 난

정몽주의 초상

홍건적의 침공으로 개경이 뒤숭숭하던 1360년, 장원으로 급제한 경상도 젊은이는 포은 정몽주다. 「단심가」로 상징되는 선죽교에서의 죽음이 너무 유명하다 보니 그의 젊은 시절의 삶과 관료로서의 행적은 별로 알려지지 않았다. 그러나 고려 말 당시 그 누구도 이의를 제기할 수 없을 정도로 관료로서 모범적인 삶을 살았던 인물이 정몽주다.

남북으로 전쟁이 끊이지 않던 시절에 정몽주는 이성계의 종사관이 되어 두 차례나 전쟁에 참전했다. 그 중 한 번이 최고의 격전이었던 지리산의 황산 전투였다. 생명과 안전을 보장할 수 없던 명나라와 일본의 사신행도 마다하지 않았다. 중국으로 갈 때는 배가 난파하여 무인도에 표류했다가 간신히 생환했다. 보통 사람 같으면 공포증에 걸려 다시는 배를 탈 엄두도 내지 못할 텐데, 개의치 않고 중국 사신으로 다시 자원했다. 주원장이 정몽주가 또 온 것을 보고 감탄해서 이전에 구금했던 고려 사신들까지 석방하고 돌려보내주었다.

일본 사절은 더욱 위험한 여정이었다. 사신이 살해되거나 감금되기도 하고, 해적선에 털리기도 했다. 정몽주는 왜구의 본거지인 규슈로 가서 그곳의 영주를 설득했다. 그리고 그곳에서 포로로 붙잡혀 온 고려인들을 보고, 귀국해서는 자신부터 사재를 털어 그들을 생환시키기 위한 모금운동을 벌였다. 고려시대고 조선시대고 외국에 잡혀간 자기 백성을 위해 이런 노력을 한 관료는 정몽주밖에 없다. 그는 진정으로 책임감이 무엇인지를 아는 관료였다. 일본인들도 정몽주의 행동에 깊은 감명을 받았다. 나중에 정몽주가 살해되자 승려를 초청하여 그의 명복을 비는 일본인도 있었다고 한다.

이성계의 역성혁명에 가담하지 않고, 급진적인 사전 몰수에 반대했을 뿐(그렇다고 사전 개혁 자체를 반대했던 것은 아닌 듯하다), 그 외의 모든 정책에서 그는 개혁정책의 선두에 서 있었다. 의창을 설립하고, 개혁론을 담은 새로운 법전을 편찬하기도 했다.

그는 당대 최고의 학자이면서 양심적인 관료였고, 적극적인 행동가였다. 정몽주의 일기나 글들이 많이 전해지지 않아 유감이지만 그가 이러한 특별한 삶을 선택하게 된 데에는 과거에 급제하고 처음 관계에 입문했던 1360년의 충격도 적지 않은 영향을 미쳤을 것이다.

개경은 풍전등화였다. 고려군이 황주로 물러서자 개경은 공황 상태에 빠졌다. 공민왕은 낮에는 백관과 시종을 집합시켜 거대한 피난행렬을 편성하여 훈련하고, 밤이면 후원에서 노국공주와 함께 말타기를 연습하기 시작했다. 이 상황에서 전쟁 양상이 미묘하게 바뀐다. 고려의 지휘부가 별로 미덥지 않은 황주 방어선에 머물러 있는 동안 홍건적은 홍건적대로 서경에서 꼼짝하지 않았다. 간간이 1천 명 미만의 소규모 부대만 주변 고을로 출몰했다. 안우, 이방실, 김진, 환관 김현 등 고려의 용장들은 소규모 기습부대를 이끌고 이들과 결전을 벌여 힘든 승리를 이끌어낸다.

아직 홍건적과의 전면전은 시작도 하지 않았지만 여기서 잠깐 전쟁의 양상을 되짚어 보자. 고려의 지나간 전쟁사를 아는 분이라면 무언가 이상한 점이 느껴질 것이다. 홍건적의 침공 루트는 과거 거란 및 몽골의 침입 루트와 전혀 다르지 않다. 그들은 홍건적보다 훨씬 강하고 잘 조직된 군대였다.

그러나 이번 전쟁에서는 고려군이 황주 방어선이란 역사상 존재하지도 않았던 방어선까지 후퇴하는 동안 제대로 된 수성전은 단 한 번도 벌어지지 않았다. 심지어 수·당 전쟁 이래 단기간에 함락된 적이 한 번도 없던 서경마저 전투 한 번 없이 떨어졌다. 군대가 미처 모이지 않았다고 하지만 그것은 예전에도 마찬가지였다. 과거에는 향군과 주민들이 성을 사수하면서 정규군을 편성할 시간을 벌어주었다.

수성전이 사라진 대신, 엘리트 무장에 의한 요격작전이 증가했다. 그들은 용맹스럽게 싸웠고, 때로는 열등한 병력으로도 승리를 이끌어냈다. 그런데—아직 이 장면이 등장하지는 않았지만—이처럼 소수 병력으로는 잘 싸우던 고려군이 막상 병력이 충분해지면 쉽게 동요하거나 우왕좌왕하는 모습을 곧잘 노출하곤 한다.

전쟁의 양상이 바뀐 이유는 고려의 군사제도가 전기와는 많이 달라졌기 때문이다. 교과서적으로 표현하자면 군전제軍田制의 붕괴, 공전과 양인농민의 감소, 선군제도의 변화, 별초의 등장과 군의 사병화, 2군6위 체제의 해체 등등이 해당한다.

그러나 이렇게 난감하고 복잡한 설명을 대신해서 현장으로 들어가 보자. 왜 고려는 수성전에 기초한 전통적인 전투방식을 방기한 것일까?

먼저 수성전이 부실해진 이유는 지방군의 상태가 예전 같지 않기 때문이다. 고려사회는 향촌사회의 내부질서가 매우 중요해서 향촌을 지배하는 향리층은 나름의 분업체계와 위계질서가 있었다. 그들 중 일부는 직업적 무사층을 형성한다. 이들은 평소에는 향촌사회의 치안을 담당하고, 전시에는 지방군의 장교로 변신하였다.

이런 구조 덕분에 고려의 지방군은 강한 단결력과 전투력을 발휘했다. 거란전쟁이나 묘청의 난 때 서경민이 보여준 놀라운 전투력을 상기해 보자.

고려 후기에는 이 힘이 약화된다. 여기에는 여러 가지 이유가 있다. 힘 있는 자가 땅과 농민과 노비를 빼앗고 사점하는 경우가 증가한다. 이렇게 되면 지배층의 제일 하단을 형성하는 무사, 군인층의 경제적 기반이 먼저 와해된다. 그들은 살기 위해서 무인의 길을 포기하고 붓이나 농기구를 잡는다.

마을마다 권세가의 땅과 노비가 증가하면서 향촌구성원의 공동체적 단결력과 일체감도 약화된다. 전에는 '○○촌의 사람들'이던 부대원들이 재상 A의 소작인, 장군 B의 노비, 왕족 C의 첩의 사위, 관서 D의 사역인, 관서 E의 노비로 나뉜다. 그들은 제각기 다른 주인이나 다른 고용인과 관계를 맺고 있으며, 삶의 방식과 전시의 의무와 행동지침도 제각각이다.

이전과 같은 집단적 구조가 사라졌기 때문에 전시동원에는 더 많은 시간이 걸린다. 징집을 명령해도, 누구는 재상 A의 명성을 내세워, 누구는 E관서의 물품조달 명령을 빌미로 명령을 거부한다.

토지와 인간의 관계가 복잡해지면서 세금과 역부담의 공평성도 사라진다. 세상은 힘없는 사람에게는 점점 가혹하고, 부당하고, 어지러운 것이 되어 간다. 반면 힘이 있거나 힘 있는 자에게 바칠 것이 있거나 약삭 빠른 사람에게는 더 많은 기회가 주어진다.

이런 세상에 살면 국가와 향촌과 이웃을 위해 싸워야 한다는 마음이 최소한 절반은 사라진다. 그런 회의가 들기 시작하는 농민에게 전시동원에서 빼주겠다는 유혹이 찾아온다.

이미 향촌사회 구성원의 상당수가 전시의무에서 빠져나간 상황에서 가족과 가정을 지키려면 무기를 들고 성벽으로 달려가는 것보다 재상 A의 대리인에게 가서 그의 소작인이 되겠다고 청원하는 것이 낫다. 거래가 성립하면 그는 소집면제를 받고, 가족을 이끌고 마을을 떠난다. 집은 불타고, 곡식은 약탈당하겠지만, 목숨은 유지할 수 있다. 집은 다시 지으면 되고, 아무리 가혹한 약탈자라도 땅까지 떼서 둘러메고 가지는 못한다.

부유한 재상 A는 새로운 소작인이 생긴 기념으로 그가 재기할 수 있도록 종자와 약간의 식량을 제공할 것이다. 간혹 그는(혹은 그의 대리인은) 지원의 대가로 아예 자신의 노비가 될 것을 요구할 수도 있다. 하지만 재상이 탐낼 만한 미모의 딸만 없다면 그것은 그가 되려 바라는 것이다. 노비가 되면 국방의 의무와 조세의 의무가 면제된다. 얼굴에 낙인이 찍히는 것도 아니고, 마을에서 자신의 입지가 변할 것도 없다.

이렇게 중간 누수가 많은 상황에서 군대를 모집하니 병력은 부실해지고 재정과 식량도 열악해진다. 유혹을 뿌리치고, 기껏 군에 투신한 병사들에게는 부실한 전투능력, 열악한 장비와 보급이 새로운 공포로 다가온다. 그들은 이번 전역에서 살아서 돌아가기만 하면 바로 재상 A나 다른 누구에게로 달려가 버릴 것이라고 결심한다. 그의 결심을 들은 동료는 한술 더 떠서 재상 A보다는 그의 형 B가 훨씬 자비롭고 의리가 있으니 그쪽으로 가자고 권유한다.

고려 군대의 무력화 현상에는 이처럼 눈살 찌푸릴 이유만 있는 것은 아니다. 그 중에는 사회의 발전적 변화라는 합리적이고 바람직한 원인들도 있다.

국가의 기능이 확대되고 관리층이 증가하면서 향리층 중에도 중앙 관료로 진출하는 자가 늘어났다. 그와 그의 자제와 일가들은 이제 향리의 역할을 피곤하고 천박한 것으로 여기기 시작하고, 자신의 격에 맞는 새로운 제휴자들을 물색해 간다. 이렇게 해서 지방사회는 사족과 향리가 분화되기 시작한다. 이 분화는 조선시대까지 아주 오랜 세월에 걸쳐 진행되었지만, 이미 지방군의 지휘체제와 중견 무사층의 약화를 초래할 정도로는 충분히 진행되었다.

향촌의 무사층은 칼을 버리고 관리가 되거나 과거 준비생이 된다. 무인의 길을 고수하는 사람 중에서도 뛰어난 무사는 지방군 장교직을 버리고 보다 빠른 출세를 보장해 주는 유력자의 휘하로 들어간다. 이 관계를 이용하여 그의 자제나 일가가 관료가 될 수도 있다. 때로는 위에서 스카웃 제의가 들어온다. 중앙정부에서 권력투쟁과 전란이 증가하면서 권력가들은 자신의 고향, 외가, 농장과 별장이 있는 곳을 뒤지며 쓸 만한 무사를 찾는다.

좋은 의미로 사회는 개방적이고 역동적이 되어 간다. 하지만 사회와 제도가 변화를 따라잡지 못하는 게 문제다. 향군 조직은 이미 구멍 투성이지만 예전의 방식과 명단을 그대로 지니고 있다. 국가가 전시체제로 돌입하자 관리들은 오래된 문서를 들춘다.

1355년, 원주의 명망 있는 학자인 원천석에게 갑자기 향군 장교로 복무하라는 명령서가 날아든다. 그가 이미 과거에 급제한 진사고, 평

원천석의 거주지
강원도 원주시 석경리 모운
재. 원천석이 살던 곳으로
시비와 묘가 있다.

생 군인과는 거리가 먼 삶을 살아왔다는 것은 누구나 다 안다. 하지만 문서상으로 그는 선조가 맡았던 향리 직분과 장교직을 이어야 한다.04

장교 원천석에게 백성을 동원하여 산성에 식량을 쌓는 일을 감독하라는 명령이 떨어진다. 그는 지팡이를 짚고 산에 오른다. 숨은 헐떡이고 자신이 한심하다. 그래도 풍부한 인격의 보유자인 그는 이 상황을 한 수의 시로 남긴다.

> 추운 날씨에 저녁볕이 외로운 성을 비추는데
> 병든 나그네 무료하게도 나다니지 못하네.
> 억지로 일어나 지팡이에 기대 잠깐 서 있노라니
> 다리는 떨리고 눈도 흐려 어지럽구나.05

하지만 그와 같은 인격과 기회를 보유하지 못하는 사람도 있다. 누구는 정말로 징집이 되어 전쟁터로 동원되거나 고을을 포위한 적과 마주친다. 그가 자신의 선조처럼 싸울 수 있을까?

지방군이 힘을 잃고 수성전이 사라지는 동안 고려의 맹장들과 그들이 지휘하는 정예부대는 고려군의 든든한 기둥이었다. 그들은 특별히 선발한 무사들로 채워졌고, 끈끈한 유대감과 실력을 자랑하였다. 장수와 고참병들은 중국대륙을 가로지르며 수십 차례의 전투를 경험했다. 이 중에서도 특별히 유명한 부대가 안우, 이방실, 김득배의 부대다.

그들은 적군의 선발대와 보급부대를 습격하고, 성을 공격할 때는 앞장서서 공격하고, 아군이 기습을 당하거나 무너질 때는 소수의 병력으로도 당당하게 맞서 적을 저지한다.

반면에 소집한 일반병들은 영 미덥지가 못하다. 추위로 이미 많은 부상자가 생겼고, 이동하고, 진을 치고, 공격하는 데도 굼뜨고 혼란스럽다. 훈련이 부족한 탓이라고 볼 수도 있겠지만, 훈련에도 두 종류가 있다. 개개인의 무술과 전투력을 증진시키는 데는 오랜 시간이 걸린다. 하지만 기본 훈련 즉 군인답게 움직이고, 행군하고, 통제와 명령에 복종하게 하는 것은 짧은 시간에도 가능하다. 훈련시간을 줄이고, 질을 높이는 것은 전적으로 중간 장교층과 고참병, 부대원의 단결력에 달려 있다. 하지만 지방군의 장교와 하사관을 조달하던 향리층이 분열했고, 주민 간의 결속력도 약해졌다. 홍건적과의 전투에서 고려군이 자주 허약한 모습을 보이는 것은 우연이 아니다.

고려로 들어온 홍건적에 대해서도 약간의 설명이 필요할 듯하다.

당나라 때에 발생한 황소의 난에서 19세기 후반의 태평천국운동까지 중국에서는 여러 차례 대규모 농민반란이 발생했다. 이 반란군들은 전술적으로 유사한 형태와 움직임을 보인다. 비밀결사나 종교가 주축이 되고, 아직 세가 약한 초기 봉기 단계에서는 이리저리 밀고 다니는 경향이 있다. 넓은 중국대륙을 활용하여 관군의 포위를 피하면서 반란의 이념을 선전하고 세를 불리기 위함이다. 이 과정에서 그들

태평전국군의 전투상변
1856년 10월 무창성 전투
로 청나라군이 양자강을
도하해서 무창성으로 진입
하는 모습이다. 태평천국
군은 양자강을 낀 요새를
주요 거점으로 이용해서
도하작전을 펴는 경우가
많았다.

은 토지균분, 기회균등, 이상사회론을 선전하고, 때로는 민족감정에 호소하면서 빈민, 무산자를 끌어모은다. 힘이 충분해지면 대도시를 점령하여 근거지로 삼는다.

하지만 그 이전까지 가족과 노약자를 끌고, 관군 및 향군과의 전투를 반복하면서 나아가는 행군은 길고 고통스러운 과정이다. 그동안에 수많은 신입자와 탈락자가 무시로 발생한다. 하지만 어떤 이들은 이 생활에 적응한다. 고통과 시련, 반복되는 생활은 인간을 강하고 고집스럽게 만들고, 서로를 단결시킨다. 수많은 전투와 역경은 그들을 강하고 노련한 군인으로 만든다.

상대적으로 기록이 풍부한 태평천국군의 전투 방식을 보자. 적군의 지휘관조차도 감동시킨 태평군의 공통적인 특성은 다음과 같다. 그들은 빠르게 이동하고, 목적지에 도착하는 즉시 놀랄 만한 속도로 진지를 구축한다. 임기응변에 능하고, 필요에 따라 싸우는 법을 안다.

하지만 모든 사람을 가장 놀라게 한 것은 그들이 전쟁의 규범을 너무나 잘 숙지하고 있다는 사실이었다. 그들은 어떤 상황에서든 무엇이 최선인지를 안다. 때때로 그들은 완전히 전멸하고 궤멸되는 상황에서도 꿋꿋하게 혹은 묵묵히 대형을 유지하는 모습을 보여주었다.

태평군은 적군의 습격을 받고 엄청난 병력 손실을 감당해야 했다. 굶주리고 쇠약한 상태의 태평군 부대는 강기슭에 도달하는 순간 포함에서 쏘아대는 끊임없는 포격 세례를 받았다. 태평군이 강기슭에서 거의 3km 정도로 길게 늘어선 모습을 본 적군의 수병들은 태평군을 살육할 절호의 기회로 여겼다. 그런데 태평군은 믿기지 않을 만큼 의연하게 각자의 위치를 지켰고 한 발자국도 뒤로 물러서지 않았다. 또 밀집해 있는 자기네 무리를 향해 사정거리 내에서 퍼붓는 무시무시한 포격에 직면해서도 (대부분 영국산 대포였다), 그들은 쇠잔해진 몸을 이끌고 쓰러지는 그 순간까지 승선작업을 계속했다.06

　혹자는 이 모습을 종교 또는 신념의 힘이라고 한다. 누군가에게 이 모습은 가진 자에 대한 사무치는 원한의 모습으로 비칠 것이다. 그런 요소가 있다는 것을 부정하지는 않겠다. 하지만 그 같은 감정은 마음의 통로를 나서면 수만 가지 행동으로 표현될 수 있다. 이 감정이 "쏟아지는 포격 아래서의 묵묵하고 질서정연한 대형"으로 구현되기 위해서는 단련 과정이 필요하다(그리고 그런 신념과 신조가 없어도 가능하다). 그 과정은 풍부한 전투 경험과 동료들도 그러한 경험을 공유하고 있다는 유대감이다. 사실 그들은 몰살이 아니라 생존을 선택하고 있는 것이다. 오랜 전투 경험으로 그들은 전투 상황에서 어떻게 행동하는 것이 자신들에게 최대한의 생존 기회를 주는 것인지를 안다. 적의 집중포격 속에 꼿꼿하게 서 있는 말도 안 되는 방법일지라도 그것이 지금 그들이 사용할 수 있는 최선이자 가장 효과적인 방법이다. 그들은 이 경험의 충고에 순종한다.

　같은 설명을 미국의 남북전쟁에도 대입할 수 있다. 개량된 강철대포가 한 번에 50~100명을 몰살시킬 수 있는 유산탄을 발포하고, 1개 연대가 15분 만에 전멸하는 상황에서도 병사들은 어깨를 마주대고 꼿꼿이 서서 전진해 간다. 그들이 배운 전투방식이 그것뿐이기 때문이다. 그것이 잘못되고 시대착오적인 전술임을 안다고 해도 전투는 혼자 하는 것이 아니다. 병사들은 불명예스럽게 도망치지 않는 한, 그런 방식으로라도 싸울 수밖에 없다. 그것이 그들이 가진 최선의 방법이기 때문이다.

홍건적으로 돌아오자. 이 무서운 군사집단에게도 약점이 있다. 첫째 전술적 숙련도는 최상급이지만 전략적 유연성이 떨어진다. 쉽게 말하면 고집통이 되어 같은 패턴을 반복하는 경향이 강해진다. 이 문제를 알아도 쉽게 바꿀 수가 없다. 고난의 행군을 통해 자신들 스스로 터득한 진리에 대한 믿음과 권위는 거의 절대적이다. 리노베이션은 오랜 시간이 걸리고 반발을 각오해야 한다. 그나마 정착해서 안정된 왕조를 건설하면 모르겠지만, 끊임없이 싸우며 이동하는 상황에서 이는 절대로 불가능하다. 하지만 핑계가 있다고 결과가 달라지지는 않는다. 그 결과는 잔혹하다. 극적이고 빛나는 승리는 점차 줄어들고, 장렬하고 감동적인 패배가 늘어난다. 누구는 이 모습에 더욱 감동받고 그들을 찬양하지만 전투의 목적은 감동적인 패배가 아니라 승리라는 사실을 잊어서는 안 된다.

두 번째는 누적된 피로다. 오래된 기계와 같이 그들은 서서히 나약해지고 쇠잔해진다. 이 보이지 않는 죽음의 그림자는 그들이 새로운 기후권이나 문명권에 접어들었을 때 더욱 강력한 위력을 발휘한다.

세 번째는 집단적 타락이다. 이상사회를 부르짖던 혁명군이 약탈자 무리로 바뀐다. 고난은 인간을 나쁜 쪽으로도 단련시킨다. 핍박, 죽음, 극한의 생존조건은 약탈과 살육을 낳는다. 원래 곳간에서 인심 나고, 미래의 가능성이 있을 때 투자와 관용이 생겨나는 법이다. 그들은 새로운 점령지마다 자신들의 정의를 선전하고 사람들을 모아야 하는 입장이지만, 이 사이의 균형을 유지하기가 쉽지 않다.

약해지고 희망을 잃어갈수록 그들은 더욱 잔혹해지고 소문과 평판은 나빠져 간다. 그들도 그것을 알지만 다른 방법이 없다. 계속 움직이면서 새로운 땅이나 결정적 전기를 찾아볼 수밖에. 그렇게 해서 그들은 머나먼 동이의 땅까지 왔다.

2. 패배와 승리, 그리고 보상

서경을 점령한 홍건적이 움직이지 않았던 이유는 고려군이 던진 미끼를 물었기 때문이다. 겨우 2,000명의 병력뿐이었던 이암은 서경을 포기하면서 양식과 가옥을 모조리 태우려고 했다. 전통적인 청야전술이었다. 그러자 장군 김득배의 동생인 호부낭중 김선치가 반대의견을 냈다. 식량과 가옥이 없으면 그들은 더 깊숙이 남하할 것이다. 적을 멈추게 하려면 이 성을 미끼로 사용해야 한다. 노약자는 동쪽으로 피난시키고, 창고와 가옥을 보존시키면 적은 우리가 겁을 내고 있다고 생각하여 머무를 것이다. 겁을 낸다고 생각하면 교만해질 것이고 머무르면 날카로움이 무뎌질 것이니, 군대를 모아 반격하면 하루아침에 승리하고 가옥과 창고도 되찾을 수 있다.[07]

이것은 홍건적의 속성을 정확히 꿰뚫어본 탁월한 판단이었다. 정규군은 보급이 없으면 절대 행군하지 않는다. 그러므로 서경에 식량이 없으면 정지하고 식량을 획득하면 더욱 기세좋게 진군할 것이다.

그러나 홍건적은 다르다. 그들은 행군과 이동에는 이골이 난 집단이며 돌아갈 곳도 없다. 최후의 순간까지도 그들은 식량과 약탈물을 찾아 움직일 것이다. 하지만 먹을 것과 따뜻한 집이 있다면? 그들은 혹한기에 압록강을 넘어 이미 250km를 행군해 왔고, 서경은 그들이 요양성을 떠난 이후에 만난 최대의 도시였다.

안우安佑도 김선치의 의견에 동조하자 이암은 김선치의 건의를 받아들인다. 김선치의 총명함도 칭찬해야 하겠지만, 이 배경에 역시 1355년의 중국 원정 경험이 놓여 있음을 간과해서는 안 된다. 주체적 입장에서 보면 1355년의 파병은 수치스러운 사건일 수도 있다. 하지만 계기야 무엇이든 이 전쟁에 참전한 사람들은 새로운 세상과 사람들을 보았고, 그것이 의외의 선물을 주었다.

김선치의 예측대로 서경에 입성한 홍건적은 서경에 주저앉았다. 아마도 그들은 서경을 이 동토의 땅에서 간신히 찾아낸 거점도시로 생각했던 것 같다. 이는 의주, 철산, 정주에서 잡은 고려인 1만을 서경에 모은 것으로도 증명이 된다. 홍건적은 중국에서 하던 대로 이들에게 자신들의 이념과 지향을 주입하고, 자기 세력으로 편입시키려고 했을 것이다. 하지만 말과 관습이 다르다는 것은 생각 외로 굳건한 장벽이다. 또 시간도 없었다. 한 달 만에 병력을 증강한 고려군이 반격해 왔기 때문이다.

2월 내내 홍건적은 서경에 머물렀다. 고려군 유격부대가 서경 주변에서 용맹을 보이자 그들은 더더욱이 꼼짝하지 않았다. 그 사이에 기다리던 고려의 주력군이 도달했다. 고려는 2만의 병력을 집결시켰다.

고려군도 매서운 한파로 부상자와 동상자가 속출하는 어려운 상황이었다. 조직도 부실해서 서경 성문을 돌파해서 밀고 들어가는 와중에 대혼란이 발생해 고려군 1천 명이 서로 밀리고 밟혀서 압사한다. 그러나 어찌되었든 고려군은 서경을 쉽게 탈환한다. 방어전이 전혀 되지 않은 것으로 봐서 4만은 거짓이고, 홍건적의 수도 상당히 적었던 것 같다.

하지만 서경에서 큰 비극이 일어난다. 고려군이 공격해 오자 홍건적이 1만의 고려 포로를 학살해 버린다. 서경을 포기한 그들은 함종(지금의 강서군)으로 달아났다. 추격하던 고려군은 홍건적의 역습에 걸려 패배했다. 홍건적은 정예 기병을 총출동시켜 고려군의 진을 돌파한 뒤 고려군의 주력에 최대한 타격을 주는 작전을 사용했던 것 같다. 보병들은 산으로 흩어져 살해를 면했으나 1천 명이 넘는 병력이 포로가 되었다. 기병 간에 행해진 추격전은 무려 50리를 계속되었는데, 안우, 이방실, 김오진, 대장군 이순李珣 등이 뒤를 막고, 동북면 천호 정신계丁臣桂가 군사 1천 명을 거느리고 와서 결사적으로 싸워 적군 수십 명을 죽이자 비로소 추격이 중단되었다.

10일 후 군대를 정비한 고려군은 다시 함종으로 진군하여 홍건적과 격돌했다. 이 전투에서 고려군은 개성부사 신부辛富와 장군 이견李堅이 전사하는 손실을 겪었으나 홍건적 주력 2만을 몰살시키고, 원수 황지선黃志善을 사로잡았다.

홍건적은 전의를 상실하고 도주하기 시작했다. 연주강에서는 대병력이 한꺼번에 얼어붙은 강을 건너다가 얼음이 꺼져 수천 명이 익사했다. 오랜 행군과 추위로 허약해진 탓에 병사자도 속출했다. 고려군은 고을을 회복할 때마다 길에 죽어 쓰러진 홍건적의 시체가 많은 것에 놀랐다고 한다.

그러나 지치고 쇠잔했음에도 불구하고 전투 경험이 풍부한 홍건적은 때때로 놀라운 모습을 보여준다. 연천강에서 수천 명이 익사했지만, 건너편 언덕으로 올라간 이들은 전혀 동요하지 않고 묵묵히 전투 대형을 편성한다. 의주에서도 이방실의 기병이 홍건적을 따라잡아 수백 명을 죽였으나 그들은 와해되지 않고 끝까지 저항한다.

안우와 이방실은 홍건적의 결사적인 태도를 보고 적을 전멸시키려 들지 않고 몰아내기로 한다. 이후 고려군은 공격을 자제하고 적당히 거리를 두고 압박하면서 압록강 너머까지 진격했다가 귀환하였다.

홍건적을 물리쳤지만 나라는 조금도 평안해지지 않았다. 홍건적의

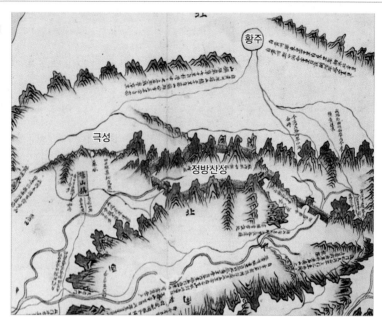

극성 방어선
정방산성의 서쪽 능선에
쌓은 방어선이 극성이다.

본대는 여전히 만주에 머물고 있었고, 왜구의 피해는 더욱 심해졌다. 1360년 5월에 공민왕은 "사방이 전쟁이라 사람을 긴급하게 써야 하므로 3년상을 폐지한다"는 조서를 내린다.

요양에 있던 홍건적의 주력은 상도 탈환을 시도했다가 실패하자 중원에 대한 미련을 버리고 다시 동진을 택했다. 1361년 10월 반성潘誠·사유沙劉·관선생關先生·파두반 등이 이끄는 홍건적 주력 10만이 드디어 압록강을 넘었다. 장거리 이동을 두려워하지 않고 우회기동과 기습에 강한 그들의 전술대로 홍건적은 의주를 피해 삭주를 공격해서 점령하고, 이성, 영변, 안주를 거쳐 거침없이 남하했다.

고려군은 이번에도 평안도 지역에서의 수성전을 포기하고, 일찌감치 황해도까지 내려와 방어선을 쳤다. 병력 동원에 시간이 걸렸기 때문이다. 방어거점으로 삼은 곳은 황해도 황주 남쪽의 절령에 있던 극성으로, 지금의 정방산성 서쪽 능선이다. 당시에는 산성은 없고 나무로 울타리를 만들어 방어벽을 쳤다. 그나마 남도의 군대는 징발할 엄두도 내지 못하고 평안도와 황해도 지역의 주민과 식량을 방어지점에 모았다.

좀더 북방에 있는 구주성, 서경성, 안주성과 같은 역전의 요새를 버리고, 목책으로 성을 급조하고 주민들을 모아 수성전을 벌인다는 것이다. 당시 고려의 사정이 얼마나 어려웠는가를 보여준다.

고려군이 극성 방어선으로 집결하는 동안 고려의 장수들은 끊임없이 적을 요격하면서 시간을 벌기 위해 안간힘을 썼다. 그들은 안주에 근거지를 두고 청천강 이북지역으로 출동하여 여러 번 승리를 거두었지만 본격적인 타격을 입힐 수준은 아니었다.

거꾸로 11월 9일에 홍건적의 공격으로 안주가 기습적으로 함락되었다. 이방실과 함께 박주와 개주 일대에서 여러 번 승리를 거두었던 상장군 조천주와 이음(이암의 아들)이 전사하고, 지휘사 김경제가 포로가 되었다. 안우와 이방실, 김득배 등은 퇴각하여 절령 방어선으로 집결했다.

11월 16일 절령 방어선에 도달한 홍건적은 야음을 틈타 1만의 병력

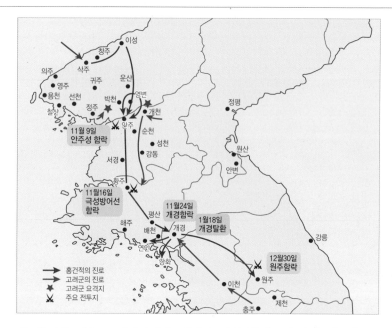

홍건적의 2차 침공도

을 방어선 밑으로 접근시켰다. 새벽이 되자 철기 5천 명이 책문을 급습하여 돌파에 성공했다. 절령을 지키던 고려군의 병력에 대해서는 기록이 없지만 이곳에는 군인만이 아니라 3개 주와 5개 군의 전 주민이 집결해 있었다. 패배는 가혹한 희생을 낳았다. 그 참상이 얼마나 끔찍했던지 그 이야기는 조선시대까지도 이 지역에 전해졌다.

그 전설에 따르면 수많은 사람이 죽어 그 백골이 들판에 나뒹굴었고, 흐리고 비 오는 날이면 귀신이 나타나서 원통함을 호소했다고 한다. 귀신들의 한은 사악한 기를 만들어 전염병을 퍼트렸다. 그래서 국가에서 이들의 한을 가라앉히고 전염병을 방지하기 위해 여단을 세워 제사를 지냈다.

이곳을 지나는 문인들은 이 참혹한 전설을 듣고 시를 지어 감회를 표현했다. 다음은 15세기의 문신 최숙정의 작품이다.

당년에 성난 침략군이 책문을 막아
맹렬한 화염이 활활 요원의 불길 같았네
(적은) 먼거리를 달려와 성 밑에 이르니

270

막막한 요기가 천지를 뒤덮었는데
지휘관이 접전할 기회를 그르쳐
아군이 낭패하고 오랑캐가 함성을 지르네
수십만 군이 하루아침에 섬멸되고
남은 군졸 사방으로 흩어져 패주하였다.
장수와 귀천이 함께 해골이 되니
원기가 맺혀 음산한 구름 되어 머문다
슬픈 바람 휘휘 지금도 불어오는데
옛 성은 푸른산 밑에 황폐하였도다
시를 던져 의혼들을 조문하려니
천고에 남은 원한이 붓끝에 묻혀오누나 08

절령 방어선이 무너지자 공민왕은 바로 피난길에 오른다. 최영, 안우 등이 행렬을 막고 결전을 주장했지만, 이미 어가가 궁을 나선 상태라 백성들이 모이지를 않았다. 공민왕이 개경을 떠난 날은 절령 패전 3일 후인 11월 19일이었다. 홍건적의 추격을 우려해서 노국대장공주와 다른 비들도 가마를 버리고 말을 탔다. 다시 5일 후인 11월 24일 홍건적이 개경에 입성했고, 12월 15일에 공민왕은 안동에 도착했다.

개경에 입성한 홍건적은 다시 웅크리고 앉았다. 그들은 수백 명 단위의 부대를 황해도와 경기도 일대로 나누어 보냈는데, 약탈이 목적이었던 것 같다. 고려군과 주민은 연안, 안변, 강화 등지에서 이 소부대를 격멸하는 공을 세웠다. 그러나 원주에서는 비극이 일어났다. 12월 30일 홍건적 기병 300기의 공격에 원주가 함락되면서 목사 송광언이 전사하였다.09

12월 중순에 공민왕은 안동에서 개경의 상실과 패전을 애통해하는 교서를 내려 군대의 모집을 지시한다. 거의 필사적인 노력으로 고려는

20만의 병력을 모을 수 있었다. 『고려사』의 뉘앙스에 의하면 '가장 목소리가 컸던' 정세운이 총사령관에 임명되었다.

정세운의 지휘 아래 안우, 이방실, 황상, 한방신, 이여정, 김득배, 안우경, 이귀수, 최영, 이성계 등 고려군 최고의 장수들이 개경 수복전에 참여했다. 1월 17일 고려군은 개경 보정문 앞 천수사에 집결했다.

그러나 최고 사령관인 정세운은 전방 지휘부에 참여하지 않고, 임진강 나루 남쪽에 머물렀다. 만전을 위한 대책이었다고도 할 수 있지만, 최고 사령관으로서는 치졸한 행동이었다. 그의 이러한 태도는 나중에 심각한 비극의 발단이 되었다.

군세를 회복한 고려군은 자신감이 충만했다. 그들은 길고 지루한 공성전 대신 강행돌파를 기획한다. 마침 눈과 비가 내려서인지 홍건적의 방어 상태도 허술하다는 보고가 들어온다. 곧이어 숭인문(개성 동문) 쪽을 담당한 이여경의 호군 권희가 홍건적의 정예병이 모두 숭인문에 집결해 있다는 사실을 발견한다. 그는 이곳을 강습하자고 건의한다. 이 부대만 격파하면 홍건적은 무너질 것이다.

이 기사로 보면 홍건적은 의외로 세력이 약했고, 고려군도 이 사실을 알고 있었다는 느낌을 받는다.[10] 총사령관 정세운은 안동 행재소에서 국치회복을 외치며 유난스럽게 행동했다. 덕분에 총사령관으로 임명되기는 했지만, 사람들의 보는 눈이 곱지 않았다. 이 에피소드는 이미 고려정부가 개경 함락이라는 충격적인 사건에도 불구하고 홍건적에 대해 상당한 자신감을 지니게 되었음을 암시한다.

최영과 안우가 개성 사수를 주장한 것도 괜한 호기가 아니었다(그들은 실전 경험이 풍부한 장수들이었다). 고려가 옛날처럼 제대로 된 거점방어만 펼 수 있었더라도, 병력동원 시스템이 조금만 더 효율적으로 작동했더라도, 절령의 참사나 개경 함락이라는 비극은 발생하지 않았을 것이다.

개경의 홍건적은 나성 전체를 방어할 수도 없었지만, 주요 공격지점에 병력을 배치할 여유도 없었다. 하필 숭인문에 정예병을 포진시킨 이유는 외성의 구조상 숭인문 쪽이 제일 취약했던 탓인 듯하다. 나중에 위화도 회군을 단행한 이성계가 개경을 공략할 때도 숭인문과 주변의 동쪽 지역을 돌파지점으로 삼았다.

1월 18일 새벽 권희는 불과 수십 기의 기병을 이끌고 돌격하여 성벽을 점거하고 성문을 열었다. 마침 친병 2천을 거느리고 참전한 젊은 이성계도 숭인문 공격에 참여했다.

외성을 돌파했지만 전투는 쉽게 끝나지 않았다. 성 안쪽에 방어시설은 보완되어 있었다. 개경을 점령한 후에 홍건적은 소와 말의 가죽을 성벽 위에 덮고 물을 뿌려 얼렸다고 한다. 이것은 군사적으로는 별 쓸모가 있어 보이지 않는데, 아마도 개경 주민의 탈주와 정탐병의 침입을 어렵게 하려는 의도였을 것이다.

고려군은 가죽 얼음판보다는 성내에 설치한 누벽과 방어시설에 고전했다. 원래 개성 안에는 내성이 있었지만 홍건적은 여기저기 목책과 누벽을 새로 쌓아 구획을 분할했거나 혹은 내성을 이중으로

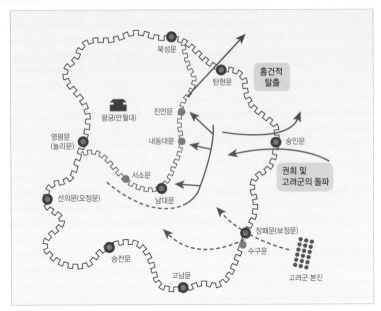

보강했던 것 같다. 홍건적은 통일된 조직체가 아니고 여러 두령에

의해 분할 통솔되는 구조였으므로 지휘관에 따라 개경이 분할 점거

되었을 가능성도 있다.

　그 중 한 명인 사류가 지휘하는 구역에는 망루를 세운 목조 요새가

축조되어 있었다. 고려군은 이 망루에 막혀 고전했다. 이때 박강이라

는 용사가 동향 친구 백진과 함께 민가의 문짝을 뜯어 방패 삼아 목

책으로 돌진한 뒤 문짝을 성벽에 기대어 발판을 만들고, 목책 위로

뛰어올랐다. 그의 용맹에 적들이 놀라 망루를 버리고 달아나자 그는

적을 따라 요새 안으로 뛰어내려 단신으로 홍건적 수십 명을 쳐 죽인

다. 그 틈에 고려군은 문을 뚫고 안으로 진입했고, 난전 끝에 적장 사

류를 살해한다. 전투는 저녁까지 지속되었고 또 한 명의 두령인 관선

생도 혼전중에 살해되었다.

　여기저기서 홍건적이 궤멸되고 분할되었지만 살아남은 자들은 끝까

지 저항을 그치지 않았고, 고려군은 이들의 근거지를 완전히 함락시

키지 못했다. 이에 그들의 맹목성과 악착 같음을 익히 알고 있던 고려

군은 일부러 탄현문과 숭인문을 열어 퇴로를 열어주었다. 그러나 이

기사는 조금 의심스럽다. 숭인문은 고려군이 처음 진입한 문이고 탄현문은 그 위의 문이다. 반대쪽 북쪽이나 서북쪽 퇴로를 열어줄 수는 있지만 고려군이 진입한 문과 바로 그 위의 문을 열어주었다는 것은 아무래도 이상하다.

이성계의 무용담에는 조금 다른 이야기가 전해진다.

> 성을 공격하던 날, 적은 형세가 궁해졌으나 누벽壘壁을 쌓고 굳게 지켰는데, 날이 저물자 우리 군사가 진군해 근접해서 포위했다. 태조가 길가 어느 집에 머물고 있었는데, 밤중에 적들이 포위를 뚫고 달아나니, 태조가 동문으로 달려갔다. 적과 우리 군사가 문을 고수하느라고 뒤섞여서 나가지 못했는데, 뒤에서 오던 적이 창으로 태조의 오른쪽 귀 뒤를 찔러 사세가 심히 급박했다. 이에 태조가 칼을 빼어 앞에 있는 적 7, 8명을 베고, 말을 타고 성을 뛰어넘었으나 말이 넘어지지 않아 사람들이 모두 신기하게 여겼다.11

이 기록에 의하면 고려군이 퇴로를 열어준 것이 아니라 홍건적이 강습돌파를 했다. 그것도 고려군의 예상을 깨고, 고려군의 공격하는 방향으로 역으로 치고 나왔다. 기발하고도 용감한 역공이었다. 중국을 누비면서 무수한 함락과 탈주를 경험한 노하우였을 것이다.

아직 전쟁 경험이 적었던 젊은 이성계도 숭인문 돌파 후 잠시 민가에서 쉬다가 이 공세에 말려 거의 죽을 뻔할 위기를 겪는다. 어쩌면 돌파당한 부대가 이성계의 동북군이었을 가능성도 있다.

개경을 탈주한 홍건적은 도주에 바빴는지 별다른 기록을 남기지 않는다. 하지만 그들은 오직 약탈에 의지해서 탈출했을 것이므로 퇴각로에 위치한 고려 주민들은 다시 한 번 큰 고통을 당했을 것이다. 고려의 기록에 탈주병이 10만이었다고 하는데,12 이는 홍건적의 전 병력 10만을 오해한 것이다. 홍건적 잔당은 이 해 4월에 심양에 주둔한 원나라 장군 고가노^{高家奴}에 의해 궤멸되고 괴수 파두반^{破頭潘}이 생포된다. 이때 전사자가 4천이었다.[13]

고려군은 몇 가지 귀중품을 노획했는데, 그 중에 원나라 황제의 옥새 2개와 황금도장 1개도 있었다. 홍건적이 원의 상도를 함락시켰을 때 획득한 물건일 것이다. 고려에서 간직했으면 국보가 되었을 텐데, 공민왕은 망해 가는 나라에 애환을 느꼈던지 특별히 사신을 파견해서 옥새를 돌려주었다. 이 사행이 고려와 원의 거의 마지막 교류가 되었다.

홍건적은 궤멸되었지만 사방의 전쟁은 전혀 줄어들지 않았다. 이 해 7월 이번에는 원나라 장수 나하추가 동북면을 침공했다. 5년 전 공민왕이 쌍성총관부를 수복할 당시 이곳은 이성계의 집안과 조씨, 탁씨 3가문에 의해 통치되고 있었다. 이씨가는 고려로 복속했으나 조씨와 탁씨가는 복속을 거부했다. 고려가 쌍성총관부를 수복하자 조씨가와 탁씨가는 원나라 장군으로 심양을 거점으로 군벌이 되어 있던 나하추를 끌어들였다.

나하추는 동북면의 고려군 수비대를 쉽게 격파한다. 개경 수복전을 위해 개경에 와 있던 이성계는 급보를 받고 급히 동북면으로 귀환했다. 그 사이에 나하추는 함흥 북쪽 홍원까지 진입했다. 함흥과 홍원 사이에서 이성계의 부대는 나하추와 조우한다.

이 전쟁에서 28세의 청년이었던 이성계는 그의 평생의 전역 중 가장 화려하고 멋진 활약을 연출한다. 그는 몸소 10명이 넘는 적장을 쓰러뜨렸고, 홈그라운드의 이점을 최대한 살린 멋진 용병술을 발휘했다. 적이 진격하면 가장 피곤한 시점에서 공격하고, 적이 공격하면 미리 선정해 둔 요새지형으로 후퇴한다. 적이 야영하면 야습하고, 물러서면 기습하고, 추격하면 역습한다. 나하추는 원나라 장수답게 평야에서의 결전을 추구했는데, 그가 고대하던 평야지대까지 진출하는 동안 이성계는 이 같은 방식으로 나하추군을 최대한 두들겨 소진시켰다.

마침내 함흥 평야에서 최후의 결전이 벌어졌다. 조급해지고, 흥분한 나하추를 상대로 이성계는 절묘한 작전을 펼친다. 먼저 그는 상식을 깨고 적보다 적은 군대를 삼분했다. 이 부분의 기록이 자세하지는 않은데, 우리나라는 평야라고 해도 지평선이 보이는 곳은 없으므로 중군이 미끼가 되어서 적을 충분히 끌어들인 후 좌·우군이 협공을 하는 전술을 사용한 것 같다. 그리고 이 최후의 한수를 위해 흥원에서 함흥 사이에 벌어진 산악전투에서는 한 번도 전 병력을 동원하지 않았던 것 같다.

이 전투에서 이성계는 몸소 출전하여 적군 장수 3명과 격투를 벌였고, 스스로 미끼가 되어 나하추군을 유인했다.

태조가 홀로 말을 달려 용감하게 돌진하여 적을 시험하니 적의 날쌘 장수 3명이 나란히 말을 달려 앞으로 나서므로 태조가 패주하는 척하다가 고삐를 잡아당기고 말에 채찍질하면서 말의 재갈을 흔들어 달아나는 시늉을 하였다. 세 장수가 앞을 다투어 바싹 쫓아왔으므로 태조가 갑자기 말을 뽑아서 오른편으로 나가니 세 장수가 미처 말을 멈추지 못하고 앞으로 나갔다. 태조가 배후로부터 활을 쏘았는데 모두 시위 소리와 함께 넘어졌다. 태조가 싸움터를 옮겨 싸우면서 적들을 이끌고 요충에 이르니 좌우에서 복병이 모두 나와 힘을 합쳐서 크게 격파하였다.[14]

1363년에는 원나라에서 덕흥군의 부대가 왕위계승을 주장하며 고려를 침공했다. 덕흥군은 충선왕의 서자다. 고려는 이를 인정하지 않고 충선왕이 버린 여인이 백문거에게 시집가서 낳은 아들이라고 주장했다.

공민왕과는 처음부터 알력이 있었던지 원나라에서 충정왕을 폐하고 공민왕을 즉위시키자 당장 원나라로 달아났다. 그 후 공민왕이 기씨 일족을 숙청하고, 반원정책을 표방하자 기황후는 공민왕을 폐위하고 덕흥군을 즉위시키려는 음모를 꾸민다. 하지만 이미 원나라는 망하기 직전이라 동원할 병력이 없었다. 기황후는 용병을 모으고, 약탈을 조건으로 요양의 원나라 군대를 끌어들여 간신히 1만 병사를 모아 고려를 침공했다.

12월경부터 압록강 일대에서 덕흥군 부대의 척후기병이 관측되기 시작하더니 1364년 1월 1일을 기해 1만의 병력이 의주로 몰려왔다. 의주를 지키던 장수는 홍건적 토벌 때 공을 세운 안우경이었다. 그는 성밖으로 출전하여 일곱 차례나 적군을 격퇴했다. 그러나 여덟 번째 전투에서 크게 패하여 도병마사 홍선이 포로가 되었다. 군제가 반 붕괴상태라 이 한 번의 패배로 고려군은 안주까지 후퇴했다.

고려는 최영, 이순, 우제, 나세, 박춘을 파병하는 한편 동북면에서 이성계를 호출했다. 이성계는 정예 기병 1,500기를 이끌고 합류한다. 수주(평북 정주)의 달천에서 벌어진 첫 전투에서 고려군이 패배했다. 뒤늦게 합류한 이성계는 장수들이 용감하게 싸우지 않아서 패배했다고 질책한다. 화가 난 고려군 장수들은 잘난 네가 시범을 보이라고 이성계를 전방으로 내보냈다. 그 바람에 이성계 부대는 단독으로 원나라 군대와 대적하게 되었다.

고려의 장수들은 이성계보다도 훨씬 많은 전투를 경험한 역전의 용사들이었다. 그러나 고려군은 너무 지쳐 있었다. 당시 군대를 감찰하기 위해 전선에 왔던 체찰사 김두는 고려군의 형편 없는 모습을 목격한다.

> 군졸들은 추위에 떨고 굶주리고 있었으며 (겨울옷이 없어 짚으로 만든) 도롱이를 몸에 두르고 지냈다. 한 말의 쌀로 말을 바꾸었고 굶어죽은 시체가 길에 잇대어 있었다. 대오를 떠난 군졸이 길에 밀려다니며 걸식하였고 그들의 얼굴은 파리하였다. 15

도롱이

이성계는 이 날 밤 근심하며 고민했다고 한다. 이성계가 자서전을 썼다면 이 날의 경솔한 행동은 개경 수복전에서 홍건적에게 허를 찔린 데 이은 두 번째 실수였다고 적었을 것이다.

이성계는 비상수단을 쓰기로 하고 선대부터 자기 집안을 섬겨온 노장 두 명을 불러 인정에 호소했다. 다음 날 이성계는 자신이 중군을 맡고, 노장 두 명에게 좌우군을 맡겨 결사전을 감행했다. 격전 끝에 이성계는 승리하는데, 승리를 거두는 순간에도 두 명의 노장은 미친 듯이 싸우고 있었다고 한다. 16

한 번 패전하자 중국군은 금세 기가 꺾였다. 특히 당황한 무리는 기황후가 모집한 용병들이었다. 전의를 상실한 그들은 밤에 고려군 복장으로 변장하고 함성을 질렀다. 놀란 덕흥군 부대는 병영을 불지르고 압록강을 건너 후퇴했다. 요양군은 심양으로 돌아갔을 것이고, 덕흥군의 직할부대원 중에서 북경까지 생환한 사람은 17명에 불과했다.

3. 진정한 위기

1389년(창왕 1) 위화도 회군 직후 권근은 이성계 파와의 알력으로 경상도 영해로 유배된다. 명망 있는 학자인 그는 이곳에서 저술과 강론을 하며 소일한다. 인근의 선비와 젊은 학생들이 가르침을 얻기 위해 모여든다. 이 무리 중에 나이 많은 참석자 한 명이 있다. 나이는 환갑이 다 되었고, 체격은 크고 검은 수염이 좌우로 떡 벌어졌다. 외모로 보나 나이로 보나 선비도 아니고 과거 준비생도 아니다. 글도 겨우 조금 아는 수준인데, 의외로 권근의 강의를 재미있어하며 부지런히 참석하고 늦게까지 강의를 경청한다.

권근은 이 중후하고 이상한 노인에 대해 호감과 궁금증이 생겼다. 얼마 후 노인의 친구인 어느 품관에게서 그에 대한 이야기를 듣게 된다. 이 노인이 바로 29년 전 개경수복전의 영웅 박강이다.

박강의 집안은 대대로 영해부의 향리였는데, 조부의 공으로 부친 때부터 향역에서 면제되었다. 부친도 용사여서 공민왕이 왕이 되기 전 원나라에 살 때 공민왕의 시종 또는 경호무사가 되었다. 힘이 장사여서 어린 공민왕은 그의 팔에 매달리기를 좋아했다. 공민왕이 충정왕과의 왕위경쟁에서 탈락하여 상도로 이주할 때는 그가 공민왕을 업고 갔다. 공민왕의 각별한 신임을 받았지만 공민왕이 즉위하기 전에 귀국하다가 배가 파선해서 익사하고 만다. 물론 공민왕은 즉위 후에 그를 깨끗이 잊었다.

세월이 흘러 홍건적을 피해 안동으로 피난 온 공민왕이 근왕병을 모집한다는 공고를 내자 32세가 된 박강은 군에 자원하여 정세운의 휘하로 편성된다. 개경전투에서 박강이 용맹을 발휘하자 정세운은 그를 중랑장(정5품)으로 진급시키려고 했다. 하지만 정세운이 피살되는 바람에 겨우 산원(정8품)직을 받는다.

그 후에도 박강의 활약은 그치지 않았다. 덕흥군의 침공 때는 목숨을 걸고 두 번이나 압록강을 넘어 적진을 정찰했다. 덕흥군과의 전쟁, 1369년 이성계의 오녀산성 공격, 왜구토벌진 등 수많은 전투에서 빛나는 무훈을 세웠다. 공민왕은 덕흥군과의 전쟁 후 비로소 박강을 만난다. 공민왕은 시위군에서 힘센 병사들을 선발해서 박강과 씨름을 시켰는데, 박강은 이들을 모조리 넘어뜨렸다. 공민왕은 그의 부친에게 업혀다니던 일을 기억해 내고, 비로소 그를 중랑장으로 임명한다. 하지만 공민왕이 불의의 죽음을 당하면서 그의 출세길은 다시 한 번 끊겼다.

고향으로 은퇴한 그는 자신의 불운을 탓하지 않고 묵묵히 소명을 다했다. 1386년 56세의 노인임에도 왜구토벌에 참전하여 몸소 왜구 5, 6명을 베었다. 권근이 영해로 귀양 오기 1년 전인 1388년에 왜구가 대거 영해성을 포위했다. 박강이 성 위에서 활을 쏴서 적장을 죽이고, 연달아 4, 5명을 사살하자 왜구가 달아났다.

박강의 무용담을 들은 권근은 감동하고 탄식한다. "이처럼 특별한 공을 세웠지만, 위에서 추천하여 발탁해 주는 사람이 없고 아래로는 그것을 기록하여 주는 친구가 없어 공신에 오르지도 못하고, 사적이 없어져서 전하지도 못하여, 마침내 시골에서 죽어 초목과 함께 썩고 마는 사람이 얼마나 되겠는가. 이 얼마나 가여운 일인가? 그러므로 박강에 대하여 전기를 쓴다."17

　박강이 개경수복전에 참전한 때는 32세였다. 그 후 환갑이 될 때까지 열 번 이상의 전쟁에 종군한다. 그의 화려한 전력은 전란으로 신음하는 이 시대의 단면이기도 하다. 우리 역사에 이처럼 다양한 군대와 집중적으로 전쟁을 벌였던 시대도 없다.

　가혹한 전란은 고려사회의 중심을 흔들었다. 고려라는 오래된 거함은 곳곳에서 파열음을 내고, 많은 사람들에게 깨어지고 지친 함선의 신음소리가 들려오기 시작한다.

　그것은 분명하고도 확신에 찬 경고다. 외적의 고난은 자신들의 내적인 문제를 돌아보게 하는 계기가 되고, 반성과 성찰은 지혜를 준다. 이제 양심적인 선각자들에게 사회의 내적인 균열이 보이기 시작한다. 권근이 박강의 삶에서 발견한 것도 그러한 균열의 하나였다. "나는 그가 신중하며 순후한 사람인 줄만 알았지, 그에게 그런 특이한 재능이 있는 줄은 몰랐다(고려는 그동안 수많은 전쟁을 겪었다). 박강과 같은 인물이 또 얼마나 많겠는가?"

　안타깝게도 그러한 균열은 사방에 있다. 이제 사람들은 균열의 근원을 알고 싶어한다. 그 한 줄기는 경악할 만한 곳에 놓여 있다. 바로 공민왕이다.

　홍건적과의 전쟁 동안 최일선에서 활약한 장수는 안우, 이방실, 김득배다. 종2품의 참지정사 겸 상원수(안우), 서북면 도지휘사(이방실), 종2품의 정당문학겸 도병마사(김득배)라는 거창한 직함이 무색하게 그들은 겨우 수백 명의 기병을 이끌고 쉴 새 없이 유격전을 펼쳤다. 진격할 때는 선봉에 서고, 후퇴할 때는 후미를 맡았다. 안주와 절령이 함락 당할 때도 그곳에 있었고, 서경과 개경 수복전을 진두 지휘했다.

　그들은 각기 고향도 다르고(안우는 전남 강진, 이방실은 경남 함안,

282

김득배는 경북 상주 출신이다), 늘 같은 부대로 활약한 것도 아니지만, 긴 전역 동안 전장을 주도하면서 의리와 신뢰가 싹튼 것 같다.

개경수복전에서 총사령관직을 맡은 정세운도 중국 원정에 참여했고, 홍건적과의 전투에도 관여했지만, 전투 일선보다는 공민왕의 측근에서 활약했다. 공민왕은 1352년(공민왕 1) 조일신의 난을 겪고, 기철 일파를 숙청한 후에 병권문제에 예민해졌다. 그래서 가장 신뢰할 수 있는 무장 두 명을 측근에 두었는데, 그들이 정세운과 김용이었다.

개경수복전 당시 정세운과 안우는 벼슬이 둘다 종2품직이었지만[18] 경력에서는 안우가 앞섰다. 그러나 공민왕은 정세운을 승진시켜 최고 재상급인 중서평장사로 임명하고, 총사령관직(총병관)을 맡겼다. 정세운은 흥분했고, 말씨와 태도가 몹시 오만했다. 이 모습을 본 재상 홍언박이 불안감을 느낄 정도였다.[19] 게다가 정세운은 전황에 대한 장수들의 개인보고를 금지하고, 모든 보고, 특히 장수의 포상에 대한 보고는 반드시 자신을 거쳐야 한다고 공민왕에게 다짐을 받고 출발했다.[20]

정세운의 행동은 한 장수를 격분시키고, 한 장수를 불안하게 만들었다. 격분한 사람은 안우였다. 위계상으로 보나 그간의 전투경력으로 보나 정세운의 지휘를 호락호락 받을 수 있는 상황이 아니었다. 개경까지 행군하는 동안 지휘방식과 작전을 두고 어떤 갈등이 있었는지는 알 수 없지만, 안우의 입장에서는 정세운을 도저히 신뢰할 수 없었을 것이다. 개경 공격을 감행하던 날 정세운이 임진강 건너 남쪽으로 빠진 것도 안우를 격노하게 했다.

개경을 수복한 직후에 정세운이 올린 보고서를 보면 구체적인 전황이나 수고한 장수의 이름은 완전히 빠져 있고, 오직 공민왕에 대한 찬양과 우리가 멋진 기습으로 승리했다는 추상적 내용으로만 채워져 있다. 물론 이 보고가 전황과 공적자를 보고하는 문서는 아니었지만, 혹이 보고서를 안우가 보았다면 분명 두 배 이상 더 흥분했을 것이다.

불안해진 사람은 김용이다. 그는 정세운보다 앞서서 공민왕과 인연을 맺었다. 공민왕이 북경에서 귀국하여 즉위할 때 공민왕을 호종했다. 공민왕 즉위 초에 그는 정세운과 함께 매일 공민왕에게 직접 보고하는 4인의 신하 중 한 명이었다. 그러나 기철 제거에 공을 세우면서 김용은 정세운을 앞서 가기 시작한다. 1358년 정세운이 종2품 지문하사로 임명될 때 그는 한 자급 높은 정2품의 중서시랑문하평장사가 되었다.

홍건적이 개경으로 남하하고, 고려군이 절령 방어전을 준비할 때 공민왕은 김용을 총병관으로 임명한다. 하지만 절령전투는 대참사로 끝나고, 공민왕은 개경을 버려야 했다. 김용에겐 치명타였다. 정세운이 분연히 목소리를 높이며, 수복을 외치기 시작하는 때가 바로 이 시점이다. 공민왕은 김용을 대신해서 정세운을 총병관으로 임명하고, 김용과 똑같은 관직으로 승진시켰다. 내친 김에 정세운은 전공 포상에 대한 전권까지 얻어서 갔다. 고려군이 승리하면 김용과 정세운의 지금까지의 관계는 물론이고, 군 내부의 실질적 권력에서도 정세운이 김용을 압도하게 될 것이다.

개경 탈환에 성공하자 김용은 안우에게 정세운을 죽이라는 밀서를 보낸다. 이것은 위조한 명령서였다. 아울러 밀사로 보낸 조카를 통해 정세운이 안우 등을 미워하고 있으니 전투가 끝나면 분명 화가 미칠 것이라는 허위정보까지 흘렸다. 안우와 이방실은 밀서를 믿는다. 그들은 정세운이 개성전투 당시 후방에 도망가 있었던 사건을 지목하며 그것만으로도 이미 죽을 죄라고 스스로를 합리화한다. 그러나 김득배가 끝까지 반대했다.

안우와 이방실은 김득배의 설득에 물러났지만, 밤이 되자 다시 김득배를 찾아왔다. 그 사이 결심을 굳힌 듯 입장이 강경했다. 그 사신은 분명히 국왕의 명령서를 가지고 왔다. 가짜라고 하면 정세운을 죽인 책임은 김용에게 있다. 하지만 만약 진짜인데, 우리가 밀서를 의심해서 정세운을 죽이지 않는다면 명령위반으로 우리가 처벌을 받을 것이다. 그 날 밤 전방 지휘소로 초대된 정세운은 최후의 밤을 맞는다.

안우가 정세운을 죽였다는 보고를 받은 공민왕은 대사령을 선포하고, 강직하고 인망 깊은 유탁을 사신으로 파견한다. 유탁은 장사성 토벌전의 총사령관으로 안우를 휘하에 두었고, 지금은 수상인 시중이다. 유탁은 안동으로 개선중인 안우를 만나 그의 공적을 치하하고 눈물을 흘리며, 무릎을 꿇고 술을 권한다.

유탁의 행동에 안우도 감동을 받고 안심한다. 안동에 도착한 안우는 정세운의 살해를 명령한 김용의 밀서를 들고 행재소로 들어간다. 중문에 들어서자 문지기가 몽둥이로 안우의 머리를 내리쳤다. 안우는 밀서를 넣은 주머니를 가리키며 "잠깐만 참아라. 이 편지를 보인 후에 죄를 달게 받겠다."고 소리쳤다. 안우는 가격을 피하며 세 번이나 소리쳤지만 공민왕이 있는 안채에서는 묵묵부답이다. 마침내 최후의 일격이 그의 숨을 끊는다.

살인극이 진행되는 동안 공민왕은 "전공을 참작하여 안우 등이 정세운을 살해한 죄를 용서한다"는 조서를 작성하고 있었다고 한다. 조금 후에 안우가 살해되었다는 보고가 올라오자 그 조서는 "이방실과 김득배를 체포하는 자는 3등급을 승진시킨다"는 내용으로 바뀐다. 이방실은 안우의 죽음을 모른 채 안동으로 오다가 예천에서 왕의 사신을 맞는다.

> 만호 박춘이 전지를 전하니 이방실이 뜰에 내려서 꿇어앉았다. 대장군 오인택이 칼을 빼어 치니, 거꾸러져 기절했다가 한참 만에 다시 살아나서 담을 넘어 달아났다. 박춘이 쫓아가 잡았다. 이방실이 박춘의 칼을 빼앗으려는데, 정지상 등이 뒤에서 칼로 쳐 죽였다. 21

숭의전 배신청과 16신위
경기도 연천. 숭의전은 조
선왕조에서 고려왕실을 위
해 세운 사당이다. 이곳에
태조, 현종, 문종, 원종의
위패를 봉안하고, 배신청
에는 16명의 공신을 봉안
했다. 안우, 이방실, 김득
배 3장군은 이 16명에 포
함되어 이곳에 봉안되었
다. 이 책에 등장하는 김부
식, 김취려, 조충, 김방경
도 16위에 포함되어 있다.

김득배만이 부하 몇 명과 함께 도망에 성공한다. 그가 도망치자 정부에서는 그의 처자를 잡아다 고문했다. 김득배의 사위였던 조운흘이 끈질기게 장모를 설득해서 김득배의 은신처를 알아낸다. 그는 산양현에 있는 조상의 선산에 숨어 있었다. 이방실을 죽인 박춘 팀이 다시 출동해서 김득배를 살해하고, 목을 고향인 상주에 내걸었다.[22] 조운흘은 후에 지방관으로 명성을 얻어 조선 건국 후에 관찰사까지 역임한다. 자기 묘지명을 자신이 작성했는데, "서울과 지방 관리를 역임하여 5개 주의 수령으로 있었으며 4개 도의 관찰사를 지냈다. 비록 커다란 명성과 업적은 없다 하더라도 과오도 없었다."라고 썼다. 과오는 없었다고 해도 마음 속의 응어리도 없었을까?

그런데 이 사건의 진정한 배후는 누구일까?

공민왕이다. 사가는 공민왕을 직접 지목하지 않았지만, 의심스런 구석이 너무 많다. 설사 이 사건을 직접 기획하지 않았다고 해도 이런 사태를 초래한 원인이 그의 불안정한 리더십이라는 책임은 피할 수 없다. 『고려사』의 편찬자들도 공민왕을 칭찬만 하지는 않았다. 신돈의 열전에서는 공민왕의 성격을 이렇게 묘사한다.

천성이 의심이 많고 잔인해서 심복대신이라도 권세가 커지면 의심해서 죽였다. 23

공민왕은 너무 일찍 배신과 쿠데타를 경험했고, 자기 세력을 만들기도 전에 숙청을 단행했다. 이때 끌어들인 세력이 군부고, 군을 관리하기 위해 김용과 정세운을 측근에 두었다.

하지만 공민왕은 금세 장군들로부터 신임을 잃는다. 결정적 사건이 서북면 병마사 인당의 살해다. 공민왕 스스로 자랑스럽게 국토회복작전을 명령했다가 원나라가 협박을 해오자 당장 인당을 희생양으로 삼는다. 일선 부대의 장수들은 이 조치를 이해할 수가 없었다. 그들은 거의가 중국 원정을 통해 중국의 실상을 보았다. 중국 내부에서는 10여 개의 반란이 준동중이다. 노쇠하고 부패한 제국은 고려 정벌은커녕 중국의 반을 지키기도 버겁다.

어리석은 리더보다 더 나쁜 리더는 간교하고 변덕스러운 리더다. 그보다 더 나쁜 리더는 부하에게 책임을 전가하는 리더다. 공민왕은 이 모두를 완벽하게 갖추고 있다. 그는 정치상황에 너무 예민하고, 판단과 분석에 깊이가 없다. 목적은 있으나 실현하는 방법을 모르고, 현상에 집착하고, 참을성이 없다. 자존심은 지나치게 강하고, 잔꾀를 너무 부리며, 책임을 부하에게 전가하고, 너무 쉽게 배신한다.

그래도 권력자란 좋은 자리다. 이 정도 결함으로는 해고되지 않는다. 하지만 마음 속의 불안까지 덮을 수는 없다. 불안해진 공민왕은 측근정치로 자신을 안심시킨다. 하지만 전쟁이 사방에서 터지고, 그 여파로 군부가 커져 간다. 김용과 정세운으로서는 이를 통제할 수 없다. 이 상황에서 둘이 서로 대립한다. 정세운이 군공 포상에 대한 전권을 달라고 했을 때, 안우는 격노하고 김용은 불안했겠지만, 격노와 불안을 동시에 느끼는 사람은 공민왕이었다.

음모자가 공민왕이 아니라고 해도, 인당 살해와 같은 사건이 없었고, 공민왕이 음모를 좋아하고 변덕스럽고 때로는 잔혹한 일면을 보여주지 않았더라면 안우와 이방실은 밀서를 믿지도 않았을 것이고, 성급하게 정세운을 처치할 용기나 필요성도 느끼지 못했을 것이다.

이 사건으로 야심가는 살해되고, 전공자 집단은 해체되었다. 근시안적 리더십으로 보면 두 가지 문제가 한꺼번에 해결된 셈이다. 하지만 리더십에의 진정한 균열은 이때부터 발생한다. 다음 해인 1363년 개경으로 환도한 공민왕은 궁과 수도가 정비되지 않은 관계로 흥왕사에서 임시로 머물렀다. 윤3월 1일 50여 명의 자객 집단이 흥왕사를 습격한다. 숙직 관원과 경호무사들이 살해되는 동안 공민왕은 환관에게 업혀 창문으로 탈출하고 안도적이라는 공민왕을 닮은 환관이 공민왕을 위장하여 침소에 누웠다.

자객들은 안도적을 살해한 후 일당 중 일부를 시중이며 외척이던 홍언박(공민왕의 태후 홍씨가 그의 고모다)의 집으로 보내 홍언박을 살해했고, 한참 동안 흥왕사를 점거했다. 그동안 공민왕은 태후의 방에 숨어 있었다. 얼마 후 공민왕이 살아 있다는 사실이 밝혀진다. 자객들이 작심을 하고 수색을 했으면 피할 도리가 없었지만 이상하게도 그들은 그 상태로 복면을 쓰고 궁에 머물다가 토벌되고 말았다.

엄청난 사건이었음에도 배후도 오리무중이다. 얼마 후에 김용이 사건의 배후로 지목되었고, 결국 그 죄로 처형되었다. 상당히 이상하게

창령 옥천사 터
신돈의 모친은 이 절의 여
종이었다. 지금은 사원터
의 흔적이 거의 남아 있지
않다.

도, 공민왕은 김용이 죽자 이제 누구를 의지하고 사
느냐며 눈물을 흘리면서 탄식했다고 한다. 그리고 더
이상 배후를 추궁하지 말라는 명령까지 내렸다.

김용과 홍언박이 동시에 사라짐으로써 공민왕은 신임하던 신하도
잃었지만 정치적 장애도 사라졌다. 홍언박은 외척이면서 당시 명문세
가를 대표하는 인물로서 공민왕에게 "아니오!"라고 가장 강력하게 말
할 수 있는 인물이었다. 공민왕의 한양 천도계획을 저지시킨 사람도
그였고, 재정규모가 너무 크다는 둥 왕의 사치가 심하다는 둥의 듣기
싫은 소리를 하는 사람도 그였다.

이제 공민왕은 새로운 정치적 대행자를 물색하는데, 그가 바로 신
돈이다. 1365년 12월 신돈을 등용하면서 공민왕은 관료군의 중추를
이루는 권문세가와 신진사류에 대한 혐오감을 그대로 드러냈다.

처음에 왕이 재위한 지 오래 되었으나 재상이 많이 뜻에 맞지 않았다. 왕
이 일찍이 말하기를, "명문거족들은 서로 얽혀 서로를 보호한다. 초야의
신진들은 정으로 속이고 행실을 꾸며서 명예를 탐하다가 높은 자리에
오르면 가문이 한미한 것을 부끄럽게 여겨 명문가와 혼인하고 예전의 모

공민왕에 대한 단상

우리 역사에서 공민왕은 인기 있는 왕이다. 국왕으로서는 특이하게 예술적 재능도 갖추어서 「천산대렵도」라는 작품까지 남겨 놓았다. 이런 요소들도 그에 대한 매력과 호기심을 더해 준다. 드라마 작가들은 심상치 않은 러브스토리와 여러 명의 부인 덕분에 그를 좋아한다.

하지만 뭐니뭐니 해도 사람들을 공민왕에게 열광하게 만든 요인은 그의 반원정책일 것이다. 식민지시대의 아픔, 열강의 세력권에 끼어 있는 현실에 대한 우울증이 있는 우리들에게 공민왕의 반원정책과 같은 민족주의적 사건은 역사 속의 청량제와 같다.

그런데 공민왕을 평가할 때 우리가 간과하는 요소가 있다. 공민왕이 자주적이든 민족주의적이든 그가 지향한 권력체제는 원나라에서 보고 배운 황제와 같은 권력이었다. 우리는 반원정책에 너무 매료되어서 공민왕에게 성군의 이미지를 씌우는 경향이 있다. 하지만 공민왕이 가장 집착을 보인 부분은 국왕의 절대권과 권위신장이었다. 공민왕은 왕실경비의 축소와 비용 절감이라는 얘기를 제일 싫어했다. 심지어 안동으로 몽진했을 때에도 호화로운 잔치를 벌였고, 피난 생활중이니 비용을 절감하자는 건의에 대해서도 화를 내며 대답하지 않았다.

유명한 공민왕릉은 노국대장공주가 죽었을 때 자신이 직접 디자인한 작품이다. 사람들은 이를 공주에 대한 사랑과 공민왕의 예술적 재능과 끼의 소산이라고 생각한다. 하지만 공민왕이 자신의 능을 디자인한 이유는 작고 볼품없는 고려의 왕릉제도를 참을 수 없었기 때문이다.

여기서 국왕의 권위를 높이고, 왕권강화를 시도하는 것이 무슨 잘못이냐고 말할 수 있다. 잘못이 아닐 수 있고, 역사의 올바른 발전 방향일 수도 있다. 공민왕릉의 규모와 제도는 조선시대 국왕릉의 모델이 되었다. 그러나 국왕의 권위를 세우고, 권력을 확보하기 위해서는 먼저 국가 경영과 운영 능력이 바로서야 한다. 반외세에 성공하고 자주적인 국가가 되는 길은 국가가 부강해지는 것이다. 그것은 감정과 지향의 문제가 아니라 능력과 실천의 문제다.

공민왕은 바로 이 부분에 심각한 결함이 있다. 그는 평생 동안 집권세력을 몇 번씩 바꾸고, 배신과 숙청과 편법을 반복했다. 그 과정에서 여러 가지 성과를 거두기도 했다. 그러나 공민왕은 공과 사의 영역, 감성과 이성의 영역을 구분하지 못하는 리더였다. 문제를 집어내는, 아니 문제에 놀라고 당황하는 데는 빠르지만, 국가라는 거대한 모순덩어리를 이해하고, 해결책을 제시하고, 거시적으로 끌고 나가는 능력은 크게 결여되어 있었다. 그것이 공민왕의 실패와 비극의 원인이었다.

습을 버린다. 유생은 유약하여 강직함이 적고, 또 문생이니 좌주니 동년
이니 하며 서로 당을 만들어(좌주-문생은 과거의 시험관과 급제자를 말
하며 동년은 오늘날 사법고시 동기생과 같은 급제동기생을 말한다. 좌
주-문생은 거의 부모와 자식과 같은 관계를 맺었으며, 동년은 평생 동안
교우관계를 유지했다) 사정에 따라 움직이니 이 셋은 모두 쓰기에 부족
하다." 24

기득권 세력이나 신진 세력이나 제 식구 감싸기, 봐주기, 자기편 만
들기는 다름이 없고 신진 세력은 명문거족과 보수파를 비난하지만 막
상 자기들이 권력을 잡으면 명문가와 인연을 맺으려 하고, 하는 행동
도 똑같아진다는 공민왕의 비난은 현실 세계에 대입해도 틀린 말이

하나도 없을 정도로 정확하고 예리하다. 하지만 바로 그렇기 때문에 그의 신랄한 비판은 문제의 본질에서 비켜서 있다. 공민왕은 인간세상 어디에나 있는 타락한 현상에 대해 소리치고 있다. 그의 불평은 통치자, 정치가, 개혁가라면 누구나 부딪히는 현상이다.

통치자의 역할은 알 만한 사람은 다 아는 현상을 지적하는 것이 아니라 그것에 대처하는 방법을 찾고 해결하는 것이다. 그러나 그렇게 말하는 자신은 조직의 운영원리에 충실했는가? 그는 소수의 측근에 의존하고, 편 가르기, 숙청, 암살, 배신이라는 방법으로 조직을 운영했다. 그리고 마지막에는 새로운 편법을 시도하고자 한다. 신돈의 등용은 빽없는 외톨이를 새로운 측근으로 내세워 자신이 권력을 전단하고자 하는 시도 외에 아무것도 아니다.

신돈마저 효용이 다하자 공민왕은 환관을 양성하여 자신들을 둘러싸게 하고, 명문가의 자제들로 자제위를 편성했다. 많은 사람들이 이를 공민왕의 타락 내지는 슬픈 좌절로 이해하지만, 사실 그의 행동은 일관된 연속선상에 있다. 공민왕은 그가 원나라에서 본 대로 어쩌면 그의 이상이었을 황제의 권력을 모방하여 직할의 친위세력을 편성한 것이다.

이것이 그가 복잡한 정치여정을 통해 추구해 온 진정한 목적지였다. 그리고 정말로 여기가 공민왕의 종착지가 되었다.

1374년 9월 갑신일, 공민왕은 몸과 마음을 섞었던 자신의 최측근들에게 살해되었다. 암살자는 검으로 머리를 내리쳐 뇌수가 벽까지 튀고, 수많은 상처로 시신은 피범벅이 되어 있었다.

이 사건은 환관 최만생과 홍언박의 손자인 홍륜이 동료 자제위들을 끌어들여 저지른 것으로 알려져 있다. 살해의 동기는 추악한 치정 문제였다고 한다.

공민왕의 능
개성시 개풍군 해선리

　그것이 전부였을까? 어쩌면 누군가가 홍륜에게 홍언박의 죽음에 공민왕도 책임이 있다고, 홍륜의 동료들에게는 공민왕이 자제위 모두를 몰살시키려 한다고 속삭였던 것은 아닐까? 전혀 근거 없는 추정이지만, 공민왕의 전력과 성격을 알고 있는 사람이라면 모두가 이 말을 믿었을 것이다. 그것은 공민왕 자신이 뿌린 업보였다.

　4백 살이 된 고려왕조는 이제 안팎으로 시련에 처해 있다. 오래된 제도는 곳곳에서 파열음을 내고 있다. 노성한 대신이나 의욕에 찬 신진 관료나 사회 현실에 분노하는 젊은 지성인이나 모두가 치료와 개선이 필요하다고 인정한다. 하지만 상황은 급박하고, 왕국은 너무나 많은 피를 흘리고 있다. 먼저 흐르는 피를 막아야 할지 근본적인 치료가 우선인지도 판단하기 어렵다.

　이러한 때 사람들을 조직하고 문제해결 능력을 높이는 것이 국가와 지도자의 몫이다. 하지만 혼돈과 위기의 시기에 국가의 리더십은 오히려 앞장서서 균열해 가고 있다. 유래 없는 전란의 시기에 고려는 이 모든 것을 싸안고 가야 한다. 14세기는 앞으로도 절반이나 남았다.

제6부
불타는 바다

• 1351년 스물다섯의 청년 이색은 부친 이곡李穀의 장례를 치르기 위해 본향 한산에 와 있었다. 그때 마을의 촌로들이 난생 처음 보는 왜구의 대함대가 출현했다는 급보를 가지고 찾아왔다. 한산도 바닷가 고을이라 크게 동요하였는데, 다행히 왜구는 한산은 건드리지 않고 좀더 북상하여 경기도 남양만을 침공하고 계속 북상했다. 얼마 후 왜구는 강화도 근처까지 진출했지만 고려의 정규군은 출동도 못하고, 육지에 머물러 적의 함대를 구경만 하고 있다는 소식만 들려왔다. 마을 주민들은 한숨을 쉬고 혹은 분노하며 이색에게 하소연을 했다. 이렇게 바다를 내어주면 왜구는 제멋대로 돌아다니며 해안 고을을 약탈할 것이다. 육지를 지키기만 해서는 저들의 기습을 막을 수가 없다. 나라에서는 이런 사정을 아는가 모르는가? 나라가 이 지경이 되었으니 앞으로 엄청난 일이 벌어질 것이다. 끔찍하고도 엄청난 일이……01

• 1388년(고려 창왕 원년) 조우량은 경상도 흥해군(지금의 경북 포항시 영일군) 수령으로 부임하라는 명령을 받았다. 벌써 여러 명째 수령을 임명했지만 길도 끊어지고 백성도 없어 수령이 부임도 하지 못하고 도망쳤다는 고을이었다. 조우량은 군건하게 말 한 마리에 종자 하나를 데리고 임지로 찾아갔다. 그의 눈앞에 펼쳐진 흥해 고을은 불타고 버려진 완전한 폐허였다. 8년 전 흥해는 왜구의 습격을 받아 수많은 사람이 죽고 철저히 파괴되었다. 간신히 수소문 해서 알아보니 수백 명쯤 되는 생존자들은 산 속에 토굴을 파고 살고 있었다. 왜구를 두려워한 그들은 바다로 나와 고기를 잡아도 돌아갈 때는 발자국을 지우고, 무너진 집과 버려진 경작지는 손도 대지 않아 사람이 살지 않는 고을인 것처럼 위장하면서 살아가고 있었던 것이다.02

• 32척의 왜구가 어둠을 틈타 도두음곶(충남 서천군 비인면)을 습격했다. 이곳은 순찰함대가 정박하는 해군기지였으나 만호는 술에 취해 자고, 보초는 졸고 있었다. 경계를 허술하게 한 실수는 했지만 만호 김성길은 중과부적인 상황에서 용감하게 싸우다 왜구의 창에 찔려 바다로 떨어졌다. 함께 싸우던 아들 김윤은 활로 적 세 명을 사살했으나 부친이 바다로 떨어지고 적에게 포위를 당하자 물로 뛰어들어 자결했다. 일곱 척의 조선군 병선이 불타고 병사들 절반이 살해되었다. 함대 습격에 성공한 왜구는 상륙하여 비인현으로 들어왔다. 조선군은 현감 송호생의 지휘 아래 성에서

농성했다. 왜구는 일부는 비인현을 약탈하고, 일부는 성을 포위하고 공격했다. 농성전은 아침 7시부터 정오까지 계속되었다. 성이 거의 함락되려 할 무렵 서천군수와 남포진 병마사가 이끄는 지원군이 도착했다. 지원군이 도착하자 성 안의 군사도 출격하여 왜구를 협공하니 왜구는 포위를 풀고 도주하였다. 죽은 줄 알았던 김성길은 극적으로 구조되어 생명을 건졌다. 하지만 왜구에게 패배한 죄로 사형에 처해졌다. 나중에 정부는 그가 패배하기는 했지만 용감하게 싸웠고, 아들도 용감하게 전사했다는 소식을 듣고 사형을 취소했으나 이미 형이 집행된 후였다.[03]

• 이옥李沃은 시중을 지낸 이춘부李春富의 아들이다. 이춘부는 신돈의 일파로 신돈이 숙청될 때 함께 살해당했다. 이옥도 처벌을 받아 강릉부江陵府의 말단 병졸로 편입되었다. 그가 강릉에 있을 때 왜구가 동해안의 고을을 쓸고 강릉까지 왔다. 강릉의 백성은 싸움을 포기하고 앞다투어 도망쳤다. 강릉부의 앞 들에 큰 나무가 많았는데, 이옥이 밤 사이에 사람을 시켜 화살 수백 개를 나무에 꽂아 놓았다. 이튿날 상복을 벗고 말을 달려 바닷가로 나가 왜구를 향해 여러 발의 화살을 날리고는 나무 사이로 달려 도망쳤다. 왜적이 이옥을 추적하여 구름과 같이 몰려왔다. 이옥은 나무 사이로 말을 달리며 꽂혔던 화살을 뽑아 쏘며 왜구를 쳤다. 아침부터 저녁까지 고전을 면하지 못하였으나, 시위를 헛되게 당기지 아니하여 쏘기만 하면 반드시 맞으니 죽은 자가 즐비하였다. 조정이 이 공을 가상히 여겨 벼슬을 내렸다.[04]

• 왜구가 전주를 침공하였다. 전주 사람 최극부의 아내였던 임씨는 왜구에게 붙들렸다. 왜구가 그녀를 욕보이려 했으나 임씨가 거부하자 왜구가 임씨의 한쪽 팔을 자르고 또 한쪽 다리를 잘랐다. 그래도 임씨가 말을 듣지 않자 왜구는 그녀를 찔러 죽였다.[05]

• 경상도 함창에 살던 전언충은 1395년 열네 살 나이로 왜구에게 잡혀 일본으로 끌려갔다. 노예가 된 소년은 이리저리 팔리다가 오키나와까지 갔다. 화가 복이 된다고 했던가? 1416년 조선과 오키나와가 우호를 맺으면서 오키나와에 살고 있는 조선인 포로 44명이 석방되었다. 35세가 된 전언충도 이 무리에 끼어 귀국했는데, 고향에 가보니 부모는 이미 사망한 뒤였다.[06]

1. 얼룩진 몽타주

옛날 고려의 수도 개경에 버릇 없는 열두 살 소년이 있었다. 화가 나면 철퇴로 하인을 패고, 선생이 훈계를 하면 먹물을 뿌리고, 어린 나이에 여색을 알아 세상의 모든 여자가 자기 것인 양 여자와 함께 걸어가는 남자만 보면 쫓아가서 심술을 부렸다.

그래도 누구 하나 이 소년을 다스릴 수가 없었다. 그가 왕이었기 때문이다. 사실은 다스릴 사람이 있었지만 굳이 다스리려 하지 않았다. 철부지 왕이라는 구실로 원나라 공주인 대비가 권력을 장악했다. 자신이 직접 조회를 받고 정사를 보고, 어린 왕은 신하들과 함께 대비 앞에 앉았다. 그래도 왕이어서 맨 앞줄에 앉을 수는 있었다.

시종과 측근도 철부지 왕이 더욱 좋았다. 소년 왕이 철퇴로 시종을 패는 동안, 조정에서는 재상이 재상에게 주먹질을 하고, 불법행위로 체포된 관원이 자신이 들어가야 할 감옥을 보더니 나는 이런 곳엔 못 들어간다며 욕을 하고 집으로 돌아간다.

국왕부터 이중국적이고 국가의 정체성이 이상하다 보니 어떤 이는 고려의 관직과 몽골의 관직 두 개를 지니고 있었다. 서열을 정하고 월급을 탈 때는 직위가 높은 고려의 관직을 적용하고, 죄를 지으면 외국 관원에 대한 치외법권 규정을 들이댔다. 재판을 해도 두 개의 법이 있고, 풍속도 두 개가 되었다. 외국의 법과 문화를 수용하다 보면 과도기가 있기 마련이지만, 그것을 적용하는 기준이 탐욕과 모리니 문제였다.

국적이 둘이고 규정도 둘이 되니 그 치하에 있는 세상의 만물은 둘, 셋, 넷으로 늘어났다. 무슨 말인고 하니 같은 땅에 주인이 여럿이 되어 같은 세금을 두세 번씩 거두었다. 세금을 걷는 이유도 여러 개가 되었다. 몽골에게 바칠 공물도 내야 하고, 중국 물을 먹은 왕들은 더욱 사치스러워져서 국가재정은 팽창하고, 관원은 늘고, 똑같은 일을 하는 관청이 두 개가 되기도 했다.

세금이 늘어나니 세금을 걷는 사람도 여럿이고, 세금을 걷는 방법도 여러 개가 되었다. 누구는 서류를 들이밀고, 누구는 속임수로 가져가고, 누구는 몽둥이로 두들겨 털어 갔다. 유일하게 줄어든 것은 세금을 낼 수 있는 사람과 땅이었다.

그래서 남은 사람들은 다른 사람의 몫까지 부담해야 했고, 그렇게해서 그들의 세금고지서가 다시 여러 개로 늘었다.

최소한의 원칙과 최소한의 양심도 사라져 갔지만, 탐욕스런 무리들은 누구도 걱정을 하지 않는다. 원나라는 너무나 강했고, 그들의 위세아래 세상은 억눌렸다. 고려만 해도 한 세기를 끌어온 농민반란이 죽은 듯 잠들었지 않는가? 세금과 공물이 몇 배로 늘었는데도 말이다.

이렇게 탐욕과 용기로 무장한 사람들은 그들의 세계를 덮쳐오는 위험을 볼 수가 없었다. 몽골제국은 풍선과도 같다. 열을 가하면 풍선이팽창하는 것은 분자운동이 활발해져서지 공기의 양이 증가해서가 아니다. 몽골제국을 일으킨 힘은 몽골 기병의 활발한 분자운동이다. 그들의 열기가 식고, 발굽에 힘이 빠지면 풍선은 바로 오그라든다.

혹시 누군가가 이런 징조를 보고 경고를 날렸다고 해도 그들은 이렇게 대답했을 것이다. 그것은 중국, 천리 바깥 세상의 일이다. 그 말도 틀렸지만(원나라의 몰락과 그로 인한 고려의 전란은 앞 장에서 다루었다), 몽골과는 또 다른 새로운 위험이 한반도를 엄습하고 있다는사실을 아무도 깨닫지 못했다.

권력가들은 세상을 뒤지며 삼킬 것을 찾고, 어린 왕은 자신만의 자아실현에 여념이 없고, 대비는 권력에 취해 있던 1350년(충정왕 2) 2월, 수천 명의 왜구가 고성(경남 고성군)에 상륙했다. 이들은 바로 마산 지역에 주둔한 고려군의 공격을 받고 격퇴되었다. 고려군이 노획한왜구의 머리만 300급이었다.[07]

당시 조정의 회의기록은 남아 있지 않다. 하지만 분명 심각하고 걱정스런 회의가 진행되었을 것이다. 노획한 머리가 300이면 원병력은 아무리 적게 잡아도 1,000명은 넘어야 한다. 고려와 조선 시대 전투부대의 최고 단위가 1,000명이다. 오늘날로 치면 연대나 여단급이다. 이것은 분명 군사적 침공이었다. 바다 건너 왜인의 땅에서는 도대체 무슨 일이 벌어지고 있었던 것일까?

불길함은 너무 빨리 현실이 되었다. 다음 해 왜구는 130여 척의 대함대를 결성해서 인천 앞바다까지 치고 올라왔다. 고려의 관료들은 믿기지 않는 사실에 경악할 수밖에 없었다. 그들은 아무런 대책도 세울 수가 없었다. 고려의 함대는 모두 합쳐도 100척이 되지 않았기 때문이다.

갑작스레 나라가 전시체제로 바뀌자 고려의 지배층들도 정신이 번쩍 들었던 모양이다. 정치판의 이면에서 바쁘게 의논이 오가고, 원나라에 탄원도 들어갔던 것 같다. 고성 사건이 있은 다음 해인 1351년 10월 원나라에서 사신이 와서 충정왕의 옥새를 압수하고, 그보다는 성숙하고 믿음이 가는 공민왕을 세웠다.

충정왕보다는 훨씬 낫고 능력 있는 왕이 즉위했지만, 공민왕도 당장은 무엇을 할 수가 없었다. 1352년(공민왕 1) 1월에는 고려 후기의 불교계를 이끌어 가고 오늘날까지 한국 불교에 지대한 영향을 미친 백련결사를 탄생시킨 강진의 만덕사(백련사)가 왜구에게 약탈을 당했다. 전라도 만호 유탁이 경기병만을 이끌고 급하게 추격하여 간신히 잡혀가던 백성을 구했다.[08]

3월에는 왜구 함대가 경기만까지 올라왔다. 이때까지 개경정부가 애써 마련한 함대는 겨우 25척. 고려함대는 그래도 용감하게 바다로 나가 지금의 아산만 입구에 있는 풍도까지 진격했으나 왜구는 정찰대만도 20척이었다. 머뭇거리던 고려함대는 왜구의 본대가 나타나자 내빼고 말았다.[09] 고려는 개경의 입구인 예성강 하구 방어까지도 포기하

강진 백련사

고, 개경의 전 병력을 동원해 예성강 강둑을 따라 방어선을 쳤다. 폭설과도 같은 기나긴 고통의 시작이었다.

고려는 공황 상태에 빠졌다. 왜구는 추수철만 되면 어김없이 찾아왔다. 그들이 제일 좋아하는 사냥감은 세금으로 거둔 곡식을 실어나르는 조운선이었다. 조운선은 서해안을 타고 올라와 교동—강화도를 지나 예성강을 통해 개경으로 들어왔다.

조운선의 항로가 뻔했으므로 왜구는 아예 개경의 입구인 예성강 하구에 자리잡고 조운선을 접수했다. 예성강, 임진강, 한강 3강의 하구와 통하는 강화와 교동은 왜구의 단골 침략지가 되었다. 특히 교동에서는 아예 상륙하여 주둔하기까지 했다.

1357년 9월에는 개경 바로 아래의 승천부로 상륙하여 흥천사를 공략, 이 절에 모셔둔 충선왕과 한국공주의 영정을 가지고 갔다. 분노한 고려는 교동의 왜구를 공격했으나, 고려군은 왜구의 기세를 보고는 싸우지도 못하고 물러섰다.

이 밖에도 자질구레한 침입은 수도 없었다. 소규모 왜구 정도라면 고

무장한 일본군의 행렬

려군도 상대할 수가 있지만, 현실에서는 그것도 여의치 않았다. 일단 제해권을 상실한 상황에서 육지 방어만 하는 방식은 결정적인 한계가 있다. 전술적 개념으로 보면 기동성에서 완전히 압도당하기 때문이다.

이 구조는 몽골군 기병대가 기동력을 무기로 중국과 유럽의 대군과 도시를 유린하는 원리와 똑같다. 왜구는 바다에서 자유롭게 움직이고 우리는 육지에 고착되어 있다. 아무리 방어를 강화한다고 해도 모든 해안선을 병사로 감쌀 수는 없다. 더욱이 방어소와 경계병을 많이 설치하면 할수록 병력이 분산된다는 약점이 발생한다.

바다 위에서 기동하는 왜구는 약한 지역을 집중강타하고 쉽게 빠져나갈 수 있다. 고려는 병력을 분산시켜 놓으면 각개격파를 당하고, 모아 놓으면 주변 고을이 무방비 상태가 된다는 딜레마에 빠진다. 무전도 전화도 없던 시절이다. 보고를 받고 출동하면 왜구는 이미 전리품을 싣고 바다 위에 있다.[10] 기병을 이용한 습격부대는 기병으로 잡아야 하듯이, 왜구를 해결하려면 바다에서 잡아야 한다. 하지만 이미 해상에서 왜구는 숫적으로 고려를 압도한다. 고려는 이처럼 대규모의 왜구를 본 적도 없고, 대비도 되어 있지 않다.

지금부터라도 수군을 증강하면 좋겠지만 공민왕의 말마따나 사방이 전쟁이다. 북쪽에서는 홍건적이 내려오는데, 고려는 거란의 침공을 막아냈던 서북방어선을 회복시킬 능력도 없고, 개경의 외성을 수축하기도 힘겹다(이 사업도 결국 중단된다). 왜구 방어를 위해 전라도에만 18곳에 방어소를 설치했지만, 여기에 모인 군관들은 백성에게 행패만 부리고, 수졸들을 종처럼 부리기나 하다가 막상 왜구가 나타나면 꽁

공민왕의 즉위

충혜왕이 사망하자 후계자 선정 문제가 대두했다. 충혜왕에게 아들이 없었기 때문이다. 유력한 후보자는 두 사람으로 압축되었다. 충혜왕의 동생인 공민왕과 충혜왕의 서자인 충정왕이다. 충혜왕이 사망할 때 두 사람은 다 원나라에 있었는데, 충정왕이 10세, 공민왕이 19세였다. 고려는 원 황실에 다음 왕의 선정을 위임했고, 원나라는 충정왕을 선택했다. 이 배경은 잘 알려지지 않았지만 정황으로 보면 충혜왕의 왕비며 몽골인인 덕령공주와 원나라 순제의 황후가 된 기황후 일족의 작품인 듯하다. 당시 덕령공주는 권력에 욕심이 있어서 어린 충정왕을 앞세우고 자신이 직접 정사를 보았다. 기씨 일족 입장에서도 만만한 어린 왕이 더욱 맘에 들었을 것이다.

그러나 충정왕은 재위 3년 만에 전격적으로 폐위되고 덕령공주도 원나라로 소환되면서 정치 일선에서 물러난다. 이 배경 역시 자세하지 않은데, 원나라 내부의 정치변동, 충정왕에 대한 고려 관료들의 불안감 등이 복합적으로 작용한 것 같다. 충정왕의 폐위도 겉으로는 양위라는 형식으로 이루어졌지만 사실은 쿠데타나 다름 없었다.

충정왕은 강화부 근교의 용장사로 유배되었는데,11 유배 당시부터 대우가 형편없었다. 이미 충정왕의 처리 문제가 결정되어 있었다는 증거다. 충정왕의 모친인 윤씨는 이 소식을 듣고 통곡을 하고, 공민왕의 허락을 받아 용장사로 찾아가 충정왕과 며칠을 보냈다. 이 만남이 있은 지 얼마 후 충정왕은 독살되었다. 장례는 국장으로 치렀지만 이 역시 대강 국장의 형체만 갖추고 넘어갔다. 이어서 바로 공민왕은 기씨 일족에 대한 대숙청을 시행한다.

공민왕과 노국대장공주의 영정(종묘 소재)

조운선

무니를 뺀다.[12] 그래도 고려는 수군력 강화를 시도해 본 것 같다. 최소한 조운로는 확보해야 할 것 아닌가. 조운로가 막히니 세금이 들어오지 않아 9개월째 관료의 녹봉이 미납된 적도 있다. 누구는 고소하다, 저들도 당해 봐야 한다, 땅부자인 그치들은 녹봉 없어도 아무 문제 없지 않느냐고 생각할지 모르지만, 그 덕에 죽어나는 것은 가난한 하급관리와 백성들이니 문제다. 하급관원, 서리, 군사 들은 생계가 막막하다. 녹봉으로 받은 쌀이 시전으로 나오는데, 그 쌀이 나오지 않으니 곡물 값이 뛴다. 돈도 돌지 않고 쌀값은 뛰니 다른 장사는 개점휴업 상태고, 시전에 붙어사는 날품팔이, 지게꾼, 사환 들은 생계가 아닌 생존의 위기로 몰린다.

그러나 함선을 늘려보려는 처절한 몸부림도 헛되이 1358년에 또 한 번의 대참사가 발생한다. 이 해 3월, 400척의 대함대가 각산수角山戍를 공격하여, 이곳에 정박중이던 고려 선박 300척을 불살랐다.[13] 문제는 이 300척의 정체다. 『고려사』에는 300척이 당했다는 달랑 한 줄의 기사뿐, 부연설명이 없다.

일단 이 각산수가 어디냐는 것부터 살펴보면, 각산이란 지명은 두 군데가 있다. 하나는 황해도 배천의 각산진으로 예성강 하구에서 교동으로 나가는 길목이다.[14] 또 하나는 경상도 사천의 각산이다. 두 곳 다 왜구가 지나가는 요충이다.

현재까지는 이 각산수를 황해도 배천의 각산진으로 보는 견해가 강하다.[15] 그러나 바로 그 다음 달 기사에 전 합포진변사 유인우를 왜적을 막지 못한 죄로 순군옥에 가두었다는 기록이 있다. 또 배천 각산에 왜구 400척이 왔다면 개경이 초비상 상황인데도 계엄이나 기타 조치에 관한 기사가 없다. 물론 바로 개경 외성을 수축했다는 내용은 있지만, 이것은 북방의 홍건적과 관련된 조치일 가능성이 높다. 개인적으로는 사천의 각산에 더 무게가 가는데, 어느 쪽이든 확실한 증거는 부족하다.

그런데 황해도든 경상도든 둘 다 군사요충이고, 이 시기 민간선박이 300척이나 몰려 있을 수가 없다. 그렇다면 이 선박 중 상당수는 고려가 심혈을 기울여 모아놓은 함대일 가능성이 높다. 그런데 이 선단이 더 압도적인 왜구 함대를 만나 소각되고 만 것이다.

수군은 소진되고, 왜구가 수도의 턱 밑에까지 와서 주둔하는 상황이 되자 공민왕은 중국인 용병을 고용한다. 당시 절강의 오왕 장사성 및 진옥량과 교류가 원활했고, 절강성이 수군과 해적(둘은 동전의 양면이다. 중국을 약탈하는 왜구 두목들 중에는 중국인도 많았다)으로 유명한 곳이므로 절강성 출신들이 아니었나 싶다. 고용된 장수는 6명으로 그들은 자신의 전함을 끌고 왔고, 고려는 1척당 병사 150명을 지원했다. 이 선단의 임무는 전라도의 곡식운반이었다. 그러나 1358년(공민왕 7)에 이 선단도 왜구의 화공에 걸려 불타버리고 말았다.[16]

이로부터 5년간 고려는 홍건적의 침공을 당해 개경까지 함락 당하는 상황이라 왜구 문제는 손 쓸 여력이 없다. 1364년이 되어서야 덕흥군 침공사건을 끝으로 겨우 북방의 전쟁이 진정된다.

고려는 서둘러 바다로 눈을 돌린다. 하지만 이제 배부터 만들어야 한다니 한숨부터 나온다. 그때 누군가가 아이디어를 낸다. "양보다 질이다." 최고의 수군과 최강의 전투병을 조합한 특공함대를 만들자.

최고의 수군은 무역항인 개경 주변에 있다. 정부에서는 개경의 동강, 서강, 교동의 선군을 선발해서 80척의 함대를 만든다. 그리고 방금 전 나하추와의 전쟁에서 용맹을 떨친 동북면의 무사를 차출해

함북 길주에서 열린 무과
장면
동북지방 무사는 조선시대
까지도 늘 최강의 무사였다.
『북새선은도권』, 1664년.

서 승선시킨다.

변광수와 이선이 지휘하는 특공함대의 임무는 용병부대가 실패한
조운선 호송이다. 이 함대가 겨우 인천 앞바다까지 왔을 때 왜구가 나
타난다. 정예 함대답게 장교와 병사들은 용기와 책임감이 충만하다.
왜구에게 사로잡혔던 사람 한 명이 탈출해 와 인천 앞바다의 아작도
에 왜구가 매복해 있다는 정보를 알려왔지만, 변광수는 두려워하지 않
고 진군한다. 중간에 왜선 두 척이 나타나 싸우는 척하다가 도주했다.
뻔한 유인전술이다. 특공함대는 두려워하지 않고 당당하게 이들을 추
적한다.

숨어 있던 왜선 50척이 나타나 선두를 포위한다. 선봉에 선 함대는
두려워하지 않고 그들과 부딪히고, 뒤편의 선박과 병사들은 환호하며
그들을 응원한다.

양군의 능력을 가늠해볼 수 있는 선봉간의 격돌에서 고려군이 무
참하게 패배하고 선봉에 선 장수는 모두 전사한다. 이를 본 고려군은
그제야 상황을 파악하고 하얗게 질린다. 그러나 왜구는 이미 함대를

전개해서 고려함대를 포위하고 있다.

> 병마판관 이분손李芬孫, 중랑장 이화상李和尙 등은 선두에서 싸우다가 모
> 두 전사했다. 전체 수병이 이것을 바라보고 넋을 잃고 바다로 뛰어들어
> 죽은 자가 10중 8, 9에 달하였다.……
> 오직 부사 박성룡朴成龍만은 용감히 싸워 몸에 몇 개의 화살을 맞았으나
> 그가 탄 배는 간신히 보존되었다. 병마판관 전승원全承遠은 판관 김현金鉉,
> 산원散員 이천생李天生과 함께 결사적으로 대전하였으므로 적이 따라오면
> 서도 감히 접근하지 못하던 무렵에 적선 2척이 홀연 서쪽으로부터 측면
> 을 공격하므로 사졸이 지탱하지 못해 모두 물로 뛰어들고 전승원은 혼
> 자 용감히 싸우다가 몇 개의 창을 맞고 역시 물로 뛰어들었다. 그러나 헤
> 엄을 잘 쳤으므로 죽지 않고 배로 올라왔다. 한 병졸이 화살에 맞고 역
> 시 물로 뛰어들었다가 뱃전을 붙잡고 오르지 못하였으므로 전승원이 배
> 에 끌어올린 후 직접 노를 저어 밤낮 3일이 걸려 남양부에 도착하였다.
> 병선이 돌아온 것은 오직 변광수, 이선 등의 배 20척뿐이었다.17

20여 척의 배가 생환한 것도 전위의 함대가 몰살당하는 동안 변광
수와 이선이 싸움을 포기하고 후퇴한 덕분이다. 전위의 병사들이 병
마사를 소리쳐 불렀으나 그들은 들은 척도 하지 않고 달아났다.

이 전투를 끝으로 고려는 다시 속수무책의 상황으로 빠져들었다.
그나마 이 해 5월 경상도 도순문사 김속명이 진해에 상륙한 왜군 3천
명을 섬멸한 것이 유일한 위안거리였다. 김속명은 왜군이 상륙하자 기
회를 보다가 급습하여 그들의 퇴로를 차단했다. 항구로 돌아갈 수 없
게 된 왜구는 진해 북쪽의 산으로 올라가 목책을 세우고 저항했는데,
김속명은 군사를 정비한 후에 다시 공격하여 이들을 섬멸했다.18

김속명의 경우처럼 육지에서는 간간이 승전보도 울렸지만 바다는
무인지경이었다. 4월에는 213척의 함대가 교동을 점거하고 수안현을

경인의 왜구

1350년의 간지를 따서 '경인庚寅의 왜구'라고 부르는 이 새로운 왜구는 동아시아 전체를 흔들어 놓았다. 근 70~80년간 이들은 고려와 중국 서남부 해안을 준 전시상태로 몰아넣었다. 대만은 아예 점령지로 삼았고, 필리핀, 말레이시아 등 동남아시아까지 침공해서 이곳의 사회와 역사를 바꾸어 놓는다. 이 가공할 폭력 사태를 초래한 원인은 무엇일까?

일단은 일본 국가체제의 붕괴를 드는 데는 이론이 없다.[19] 가마쿠라 막부는 여·몽 연합군의 일본침공을 막아냈지만, 그 여독으로 자신도 붕괴하고 만다. 1340년대부터 일본은 두 명의 천황이 존재하는 내란상태로 돌입하여 지방정부나 변방에 대한 통제력을 상실했다.[20]

일본의 가난도 주요 이유가 되어 있다. 척박하고 가난했던 일본, 특히 해적소굴로 유명한 쓰시마·이키, 마쓰우라, 히젠(나가사키) 지역은 논이 3~6%밖에 되지 않는 험난한 지역이었다.[21] 그러나 개인적으로 이 견해는 문제가 있다. 해적이 되는 사람이 빈민이거나 빈민 지역 출신이 많다는 것과 왜구의 증가가 빈민 때문이라는 것은 의미가 다르다. 전근대 사회에서는 어느 문명권이나 서민은 못살고 가난했으며, 대부분의 지역은 척박하고 물자가 부족했다. 또한 먹고 살기 어렵다고 해서 도둑이 그 정도로 급속도로 증가하지는 않는다. 멀리 바다를 건너가는 해적은 더욱 되기 어렵다. 16세기 영국의 해적이 카리브해까지 건너간 것은 브리튼 섬에 대기근이 들어서가 아니라 자본주의의 시작으로 부와 성장이 요동치기 시작했기 때문이다.

따라서 역사적 사건의 동인으로서 그들을 바다 건너로까지 보낼 수 있었던 힘과 사회적 조건에 주목해야 하지 않을까? 수백 명에서 만 명의 군대와 그들을 실어나르는 100~500척의 전함. 이들의 침입을 식량을 찾아 손수레를 끌고 유리하는 빈민의 행렬과 동일시할 수 있을까?

결론부터 말하면, 경인의 왜구의 본질은 일본 사회의 내적 성장이었다. 일본은 일찍 봉건사회로 분할되어 외적으로 드러나는 힘은 미약했으나 분열은 경쟁을 낳았다. 지방세력 간의 지속적인 경쟁체제는 성장을 촉구하는 동력이 되었다. 경쟁과 상업, 무역의 발달을 통해 일본의 국력은 지속적으로 신장되었다. 생산력에서도 중남부 지방의 벼농사 지대는 우리보다 단위생산고가 높으며, 14~15세기가 되면 일본의 본토 중심지역에서 1년에 3모작까지 행한다. 아직 통일국가는 멀었지만 사회의 부가 성장하면서 지방영주와 무사층이 성장하였다. 지방단위의 세력들만으로도 많게는 만 명이 넘는 원정대를 편성할 정도로 힘을 갖추게 되었고, 이들의 욕구와 경쟁을 제어할 통제기구가 미약한 상황에서 출현한 것이 바로 경인의 왜구였다.

약탈했다.[22] 1365년에는 예성강을 타고 들어와(예성강 하구에서 개경
까지는 하룻길이다) 병선 40척을 불살랐고, 다음 해에는 교동을 점거
하고 아예 주둔하였다.[23] 1373년에는 해주를 습격, 목사를 살해하고
목사의 처와 딸을 납치해 갔다.[24] 또 개경 바로 아래 고을인 황해도 배
주[白州]로 들어와 금곡역을 약탈하였다.

　1374년(공민왕 23, 우왕 원년) 4월 350척의 대선단이 경상도 합포(마
산 일대)로 상륙했다. 합포는 군사요충으로 병마사가 지휘하는 고려군
이 있었지만 왜구에 대패하여 병선 40척을 잃고 5천의 전사자를 냈다.

　이때를 기점으로 왜구는 내륙으로 더욱 거침없이 들어오기 시작한
다. 흔히 우왕대를 왜구의 극성기로 표현하는데, 우왕대가 되면 왜구
의 규모는 더 커지고, 경기, 충청, 전라도 내륙의 도시들이 약탈을 당
했다. 전국이 전쟁터로 변해 육지에서 정규전 규모의 대규모 전투가
곳곳에서 벌어지기 시작한다.

2. 바다로

변광수의 실패로 고려는 기본에 충실하는 것이 가장 빠른 길이라는

진리를 깨달은 듯하다. 왜구를 처리하려면 제해권을 확보해야 하고, 바다를 되찾으려면 함대의 증설 외에는 다른 방법이 없었다. 기록이 분명하지는 않지만 고려는 꾸준히 함대 증설을 꾀했던 것 같다. 1374년 이번에는 어처구니 없게 제주에서 반란이 발생한다. 고려는 최영을 총사령관으로 삼아 25,000의 병력을 파견한다. 이때 동원한 함선이 대선만 314척이었다.[25] 이 수치는 그동안 고려가 꾸준히 함대 증설에 노력해 왔음을 보여준다.

마침내 이 해 10월 고려정부는 대 왜구 전쟁의 마스터플랜을 완성하고 전쟁준비에 돌입한다. 그 내용은 대선만 800척, 총 전함 2,000척을 건조하여 바다의 왜구를 싹쓸이한다는 것이었다. 병력으로 말하면 7만~10만의 대군을 배에 태워 바다 위로 올려보내겠다는 엄청난 작전이었다(대선만을 기준으로 할 때 탐라정벌 때의 병력이 25,000명이었으므로 대선 800척의 함대라면 최소한 7만의 병력이 필요하다).

우리는 수십만이라는 숫자에 길들여져 있지만 옛날 전쟁에서 동원하는 정규군의 규모는 그리 크지 않다. 고려 말 요동정벌에 동원한 병력이 5만이고, 임진왜란을 대비하자는 율곡의 주장이 10만 양병설이었다. 그러니 2,000척 건조 계획은 고려의 전 병력을 바다로 보내자는 이야기나 마찬가지였다.

이 엄청난 계획의 주창자는 최영이었다. 세계의 용장들에게 자주 붙는 찬사 섞인 별칭이 탱크, 불도저, 돌담(Stonewall) 등이다. 최영이야말로 이런 호칭이 딱 어울리는 장군이었다.

용감하고, 뚝심 있고, 엄하고, 강직하고, 고집센 군인이었던 최영은 장사성 토벌전에서 두각을 나타내기 시작하여 이때는 고려의 최고 사령관이자 최고의 야전 지휘관이 되어 있었다.

융통성이 부족하고, 죄 지은 병사들을 너무 가혹하게 다룬다는 비판도 들었지만, 당시 고려군의 사정을 보면 어쩔 수 없는 일면도 있다.

그 자신의 말처럼 고려 군대는 훈련이 되어 있지 않았고, 이 군대로
전쟁을 하려면 자신과 같은 인물이 필요했다.

공민왕은 최영을 6도 도통사로 임명하여 전국의 병력과 군사비를
사용할 수 있는 전권을 주었다. 뚝심의 장군 최영은 밀어붙이기를 시
작했다. 계획이 무시무시하다 보니 고통이 따랐다. 당시의 기록은 그
고통을 이렇게 전한다.

> 6도 도순찰사 최영이 배 2,000척을 만들어 6도의 군대를 시켜 배를 타고
> 나가서 왜적을 잡게 하려고 하니 백성들이 겁내어 집을 허물어 버리고
> 병역을 도피하는 사람이 10명 중에서 5~6명이나 되었다.26

최영은 이 비판에 결코 동의하지 않았다.27 롬멜이 노르망디 상륙작
전을 대비하여 노르망디 해변의 요새화 작업에 총력을 기울이고 있을
때였다. 과도한 작업으로 병사들이 지쳐 있다는 건의가 들어왔다. 이때
롬멜은 이렇게 말한다. "죽는 것과 지치는 것 중 어느 것이 나은가?"

최영도 분명 이렇게 말했을 것이다. 그러나 공민왕은 그런 강심장이
되지 못했다. 민원이 빗발치고, 기회를 만난 정치가들은 조잘거리기
시작했다. 공민왕은 고민에 빠졌다. 이때 2명의 중간급 장수가 새로운

계책을 제안했다. 두 명의 장수는 중랑장 이희李禧와 정지鄭地였다. 그들의 계책이란 해전은 육전과 다르므로 해전에 익숙한 병사를 뽑아 정예 수군을 양성해야 한다는 것이었다.

> 지금 왜구의 침입이 치열해지는데 배를 조종할 줄 모르는 주민을 징발하여 물에서 싸우게 하므로 매번 패배하게 됩니다. 저(이희)는 바닷가에서 자라나 수전에 경험이 있습니다. 바라건대 섬에 사는 사람 또는 배 조종에 익숙하고 자원해 나서는 사람들을 데리고 적을 친다면 5년 동안이면 바다에서 적을 완전히 숙청할 수 있습니다.[28]

당시 목표량의 50~60% 정도의 전함이 건조된 상태였는데, 이희 등의 건의는 이 정도 함대면 충분하다는 의견이기도 했다. 변화에 빠른 공민왕은 공개석상에서 이들을 칭찬하면서 당장 최영의 계획을 중단시켰다. 그리고 이희와 정지를 충청도와 전라도 안무사로 임명하고, 그때까지 준비된 함대를 나누어 주었다.

이 이야기를 시작하기 전에 대해전의 전략을 두고 최영과 이희의 계산법이 왜 달랐는가부터 따져볼 필요가 있다. "바다에 익숙한 사람을 수군으로 선발해서 싸운다."는 방침은 오해의 소지가 있다. 이 말을 해안, 도서 지방 사람을 수군으로 삼는다는 뜻으로 이해한다면 그것은 말장난에다 전형적인 탁상공론에 불과하다. 그 정도 사실을 누가 모르겠는가?

하지만 고려, 조선 시대에 수군의 자원은 극히 부족하다. 해안가나 강가, 도서지방에 산다고 다 선원인 것도 아니고 배를 몰고 수영을 할 줄 아는 것도 아니다. 우리는 해상무역과 상업이 그리 발달한 나라가 아니어서 원래부터 수군 자원이 부족하다. 그러므로 그들만으로는 최소한의 병력도 조달할 수가 없다.

그러므로 이때의 이희와 정지의 주장을 "마도로스를 해군으로 삼는다"는 뻔한 주장으로 이해해서는 안 된다. 그 후의 전투나 전술변화 과정으로 유추해 보면 이들의 주장은 기존의 해전술에 대한 근본적인 반성에서 출발한다.

고려군의 전술적 장기는 활과 기병이다. 바다에서 기병은 별로 쓸데가 없으므로 활이 기본 무기가 된다. 상대가 왜군일 때 활의 위력은 증폭된다. 양군이 사격전을 벌인다면 고려군이 절대적으로 유리하다. 길이만 2m씩 되는 일본의 나무활은 사용도 불편할 뿐 아니라 수평사격의 경우 최대 사거리가 50m, 유효 사거리 25m에 불과하다. 활이 길어지니 화살도 길고 무거워져 같은 거리에서도 속도와 위력이 또 한 번 떨어진다. 곡사로 쏘면 사정거리야 길어지겠지만 흔들리는 배 위에서 움직이는 표적을 쏘려면 직사여야 하는데, 직사로는 상대편 배까지 날아가기도 버겁다.

반면 조선군의 활과 화살은 일본군의 반도 안 되게 짧지만, 일반 병사용 표준사거리가 140m다. 화살은 강력하고 가벼우니 속도와 위력은 비교할 수도 없다.

서로간의 장기가 이렇다 보니 왜군이 좋아하는 전투는 백병전이고, 고려군이 최강의 능력을 발휘하는 전투는 수성전이었다. 이 구조는 해전에서도 마찬가지였다. 고려군은 크고 뱃전이 높은 배를 좋아하고,

조선과 일본활의 비교
앞의 표적이 대략 25m (일
본군의 유효사거리. 최대사
거리는 50m 정도다). 뒤의
표적이 조선군의 표준사거
리인 140m 표적이다.

이 배들이 전투의 중심이 된다. 해전에서는 전함의 뱃전이 성벽을 대신한다. 배가 클수록 뱃전도 높아지고, 병사들을 집중시키기도 좋다. 큰 배는 대형노와 같은 여러 장비를 갖추기에도 좋다. 중국 기록에는 배에 투석기를 실었다는 기록도 있다.

5월 중순 무렵 고려국의 병선 수백 척이 적(여진 해적)을 습격했다. 이에 해적들이 힘을 다해 싸웠으나 고려군의 기세가 맹렬하니 감히 상대가 되지 않았다. 고려의 병선은 선체가 크고 높고 병장기도 많이 보유하고 있었다. 배를 뒤집고 적을 죽이는데 적들이 그 맹렬함을 감당할 수가 없었다. 피로된 자들도 배 안에서 죽음을 당하거나 혹은 바다에 뛰어들었는데, 석녀石女 등도 함께 바다로 뛰어들어 표류하였다. 이에 전투는 자세히 보지 못했다. 얼마 후 고려의 전함에 구조되었다. ……

구조된 배 안을 보니 (선체가) 광대하기가 다른 배에 비할 바가 아니었다. 배는 2층으로 나뉘어 상층에는 노를 세우고, 좌우에 각각 4개의 지枝가 있고, 별소別所에는 노를 젓는 수부 5, 6인이 있었다. 소소所所는 병사 20여 명 정도가 들어가는 넓이인데, 이곳에는 노를 걸어 놓지 않았다. 또 한쪽 방향에는 7, 8개의 지枝가 있었다. 선체에는 철로 만든 충각衝角이 있었는

314

데 적선과 충돌하여 파괴하는 장치 같았다. 배 안에는 여러 가지 기구가 있었는데, 철로 만든 갑주와 크고 작은 병장기, 기구 등이었다. 병사는 각기 전문화된 무기를 들고 있었고, 또 큰 돌을 두어 적선을 파괴하는 데 사용했다. 다른 배들도 장대하기가 이와 같았다.29

이 이야기는 고려 현종 10여년 전 해적에게 납치되었다가 고려 수군에게 구출된 석녀石女라는 일본 여인이 고향에 돌아와서 고려 전함의 모습을 보고한 글이다. 문장 중에 조금 이해하기 어려운 부분도 있고, 활보다는 고려 전함에 장비된 각종 기구에 더 많은 관심을 보이고 있다. 하지만, 고려가 대형 전함을 주력으로 하고, 발사 무기와 각종 장비를 이용한 전투를 주전술로 했음을 알 수 있다. 단 이때는 배에 충각을 달았다고 했는데, 충각은 백병전에 자신이 있는 군대만이 사용할 수 있다. 이때는 고려 전기고, 당시 여진 해적에 대해서는 고려군이 백병전도 자신이 있었고, 또 작은 배는 백병전도 필요없이 바로 뒤집혀 버리므로 충각도 장비했던 것 같다.

고려군과는 반대로 백병접전에 자신이 있는 일본군은 배에 올라타서 싸우기를 좋아한다. 하지만 조선군의 활이 강하니 작고 빠른 배로 접근하여 전함에 구멍을 뚫거나 배로 올라타는 전술을 선호했다(기

쾌속선으로 원나라군의 전함을 향해 돌격하는 일본군
메이지 유신 시기의 일본인 화가 야다 잇쇼矢田一嘯가 그린 상상도.

왕에 올라탈 것이면 큰 배로 공격해도 상관없지만 큰 배는 기동성이 떨어지고, 자칫 부딪히거나 하면 크게 부서질 우려도 크고, 쇠뇌나 투석기의 표적이 된다).

왜구의 무기가 일본도만은 아니지만 일본도는 해

표준적 형태의 일본도와
사용장면
일본도도 크기가 다양한데
마상에서 휘두를 정도로
특별히 긴 장도도 있다.

전 특히 좁은 배 안에서 큰 위력을 발휘했다. 검과 도는 보기에는 멋있지만 실전에서는 늘 2차적이거나 보조적 병기였다. 검과 도가 한 손 병기고 숙련된 기술을 필요로 하기 때문이다.

특별히 일본도가 명품이 된 이유는 '도는 한 손 병기'라는 그 치명적 약점을 극복했기 때문이다. 도를 두 손으로 휘두르게 되자 사람을 동강낼 정도로 강력한 무기가 되었다. 왜구와의 전투 경험이 풍부한 척계광은 일본군의 장점을 이렇게 표현했다. "그들은 펄쩍 뛰어올라 한 번에 사람을 두 동강 낸다."

강력해진 도는 새롭고 놀라운 장점이 더해졌다. 두 손으로 휘두르는 도는 살상 반경이 크고, 그 어떤 병기보다 가볍고, 사람의 신체 중에서 가장 정교한 동작을 할 수 있는 손과 팔을 사용하기 때문에 빠르고 변화무쌍한 공격을 퍼부을 수 있는 살인병기가 되었다.

고려와 일본의 장기가 이렇게 대조적이다 보니 전투도 극단적으로 진행되었다. 원거리 모드에서는 고려군의 페이스였다. 왜구가 배로 올라타기 전에 소멸시키면 고려군의 승리였다. 하지만 왜구가 배 안으로 들어오면 분위기는 순식간에 바뀌었다. 늘 그런 것은 아니지만 조금 전까지만 해도 용감하게 싸우다가도 왜군 하나가 배로 들어오면 즉시 배를 버리고 물로 다이빙해 버리는 황당한 장면이 조선시대까지도 자주 연출되었다.

고려군의 전술은 대선을 중심에 두므로 기동성이 떨어지고, 발사무기로 적을 제압해야 하므로 병력에서 압도적 우위를 점해야 한다는 단점이 생긴다. 육지의 성에서라면 수비군이 공격군보다 적어도 잘 싸울 수 있지만, 출렁이는 바다에서는 사격효율성이 극단적으로 떨어지고, 여러 척의 배가 협공을 해야 하기 때문이다.

단순한 계산으로도 최소한 2.5배의 숫적 우위가 필요했다. 효과적인 사격을 하려면 정면에서 쏘아서는 안 되고 적의 양쪽에서 측면으로 협공을 해야 한다. 성에는 돈대와 같은 돌출부가 있어서 적군을 항아리 형태의 공간으로 끌어들이고, 좌우 측면에서 요격할 수 있다.

고려 수군의 전술(위)
조선의 수군함대가 왜구의 선박을 둘러싸고 사격으로 제압하고 있다. 조선 후기의 해전 광경이지만, 고려 시대에도 기본적인 전술은 마찬가지였다.

진형을 이룬 수군함대(아래)
깃발마다 진형에서의 위치와 선박의 소속지역이 표기되어 있다. 조선 후기 그림.

해전에서는 이 상황을 배의 기동을 통해 인위적으로 만들어야 한다. 제일 좋은 방법이 함대를 좌우로 갈라 왜선을 협격하는 구도를 만드는 것이다. 이것이 고려군의 공식적인 전술이었다.[30]

그런데 적군 앞에서 아군을 분할하려면 최소한 한쪽 날개가 적의 전 병력 이상은 되어야 한다. 그렇지 않으면 적은 한쪽 날개를 집중 공격해서 좌우로 분할된 아군을 각개격파시켜 버릴 것이다.

그러나 14세기 이전까지는 이 단점은 문제될 것이 없었다. 왜구가

강화의 착량
사진의 평야 부분. 강화도
는 원래의 두 개의 섬이었
고, 섬 사이의 바다를 착량
이라고 불렀다. 조선 후기
에 착량은 간척되어 평야
가 되었다.

소규모였기 때문이다. 그러나 왜구가 숫적으로도 압도하는 경인의 왜
구부터는 상황이 달라졌다. 이들을 제압하려면 압도적인 대규모의 해
군이 필요했다. 고려가 북방전쟁이 안정된 후에도 근 10년간 왜구토벌
을 시행하지 못하고, 최영이 2,000척이라는 엄청난 전력증강사업을 기
획한 데는 이런 말 못할 사정이 있었다.

　그러나 이 계획은 사실 불안하기 짝이 없는 것이었다. 최영은 자신
감을 보였고 전력증강사업이 중단된 데에 대해 진한 아쉬움을 표했지
만, 사업이 중단 없이 추진되었어도 단기간에 왜구를 소멸시킬 수는
없었을 것이다.

　당시 왜구의 함대가 가장 많을 때는 300~350척 정도였다. 2,000척
을 경상, 전라, 충청·경기 해역으로 3분하면 약 700척 정도로서 왜구
의 2~2.5배 규모가 된다. 이를 보아도 2,000이란 수치는 엄밀한 전략
적 계산을 바탕으로 도출한 수가 분명하다. 최영의 계획대로 이 함대
가 격돌하면 왜구 300척에 조선군 600~700척, 도합 1천 척의 함대가
부딪히는 초유의 대격전이 벌어질 판이었다.

정말 이런 장관이 벌어졌다면 어떻게 되었을까? 최영 장군에겐 죄송하지만 확신하건대 고려군의 참패다. 전쟁이나 경영이나 적정규모와 적정효율이라는 것이 있다. 바다에는 물길이 있어 선박의 기동과 포진이 자유롭지 못하다. 거기다 무선통신도 안 되는 시기에 이런 대군을 바다에 펼쳐놓으면 효과적인 통제와 협격은 불가능하다. 전쟁터는 금세 여러 개의 전장으로 쪼개질 것이고, 기동력과 단위전투력에서 떨어지고, 훈련도 부족한 고려군은 전술적 협력이라는 장점을 살릴 수 없게 된다.

최영도 이런 문제를 잘 알았던 것 같다. 말처럼 대함대를 몰아 한 번에 바다를 소탕하려는 계획은 아니었던 것은 분명하다. 이희와 정지에게 빼앗기고 남은 함대를 개경 방어에 투입하면서 최영은 절대 섣불리 나가 싸우지 말라는 엄명을 내렸다. 이로 미루어 보면 최영도 먼저 양을 확보하고 다음에 질을 높인다는 순차적인 계획이 있었던 것은 분명하다.

그러나 2,000척의 건조는 너무나 힘들었고, 이 거대한 함대를 유지하고, 훈련시켜 질을 높인다는 것 역시 국가의 큰 부담이었다. 이 고민을 이희와 정지가 파고든 것 같다. 규모를 조금 줄이면 국가부담도 줄고, 질을 높이는 시간도 줄어들 것이다.

그러나 큰소리를 치고 나간 이희는 한 번의 패전으로 힘들게 건조한 함대를 수장시켰다. 남은 함대는 개성 앞바다를 방어하기 위해 강화도 착량에 주둔시켰는데, 이마저도 왜구의 유인전술에 걸려 불타버렸다. 최영은 혀를 찼고, 공민왕을 이은 우왕은 최영의 말이 옳았다며 정지를 비난했다. 이렇게 해서 고려의 대반격 작전은 개경 입구를 지킬 경비함대 하나 남기지 못한 채 소멸되고 만다.

3. 준비

정지의 갑옷

이희가 신형함대를 수장시키는 동안 전라도 안무사로 내려간 정지는 우리들의 예상과는 다르게 주로 육지에서 싸웠다. 1377년에는 전라도 영광, 광주 등지로 침입한 왜구를 옥과현 미라사에서 포위 섬멸하였다. 그가 정작 해도원수로 임명되어 해전에 나선 것은 그 후로도 또 4년이 지난 1381년이었다. 그가 새로운 수전 전술을 건의한 지 무려 8년이 지난 후다. 그렇다면 그는 그동안 무엇을 하고 있었던 것일까?

정지는 이희와는 확실히 달랐다. 무장임에도 독서를 좋아하고 신중하고 논리적인 성격인 그는 섣불리 해전을 벌이지 않고, 고향 나주와 목포를 근거로 우수한 선원과 용사들을 소집하여 차분히 준비를 했다. 그의 목표는 왜구의 백병 돌격을 감당할 수 있도록 신전술과 병기를 마련하고, 전투력을 강화한 정예 수군부대를 양성하는 것이었다.

이때 개발한 전술과 관련해서 아주 흥미로운 기록이 하나 있다.

신(조석문 | 인용자 주)이 듣건대 고려 말기에 왜적이 침략하였으나 그때는 병기를 갖추지 못하여 숫제 대적하지를 못했습니다. 또 우리나라 병선은 크고 느린데 왜선은 작고 가벼워 빠르기 때문에 언제나 갑자기 우리 배의 밑으로 들어와서 도끼를 사용하여 배 밑바닥에 구멍을 뚫으니, 이로 말미암아 우리 군사의 실패가 많았는데, 선군 김잉길金仍吉이란 자가 모책을 바쳐서 거철拒鐵과 구철鉤鐵을 만들어, 왜선으로 하여금 들어왔다가 물러가지 못하게 하고, 또 철질려(쇠구슬에 가시를 박은 무기)를 만들어 배 안에 던지니, 이로부터 그런 걱정은 드디어 없어졌다고 합니다.31

정지탑
원형이 많이 훼손되었지
만, 현지에서는 정지의 승
리를 기념하기 위해 세운
탑이라고 전해지고 있다.
남해군 고현면 탑동마을.

이 기사는 소략하고 전후 사정이 생략되어 있지만, 고려 수군의 고민과 대응방식을 잘 보여준다. 대선 위주의 고려 수군은 왜구의 돌격 전술을 막지 못해 고민했다. 전투에서 이기려면 왜구가 배에 붙지 못하게 해야 했다. 과거의 방법은 그들이 접근하는 동안 사격으로 잡는 것이었다. 그러나 흔들리는 배 위에서 우리보다 빠르게 움직이는 적을 화살로 맞추기란 쉽지 않았다.

그때 한 병사가 멋진 아이디어를 내놓았다. 왜구의 쾌속 보트를 사격으로 잡으려면 먼저 배를 묶어야 한다. 그는 두 개의 쇠파이프를 이용하는 방법을 고안했다. 거철은 일종의 밀대로서 왜구의 배가 우리 배에 밀착하지 못하도록 미는 것이다. 구철은 갈고리가 달린 쇠파이프로 거철과는 반대로 왜구가 달아나지 못하도록 당기는 무기다. 거철과 구철을 함께 걸면 왜구의 배는 밀착할 수도, 후퇴할 수도 없게 된다.

당연히 왜구는 쇠파이프를 걷어내거나 배로 뛰어오르려고 할 것이다. 이를 방지하기 위해 철질려를 던진다. 철질려는 밤송이처럼 가시가 달린 쇠구슬이다. 살상용도 되지만 방패나 갑옷에 붙으면 움직임이 둔해지고, 바닥에 꽂히면 행동에 제약을 받는다. 이 상태에서 공격을

충민사
순천 낙안 소재. 임경업 장
군의 사당이지만 사당 내
부의 측면에 김잉길(김빈
길)의 영정과 신주가 모셔
져 있다. 원래 김빈길 사당
이 따로 있었는데 일제에
의해 파괴되었다.

하면 왜구는 죽거나 배를 포기하고 말 것이다.

이 한 개의 아이디어로 전세가 바뀌었다고 할 수는 없다. 실제로는 이외에도 여러 가지 기술과 기구를 개발했을 것이다. 그러나 이 기사는 고려군의 전술적 개량이 어떤 방향으로 진행되었는가를 잘 보여준다.

아주 간단한 아이디어 같지만 실제로는 쉽지 않다. 이 전술은 병사들 간의 팀웍을 필요로 한다. 병사들은 해상에서의 요동에 숙달되어야 한다. 갈고리 작전에서도 갈고리로 걸고 밀기 위해서는 몸을 충분히 노출시켜야 한다. 측면의 병사들은 그들을 엄호하고, 일부는 방패로 막아주어야 한다. 여러 가지 무기로 분화된 공격팀은 왜구를 저지하면서 신속하게 적선을 파괴해야 한다. 보통 사람은 갑판 위에 서면 발도 떼지 못한다. 흔들리고 화살이 난무하는 상황에서 이런 작업을 신속하게 하려면 숙달된 기술과 동료에 대한 믿음이 필요하다.

김잉길이 누구인지는 확실하지 않다. 이름으로 봐서는 왜구토벌에 공을 세워 조선 초기에 장수로까지 승진한 김빈길이 아닌가 싶기도 하다(고려시대 사람들은 이름을 자주 바꿨다). 김빈길은 전라도 낙안 사람으로 지금도 그곳에 사당이 있다. 낙안은 정지의 관할이지만 그가 정지 부대 출신인지는 알 수 없다. 그러나 이런 아이디어가 김잉길 한 명에게서 나왔다고 보기는 어렵다. 김잉길이나 김빈길이나 이 같은 전술과 기구를 개발하고 병사를 훈련시켜 명성을 얻게 된 것이라고 생각된다.

정지가 창설한 부대도 이런 연장선상에서 생각하면 될 것 같다. 전라도로 내려간 정지는 해변 고을에서 바다에 익숙한 용사들을 뽑아 특전부대를 창설했다.

부대의 규모는 알 수 없다. 다만 나중에 이 부대의 생존자 일부가 교동에 주둔했는데, 그 수가 약 250명 정도였다. 그러므로 처음에는 최하 300명에서 1,000명 정도였을 것이다.

정지는 이들에게 새로운 전술과 기구 사용법을 가르치고, 여기에 맞추어 배도 개량했다. 강훈련을 거친 병사들은 최고의 기술을 지닌 선원이면서 해상전의 전사로 다시 태어났다. 이 부대의 명성은 조선시대까지도 이어졌다. 그들을 지켜본 지방관들의 표현에 의하면 바다에서 배를 몰고 물길을 찾아내는 데는 당할 자가 없고, 전투가 벌어지면 해상에서는 육군 10명이 이들 한 명을 당해내지 못할 정도였다고 한다.[32] 심지어는 이들이 60세가 넘은 뒤에도 그 실력이 현역 수군보다 나으니 군에 복귀시키자는 건의가 나올 정도였다.[33]

이들은 최정예의 특전부대이면서 오늘날로 치면 하사관 역할도 했다. 훈련을 마친 그들은 다시 각지로 파견되어 병사를 훈련시키고, 해전용 기계와 선박을 제작하면서 그들이 습득한 기술을 전수했다. 이렇게 해서 정지의 전라도 수군은 차근차근 그들의 수준을 높여 가고 있었다.

수군의 전력은 강화되고 있었지만, 그것만으로는 부족했다. 신전술의 목표는 왜구와의 근접전 능력을 강화하는 것이었지만, 고려군의

일본 원정시 화약을 사용
하는 몽골군

근접전 능력을 향상시켰다고 해도 왜구는 여전히 강했다. 전투의 기술이란 열쇠와 자물쇠의 관계와 같다. 고려군이 신전술을 펴면 왜구도 대응방식을 찾아낼 것이다. 전술개발에 의한 백병전 능력의 향상은 도달할 수 있는 수준에 한계가 있었다. 왜구와 맞상대를 할 수준은 되었다 하여도 승리를 장담할 수 있는 수준은 아니었다.

더욱이 공민왕대에 추구한 수군증강계획이 원점으로 돌아간 상태라 양적인 전력은 아직도 열세였다. 우왕대까지도 고려군의 함선은 총 100척, 수군은 3천 명에 불과했다. 왜구가 많을 때는 300척이 넘었으니 왜구를 몰아내려면 1 : 3의 능력을 확보해야 한다는 계산이 나온다. 훈련과 전술 개발만으로는 불가능한 수치다.

고려 수군의 전투력을 몇 배로 끌어올리려면 획기적인 계기가 필요했다. 배에 근접한 왜구의 배에 강력하고 특별한 타격을 가할 수 있는 한 방. 그 한 방을 위해 고려가 주목한 무기가 화약이었다.

화약은 송나라 때부터 무기에 응용되었다고 알려져 있다. 초기의 화약무기는 화포보다는 화염방사와 묘청의 난 때 사용한 화염탄 같은 것으로 시작했던 것 같다. 고려가 화약무기를 실전에서 경험한 때는 여·원 연합군의 일본정벌 때일 것이다. 당시 원나라 군사가 수류탄 비슷한 화약무기를 사용하는 모습이 일본에서 그린 그림에 남아

명 태조 주원장

명 태조 주원장

있다. 왜구의 보트를 갈고리로 고정시키고 수류탄 한 발을 까 넣는다. 이 얼마나 근사하고도 통쾌한 방법인가?

아찔한 환상에 매료된 고려는 화약 생산국이었던 중국에 화약 지원을 요청했다. 최영의 함대 증강사업을 중지시키고, 양에서 질로의 전환을 꾀하던 1374년의 일이었다.

이 요청에 대한 명나라 태조 주원장의 답변은 단호하고도 잔혹했다. 주원장은 빈농의 아들로 태어나 산적, 수적을 거쳐 황제가 되었다. 말 그대로 밑바닥에서부터 산전수전 다 겪고 황제가 된 인물이라 세상사를 잘 알았다. 하지만 그건 좋게 보아서 그렇고, 현실적으로는 지나치게 질박하고 손익계산이 심하고 의심과 두려움은 많아 자신이 눈으로 보고 만지는 것이 아니면 믿지를 않았다.

고려의 화약 요청에 대해서도 화약을 얻고 싶으면 원료를 바치면 만들어 내려주겠다고 대답했다. 왜구의 폐단에 대한 대답은 더 걸작이었다. "배를 만들어 잡아라. 왜 잡지 않고 놔두느냐? (내가) 장수를 보내 젊은 왜놈 몇 놈을 죽이고, 불알을 깠더니 왜구도 바다도 조용해지더라."

이 칙서를 읽었을 때 공민왕과 재상들의 표정이 어땠을까 싶다. 왕과 조정은 한숨을 내쉬며 화약에 대한 미련을 접었다. 그러나 한 사람만은 그러지 않았다. 그가 최무선이다.

일반적으로 최무선 하면 화약의 제조법을 알아낸 사람으로 알려져 있다. 하지만 최무선의 공로는 화약이 아니라 화약무기의 개발에 있다. 그는 일찍부터 화기의 효용에 주목했고, 다양한 화기와 전술을 구상했다. 최무선은 죽으면서 집안에 비전의 책을 남겼는데, 그 책은 화

최무선장군추모비
경북 영천시 교촌동. 영천
은 최무선의 본관지다.

약제조법이 아니라 화포사용
법과 화포제작법에 대한 것이
었다.

최무선이 화약제조법을 알
아낸 사정에 대해서는 두 가
지 설이 있다.[34] 하나는 강남
상인 이원李元이라는 인물로
부터 화약제조법을 배웠다
는 설이고, 하나는 젊어서 원
나라에 들어가 화약제조법을
배워왔다는 설이다. 처음 설
은 『고려사』와 『실록』에 기재
된 이야기고, 다음 이야기는
최무선의 증손자의 입에서
나온 것이다.[35] 두 이야기 모
두 신빙성 있는 근거를 지니
고 있어 진위를 판별하기가 쉽지 않다. 그런데 최무선의 궁극적 관심
사가 화약이 아니라 화기였다는 입장에서 보면 이 두 설은 서로 모순
되는 이야기가 아니다.

최무선은 전략전술에 관심이 많아 평소에도 전술과 비책을 토론하
기를 좋아했다. 그는 1325년생으로 추정되므로 화약제조법을 알아냈
을 때는 50대의 장년이었다. 그가 원나라에 들어간 젊은 시절이란 충
혜왕이나 충목왕 시절이었던 것 같다. 이 시기는 왕자들이 원에서 생
활하고 재상의 자제들도 원에 많이 가 있었기 때문에 원과의 왕래가
빈번했다. 충선왕의 총애를 받았던 익재 이제현 같은 양반은 중국의
북경, 장안, 아미산, 항주, 소주, 남해 보타암까지 중국 전역을 돌아다

녔다.

　최무선이 어떤 사정으로 원나라에 갔는지는 알 수 없으나 원나라에 들어가서 화약무기를 보고 그 각종 화기의 개발과 전술적 운영에 대해 깊이 탐닉했던 것 같다. 그는 중국어도 잘했다. 화통도감을 설립한 후 그가 단기간에 모든 종류의 화약무기를 만들어 낼 수 있었던 것도—화기의 종류가 너무 다양하다는 사실 때문에 화통도감에서 만든 화기 기록을 의심하는 학자도 있다—화기의 종류와 설계에 대해 오랜 연구와 축적이 있었기 때문이라고 할 수 있다.

　그런데 화포, 신기전, 화염방사기 등은 금속제련 기술과 무기에 대한 조예가 있으면 구상과 디자인은 가능하지만 화약은 그렇지가 못하다. 즉 원나라 유학시절에 최무선은 원나라에서 화약과 화약무기의 운용법에 대한 지식과 아이디어를 얻었다. 이 사실이 착오를 일으키고, 화약에 관심이 많아지면서 가전에서 원나라에서 화약제조법을 배웠다고 전해졌을 것이다.

원나라의 화포
고려 말인 지정 연간[1341 (충혜왕 복위 2)~1367(공민왕 16)]에 제작한 화포다. 최무선도 원나라에 갔을 때 이런 포를 보았을 가능성이 있다.

　그러나 화약을 정말로 제조하려면 적당한 지식 정도 가지고는 되지 않는다. 고려에 돌아와서 중국 상인들을 수소문한 끝에 화약기술자를 만나 화약제조에 성공했을 것이라고 생각된다.

　마침내 화약제조법을 알아낸 최무선은 즉시 정부에 건의하여 화통도감을 설치한다. 1376년(우왕 3)의 일이었다. 화통도감의 임무는 화약무기를 제조하고 이를 활용하도록 전함을 개량하는 것이었다. 아들 최해산의 회고에 의하면, 최무선은 고려에 거주하는 중국 상인을 모두 불러모아 전함 개조에 투입했다고 한다. 최무선과 화통도감은 빠르게 작업을 진척시켜 3년 만에 실전에서 사용할 수 있는 화기를 전함에 탑재하는 데 성공하고, 화기를 전문적으로 다루는 화통군을 양성한다.

　그러면 이때 최무선이 만든 화기란 어떤 것이었을까? 이것을 알아

천자총통과 장군전
진주성 복원모형.

내기가 쉽지 않다. 『태조실록』에 있는 최무선
의 전기에는 최무선이 만들었다는 18종
의 화기가 기록되어 있다.

그 화포는 대장군포, 이장군
포, 삼장군포, 육화六火, 석포石砲, 화포,
신포信砲, 화통火桶, 화전火箭(불화살), 철령전鐵翎箭, 피령전皮翎箭, 질려포蒺藜
砲, 철탄자鐵彈子, 천산穿山, 오룡전伍龍箭, 유화流火, 주화走火, 촉천화觸天火 등
이다. 기계가 만들어지자 놀라고 감탄하지 않는 사람이 없었다.36

조선시대의 완구
투석기처럼 돌을 날리는 포
를 완구라고 했다.

사람이 보고 놀랄 만한 위력을 지닌 무기였다
고 하는데 이 무기가 어떤 무기인지는 한 마디
의 설명도 없다. 명칭으로 봐서는 장군포는
장군전이라고 큰 화살을 발사하는 무기
인 듯하고, 화전은 불화살, 철령전과 피령전 등은 특수한
화살을 발사하는 포다. 철탄자는 철탄환을 쏘는 무기고,
신포는 신호용 무기, 유화와 주화 등은 화염방사 내지는 화
공용 무기인 듯하다.

그런데 과연 이 무기 일람이 고려조에 벌써 사용되었는지, 실전용으
로 얼마나 위력이 있었는지는 의문이다. 최무선이 실제 이런 무기들을
개발했다고는 해도, 아직 실전용이 되기에는 위력이 부족했다. 조선시
대의 화기 개발 과정을 보면 이때의 발사무기는 영 신통치 않았던 것
이 분명하다. 드라마에서는 요즘 대포처럼 화약을 펑펑 터트리지만,
이런 대포는 이때는 물론이고 임진왜란 때까지도 없었다. 당시 포탄의
종류는 화살, 또는 크레모아 같은 작은 철탄환, 돌이었다.

포탄은 대인용과 대함용이 있다. 그러나 어느 쪽이든 아직은 화력
이 약하다는 것이 문제였다. 화살은 포 하나에 한 발밖에 장전하지 못

했다(여러 발을 동시에 발사하는 화포는 세종대에 가서야 개발된다).
대인용 화살을 한 발씩 날리자니 화약이 아깝고, 장군전 같은 대함용
대형 화살을 쏘자니 위력이 떨어졌다.

대함용 포탄으로는 돌탄도 괜찮은데, 돌탄을 날리는 완구도 태종대
에 중국 난파선에서 우연히 발견하여 이를 모델로 삼아 최해산(최무
선의 아들)이 제조에 성공한다.

이것저것 제하고 나면 남는 것은 화염방사 내지는 화염탄, 화약을
사용한 불화살 정도밖에 없다. 이것들도 해전에서 훌륭한 무기가 되
지만, 이것만 가지고는 근접전에서 획기적인 능력을 발휘하기 어렵다.
그리고 화염무기는 화약과는 또 별개의 기술을 요구하는 무기다. 흔
히 화약을 만들면 화염무기는 쉽게 만든다고 생각하는데, 그렇지 않
다. 화약은 급속한 발화와 이로 인한 폭발력을 제공하지만 오래 타는
물질은 아니다. 그러므로 화염방사를 하려면 화약 가지고는 되지 않
고, 별도의 소이물질이 필요하다. 이것이 화염무기의 관건이다.

고려 수군의 구세주이자 비밀병기로 간주되고 있는 화기는 실제로
는 이런 수준이어서 아직은 조악하고 위력도 떨어진다. 간신히 여기까
지 왔을 때 대 왜구전쟁에 커다란 이상 징후가 발생한다.

4. 반전

함선증강계획은 허무하게 끝나고, 화기를 포함한 전력향상 계획이 지
지부진하는 동안 새로운 위기가 닥쳐왔다. 자신감이 생긴 왜구가 내
륙으로 들어오기 시작한 것이다.

지금까지 고려는 제해권을 상실하고 기습적 약탈은 허용하고 있었

개태사의 철확
논산 개태사는 백제 멸망 시 신라군의 진격로였던 대전에서 논산으로 가는 길목에 있다. 고려시대에는 태조의 진영이 걸려 있던 대찰이었다. 팔만대장경에 수록할 불경을 선정한 사람도 개태사의 수기 스님이었다. 지금도 남아 있는 거대한 솥이 과거의 규모를 말해준다.

지만, 내륙으로 진출하는 왜구는 그럭저럭 막아내고 있었다. 그러나 1375년을 기점으로 왜구는 이전과 같은 히트앤드런 작전이 아니라 병력을 증강해서 내륙으로 진공하기 시작한다. 이 해에만 벌써 천안, 목천, 대구, 밀양이 왜구의 침입을 받았다. 왜구의 피해가 급속도로 증가하기 시작했다.

1376년 7월 개경으로 충격적인 소식들이 날아들기 시작했다. 전라도와 충청도로 상륙한 왜구는 전라도 방어사령부라 할 수 있는 원수의 군영을 침범하고, 전남의 중심도시인 영산과 나주를 침범하여 약탈했고, 전주까지 함락시켰다. 충청도로 들어온 왜구는 부여와 공주로 들어왔다. 백제의 고도를 지키기 위하여 공주목사 김사혁은 주변 고을의 병사를 모아 왜구를 막았는데, 정현鼎峴(공주 탄천면 정치리라는 설이 있다) 전투에서 패하여 김사혁이 살해되었다.

부여에서 논산 사이의 지역은 과거 백제의 중심지면서 우리나라에서 가장 넓은 강경평야와 논산평야가 펼쳐져 있는 지역이다. 왜구는 이 드넓은 들판과 곡창을 지나 유유히 연산(지금의 논산)의 개태사를 향해 진군했다. 개태사는 태조의 진영을 모셔두던 귀중한 절로 국가나 개인이 중대사가 있으면 태조의 진영 앞에서 점을 치곤 하였다.

양광도 원수 박인계가 개태사를 사수하기 위해 출동했다. 그는 공주전투 때 김사혁을 구원하지 않았다는 이유로 회덕 감무 서천부를 처형하는 등, 군기를 다잡으며 진격했으나 급조한 군대는 왜구에게 대패하고 박인계는 말에서 떨어져 왜구에게 살해되었다. 승리한 왜구는 개태사를 분탕하였다. [37]

당시 최영은 61세의 고령이었는데, 이 소식을 듣고 출정을 자원하였다. 뛰어난 전략가답게 최영은 사태의 중요성을 직감했다. 『고려사』에는 이때 최영이 이렇게 말했다고 기록했다.

"보잘 것 없는 왜적이 이와 같이 난폭하니 이제 그를 제압하지 않으면 후에는 더욱 대처하기 어려울 것입니다."[38]

유학이 원리원칙을 중시하다 보니 현장에서 벌어진 구체적인 회담도 늘 원론으로 축약해서 서술하는 경우가 많다. 그래서 유가의 역사서를 곧이곧대로 배우면 역사를 배워 현실에 대한 이해력과 판단력이 높아지는 것이 아니라 오히려 생각과 판단이 현실과 괴리되는 경우가 종종 있다.

이 서술만 해도 그렇다. 그냥 읽으면 최영은 "병든 싹은 자라기 전에 잘라야 한다."는 뻔한 금언을 되뇌이고 있다. 그러나 이때는 경인의 왜구(1350년)가 시작된 지 이미 26년이 지난 해다.

최영의 말은 "병든 싹은 초기에 잘라야 한다"는 교훈이 아니라 "병든 싹"이 무엇이냐는 관점에서 이해해야 한다. 최영이 우려한 현실은 바로 왜구의 내륙 진출이다. 지금 이들을 섬멸하지 않으면, 왜구들은 앞다투어 내륙 진출을 시도할 것이다. 반드시 여기에서 적을 격멸해서 왜구에게 내륙 진출은 위험하다는 인상을 심어줘야 했다.

최영은 왜구를 추적하여 부여 서남쪽의 홍산현(현재는 부여군 홍산면)에서 왜구와 맞닥뜨렸다. 당시 왜구는 이미 한 차례 포식을 한 뒤라 약탈물과 전투력이 떨어지는 병사들은 배에 싣고 정예병 수백 명을 내보내 남은 지역들을 휩쓸고 있었다. 그 일부가 홍산을 분탕질하고 있을 때 최영이 이끄는 고려군이 도달했다. 그러자 왜구는 홍산현에 있는 작은 산성으로 올라가 진지를 구축하고 농성하였다. [39]

태봉산성 전경
삼면이 가파른 절벽이다.
사진 왼쪽의 완만한 사면도
실제로는 능선처럼 좁은
길로, 이곳이 유일한 접근
로였다.

최영이 양광도 도순문사 최공철崔公哲, 조전원수 강영康永·병마사 박수년
朴壽年 등과 함께 홍산에 이르니, 왜적이 먼저 험하고 좁은 곳에 웅거하여
있었다. 삼면이 모두 절벽이고 오직 한 길만이 통할 수 있었으니, 여러 장
수들이 두려워하고 겁내어 전진하지 못하였다. 40

　그런데 바로 이 기록 때문에 홍산전투를 이해하기가 어려워진다. 암
벽등반 코스가 아닌 다음에야 우리나라에 삼면이 절벽이고 한 곳만
통하는 그런 지형이 있을까? 현지로 가보면 홍산전투가 벌어진 장소
는 지금의 홍산읍 홍산초등학교 뒤쪽에 있는 태봉산성으로 알려져
있다.
　태봉산은 고도는 해발 90m 정도밖에 되지 않는 작은 산이지만 평
지에 돌출해 있어 읍 주변의 사방을 감제할 수 있고 병력을 밀집시키
기에도 좋다. 산을 옆에서 보면 사다리꼴 형태인데, 산 전체가 화산의
분화구 형태로 솟아올라서 경사가 가파르다. 다만 사다리꼴의 빗면에
해당하는 남쪽 사면만이 미끄럼틀처럼 흘러내려 접근로를 형성한다.
　독특한 분위기를 주는 산성이기는 하지만 나머지 삼면이 공격 불가

능한 그런 절벽은 아니며, 다른 곳에서는 볼 수 없는 특수한 지형도
아니다. 사실 우리나라에 있는 많은 산성들이 이와 같은 특징—삼면
이 가파르고 한쪽 사면이 상대적으로 완만한—을 지니고 있다.

그렇다면 이 기사에서는 왜 "삼면이 가파르고 접근로가 하나밖에
없었다."라는 사실을 특별히 강조했을까? 여기서 다시 한 번 중세의
역사서를 읽는 기술이 필요하다. 이 기사가 전하고자 했던 메시지는
"천험의 요새"가 아니라 진정한 전사였던 무장 최영의 진면목이다.

태봉산성에 웅크린 왜구는 그리 많은 병력은 아니었다. 정상부에는
밀집대형으로 놓으면 모를까 장비와 보급품을 두고 전투대형으로 포
진시킨다면 100명을 두기도 부족하다. 8부, 7부 능선까지 겹겹이 방어
선을 두른다고 해도 500명을 넘기가 힘들다.

정황으로 볼 때 대부분의 장수들은 산을 포위하고 왜구가 지치기
를 기다리자고 했을 것이다. 왜구는 소수이고, 태봉산은 작고 평지에
돌출해 있는 완전히 고립된 산이어서 산을 포위하면 빠져나갈 길이
없다. 게다가 왜구는 천하의 몽골군도 힘들어했던 백병전의 고수들이

아니던가? 이런 부대와 군이 정면충돌을 할 필요가 있을까?

최영은 이런 작전을 거부하고 정면돌파를 명령한다. 장수들이 두려워하자 자신이 선봉에 섰다. 뜨거운 여름, 환갑을 넘긴 61세의 노장이며 고려군의 최고 통수자가 중대 또는 대대급 전투의 선두에 서서 돌격전을 감행하는 놀랍고도 황당한 전투가 시작되었다.

최영의 지휘 아래 산으로 돌격한 고려군은 왜구의 방어선을 격파한다. 고려군이 승세를 잡아가는데, 왜구의 저격병 한 명이 숨어서 최영을 쏘았다. 화살은 최영의 얼굴에 명중해서 입술을 뚫었다. 최영도 갑옷을 입었을 것이므로 노출된 안면을 노리고 쏜 것이 분명하다. 최영은 전혀 당황하지 않고 입술에 화살을 박은 채, 은신처에서 뛰쳐나와 달아나는 저격병을 찾아서는 직접 사살하고, 그 다음에 입에 박힌 화살을 뽑았다. 그리고도 최영은 물러서지 않고 부대를 지휘하여 왜구를 완전히 섬멸했다.

이 일화는 당시대의 군인들과 전쟁사에 최영이란 이름이 왜 그렇게 진하고 뚜렷하게 각인되어 있었는가를 설명해 준다. 아마도 이 전투에 참전했던 병사들은 이 날의 감동을 평생토록 잊지 못했을 것이다. 그리고 사석에서는 이런 말로 그날의 감동과 경외를 표현했으리라.

"질린다! 세상에 뭐 저런 노인이 다 있냐구."

이 밖에도 투사 최영의 모습을 보여주는 일화는 여러 개가 더 있다. 앞서 살펴본 회안성의 격전도 그렇고, 제주도의 반란을 진압할 때도, 왜구 소탕을 위한 함대 건설을 추진할 때도 최영은 언제나 놀라운 투지와 뚝심, 그리고 대담한 추진력을 발휘했다.

그런데 이런 일화들을 읽다 보면 최영의 투지와 뚝심이 존경스럽기는 하지만 우직하고 단순과격한 인물이라는 인상이 드는 것도 사실이다. 실제로 『고려사』와 『조선왕조실록』에서도 최영을 은근히 그런 인물로 몰아간다.

그러나 이는 커다란 오해다. 최영은 전술적으로 뛰어난 지장이다. 홍산전투의 돌격도 전투적 본능이 아닌 냉정한 판단에 기초한 것이었다. 개경으로 개선한 후 최영은 왜구가 얼마나 되었냐는 질문을 받고 "정말 많았다면 나는 죽었을 것이다."라고 대답했다. 필자도 처음에는 의례적인 겸양의 말이라고 이해했지만 전투를 복원해 보니 그런 의미가 아니었다. 최영은 지형, 왜구의 병력, 아군의 수준을 정확히 가늠하고 정면공격을 택했던 것이다. 우리는 흔히 삼국지의 장비형 장수들에 대해서 가슴은 뜨겁지만 지략과 전술이 부족하다는 선입견을 가지곤 하는데, 이는 대단히 잘못된 인간 이해다. 그런 장수라면 예전에 죽거나 몰락했을 것이다. 전사에 기록된 무모하고 무식한 공격은 알고 보면 남들보다 더욱 냉철하고 예리한 판단의 결과인 경우가 더 많다. 누구보다 냉정하고 정확했던 최충헌이 돌격대장 출신이었다는 사실을 다시 상기해 보자.

홍산전투로 돌아오자. 이 사태의 본질은 왜구가 내륙으로 진출하기 시작했다는 것이고, 그 이유의 하나는 고려군에 대한 왜구의 자신감이었다. 그런데 홍산에서 고려 최고의 무장이 직접 인솔하는 정규군이 500명도 안 되는 왜구의 한 부대를 만났다. 왜구가 작은 야산으로 올라가 항전 태세를 굳히자 고려의 주력군이 이들을 포위하고 시간을 질질 끌었다면 어찌되었을까? 며칠을 포위해서 마침내 왜구가 투항하거나 소탕했다고 해도, 이 소식은 왜구에게는 확고부동한 자신감을 부여하게 될 것이다. 그래서 최영은 고려군에게 신속하고도 박력있는 진압방식을 요구했고, 부하들이 이 작전을 꺼리자 자신이 직접 선두에 섰다.

홍산대첩에서 보여준 노장군의 영웅담은 용기와 배짱 이전에 정확한 판단력과 이를 실행하는 확고한 책임의식과 사명감의 산물이다.

김해분산성
낙동강 하구의 김해도 왜구의 상습 출몰지역이었다. 박위는 왜구를 막기 위해 김해를 굽어보는 이 산에 성을 쌓았다. 조선시대에 중축했고, 최근에 김해시에서 다시 복원했다.

이것이 최영의 진정한 장점이었다. 홍산전투는 이러한 의미에서 오래도록 기억되어야 할 것이다.

그러나 안타깝게도 최영의 헌신은 절반의 성공밖에 거두지 못한다. 홍산의 승리에도 불구하고 왜구의 기세는 전혀 수그러들지 않았다. 두 달 후인 9월에만 해도 충청도의 고부, 태안, 흥덕 등이 왜구에게 약탈당했다. 나중에 왜구들은 이렇게 말한다. "두려운 사람은 오직 머리가 센 최 만호(최영)뿐이다. 지난 날 홍산 싸움에서도 최 만호가 오자 (허약하던) 군사들이 앞을 다투어 우리 군사에게 말을 달려 짓밟더라."[41]

최영의 사명감과 군인정신은 역사의 귀감이지만, 61세의 노장이며 군의 최고 지휘관이 병사들의 선두에서 싸워야 하는 서글픈 현실은 늙은 왕조의 진혼곡이기도 하다.

이 해 9월에 왜구는 전주를 점령했고, 임피에서 변안열이 지휘하는 전라도와 양광도의 관군을 패주시켰다. 1377년 3월 최영이 건조하던 함대 중 유일하게 남아 있던 착량의 병선 50척이 왜구의 기습을 받아 소실된다. 지휘관 손광유는 화살에 맞아 중상을 입고 간신히 탈출했다. 이 패배로 강화도가 떨어지고 강화 만호의 처가 왜구에게 잡혀갔

박위의 비와 비각
김해성을 증축한 박위의
공적을 기리기 위해 세운
비다. 박위는 창왕 때 쓰시
마를 정벌했고, 이성계의
휘하가 되어 궁성을 지키다
가 왕자의 난 때 살해당했
다.

다. 개경은 전시체제가 되었다. 왜구는 개경을 공략하는 대신 인근의 수안, 동성, 통진을 유린했다. 이때 어느 왜구가 유명한 말을 남겼다.

"우리의 행동을 아무도 금하고 막는 자가 없으니 이렇게 좋은 땅이 어디에 있으랴?"[42]

이성계의 동북면 군대가 왜구토벌에 참여하기 시작하는 것도 이때다. 이 해 5, 6월에 이성계는 지리산과 해주를 오가며 숨가쁜 전투를 벌였다. 이와는 별도로 5월에 김해의 황산강에서는 강을 따라 밀양을 약탈하기 위해 들어오는 왜구를 탐지하고, 박위(창왕대에 대마도를 정벌한 장수)의 수군과 배극렴의 부대가 협공하여 격멸했다. 이때 적 장인 지금의 후쿠오카 지방의 영주인 패가대만호覇家臺萬戶가 고려군에게 살해된다.[43]

이 밖에도 양계 지방을 제외한 거의 전국에서 쉴 새 없이 전투가 벌어졌으며, 전투 규모도 점점 커져 중앙에서 지원군을 파견해야만 하는 횟수도 계속 증가했다.

1378년 왜구는, 대규모 왜구가 다시 강화와 황해 남부 해안에 상륙해서 개경을 공격할 것이라는 소문을 퍼트렸다. 전부터 왜구는 자주 거짓정보를 흘려 고려군을 혼란시키곤 했다. 개경침략설도 이번이 처음은 아니었다. 그러나 이번에는 움직임이 달랐다. 우왕은 백성까지 동원하여 성 위에 올라 망을 보게 하고, 궁성에는 위병을 배치했다.

최영은 해풍(풍덕)에 진을 쳤는데, 왜구는 최영군만 격파하면 된다고 판단하고, 다른 부대는 무시하고 최영의 중군을 향해 집중공격을 가했다.

> 최영이 달아나자 이때 우리 태조(이성계)가 정예 기병을 거느리고 바로 달려가 양백연과 합세하여 공격한 결과 적을 대파하였다. 최영은 적이 붕괴되는 것을 보고 휘하를 거느리고 측면으로 공격해 거의 다 소탕하였다. 적의 패잔병들은 밤을 틈타 도주하였다. 밤에 성중에서는 최영이 도주하였다는 소문을 듣고 더욱 들끓었으며 어찌할 줄을 몰랐다. 신우는 피난할 각오를 하였고 전체 관원들은 짐을 싸 가지고 궁문으로 겹겹이 모여들어 대기하고 있었다. 마침 여러 원수들이 사람을 보내 승리를 보고하자 경성의 계엄령을 해제하고 전체 관원이 모두 축하하였다. 조정에서는 승리가 최영의 공로라 하여 안사공신의 칭호를 주었다. [44]

『고려사』의 기록들은 최영을 깎아내리고 이성계를 치켜세우는 경향이 있어서 이 기사는 조금 가감해서 읽어야 할 것이다. 최영이 왜구의 집중공격에 밀렸다고 해도 수치스러운 것은 아니다. 왜구는 최영 부대를 집중 공격하다가 좌우를 노출했다. 이성계와 양백연의 군대가 왜구를 격파하자 최영 역시 즉시 부대를 돌려 적의 측면을 공략했다. 최영 부대가 밀리기는 했어도 대오가 무너지지 않았고, 최영은 끝까지 유연하게 부대를 지휘했다.

해풍전투는 비록 승리하기는 했으나 고려의 현실이 어디까지 와 있는지를 보여준 전투였다. 그래도 왜구는 상당한 충격을 받았는지 다음 해에는 처음으로 개경 근처로 올라오지 않고 경상도와 전라도 해안지대에만 출몰하였다. 하지만 이 해 5월에 진주로 쳐들어온 왜구는 기병 700에 보병이 2,000이었다. 1 : 3의 비율로 편성한 기병과 보병의

비율은 이들의 지상전 병력이 확고
하게 정규전 체제를 갖추고 있음을
보여준다.

　왜구는 이제 더 이상 해적이 아니
다. 그들은 육상으로 진군하여 개경
마저 노리고 있다. 이와 같이 동시다
발적이고 전국적인 공격이 지속된
다면 고려가 얼마나 더 버틸 수 있을까?

쓰러진 왜군 장수
고려 후기의 왜구는 소규
모 해적떼가 아니었다. 편
제를 갖춘 부대도 있었다.

　그나마 왜구가 분열되어 있는 것이 다행이었다. 저들이 연합해서 특
정 지역이나 개경을 강습했다면 고려군이 막아낼 수 있었을까? 순간
진정한 불안이 주머니 속에서 튀어나와 실체를 드러낸다. 우리가 이런
걱정을 할 정도라면 당연히 왜구도 같은 생각을 하고 있지 않을까? 우
려와 불안 속에 1379년이 저물어 간다.

　조금이라도 생각과 지혜가 있는 사람이라면 1380년의 설날은 절대
로 반갑지 않았을 것이다. 바다 건너에서 불어올 태풍의 크기와 그들
과 국가의 운명을 도무지 짐작할 수가 없었다. 어떤 이는 작년에 개경
일대가 평온했고, 이제 무언가 되어 가는 징조가 보인다고 기뻐했겠지
만, 왜구가 진정될 어떠한 객관적인 이유도 없었다. 이유 없는 평온은
그들이 다른 준비를 하고 있다는 의미 외에는 아무것도 아니다. 당신
이 왜구라면 1378년과 1379년의 패전에서 무엇을 얻겠는가? 이제 회
개하고 농민과 어부로 돌아가자고?
　근거 없는 낙관은 맞는 법이 없지만, 이상한 불안감은 늘 현실이 된
다. 이 해 8월 전라도 해안에 역사상 유례 없는 대함대가 등장했다.
500척으로 구성된 왜구는 진포에 상륙하더니 배를 묶어 수상요새를
구축하고는 바로 내륙으로 들어갔다.

진포대첩비(동상 부분)
전북 군산시 성산면 금강시
민공원. 이 동상은 최무선
과 최초의 화기 사용을 기
념하기 위한 것이다. 그러
나 이 화포의 모형은 임진
왜란 후에 사용한 대장군
포다. 당시 화포의 정확한
모양은 알 수 없지만 이런
형태는 아니었다.

이들 부대에 이름이 밝혀지지 않은 소년 장군이 한 명 있었다. 그는 신분이 높은 인물로 자신은 이 원정에 참여하지 않으려 했으나 다른 사람들이 여러 번 애원하여 동승하였다고 한다. 역시 이들이 내륙 진군을 목표로 했기 때문일 것이다. 대규모 전투가 예상되느니만큼 뛰어난 무장인 그를 필요로 했을 수도 있다. 또는 여러 세력을 연합해서 대군을 편성하기 위해서 신분 높은 그가 필요했던 것일 수도 있다. 어느 경우든 소년 장군의 추대나 이들의 작전방식을 볼 때 처음부터 해안가 고을을 습격해서 치고 빠지는 약탈식 공격이 아닌 내륙공략을 목표로 세운 것은 분명하다.

고려는 해도원수 나세와 심덕부에게 함대를 이끌고 출동하라는 명령을 내린다. 당시 고려의 전력은 전함 100척에 수군 3천 명[45]으로 왜구의 1/5에 불과했다. 도저히 어찌해 볼 수가 없는 상황이었다. 그러나 두 가지 기적이 따른다.

첫째는 최무선의 화통군이 드디어 출전준비를 마친 것이다. 화통도감을 세운 지 3년 만의 일이었다. 최무선은 부원수로 임명되어 화통군과 함께 승선했다.

두 번째는 왜구의 전략이다. 그들은 대부대를 편성해서 내륙을 직접 공략한다는 군침 도는 계획을 세웠지만 때가 좋지 않았다. 이전처럼 북상해서 고려 함대와 먼저 승부를 걸었더라면 아무리 화통군이 출동했다고 해도

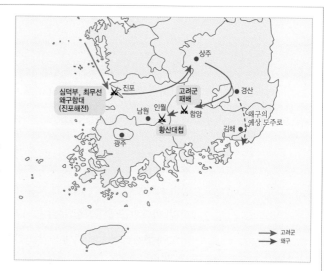

왜군의 이동로

아직 화기의 성능이 취약했던 고려군으로서는 승리를 장담할 수 없었을 것이다.

그러나 왜구는 자신들의 규모와 무인지경으로 내륙 고을을 휩쓰는 환상에 도취되어 500척의 배를 하나로 묶어놓는 고마운 실수를 저지르고 말았다. 고려 함대가 등장하자 왜구 수비대는 묶어놓은 함선을 이용하여 농성전을 펴는 최후의 서비스를 했다. 고려군은 화기를 사용하여 왜선을 불살랐다.

불타는 바다를 보면서 고려군의 장수와 병졸들은 이 역사적 순간의 의미를 되새기고 되새겼을 것이다. 경인의 왜구 이후 근 30년 만에 바다에서 거둔 대승이자 해전의 양상이 수세에서 공세로 바뀌는 순간이었다.

훗날 왜구의 상습 출몰지역에서 조마조마한 유배생활을 했던 권근은 시를 지어 최무선의 승리를 찬양했다.

님의 재략이 때맞추어 태어나니
삼십 년 왜란이 하룻만에 평정되도다
바람 실은 전선은 새들도 못 따라가고

화차는 우레 소리를 울리며 진을 독촉하네
주유가 갈대숲에 불 놓은 것이야 우스갯거리일 뿐이고
한신이 배다리 만들어 건넜다는 이야기야 자랑거리나 될까 보냐
이제 공의 업적은 만세에 전해지고
능연각에 초상화 걸려 공경 가운데 으뜸일세
공의 화약무기 제조는 하늘의 도움이니
한 번 바다싸움에 흉포한 무리 쓸어버리네
하늘에 뻗치던 도적의 기세 연기와 함께 사라지고
세상을 덮은 공과 이름은 해와 더불어 영원하리
긴 맹세가 어찌 긴 세월 후에까지 기다릴까
응당 군사의 대권을 맡게 되도다
종묘사직은 경사롭고 나라는 안정을 찾았으니
억만 백성의 목숨이 다시 소생하는도다.[46]

최무선의 화포는 왜구의 배를 쓸어버렸지만 아직 병사는 남았다. 퇴로가 끊긴 왜구는 경상도까지 진출하여 상주, 경산, 함양을 유린했다. 자신들이 적국에서 고립되었으므로 가능한 한 산줄기를 따라 이동한 것 같다. 함양에서 고려는 이들을 요격했으나 2명의 원수와 500명의 군사가 전사하는 참패를 당한다. 하지만 이 전투 때문인지 그들은 낙동강 하구로의 진출을 포기하고, 다시 산으로 들어간다. 그들이 선택한 산은 빨치산의 영원한 메카 지리산이다.

왜구가 주둔한 곳은 지금은 지리산 관광의 전진기지가 되어 있는 인월이다. 인월은 지리산의 산곡과 평범한 농촌이 만나는 접경지대다. 여기까지는 여느 농촌의 산세와 다른 바가 없지만 이 안쪽으로 지리산의 비경이 펼쳐진다.

이성계군을 앞세운 고려군은 남원 운봉을 거쳐 인월의 서쪽으로 진입했다. 인월은 작은 분지인데, 인월 북쪽에 동서로 가르는 구릉이 있

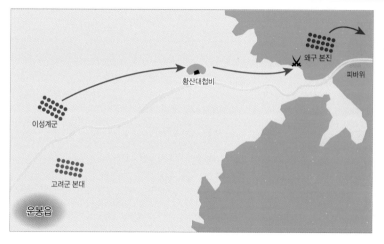

황산대첩비

왜구 본진

피바위

이성계군

고려군 본대

운봉읍

고, 이 구릉은 인월의 동북쪽에서 'ㄱ'자 형태로 꺾여 남북으로 흘러
내린다. 동쪽의 지리산 계곡으로 가는 길을 이 산자락이 담장처럼 막
고 있는데, 인월의 남쪽에서 동서로 흐르는 개천 하나가 이 담장을 뚫
고 동쪽으로 흘러 지리산으로 가는 통로가 되어준다. 현재는 24번 국
도가 이 통로를 따라 놓여 있다.

　고려군은 서쪽에, 왜구는 동쪽 구릉에 포진했다. 이곳에서 왜구와
의 전쟁사상 최대의 격전인 황산전투가 시작된다. 역사적인 전투였고,
그 주역이 조선을 건국한 이성계였기 때문에 이 전투는 비교적 상세
한 기록이 있다. 조선시대에 만든 지리지에도 애써 왜군의 매복처와
전투지점 등을 조사해서 표기해 놓았다.

　그러나 거의가 구전자료고, 지도가 축적을 무시하고 그려진데다가
지리지마다 얘기가 다르고, 실록의 설명과도 맞지 않아서 이 지도로
현장을 복원하기란 암호문 맞추기보다도 힘들다.

　그냥 전술적 관점으로 보면 왜구는 동쪽의 담장이 'ㄱ'자로 꺾이는
부분에 날개 형태로 포진했던 것 같다. 이럴 때 중앙부로 돌진하면 좌
우로 협공을 당하기 마련이다. 고려군은 병력을 둘로 나누었다. 고려
군은 현재 24번 국도가 난 남쪽의 평야지대를 가로질러 진격하고, 이
성계군은 서북쪽에서 접근했다. 지금 황산대첩비가 서 있는 자락이
전투의 시작 부분 또는 이성계군의 지휘부가 있던 곳이라고 생각된다.

태조 이성계

고려군이 왜구의 동쪽 날개를 견제하는 동안 이성계군은 서쪽 날개를 물고 안으로 먹어 들어간다는 작전이었던 것 같다.

그런데 포진이 예상보다 늦어지면서, 동쪽 날개를 묶어 두어야 할 고려군이 지레 겁을 먹고 후퇴해 버렸다. 이미 날은 어둑어둑해지기 시작했다. 이성계 부대는 고립되었다. 동쪽의 왜구는 서쪽 날개와 합세하거나 이성계 부대의 측면을 노릴 수도 있다.

이성계의 무용담을 찬양하는 『조선왕조실록』에서는 날이 어두워지기 시작했다는 진술을 불길하고 두려움을 증폭시키기 위한 시각장치로 사용하고 있다. 하지만 날이 어두워지기 시작했다는 것이 어쩌면 이성계가 결단을 내릴 수 있는 주요한 동기가 되었을지도 모른다.

만약 이 전투가 개활지에서 벌어진 전투였고, 해가 중천에 있었다면 이성계는 도저히 진군을 할 수 없었을 것이다. 왜구는 고지대에서 전장의 상황을 전망할 수 있다. 전투가 시작되면 왜구는 남쪽으로 후퇴한 고려군의 움직임을 충분히 감지하면서 이성계의 측면을 공격할 수 있다. 그것은 이성계에겐 치명적이다. 그러나 이미 늦은 오후라면? 동쪽 기슭의 왜구가 이성계의 측면이나 뒤에 도달할 때는 이미 해가 저물 것이다. 전장이 보이지 않으므로 고려군의 후퇴도 진짜인지 술수인지 알 수 없다. 그렇다면 동쪽의 왜구는 자리에서 움직이지 않을 것이고, 잘해야 일부를 보내 서쪽 방어를 후원하는 데 그칠 것이다. 이성계는 전진을 명령한다.

고려군이 미련하게 중앙으로 걸어 들어오지 않고 양 날개의 끝을 공략할 것이라는 예상은 왜구도 충분히 했을 것이다. 이를 대비해서 왜구는 이성계군의 예상 진입로에 복병을 두었다.

지형상 대병력을 매복시킬 수는 없으므로 소수의 정예병을 투입했던 것 같다. 이성계군이 접근하자 숨어 있던 왜구가 돌격해 나왔다. 왜군이 좋아하는 사무라이식 돌격으로 적의 중심을 강타하여 적을 당황하게 하고, 기습적으로 적장을 살해하거나 대형을 무너뜨리는 방법이다.

일본을 싫어하는 분들도 사무라이의 돌격정신에 대해서만은 칭찬을 하거나 부러워하는 경우가 많다. 하지만 세상의 모든 현상은 배경을 뒤져보면 나름대로 합리적인 이유가 있다.

황산대첩비
일제시대에 일본순사가 파괴하였다. 현재는 파괴된 비(위) 옆에 새로 세운 비가 함께 세워져 있다(아래).

중세일본에서 사무라이라는 특수한 무사층이 형성되면서 검도와 창술 등의 백병 무술이 발달했다. 반면 일본의 활은 약하고, 화살은 크고 느리다. 일본 전국시대의 전설적인 무사인 미야모토 무사시가 저술한 『오륜서』에 이런 구절이 있다. "활은 적과의 사이가 20간(약 36미터) 이상인 곳에서는 적당하지 못하다."

칼을 든 사무라이가 이 거리를 돌격한다면 궁수는 사격할 기회가 한 번밖에 없다. 사무라이는 전 속력으로 뛰어오고 있고, 궁수는 활을 쏜 후 몸을 돌이켜 달아나야 하므로 화살이 빗나가거나 한 발에 쓰러뜨리지 못하면 궁수에겐 살아날 기회가 없다. 그런데 화살이 길고 느려서 눈에 잘 보이고, 쳐내기도 쉽다. 좋은 갑옷으로 무장하고 있다면 한두 발에 치명상을 입지도 않는다. 중종 때의 기록이지만 갑옷을 입은 왜구가 훨씬 강한 조선군 장수의 활에 5~7발의 화살을 맞고도 죽지 않고 덤벼들었다는 기록도 있다.[47]

이것이 실전에서 사무라이식 돌격을 가능케 한 주요한 이유 중의 하나다. 그러나 조선에 오면 사정이 달라진다. 상대가 이성계와 같은 최고의 궁수일 때는 더욱 그렇다. 보통의 궁수도 유효 사거리는 140m가 넘는다. 이것은 곡사여서 직사일 때는 사거리가 줄어들지만 위력과 속도는 일본의 활에 비할 바가 아니다.

돌격해 오는 왜구를 향해 이성계는 그가 자랑하는 대우전大羽箭 20발을 연속해서 쏘았다. 부친 이자춘이 이 화살을 보고 사람이 쏠 수 있는 것이 아니라고 했다는 그 유명한 화살이다. 물론 이성계 혼자서 쏜 것은 절대 아니겠지만, 이성계가 일반 궁수들보다 멀리 정확하게 쏠 수 있었던 것은 분명하다.

이 강력한 화살에 수십 명이 꺼꾸러졌지만, 전설적인 돌격정신을 지닌 왜구는 굴하지 않고 돌격해 왔다. 사실은 바뀐 상황을 깨닫지 못하고 습관성 돌격을 반복했다고 해야 할 것이다. 이성계의 대우전이 떨어져 보통 연습용 화살로 사용하는 유엽전까지 뽑아 모조리 소비할 정도로 지독한 공격이었다. 그러나 고려군의 빛나는 사격술은 세 번에 걸친 왜구의 파상공세를 소멸시킨다.

매복부대가 이성계 부대를 저지하는 데 실패하자 왜구는 돌격을 중지하고 높은 곳에 의거하여 방어전을 폈다. 고려군 양 날개 중 주력이 후퇴한 것을 확인한 왜구가 합세해서 일자형 수비대형으로 바꾼 것이라고 생각된다. 이런 방어전을 펴기에 가장 좋은 곳은 좁은 원추형 봉우리가 돌출한 곳이다. 그들은 산자락이 하천과 만나는 제일 남쪽 봉우리로 집결한다. 뒤는 하천과 만나 절벽에 가까운 협곡을 이루므로 배후에서 습격을 받을 우려가 적고 방어에도 편하다. 전방은 완만한 경사면을 이루는데, 이쪽만 방어하면 된다. 아군이 개미처럼 붙어서 올라갔다고 한 것으로 보아 이성계 부대는 이 사면 전체에 부대를 전개시켜 왜구를 밀어올렸던 것 같다.

왜구를 포위해서 몰아세우는 데는 성공했지만 동서의 부대가 합세한 왜구는 강하고 결사적이다. 이제는 선택과 집중의 단계. 이성계는 군대를 정돈한 후 어느 한 지점을 향해 집중공격을 개시한다. 그러나 왜구는 상당히 강하다. 혼전 중에 적장 한 명이 이성계의 뒤로 뚫고 들어왔다. 이두란이 발견하고 말을 달리며 뒤를 보라고 소리쳤으나 이성계는 듣지 못했다. 선택의 여지가 없다고 생각한 이두란은 말을 달리며 활을 쏘았다. 다행히 그 화살이 적장에 명중하여 이성계는 목숨을 건졌다.

위기는 계속된다. 왜구는 집중적으로 이성계를 노린다. 혼전 중에 아군의 틈새로 파고들어 이성계를 포위하는 작전이다. 이성계가 탄 말이 두 번이나 화살에 맞아죽었고 그도 끝내 허벅지에 화살을 맞았다. 어느 새 왜구는 그를 몇 겹으로 포위했다. 결정적인 승리의 계기를 잡은 왜구는 적의 사령관을 노리고 악착같이 달려들었다. 위기의 순간, 과거 동녕부 공격 당시 이성계의 부하가 된 중국인 장수 처명이 이성계 앞을 막고 죽기로 싸웠다. 그의 분전으로 이성계는 겨우 기병 2기와 함께 포위를 벗어났다. 그러나 적은 악착같아서 한 무리가 끝까지 그를 노리고 돌격해 왔다. 이성계는 그 자리에 서서 침착하게 활시위를 당겼다. 순식간에 8명이 차례로 쓰러지니 왜구는 더 이상 이성계에게 덤비지 못하고 물러섰다.

살아나온 부장과 병사들이 겨우 한숨을 돌리는데, 이성계가 검을 뽑아 쳐들더니 해를 가리켜 맹세하며 소리쳤다. "겁이 나는 사람은 뒤로 물러가라. 나는 또다시 적을 죽이러 가겠다." 주위의 장수와 부하

완전무장한 왜군 장수
아기바투도 이와 같은 모습
이었을 것이다.

는 모두 감동하여 이 사나운 군대에 다시 맹렬하게 부딪혔다.

실록에서는 이때 적병의 수가 아군의 10배나 되었다고 하였다. 아무래도 과장이 있는 듯한데, 10배라고 해도 양쪽의 병력 수에 대해서는 구체적 언급이 한 마디도 없는 게 아쉽다.

전위의 왜군이 분쇄되기 시작하자 후방에 포진한 왜구는 움츠러들어 감히 나오지를 못했다. 이것이 지휘계통이 결여된 혼성부대의 약점이다. 분노한 왜구의 장수 한 명이 분위기 반전을 위해 출진했다. 갑옷으로 완전 무장하고 백마를 탄 그는 창을 휘두르며 진을 뛰쳐나왔다. 고려로 출병하기를 망설였다는 지체 높은 소년 장수, 고려군은 그를 아기바투라고 불렀다. 소년 용사라는 뜻이다. 그의 무예는 출중해서 순식간에 고려군이 허물어지고 도망한다.

적장이지만 그의 용맹을 본 이성계도 감탄해서 이두란을 보고 사로잡자고 말한다. 이두란은 반대한다. "사로잡으려면 아군의 희생이 너무 클 것입니다." 아기바투를 사로잡는 데 걸리는 희생만이 아니다. 문제는 시간이다. 전투의 시간이 길어질수록 승패를 떠나 아군의 희생은 커진다.

> 아기바투는 갑옷과 투구를 목과 얼굴을 감싼 것을 입었으므로 쏠 만한 틈이 없었다. 태조가 말하기를 "내가 투구의 정자頂子를 쏘아 투구를 벗길 것이니 그대가 즉시 쏘아라" 하고는 말을 달려 접근하여 투구를 쏘아

정자를 맞히니 투구의 끈
이 끊어져 기울었다. 아기
바투가 급히 투구를 바로
썼으나 태조가 연달아 사
격하여 정자를 맞히니 투
구가 떨어졌다. 두란이 곧
쏘아서 죽이니 이에 적군
의 기세가 꺾었다.

　어려서 이 이야기를 읽었
을 때는 허풍이라고 생각했
다. 우리의 투구에는 깃을
다는 바늘 같은 작은 정자
만 꽂혀 있기 때문이다. 하지
만 일본군의 갑주를 보고는
생각이 바뀌었다. 일본의 갑
주는 독창적인 명품이지만

황산 어휘각(위)
황산전투에 참전한 지휘부
명단이 바위에 새겨져 있
다.

피바위(아래)

투구 장식이 과도하다. 상대를 압도하고 위협하는 효과는 크지만, 조
선에 오니 화살과녁으로도 그만이었다.

　아기바투가 전사하자 왜구는 걷잡을 수 없이 무너졌다. 고려군은 기
세를 타 산으로 올랐다. 왜구는 남쪽의 협곡으로 몰렸고, 그곳은 낭떠
러지였다. 왜구는 마구잡이로 몰살을 당하고, 이들의 시체와 피는 경
사를 굴러 남천으로 떨어졌다. 계곡물은 피로 물들고 이곳에 피바위
라는 별명이 붙었다.

　왜구는 겨우 70여 명만 살아남아 남천을 건너 지리산 속으로 도주
했다. 노획한 말만 1,600필이었다. 이것이 역사상 유명한 황산대첩이다.

　진포해전과 황산전투에서 고려군이 대승을 거두었지만 국난 극복
의 길은 아직 멀었다. 진포에서는 운이 좋았다. 해상에서 맞대결이 벌

어지면, 화염무기만 가지고는 승리를 보증할 수 없었다. 이제 정지의 특전대가 등장할 차례였다.

진포해전 2년 후인 1381년 정지는 해도원수로 임명되어 비로소 바다에 나선다. 그가 창설한 특전부대도 함께였다. 이 해에 왜구는 대선만 50척으로 구성된 대함대를 이끌고 진포로 다시 침입해 왔다. 정지 부대의 함선 수에 대해서는 기록이 없지만, 그 후의 기록을 보면 50척 미만임이 분명하다. 거의 1 : 1의 싸움에서 고려군은 승리를 거두었고, 다음 해에 또다시 대승을 거두었다.

1383년 왜구는 다시 한 번 총공세를 펴서 대선만 120척의 함대를 이끌고 경상도 연해로 진공했다. 경상도에서는 나주·목포에 주둔하고 있는 정지 함대에 급보를 띄웠다. 정지의 함대는 겨우 47척뿐이었지만 밤을 새워 배를 몰아 섬진강 하구에 도착했다. 여기서 합포의 병력과 합세하였는데, 왜구는 이미 남해 관음포까지 진출하였다.

전황은 여러 모로 불리했다. 우선 병력에서 고려군 전함은 왜구의 절반도 되지 않았다. 하필 작년에 전염병이 돌아 수군의 반이 죽었다고 할 정도로 큰 손실을 입었다. 날씨마저 우리 편이 아니어서 비가 오고 바람의 방향도 좋지 않았다. 비가 오면 화기를 사용할 수가 없다.

왜구는 진포의 참패를 경험으로 준비를 단단히 했다. 지난 번처럼 성급하게 상륙하지 않고 제해권의 회복을 노렸다. 전통적인 백병전술은 변함이 없었지만, 작은 배로 달라붙는 전술이 아니라 고려군의 전함에 필적하는 대형 전함을 건조하여 여기에 정예군을 태워 부딪히는 전술로 나왔다. 이렇게 하면 갈고리로 붙잡고 폭파시키거나 사살하는 전술이 의미가 없어진다. 왜구는 1척에 140명씩을 태운 대형 전함 20척을 전열에 배치했다. 고려, 조선 시대 대선이 보통 100명을 태웠고, 그런 배들이 20명 미만이 승선한 소형선에 공략 당하곤 했던 점을 감안하면 엄청난 위력의 돌격이었다.

적선 120척이 크게 이르자,
경상도 바닷가의 고을들이
매우 동요하였다. 합포 원
수 유만수가 위급함을 고
하므로, 정지가 밤낮으로
배 몰기를 독려하여 손수
노를 젓기도 하니, 노 젓는

관음포
남해도 일대로 노량해전이
벌어진 곳도 이곳이다.

군사들이 더욱 힘을 다하였다. 섬진에 도착하여 합포의 군사들을 징집하
니, 적이 이미 남해의 관음포에 이르렀는데, 형세가 대단히 성하여 사면
으로 둘러싸고 전진하였다. 정지가 군사를 독려하여 나가 박두양에 이르
니, 적이 큰 배 20척마다 강한 군사 140명씩을 태워 선봉으로 삼았다. 정
지가 진격하여 크게 깨뜨려 적선 17척을 불태우니, 뜬 시체가 바다를 덮
었다. 병마사 윤송이 화살에 맞아 죽었다. 48

전장의 위치는 정확하지는 않은데, 같은 시대를 산 문인 정이오가
남해 망운산에서 바다를 바라보며 관음포 해전의 승리를 찬양한 것
을 보면 남해섬의 서쪽, 남해와 여수, 광양 사이의 바다에서 지금 남
해대교가 있는 노량 사이였던 것 같다. 훗날 이순신 장군이 전사하는
노량해전의 경로와 유사하다.

두 해전의 장소가 유사한 이유는 두 해전 다 왜군 함대의 수가 아
군을 압도하는 상황이었다는 데서 찾아야 할 것이다. 이번은 왜구가
고려함대의 대략 두 배, 임진왜란 때는 세 배였다.

좁은 해협이라 소수가 다수를 상대하기에 유리한 곳이라고 말할 수
는 있다. 하지만 그 이유만으로는 불충분하다. 해전은 육전과 달라 지
형만이 아니라 조수, 물길, 암초, 바람 등 여러 가지가 영향을 끼친다.
그러나 이는 아주 특수한 전문영역에 속하기 때문에 두 장군이 이곳

을 격전지로 택한 이유를 설명하기는 어렵다. 하지만 한국의 전사상 최고의 두 제독이 이곳을 택한 것은 우연이라고 볼 수 없다.

더욱이 이번은 진포의 경우와 다른 정면대결이었고, 왜구는 대형전함에 승선하여 필승의 백병전술을 강화한 상황이었다. 고려군은 수적으로 열세였다. 10년 전만 해도 최소한 2 : 1 이상의 수적 우위를 필요로 했던 고려군이 두 배의 왜구를 정면으로 격파한 것이다. 이 전투가 끝난 후 정지는 우리 수군의 실력이 예전의 수군이 아니라고 자신감을 보이면서 대마도 정벌을 건의하기도 했다.

이 놀라운 전력상승과 역전의 비결은 무엇일까? 앞에서도 살펴보았듯이 펑 소리와 함께 적함을 박살내는 대포는 아니다. 화포가 있기는 했지만 아직 그런 위력을 발휘할 수준은 아니었다.

조선 초기의 기록에 이 전투에 관한 특이한 기록이 하나 있다.

> 병조참의 박안신朴安臣이 상서하였다.…… 임술년에 적이 진포에서 패전함을 분하게 여기고 수전으로 결승하고자 하여 크게 배를 몰고 와서 곤남昆南에 닿았는데, 변장 정지, 최무선, 나서(나세) 등이 병선 10여 척을 거느리고 막으니, 적이 저희들은 많고 우리는 적어서 상대가 안 된다고 흥겨워하며 도전하므로, 병선이 분격奮擊하여 화포를 던져 적선을 태워버리매, 적이 이에 도망하므로 쫓아서 큰 배 아홉 척을 빼앗으니, 이 뒤로부터는 우리 병선에게 항거하지 못하고 이따금 혹 해변을 침범하였으나, 좀도적에 지나지 않아서 마음놓고 물러 있거나 깊이 들어와서 도둑질을 할 수는 없었습니다. 49

박안신은 관음포해전의 참전자와 진포해전의 참전자를 혼동하고 있고, 병선의 수도 달라서 정확한 기록을 참조하여 정리하기보다는 소문으로 들은 것이나 기억에 의존해서 쓴 것 같다. 하지만 여기에 아주 중요한 진술이 하나 있다. "화포를 발사했다"가 아니라 "화포를 던져" 적선을 태웠다는 부분이다.

던지는 화포란 화통火桶이다. 대포가 아직 비실용적이던 시절에 대함용 무기로 개발한 무기다. 나무통이나 단지에 화약을 채우고 불을 붙여 던지는 무기로, 제대로 폭발하면 소형선 한 척 정도는 한 방에 박살이 난다. 특히 왜구와 같이 아군 전함에 달라붙는 배에는 최고의 무기다. 척계광도 왜구의 배를 깨뜨리는 데는 이것이 최고라고 평가했다.[50]

화통을 던지는 모습

왜구와의 전투에서 화통이 지니는 효력은 일본군도 증명해 준다. 전국시대 말기 전국 패권을 눈앞에 둔 오다 노부나가는 지금의 오사카 성이 위치한 이시야마혼간지石山本願寺를 공략하고 있었다. 그러자 서부 해안지방의 패자인 모리가 혼간지와 동맹을 맺고, 노부나가를 공격한다. 1576년 7월 기즈가와木津川에서 벌어진 해전에서 노부나가 군은 모리 씨의 수군에게 대패한다. 모리 군은 전통적인 등선육박전술을 시도하는 노부나가 군에 대해 직접 충돌을 피하면서 항아리에 화약을 담아 던져 폭발시키는 배락焙烙이라는 화기로 노부나가 군의 선박을 불살랐다.[51]

이 배락이 곧 화통이다. 그런데 화통이라고 하면 대단히 유치하고 단순한 무기처럼 들린다. 화약통을 통째로 던져 폭발시키는 것이니 화약과 통만 있으면 된다. 그렇다면 노부나가 군은 왜 그렇게 하지 않았을까? 그게 그렇게 간단하지 않다.

화통의 단점은 점화장치가 지극히 원시적이라는 것이다. 이때의 화약은 정제한 가루화약이 아니라 염초, 유황, 목탄을 섞어서 점토처럼 이긴 것이었다(떡화약이라고 불렀다). 그러므로 현대인의 생각처럼 불이 도화선을 타고 들어가 화약에 닿으면 폭발하는 것이 아니다. 도화선 대신 숯불을 떡 위에 얹어서 불을 붙이면, 불이 한참 타오르다가 일정한 온도가 되면 폭발한다.

그나마 시간이라도 정확하면 다행일 텐데, 화약의 순도와 품질이 일정하지 않다 보니 통마다 폭발하는 시간이 달라진다. 결국 조금 일찍 던질 수밖에 없는데, 왜구가 집어서 물에 처넣으면 폭발은 끝이다.

그러므로 화통을 사용하려면 팀 작업이 필요하다. 먼저 갈고리로 배를 붙잡고(아마도 주변 병사들이 방패 등으로 갈고리를 든 병사를 엄호해 주어야 할 것이다) 철질려를 던져 왜구가 화통에 접근하는 것을 방해한다. 화통도 두세 개를 시차를 두고 던지는 것이 효과적일 것이다. 병서에는 없지만 가짜도 만들어서 마구 던져넣으면 줍기를 포기하고 지레 물로 뛰어들지 않을까?

화통에 밤송이 같은 산탄인 질려를 넣어 폭파시키는 방법도 있다. 『기효선서』에는 이를 와관瓦罐이라고 했는데,[52] 최무선의 화기 일람에 있는 질려포가 이것일 가능성이 크다(화포로 질려를 쏘는 방식도 생각해볼 수 있는데, 질려란 표면에 가시가 있는 것이라 화포로 발사하기는 기술적으로 어렵다).

이렇게 해서 정지와 그의 특전대가 애타게 찾던 결정적 한 방이 드디어 등장했다. 고려 말에 왜구 격퇴의 수훈자로 정지와 최무선이 늘 함께 언급되는 이유가 여기에 있다. 두 사람은 각기 다른 방향에서 수군 강화를 추구해 왔지만 두 기술과 두 부대가 만나 화학적 변화를 이루어낸다. 관음포 해전을 기준으로 보면 고려 수군과 왜구와의 전력 비율이 1 : 2에서 2 : 1로 역전되었다. 이제 정지는 자신 있는 어조로 말한다.

"우리 수군은 예전의 수군이 아니다!"

마지막으로 화통군과 관련된 에피소드 하나를 소개하고 관음포해전의 의미를 마무리하고자 한다.

화기를 만들면 그것을 사용하는 병사와 정비병도 양성해야 한다. 이 시대의 화약은 순도가 떨어져서 그 어떤 무기보다도 다루기 어렵고 위험했다. 군기도 어마어마했을 것이다. 기술과 재능이 필요하므로 강제로 차출한다고 될 일도 아니고, 자원자는 아예 기대할 수도 없었다. 아무리 왜구에 대해 철천지 한이 있는 병사라고 할지라도 화약을 다루다 폭사하기보다는 왜구를 껴안고 물에 뛰어드는 편을 택하겠다고 했을 것이다.

고심 끝에 정부는 승려를 차출했다. 큰 절은 3명, 중간 절은 2명, 작은 절은 1명이라는 식으로 강제로 할당을 매겨 간신히 화포방사군이라는 부대를 만들었다. 최초의 화기부대가 승려 부대였다는 사실은 잘 알려져 있지 않은 비사인데, 승려들의 종교적 사명감에 기대를 했다기보다는 현실적으로 각종 기술자를 가장 많이, 그리고 조직적으로 확보하고 있는 곳이 사원이라는 사정 때문이었을 것이다.[53] 하지만 종교적 수양과 사명감이라는 부분도 무시할 수는 없다. 세상에 어떤 종류의 사람에게 불붙은 화약통을 머리 위로 들고, 충분히 익기까지 기다리라는 행동을 강요할 수 있겠는가?

관음포해전이 끝난 후 노량해협 위로 타오르는 불길은 고려가 기나긴 악몽의 터널을 빠져나왔음을 의미하고 있었다. 그 날 그 빛을 보면서 모든 장수와 병사들은 목이 터져라 만세를 불렀을 것이다. 하지만 최무선과 정지와 고려 수군의 모든 병사들도 자신이 새로운 역사의 탄생점에 서 있다는 사실까지는 알지 못했을 것이다.

이 승리는 작은 시작에 불과했다. 이렇게 시작한 불꽃은 곧 한국의 군대와 전술을 모조리 바꾸고, 200년 후 바로 이 바다에서 다시 한 번 나라를 구하게 된다. 한국의 전쟁사, 군제사에서 가장 획기적이고 뿌듯했던 변화가 이 바다에서 시작되고 있었다.

진포와 관음포의 승리로 왜구의 침공이 종식된 것은 아니다. 1419년 (조선 세종 1) 대마도정벌 때까지 왜구와의 전투는 그치지 않았다. 하지만 이 두 번의 승리로 왜구의 내륙 침공시도는 확실히 자제되었다.

고려군은 왜구에 대적하는 확실한 전술체제를 마련하고, 이 효용성에 확신을 가지게 되었다. 그리고 이 깨달음은 조선까지 이어져서 대대적인 수군 창설이 시작되었다.

하지만 무엇보다 중요한 깨달음은 일본에 대한 인식의 변화였다. 이 시리즈를 쓰면서 삼국, 고려 시대 모두 국제정세에 늘 둔감하고, 수·당, 거란, 몽골의 침입에 늘 뒤늦게 대응했던 점을 지적해 왔다. 그러나 이 시기만은 예외다. 14, 15세기의 집권층은 왜구의 침공을 겪으면서 일본이 국가 대 국가의 전쟁을 시작할 만큼 성장했음을 깨닫는다. 원의 지배가 우리에게 여러 모로 수모를 안겨주었지만, 동아시아 세계를 돌아다닌 덕에 이 시기 사람들의 세계관과 안목 특히 국제정세를 파악하는 시각은 확실히 향상되어 있었다.

지금까지 고려의 군사체제는 철저하게 북방민족이나 한족의 침공을 대비한 체제였다. 전술도 그렇고, 군사기지나 전략요충도 북방민족의 침공을 예상해서 설정되었다. 예를 들어 강변의 기지도 육군의 도강지점인 나루와 여울목에 집중되고, 강 하구는 주목하지 않았다.

그러나 일본의 성장을 파악한 이들은 일본을 전략적 주적 개념에 포함시키고, 일본과의 전면전을 전제로 한 대규모 군사개혁을 실시한다. 그 내용은 놀랄 정도로 광범위하고 철저했다. 편제상으로는 육군뿐이던 군제가 육군과 수군으로 이군화되고, 수군지휘부와 수군기지가 전국적으로 설치되었다. 병력도 크게 증강되어 지방군의 70%가 수군으로 편제되고, 서남해안 전체에 걸쳐 거미줄 같은 해상순찰망이 설치되었다.

고려 말에 개발된 해상전술도 계속 개량되었다. 대 왜구전술은 해적을 잡기 위한 경찰전술과 일본과의 전면전을 상정한 해군전술이 있는데, 고려와 조선은 경찰전술이 아닌 해군전술 체제를 유지했다. 이 때문에 비용이 많이 들고, 군역으로 인한 백성의 고통이 심하며, 해적을 잡는 데 효율성이 떨어진다는 비판과 불평이 끊임없이 나왔지만, 조선은 임진왜란이 발생할 때까지 이 전술을 악착같이 고수했다.

이것이 임진왜란 때 조선 수군이 결정적인 승리를 거두고 이 땅을 지켜낼 수 있었던 진정한 이유였고, 14세기 대 왜구전쟁이 남긴 값진 성과였다.

참고문헌 | 주

참고문헌

『삼국사기』   『삼국유사』   『고려사』

『고려사절요』   『조선왕조실록』   『원사』

『송사』   『신원사』   『원고려기사』

『여지도서』   『대동지지』   『청구도』

『동여도』   『1872년 지방지도』 『해동지도』

『동국이상국집』   『익제집』   『목은집』

『가정집』   『한국문집총간』   『동문선』

『택리지』   『무경총요』   『기효신서』

『삼재도회』   『신증동국여지승람』

David Nicolle, *THE MONGOL WARLORDS*, firebirdbook, United Kingdom, 1990.

Robert Marshall, *Strom from the East - from Genghis Khan to Kbubilai Khan*, BBC, United Kingdom, 1993.

국립제주박물관,『제주의 역사와 문화』, 2001.

국방부군사편찬연구소,『고려시대 군사전략』, 2006.

국사편찬위원회 편,『한국사 20-고려후기의 사회와 대외관계』, 1994

권영국,『고려후기 군사제도 연구』, 서울대 박사학위논문, 1995.

김당택,『고려무인정권연구』, 새문사, 1987.

김순규 편역,『몽골군의 전략전술』, 국방군사연구소, 1997.

김용선 편역,『고려묘지명집성』, 한림대아시아문화연구소, 2001.

박병술,『역사 속의 진도와 진도사람』, 학연문화사, 1999.

안성시·단국대학교 매장문화재연구소,『안성죽주산성지표 및 발굴조사보고서』, 2002.

『歷史群像シリーズ チンギス·ハーン』上·下, 日本:學研社, 1991.

온창일,『한민족전쟁사』, 집문당, 2001.

용인시사편찬위원회·충북대학교 중원문화연구소,『용인 처인성 시굴조사보고서』, 2002.

용인시·충북대학교 중원문화연구소 등, 『용인의 옛성터』, 1999.

유재성, 『대몽항쟁사』, 국방부전사편찬위원회, 1998.

유재성, 『한민족전쟁통사2-고려시대편』, 국방군사연구소, 1993.

육군본부, 『고려군제사』, 1983.

윤용혁, 『고려대몽항쟁사연구』, 일지사, 1991.

윤용혁, 『고려삼별초의 대몽항쟁』, 일지사, 2000.

이근명 편역, 『중국역사』 상·하, 신서원, 2002.

이기백, 『고려병제사연구』, 일조각, 1968.

임용한, 『전쟁과 역사-삼국편』, 혜안, 2001.

임용한, 『전쟁과 역사2-거란, 여진과의 전쟁』, 혜안, 2004.

장동익, 『고려후기 외교사연구』, 일조각, 1994.

장동익, 『日本高中世高麗資料硏究』, 서울대학교출판부, 2004.

한국역사연구회, 『고려의 황도 개경』, 창작과 비평사, 2001.

한글학회 편, 『한국지명총람』, 1966~1981.

허선도, 『조선시대화약병기사연구』, 일조각, 1994.

김기섭, 「14세기 왜구의 동향과 고려의 대응」, 『한국민족문화』 9, 부산대학교, 1997.

김두진, 「일연의 생애와 저술」, 『전남사학』 19, 2002.

김보한, 「일본사에서 본 왜구의 생성과 소멸과정」, 『문화사학』 22, 2004.

김상기, 「삼별초와 그 난에 대하여」, 『동방문화교류사논고』, 을유문화사, 1948.

김윤곤, 「강화천도의 배경에 관해서」, 『대구사학』 15, 16, 1978.

김윤곤, 「삼별초의 대몽항쟁과 지방군현민」, 『동양문화』 20·21, 영남대학교, 1981.

김윤곤, 「삼별초 정부의 대몽항전과 국내외 정세 변화」, 『한국중세사연구』 17, 한국중세사학회, 2004.

김윤곤, 「항몽전에 참여한 초적에 대하여」, 『동양문화』 19, 영남대학교, 1979.

나종우, 「고려무인정권의 몰락과 삼별초의 천도항몽」, 『원광사학』 4, 1986.

민영규, 「일연과 진존숙」, 『학림』 5, 1983.

손홍렬, 「충주노군의 난과 대몽항쟁」, 『호서문화연구』 1, 충북대학교, 1981.

윤용혁, 「고려 대항항쟁기의 민란에 대하여」, 『사총』 30, 1986.

윤용혁, 「고려의 해도입보책과 몽고의 전략변화」, 『역사교육』 32, 1982.

윤용혁, 「몽고의 2차 침구와 처인성 승첩」, 『한국사연구』 29, 1981.

윤용혁, 「몽고의 침략에 대한 고려 지방민의 항전」, 『국사관논총』 24, 1991.

윤용혁, 「13세기 몽고의 침략에 대한 호서지방민의 항전-고려 대몽항전의 지역별 검토(1)」, 『호서문화
　　연구』 4, 1984.

이영, 「경인년 왜구와 일본의 국내정세」, 『국사관논총』 92, 2000.

이영, 「고려말의 왜구와 마산」, 『한국중세사연구』 17, 한국중세사학회, 2004.

이우성, 「삼별초의 천도항몽운동과 대일통첩-진도정부의 한 자료」, 『한국의 역사상』, 창작과 비평사,
　　1982.

이재범, 「고려말 조선전기의 왜구와 사천」, 『군사』 58, 2006.

임용한, 「고려후기 수군개혁과 전술변화」, 『군사』 54, 2005.

임용한, 「14~15세기 교동의 군사적 기능과 그 변화」, 『인천학연구』 3, 2004.

장득진, 「고려말 왜구 침략기 민의 동향」, 『국사관논총』 71, 1996.

주채혁, 「몽골-고려사 연구의 재검토; 몽골·고려전쟁사 연구의 시각문제」, 『애산학보』, 1989.

주채혁, 「찰나와 살례탑」, 『사총』 21·22, 고려대학교, 1977.

村井章介, 「高麗三別抄の反亂と蒙古襲來前夜の日本」, 『歷史評論』 382, 1982.

주

■ 제1부

01 『고려사』 권88, 열전1 후비 인종.

02 하현강, 「고려서경고」, 『역사학보』 35 36, 1967 ; 「고려시대의 서경」, 『고려지방제도의 연구』(한국연구총서 32), 1977.

03 임용한, 『전쟁과 역사 2-거란·여진전쟁편』, 혜안, 2004, 279쪽.

04 임용한, 『전쟁과 역사 2-거란·여진전쟁편』, 혜안, 2004, 279쪽.

05 『고려사절요』 권9, 인종 7년 1월.

06 『고려사절요』 권9, 인종 7년 3월.

07 『고려사절요』 권9, 인종 9년 8월, 11월.

08 『고려사절요』 권9, 인종 9년 4월.

09 『고려사』 권97, 열전10 김부일.

10 『고려사』 권127, 열전40 묘청.

11 『고려사절요』 권9, 인종 6년 5월.

12 원문은 고어투의 수식어와 장황한 표현이 많아서 현대식으로 간략하게 정리하였다.

13 『고려사』 권127, 열전40 묘청.

14 서긍, 『고려도경』 권11, 장위(仗衛)1. 고려의 군제로 보아도 개경에는 2군6위, 총 38령(1령은 1,000명)의 상비군이 있었다.

15 『고려사』 권127, 열전40 묘청 ; 『고려사절요』 권10, 인종 13년 1월.

16 『고려사절요』 권10, 인종 13년 1월.

17 『고려사』 권16, 세가16 인종 13년 1월.

18 『고려사절요』 권10, 인종 13년 1월.

19 『고려사』 권127, 열전40 반역1 묘청.

20 『신증동국여지승람』 권51, 평양부 성곽.

21 『여지도서』 평양부, 평양, 방리(坊里), "內川德部坊 一洞自館門西距二里編戶一百二十伍戶男二百十九口女二百."

22 『고려사절요』 권10, 인종 12년 윤2월.

23 『선화봉사고려도경』 권8, 인물.

24 임용한, 『전쟁과 역사 2-거란·여진전쟁 편』, 혜안, 2004, 제2부 3장 참조.

25 『고려사절요』 권10, 인조 13년 11월.

26 허선도, 『조선시대화약병기사연구』, 일조각, 1994, 7쪽.

27 『고려사』 권96, 열전9 윤관 윤언이.

28 『고려사』 권96, 열전9 윤관 윤언이.

29 『고려사』 권96, 열전9 윤관 윤언이.

30 국립중앙박물관, 『다시보는 역사편지 고려묘지명』, 2006, 75쪽.

31 『고려사절요』 권9, 인종 8년 9월.

32 『고려사』 권127, 열전40 묘청.

33 『고려사』 권97, 열전10 김부일.

34 『고려사』 권96, 열전9 윤관.

■ 제2부

01 『고려사』 권128, 열전42 반역2 이의민.

02 「최충헌묘지명」(일본 도쿄 국립박물관 소장), 김용선 편, 『고려묘지명집성』, 한림대 아시아문화
   연구소, 2001. 이하 이 책에서 사용한 묘지명 사료는 모두 위의 책에 수록된 자료에 근거하였다.

03 『고려사절요』 권14, 고종 3년 9월.

04 『고려사절요』 권14, 고종 3년 8월.

05 『익제집』 권6, 「문하시랑 평장사 판이부사 증시 위열공 김공행군기」. 이 기록에는 포로가 20명인
   데, 『고려사』에는 10명으로 되어 있다.

06 『고려사절요』 권14, 고종 3년 9월.

07 『익제집』 권6, 「문하시랑 평장사 판이부사 증시 위열공 김공행군기」.

08 『고려사』 권103, 열전16 김취려.

09 『고려사』 권103, 열전16 김취려.

10 『고려사절요』 권14, 고종 3년 12월.

11 『고려사절요』 권15, 고종 4년 1월.

12 『고려사절요』 권15, 고종 4년 1월.

13 『고려사절요』 권15, 고종 4년 2월.

14 『고려사절요』 권15, 고종 4년 5월.

15 『고려사절요』 권15, 고종 4년 8월.

16 「조충묘지명」, 김용선 편, 『고려묘지명집성』, 한림대 아시아문화연구소, 2001.

17 「이적묘지명」, 김용선 편, 『고려묘지명집성』, 한림대 아시아문화연구소, 2001.

18 「이적묘지명」, 김용선 편, 『고려묘지명집성』, 한림대 아시아문화연구소, 2001.

19 「이적묘지명」, 김용선 편, 『고려묘지명집성』, 한림대 아시아문화연구소, 2001.

20 『고려사』 권102, 열전16 조충전.

21 「조충묘지명」. 묘지명에는 거란인 포로 600명을 돌려받았다고 되어 있다.

22 「최충헌묘지명」, 김용선 편, 『고려묘지명집성』, 한림대 아시아문화연구소, 2001.

23 『고려사절요』 권15, 고종 7년 2월.

■ 제3부

01 김순규 편역, 『몽골군의 전략전술』, 국방군사연구소, 1997, 12쪽.

02 김순규 편역, 『몽골군의 전략전술』, 국방군사연구소, 1997, 18~19쪽.

03 1346년 8월 26일 백년전쟁 당시 에드워드 흑태자가 이끄는 영국군이 아미앵 북쪽 크레시 언덕에서 프랑스군 기사대를 패배시킨 전투. 프랑스군은 영국군보다 몇 배나 되는 병력을 지녔음에도 장궁병이 포진한 영국군을 향해 중장기사대가 무질서한 돌격을 감행하다가 패배하였다.

04 1187년 살라딘이 지휘하는 아랍군이 하틴의 뿔이라고 불리는 작은 언덕에서 기 드 뤼지냥이 이끄는 예루살렘 공국의 십자군을 전멸시킨 전투. 십자군은 무더위에 물이 없는 지역을 무리하게 행군하다가 체력이 고갈되어 자멸하였다. 이 전투로 예루살렘 공국은 사실상 멸망하고, 예루살렘은 사라센에게 점령되었다.

05 마케도니아 중장보병은 1시간에 15km의 속도로 이동할 수 있었다. 이 속도는 그리스 중장보병보다 세 배는 빠른 것이었다. 나폴레옹 부대 역시 행군 속도에서는 유럽 최강이었다. 이탈리아 전역에서는 빠른 기동으로 두 배의 병력을 지닌 오스트리아군을 각개 격파한다.

06 桑田悦, 「野戰」, 『歷史群像シリーズ25 チンギス·ハーン』, 일본 : 學硏, 142쪽.

07 『고려사』 권23, 고종 19년 11월.

08 『고려사』 권22, 고종 11년 1월.

09 『고려사』 권23, 고종 19년 11월.

10 『고려사』 권23, 고종 19년 11월.

11 『고려사』 권22, 세가22, 고종 8년 8월.

12 『고려사절요』 권15, 고종 9년 정월.

13 『고려사』 권103, 열전16 김희제.

14 주채혁, 「찰라와 살례탑」, 『사총』 21·22, 고려대학교, 1977. 그런데 1231년 12월 항복을 요구하기 위해 개경에 온 몽골 사신은 살례탑과 찰라를 각기 다른 인물로 언급하고 있다(『고려사』 권23, 고종 18년 12월).

15 『고려사』 권121, 열전34 문대(文大).

16 윤용혁, 『고려대몽항쟁연구』, 일지사, 1991, 226쪽 ; 김구, 「과철주(過鐵州)」, 『지포집』.

17 윤용혁, 『고려대몽항쟁연구』, 일지사, 1991, 44~45쪽. 윤용혁은 살례탑의 주력군이 서해안 길을 따라 정주-인주-용주-선천-곽산을 점령했고, 다른 1개 부대가 영덕진, 서창진을 거쳐 철주를 함락하고, 제3의 부대는 내륙길을 따라 구주로 내려갔다고 보았다.

18 『고려사』 권103, 열전16 김경손.

19 앤드류 기어, 『피의 낙동강, 얼어붙은 장진호』(원제는 *New Breed*), 정우사, 1984.

20 마산의 위치에 대해 윤용혁은 경기도 파주로 비정했다. 『한민족전쟁사』에서는 이 전투가 벌어진 황주 동선역 부근에 마산이라는 지명이 있다는 점을 들어 황주 지역의 초적이라고 본다. 현재로서는 마산의 위치를 짐작할 수 없다.

21 구주의 별초까지 합쳐서 총 250명이었다고 한다(『고려사』 권103, 열전16 박서).

22 『고려사』 권103, 열전16 김경손.

23 『고려사』 권103, 열전16 박서.

24 『고려사』 권23, 고종 18년 12월.

25 윤용혁, 「몽고침입에 대한 항쟁」, 국사편찬위원회 편, 『한국사 20』, 1996, 229쪽.

26 『고려사절요』 권16, 고종 18년 10월. 전한은 나중에 섬에서 나오다 배가 침몰하여 익사했다.

27 『고려사』 권23, 고종 19년(1232) 8월 병자.

28 『고려사절요』 권16, 고종 19년 6월.

29 『고려사절요』 권16, 고종 19년 7월.

30 『고려사절요』 권16, 고종 19년 6월.

31 『원사』에서는 72인의 다루가치가 모두 고려에 의해 살해되었다고 했다. 그러나 일이 완벽하게 진행된 것 같지는 않다. 무장해제를 시도하던 윤계순이 선천에서 사살 당했고, 서경에서는 몽골의

보복을 두려워한 토호들이 정부방침에 불응하여 관원을 내쫓고 반란을 일으켰다.

32 『택리지』 팔도총론, 경기도 강화.

33 『고려사』 권23, 고종 23년 8월 경신 ; 윤용혁, 『고려대몽항쟁연구』, 일지사, 1991, 180~181쪽.

34 이규보, 『동국이상국집후집』 권1, 고율시(이하 이규보의 시와 여러 사람의 시는 민족문화추진위
   원회의 번역본을 참조하였다).

35 이규보, 『동국이상국집후집』 권1, 고율시.

36 『고려사절요』 권16, 고종 19년 7월.

37 『고려사』 권104, 열전16 김방경.

38 『고려사』 권24, 세가24, 고종 46년(1259), 성주 기암성 전투.

39 『동국이상국후집』 권5, 고율시 89수.

40 충북대학교 중원문화연구소·용인시사편찬위원회, 『용인처인성 시굴조사보고서』, 2002, 17쪽.
   처인성은 일제시대부터 여러 번 조사가 되었지만 치밀한 조사가 이루어지지 못했다. 성의 둘레
   도 800m설, 400m 설 등이 있는데(용인시·충북대 중원문화연구소 등, 『용인의 옛 성터』, 1999)
   2002년 중원문화연구소의 발굴조사가 가장 정확한 것으로 판단된다.

41 윤용혁, 「몽골 침입에 대한 항쟁」, 국사편찬위원회 편, 『한국사 20』, 1996, 199쪽.

42 윤용혁, 「몽골 침입에 대한 항쟁」, 국사편찬위원회 편, 『한국사 20』, 1996, 198쪽.

43 이규보, 『동국이상국집』 권12, 「이세화묘지명」, 윤용혁, 「몽골 침입에 대한 항쟁」, 199쪽.

44 윤용혁, 「몽골 침입에 대한 항쟁」, 198쪽 및 217쪽.

45 『고려사』 권103, 열전16 박서 부 송문주.

46 단국대학교 매장문화재연구소·안성시, 『안성죽주산성 지표 및 발굴조사보고서』, 2002.

47 『고려사』 권106, 열전16, 이자성.

48 『고려사』 권103, 열전16 김윤후.

49 『고려사』 권25, 세가25 원종 4년 12월 병인.

50 일연, 『삼국유사』 권3, 「전후 소장사리」.

51 대장도감은 강화가 아닌 최씨가의 식읍이었던 진주에 있었을 것이라는 의견도 있다(민영규, 「일
   연중편조동오위」, 『학림』 6, 1984. 3 ; 『사천강단』, 우양, 1994, 82~83쪽).

52 최연주, 「고려대장경 각성인의 참여형태와 조성공간」, 『한국중세사연구』 16, 2004.

53 이규보가 대장경의 각판을 기념해서 지은 기원문에 의하면, 부인사에 보관되고 있던 초조대장경
   이 몽골군에 의해 불탄 것이 대장경 사업의 직접적인 원인이었다고 한다. 정치 사회적인 동기로

는 몽골군에게 방치된 백성들의 불만을 호국이라는 종교적 신앙심으로 전환시키고, 최씨 정권에 저항하던 화엄종을 비롯한 교종을 무마하고, 백성들에게 대장경 조성을 통해 문화민족이라는 일체감과 대몽항쟁의식을 고취시키려는 것 등이 언급되고 있다(국사편찬위원회 편, 『한국사 21-고려후기의 사상과 문화』, 1996, 112쪽).

54 일연, 『삼국유사』 권4, 탑상(塔像), 「전후소장사리」. 그런데 이곳에서 대장경 이야기를 거론한 자체가 일연의 대장경사업에 대한 관심과 관련성을 보여준다고 하는 해석도 있다(김두진, 「일연의 생애와 저술」, 『전남사학』 19, 2002, 177쪽).

55 일연, 『삼국유사』 권5, 「경흥이 성인을 만나다(憬興遇聖)」.

56 민영규, 「일연과 진존숙」, 『학림』 5, 1983. 6 ; 『사천강단』, 78쪽.

57 『고려사절요』 권17, 고종 41년 12월.

58 『고려사절요』 권17, 고종 43년 6월.

59 『고려사절요』 권17, 고종 45년 3월.

60 『고려사절요』 권17, 고종 45년 4월.

61 『고려사절요』 권17, 고종 46년 2월.

62 『고려사절요』 권17, 고종 46년 4월.

63 『고려사절요』 권18, 원종 원년 4월.

64 『고려사절요』 권18, 원종 11년 4월 ; 『고려사』 권130, 열전43 반역 임연 임유무.

■ 제4부

01 『역옹패설전집』 권2 ; 김윤곤, 「삼별초의 대몽항쟁과 지방군현민」, 『동양문화』 20·21, 1981/『한국 군사사논문선집』, 국방군사연구소, 1996, 208쪽.

02 『고려사』 권81, 병지1 5군(伍軍) 원종 11년 5월.

03 김윤곤, 「삼별초의 대몽항쟁과 지방군현민」, 『동양문화』 20·21, 1981, 208쪽.

04 『고려사』 권129, 열전42 최충헌.

05 『고려사』 권75, 지29 선거3 전주 고종 49년 및 권130, 열전43 김준.

06 윤용혁, 『고려 삼별초의 대몽항쟁』, 일지사, 2000, 137~138쪽.

07 『고려사』 권105, 열전18 유경.

08 『고려사』 권105, 열전18 안향 및 권106, 열전19 이승휴.

09 『고려사』 권105, 열전18 안향.

10 『고려사』 권90, 열전3 종실1 평양공 기.

11 김윤곤, 「삼별초의 대몽항쟁과 지방군현민」, 『동양문화』 20·21, 1981, 246~247쪽.

12 『고려사』 권104, 열전17 나유.

13 윤용혁, 『고려 삼별초의 대몽항쟁』, 일지사, 2000, 258쪽.

14 『고려사절요』 권17, 고종 43년 4월.

15 송징은 사료에는 나오지 않고 완도의 구전에 전하는 장수다. 그는 이곳에서 근해를 왕래하는 조운선을 빠짐없이 잡아 세미를 빼앗았다고 한다(윤용혁, 『고려 삼별초의 대몽항쟁』, 일지사, 2000, 184쪽). 송징을 삼별초의 장수로 보지 않고 장보고로 보는 견해도 있다.

16 임용한, 『전쟁과 역사-삼국편』, 혜안, 2001, 312~322쪽.

17 임용한, 『전쟁과 역사 2-거란·여진전쟁 편』, 혜안, 2004, 제5장 참조.

18 『고려사』 권103, 열전16 김응덕.

19 『고려사절요』 권19, 원종 12년 5월.

20 『신증동국여지승람』 권38, 전라도 제주목 고적.

21 『고려사』 권110, 열전23 김태현.

22 『신증동국여지승람』에서는 고여림이 거느린 병력을 1천이라고 말하고 있다(권38, 전라도 제주목 고적). 윤용혁은 이 기록에 의거해서 고여림의 증원군 70명은 700명의 오기로서, 김수의 200명과 합쳐서 약 1천 명이었다고 본다(윤용혁, 『고려 삼별초의 대몽항쟁』, 일지사, 2000, 233쪽).

23 『고려사』 권103, 열전16 김응덕.

24 『신증동국여지승람』 권38, 전라도 제주목 풍속.

25 최자, 『졸고천백』 권1, 「김문정공묘지(金文正公墓誌)」(『고려명현집 2』).

26 최자, 『졸고천백』 권1, 「김문정공묘지」(『고려명현집 2』).

27 한글학회, 『한국지명총람』 16, 514쪽.

28 동제원은 터만 남아 있는데, 지금의 제주시 화북1동이다(한글학회, 『한국지명총람 16』, 545쪽).

29 『고려사』 권103, 열전16 김응덕.

30 『고려사』 권104, 열전17 김방경.

31 김구(金丘), 『지포집(止浦集)』 권2, 「고주표(告奏表)」.

32 『고려사』 권104, 열전17 김방경.

33 『고려사』 권27, 세가27 원종 12년 4월 정미.

34 『원사』 세조본기, 지원(至元) 8년.

35 『원사』 세조본기, 지원(至元) 8년.

36 무라이 쇼스케(村井章介)는 이 건의를 증거로 배중손을 반몽성향이 불투명한 동요분자, 끝까지 저항한 김통정과 유존혁은 반몽구국분자로 분류했다(村井章介, 「高麗三別抄の反亂と蒙古襲來前夜の日本」, 『歷史評論』 382, 1982). 그러나 극한 상황에 처한 인간의 행동을 이렇게 편의적이고 기계적으로 구분하는 평가방식에는 동의할 수 없고, 올바른 역사연구방법도 아니다.

37 『고려사』 권27, 세가27 원종 12년 4월 신미.

38 『고려사절요』 권19, 원종 5월.

39 『고려사절요』 권19, 원종 5월.

40 박병술, 『역사속의 진도와 진도사람』, 학연문화사, 1999, 530쪽.

41 박병술, 『역사속의 진도와 진도사람』, 학연문화사, 1999, 530쪽.

42 『고려사』 권104, 열전17 김방경.

43 윤용혁, 『고려 삼별초의 대몽항쟁』, 일지사, 2000, 214~216쪽.

44 국립제주박물관, 『제주의 역사와 문화』, 2001, 111쪽.

45 윤용혁, 『고려 삼별초의 대몽항쟁』, 일지사, 2000, 246쪽.

46 『고려사』 권27, 세가27 원종 13년(1272) 9월 무진.

47 『고려사』 권27, 세가27 원종 13년(1272) 11월 기사.

48 윤용혁, 『고려 삼별초의 대몽항쟁』, 일지사, 2000, 262쪽.

49 『고려사절요』 권19, 원종 14년 윤6월.

50 『고려사』 권121, 열전34 효우 김천.

■ 제5부

01 이하 홍건군에 대한 서술은 이근명 편역, 『중국역사(하권)』, 신서원, 2002, 200~204쪽.

02 당시 양자강 중류의 거대세력은 장사성과 진옥량, 주원장이었다. 고려는 장사성과 진옥량과는 자주 교류를 했고, 주원장과는 거의 소통이 되지 않았다. 이것은 주원장이 이 두 세력의 안쪽에 위치했다는 지리적 요인도 있는 듯하다. 단 『고려사절요』에는 주평장(평장은 관직)이 사신을 보낸 기록이 한 번 있는데, 이 주평장이 주원장일 가능성이 있다.

03 『고려사』 권111, 열전24 이암.

04 이인재 · 허경진 옮김, 『운곡시사(耘谷詩史)』(연세근대한국학총서 17), 2007, 81쪽.

05 『운곡시사』 권5, 「次牛官先生山城反庫次有感詩韻(六首)」(이인재·허경진 옮김, 『운곡시사』, 589
　　쪽). 이 시는 사실 원천석이 군 복무 명령을 받은 뒤 한참 세월이 지난 1393년경에 지은 것이다.
　　그러나 내용적으로는 비슷한 상황을 보여주어 연속적으로 사용하였다.

06 조나단 D. 스펜서 저, 양휘웅 역, 『신의 아들-홍수전과 태평천국』, 이산, 2006, 500~501쪽.

07 『고려사』 권114, 열전27 김선치 및 「이암묘지명」.

08 최숙정(崔淑精 : 1433~1480), 「극성회고」(『속동문선』 5권, 7언고시). 이 시에서 최숙정은 고려군이
　　패배한 원인을 지휘관이 접전할 시기를 놓친 데서 찾았다. 홍건적은 멀리서 행군해 왔으니 지친
　　적을 바로 공격했으면 승리했을 것이라는 주장이다. 이런 식의 단선적인 전쟁 이해는 조선시대
　　의 문관에게서 자주 보이는데, 현실을 무시한 사변적인 경향이 없지 않다고 하겠다.

09 국방군사연구소, 『한민족전쟁사 2』, 1993, 353쪽.

10 『한민족전쟁사 2』에서는 이 공격이 정예부대의 자만심을 이용한 기습이라고 보았지만(354쪽),
　　전후 사정으로 미루어 고려군의 전술은 적의 핵심부를 집중강타하는 것이었다고 보인다.

11 『태조실록』 권1, 총서.

12 『고려사절요』 권27, 공민왕 11년.

13 『고려사』 권40, 세가40 공민왕 11년 4월.

14 『태조실록』 권1, 총서.

15 『고려사』 권40, 세가40 공민왕 13년 정월 임오.

16 『태조실록』 권1, 총서.

17 권근, 『양촌집』 권21, 「사재소감 박강 전」

18 1359년 안우는 참지중서정사, 정세운은 지문하사가 되었다. 둘다 종2품직이다.

19 『고려사』 권113, 열전26 정세운.

20 『고려사』 권113, 열전26 정세운.

21 『고려사』 권113, 열전26 안우.

22 『고려사』 권113, 열전26 안우.

23 『고려사』 권132, 열전45 반역6 신돈.

24 『고려사』 권132, 열전45 반역1 신돈.

■ 제6부

01 『고려사』 권115, 열전28 이색.

02 권근, 『양촌집』 권11, 「흥해군신성문루기(興海郡新城門樓記)」.

03 『세종실록』 권4, 세종 원년 5월 신해.

04 『용재총화』 권3.

05 『태조실록』 권7, 태조 4년 4월 27일(경인).

06 『태종실록』 권32, 태종 16년 7월 임자.

07 『고려사』 권37, 세가 37 충정왕 2년 2월, "二月 倭寇固城竹林巨濟 合浦千戶崔禪 都領梁琯等 戰破之 斬獲三百餘級 倭寇之侵始此."

08 『고려사』 권111, 열전24 유탁(柳濯).

09 『고려사』 권38, 세가38 공민왕 원년 3월 계축, 기미, "捕倭使金暉南 以戰艦二十伍 禦倭 至楓島 遇賊船二十 不戰而退 至喬桐 又望見賊船甚盛 還西江請濟師 …… 己未 倭船大至 金暉南 兵少 不能敵 退次西江告急 調發諸領兵及忽赤 分遣西江甲山喬桐以備之 婦女 街痛哭 都城大駭."

10 『고려사』 권112, 열전25 재신(宰臣), 설장수(長壽)의 상소.

11 『신증동국여지승람』 권12, 강화도호부.

12 『고려사절요』 권27, 공민왕 10년(1361) 5월, 전라도 안렴사 전녹생의 상소.

13 『고려사』 권39, 공민왕 7년(1358) 3월 기유.

14 『신증동국여지승람』 권43, 황해도 배천군.

15 『한민족전쟁사 2』, 369쪽.

16 『고려사』 권39, 세가39 공민왕2 공민왕 7년 7월 임술, "그때 왜적의 방해로 인하여 수상 운수가 통하지 않았으므로 중국인 장인보(張仁甫) 등 6명을 도강(都綱)으로 삼고 그들에게 각각 당선(唐船) 1척과 병졸 1백 50명씩을 주어서 전라도의 벼를 수송하고 있었는데 왜적이 바람을 이용하여 불을 놓아서 이것을 태워버렸으며 우리 군사는 패전하여 사상자가 대단히 많았다."

17 『고려사』 권114, 열전27 변광수.

18 『고려사』 권111, 열전 김속명. 박강의 경우처럼 이 전투를 실제로 지휘한 장수와 용사는 따로 있겠지만, 사서에는 한 줄도 남아 있지 않다.

19 국방부군사편찬연구소, 『고려시대 군사전략』, 2006, 307쪽.

20 『고려사』 권41, 세가41 공민왕 14년 3월 경신, 4월 기해, 동왕 15년 5월 을사.

21 『고려사』 권44, 세가44 공민왕 22년 9월 신축.

22 『고려사』 권40, 세가40 공민왕 12년 4월 기미.

23 일본에서는 왜구 격화의 원인으로 고려의 내정과 사회혼란에 비중을 두는 경우가 있다. 이러한 견해는 물론 잘못된 것으로, 일본의 국수적 역사관의 사례라고 하겠다.

24 이때 남북조 모두 규슈 지방에 자기 세력을 확충하기 위해 새로운 슈고(守護)를 임명하거나 특허장을 남발하면서 규슈의 지방권력이 분화하고 대립하게 된 것이 왜구 격화의 근본 원인이라고 주장하는 설도 있다(김보한, 「일본사에서 본 왜구의 생성과 소멸과정」, 『문화사학』 22, 2004).

25 『고려사』 권44, 세가44 공민왕 22년 9월 신축.

26 『고려사』 권83, 지37 병3 선군(船軍).

27 『고려사』 권113, 열전26 최영.

28 『고려사』 권113, 열전26 최영.

29 「寬仁三年(고려 현종 10년)七月十三日 內藏石女等解申進申文事」(張東翼, 『日本古中世高麗資料研究』, 서울대학교출판부, 2004, 88쪽), "伍月中旬之比 高麗國兵船數百 襲來擊敵 爰賊人等勵力雖合戰 依高麗之勢猛 無敢相敵之者 卽其高麗國船之體高大 兵仗多儲 覆船煞人 賊徒不堪彼猛 船中煞害所虜之人等 或又入海 石女等同又被入海浮浪 仍合戰案內 不能見給 無機有高麗船扶了…… 但見被救乘船之內 廣大不似例船 □造 二重 上立櫓 左右各四枝 別所漕之水手伍六人 所之士二十餘人許 不懸 又一方七八枝也 船面似鐵造角 令衝破賊船之料也 船中諸雜具 鐵甲 大小 熊手等也 兵士面面 各各執特之 又入大石打破賊船 又他船長大 巳以同前."

30 임용한, 「고려후기 수군개혁과 전술변화」, 『군사(軍史)』 54, 2005. 4, 280쪽.

31 『성종실록』 권47, 성종 5년 9월 계해.

32 『세종실록』 권95, 세종 24년 3월 계해.

33 위의 주 및 임용한, 「14~15세기 교동의 군사적 기능과 그 변화」, 『인천학연구』 3, 23쪽.

34 허선도, 『조선시대화약병기사연구』, 일조각, 1994.

35 『성종실록』 권206, 성종 18년 8월 경오.

36 『태조실록』 권7, 태조 4년 4월 임오.

37 『고려사절요』 권30, 신우1 우왕 2년 7월.

38 『고려사』 권113, 열전26 최영.

39 『고려사』 권113, 열전26 최영.

40 『고려사절요』 권30, 신우1 우왕 2년 7월.

41 『고려사절요』 권30, 신우1 우왕 3년 3월.

42 『고려사절요』 권30, 신우1 우왕 3년 3월.

43 국방군사연구소, 『한민족전쟁사 2』 1993, 409쪽.

44 『고려사』 권113, 열전26 최영.

45 『고려사절요』 권31, 신우2 우왕 6년 4월.

46 권근, 『양촌집』 권4.

47 『중종실록』 권12, 중종 5년 8월 정해.

48 『고려사절요』 권32, 신우3 우왕 9년 5월.

49 『세종실록』 권48, 12년 4월 계미.

50 적선이 선박 가장자리로 접근해 오면 배 위에서는 화통(火桶)과 분통(噴桶), 화전(火箭), 와관 (瓦罐), 크고 작은 돌멩이 및 매끄럽고 습한 물건을 던지며, 갑판 위와 배꼬리에 있는 자들은 이 두표(犁頭 : 던지는 무기의 일종)를 던진다. 『기효신서(紀效新書)』 권12, 주사편(舟師篇) 수조해 (水操解), 국방군사연구소, 1998, 157쪽.

51 『歷史群像シリーズ 織田信長』, 日本 : 學研社, 63쪽.

52 『紀效新書』 권12, 舟師篇 및 『兵學指南演義』(국방군사연구소 3권, 197~200쪽).

53 허선도는 이 조치를 이해할 수가 없다고 했으나(허선도, 『조선시대화약병기사연구』, 17쪽의 주 54), 고려시대 사원의 특수한 성격과 화기개발 과정의 애로를 염두에 두면, 이 조치는 이상할 것 이 없다고 생각된다.

지은이 임용한

연세대학교 사학과 졸업, 연세대학교 대학원사학과 졸업(석사), 경희대학교 대학원 사학과 졸업(박사),
경희대, 공군사관학교, 광운대 강사, 충북대학교 중원문화연구소 연구교수, Mkiss 강사, 경기도 문화재 전문위원
논저 『조선국왕 이야기』(1 · 2), 『전쟁과 역사』(1 · 2), 『조선전기 관리등용제도 연구』,
『경제육전집록』(공저), 『경제육전과 육전체제의 성립』(공저)

홈페이지 http://www.cyworld.com/limyonghan

전쟁과 역사 3 고려후기편

전란의 시대

임용한 지음

펴낸날 | 2008년 10월 18일
펴낸이 | | 오일주
펴낸곳 | 도서출판 혜안
등록번호 | 제22-471호
등록일자 | 1993년 7월 30일
주소 | 서울시 마포구 서교동 326-26번지 102호
전화 | 3141-3711, 3712
팩스 | 3141-3710
이메일 | hyeanpub@hanmail.net

ISBN 978-89-8494-352-0 03910

값 17,000 원